Das amerikanische „board of directors“ und die Führungsorganisation einer monistischen SE in Deutschland

Schriftenreihe zum deutschen und europäischen Gesellschafts- und Wirtschaftsrecht

Herausgegeben von Günter Christian Schwarz

Band 6

PETER LANG
Frankfurt am Main · Berlin · Bern · Bruxelles · New York · Oxford · Wien

Björn Holland

Das amerikanische „board of directors" und die Führungsorganisation einer monistischen SE in Deutschland

Amerikanische Erfahrungen in Fragen der Corporate Governance als Beitrag zur Ausgestaltung der Unternehmensführung und Unternehmenskontrolle in einer Deutschen SE

PETER LANG
Europäischer Verlag der Wissenschaften

Bibliografische Information Der Deutschen Bibliothek
Die Deutsche Bibliothek verzeichnet diese Publikation in der Deutschen Nationalbibliografie; detaillierte bibliografische Daten sind im Internet über <http://dnb.ddb.de> abrufbar.

Zugl.: Würzburg, Univ., Diss., 2004

D 20
ISSN 1614-239X
ISBN 3-631-53277-6

www.peterlang.de

Vorwort

Diese Dissertation wurde im Wintersemester 2003 abgeschlossen und im Sommersemester 2004 von der rechtswissenschaftlichen Fakultät der Bayerischen Julius Maximilians Universität Würzburg als Dissertation angenommen. Ihre Entstehung wäre nicht möglich gewesen ohne die vielfältige Hilfe und Unterstützung, für die ich mich herzlich bedanken möchte.

An erster Stelle ist hier mein Doktorvater, Prof. Dr. Günther Christian Schwarz, zu nennen. Er gab mir sowohl die Anregung zum Thema der Arbeit als auch wertvolle Hinweise für ihre Erstellung und betreute sie zügig. Ebenso möchte ich Herrn Prof. Dr. Olaf Sossnitza für die freundliche Übernahme und umgehende Erstattung des Zweitgutachtens danken.

Weiterhin danke ich sämtlichen Mitarbeitern der Bibliothek der juristischen Fakultät der University of Texas at Austin für ihre großzügige Unterstützung bei der Literaturrecherche. Für das Korrekturlesen des Manuskripts danke ich außerdem meinen Kolleginnen Frau Marion Stahlmann sowie Frau Christiane Daus.

Mein größter Dank schließlich gilt meinen Eltern, Gisela und Hans-Jürgen Holland. Sie haben mich während meiner Ausbildung äußerst großzügig gefördert, stets ermutigt und auch sonst in jeder Weise hervorragend unterstützt. Ihnen ist diese Arbeit gewidmet.

Köln, im Dezember 2004 Björn Holland

INHALTSVERZEICHNIS

1 Einleitung

1.1 Einführung der Europäischen Aktiengesellschaft in Deutschland

Mit der Zustimmung des Binnenmarktrats vom 27. September 2001 sowie des Sozialrats vom 8. Oktober 2001 ist die Jahrzehnte dauernde Diskussion um die Einführung einer Europäischen Aktiengesellschaft, allgemein als Societas Europaea (SE) bezeichnet, vorläufig beendet.[1] Die Mitgliedsstaaten der Europäischen Union haben sich mit der Verordnung Nr. 2157/2001 auf das Grundgerüst für die Einführung einer gemeinsamen Gesellschaftsform geeinigt. Anders als in den früheren Entwürfen zu einer Europäischen Aktiengesellschaft wurde dabei auf ein umfassendes Regelwerk verzichtet, sondern lediglich eine Minimallösung gewählt, deren Ausfüllung durch zahlreiche Verweisungen auf das nationale Recht erfolgt.[2] Insofern wird es, wie kritische Stimmen zu Recht anmerken, nicht eine einzige SE geben, sondern ebenso viele wie Mitgliedsstaaten[3], da dieses nicht nur in Fällen eines ausdrücklichen Verweises Anwendung findet, sondern über Art. 9 SE-VO auch bei Fehlen einer Regelung in der SE-VO.[4] Ermöglicht wurde dieser Kompromiss letztlich auch dadurch, dass die Frage der Arbeitnehmermitbestimmung, welche in der Vergangenheit eine unüberwindbare Hürde darstellte, aus dem VO-Text ausgeklammert wurde und durch eine separate Richtlinie umgesetzt wurde.[5]

Für die Umsetzung dieser Verordnung und der dazugehörigen Arbeitnehmerrichtlinie haben die Mitgliedsstaaten nun bis zum 8. Oktober 2004 Zeit. Durch die SE-VO wird auch der deutsche Gesetzgeber zum Handeln gezwungen sein, da die Verordnung Vorschriften enthält, die

---

1 *Schwarz*, ZIP 2001, 1847, 1861; *Wiesner*, Aktuelle Entwicklungen im Europäischen Unternehmensrecht, BB 2001, Beilage 8 zu 44/2001, 1 ff.; *Caspar*, in FS Ulmer, S. 51 f.; *Ebke*, S. 1; *Hommelhoff/Teichmann*, SZW/RSDA 2002, 1 ff.; *Neye*, ZGR 2002, 377 ff.; *Thoma/Leuering*, NJW 2002, 1449 ff.; *Sanna*, ELR 2002, S. 2 ff.; *Lutter*, BB 2002, 1; *Hopt*, EuZW 2002, 1; *Bungert/Beier*, EWS 2002, 1 ff.; *Heinze*, ZGR 2002, 66 ff.; *Hirte*, NZG 2002, 1; *Artmann*, ecolex 2002, 189 ff.; *Schulze/Geismar*, DStR 2001, 1078 ff.; *Jahn/Herfs-Röttgen*, DB 2001, 631 ff.; *Theissen/Wenz*, S. 9 ff.; *Schindler*, S. 1 ff.

2 *Hommelhoff/Teichmann*, SZW/RSDA 2002, 1 ff.; *Bungert/Beier*, EWS 2002, 1 f.; *Schwarz/Lösler*, NotBZ 2001, 117. Zu früheren Entwürfen vergleiche *Lutter*, Europäisches Unternehmensrecht, S. 561 ff.; *Schwarz*, Europäisches Gesellschaftsrecht, Rn. XXX; *Thoma/Leuering*, NJW 2002, 1449 f.; *Habersack*, Rn. 392 ff.; Steindl, S. 249 ff.; *Torggler*, ecolex 2001, 442, 446 f.; *Talab*, S. 115 ff.

3 *Hopt*, EuZW 2002, 1; *Lutter*, BB 2002, 1;zu den früheren Entwürfen schon *ders.*, AG 1990, 413, 420; *Rasner*, ZGR 1992, 314, 325; *Raisner*, in FS Semler, 277 ff.; *Leupold*, S. 19 ff.; *Thamm*, S. 20 ff.; *Grote*, S. 57 ff.

4 *Brandt/Scheifele*, DStR 2002, 547 ff.; Hommelhoff, AG 2001, 279, 285; *Caspar*, in FS Ulmer, S. 51; siehe dazu auch *infra* 5.3. Siehe auch Wagner, Der Europäische Verein, S. 46. Siehe auch Völter, S. 82 ff.

5 *Schwarz*, ZIP 2001, 1847 ff.; Lutter, BB 2002, 1; *Hirte*, NZG 2002, 1, *Bungert/Beier*, EWS 2002, 1 f.; *Neye*, ZGR 2002, 377 ff.; Heinze, ZGR 2002, 66 ff.; *Herfs-Röttgen*, NZA 2001, 424; *Pluskat*, DStR 2001, 1483 ff.; *Ulmer*, FAZ v. 28.04.2001; *Caspar*, in FS Ulmer, S. 51, 52; *Teichmann*, ZGR 2002, 383 ff.; *ders.*, ZIP 2002, 1109, 1114.

dem deutschen Gesellschaftsrecht, insbesondere dem Aktienrecht bisher fremd sind. Dies ist das Ergebnis einer versuchten Angleichung unterschiedlichen Gesellschaftsrechts in den europäische Mitgliedsstaaten.[6]

Mittlerweile ist man auch in Deutschland aktiv geworden und hat am 28. Februar 2003 einen Diskussionsentwurf, am 5. April 2004 einen Referentenentwurf sowie am 26. Mai 2004 einen Regierungsentwurf eines Gesetzes zur Einführung der Europäischen Gesellschaft (SEEG) vorgelegt.

Eine der wesentlichsten Neuerungen, die über das SEEG Einzug in das deutsche Gesellschaftsrecht erhalten werden, ist die in § 20 SEEG vorgesehene und auf Art 38 SE-VO zurückgehende Möglichkeit, die Form der Unternehmensführung in der Satzung frei zu wählen.[7] Der nationale Gesetzgeber wird damit Gesellschaften, die seiner Rechtsordnung unterliegen die Wahlmöglichkeit eröffnen ihre Führungsstruktur entweder monistisch oder, wie in Deutschland derzeit rechtlich ausschließlich vorgesehen, dualistisch auszugestalten.[8] Insoweit gibt sich ein gesetzgeberischer Handlungsbedarf in einem Kernbereich des deutschen Aktienrechts, der strikten Trennung von Geschäftsführung und Kontrolle.[9]

Nur am Rande sei insofern angemerkt, dass die Einführung des monistischen Systems bereits in den 30er Jahren Gegenstand der juristischen Diskussion in Deutschland war, sich aber letztlich nicht durchsetzten konnte.[10] Seit diesei Zeit wurde das dualistische System nicht mehr infrage gestellt.

Für das deutsche Recht ist eine solche Veränderung von ganz erheblicher Bedeutung, da das deutsche Aktienrecht ausschließlich auf das dualistische System, mit seinen beiden Komponenten Vorstand und dem Aufsichtsrat zugeschnitten ist.[11] Diese Aufteilung in aktuelle Geschäftsführung und Kontrolle stellt dabei das Herzstück des deutschen Aktienrechts dar, wie bereits der Wortlaut des § 105 AktG zeigt, der die gleichzeitige

---

6 *Schwarz*, ZIP 2001, 1847, 1861; *Lutter*, BB 2002, 1, 4; *Hopt*, EuZW 2002, 1; *Hirte*, NZG 2002, 1; *Hommelhoff/Teichmann*, SZW/RSDA 2002, 1, 14.

7 *Hommelhoff*, AG 2001, 279 ff.; *ders./Teichmann*, SZW/RSDA 2002, 1 ff.; *Teichmann*, ZGR 2002, 383, 450 f.; *Sanna*, ELR 2002, S. 2 ff.; *Bungert/Beier*, EWS 2002, 1 ff.; *Artmann*, ecolex 2002, 189 ff.

8 Siehe insofern § 20 SEEG, der auf Art. 38 SE-VO zurückgeht: Die SE verfügt nach Maßgabe dieser Verordnung über a) eine Hauptversammlung der Aktionäre und b) entweder ein Aufsichtsorgan und ein Leitungsorgan (dualistisches System) oder ein Verwaltungsorgan (monistisches System), entsprechend der in der Satzung gewählten Form. Siehe auch *Teichmann*, ZIP 2002, 1109, 1114; *ders.*; ZGR 2002, 383, 450.

9 *Hommelhoff*, AG 2001, 279 ff.; *Raiser*, Kapitalgesellschaften, § 14; *K. Schmidt*, S.825 ff.;*Hueck*, S. 387, *Kübler*, S. 189.

10 *Schnorr*, S. 46 ff.

11 Siehe insofern bereits den Wortlaut von Art. 105 Abs. 1 AktG oder aber die Fragen der Arbeitnehmermitbestimmung, welche über § 96 AktG i.V.m. den einschlägigen Gesetzen ebenfalls beim Aufsichtsrat ansetzen.

Ausübung von Aufsichtsrats- und Vorstandstätigkeit untersagt.[12] Hintergrund dieses Systems ist die Überlegung des Gesetzgebers den weitreichenden Befugnissen des Vorstands in der Leitung der Alltagsgeschäfte der Gesellschaft ein Kontrollorgan zur Seite zu stellen, das die Interessen der Aktionäre und der Gesellschaft wahren soll.[13]

Es stellt sich daher die Frage, wie eine solche Überwachung und Kontrolle der Geschäftsführung, im angloamerikanischen als Corporate Governance bezeichnet, erfolgen soll, wenn Gesellschaften sich für die, in der SE bereitgestellte, monistische Struktur der Geschäftsführung entscheiden.

1.2 Ziel der Untersuchung

Um einen vielschichtigeren Überblick über Probleme, die sich bei der Verwendung des monistischen Systems ergeben, zu ermöglichen, versucht diese Arbeit einen Vergleich mit der Situation in den Vereinigten Staaten herzustellen. Dort sehen die Rechtsordnungen der Einzelstaaten, denen die Gesetzgebungskompetenz im Gesellschaftsrecht unterliegt, bereits seit Beginn des letzten Jahrhunderts ausschließlich das monistische System als Form der Unternehmensführung vor.[14] Dementsprechend bietet es sich an, die amerikanische Praxis für die Anwendung des monistischen Systems zu betrachten, um mit den dort gemachten Erfahrungen möglicherweise Rückschlüsse für die Ausgestaltung des nationalen Ausführungsgesetzes treffen zu können.

Anliegen des ersten Teils dieser Arbeit ist es daher herauszufinden, welche tatsächlichen Probleme sich bei einem monistischem Verwaltungsrat für Fragen der Ausgestaltung und Kontrolle der Geschäftsführung in den USA offenbaren und wie diese zu handhaben sind. Dabei wird versucht sich auf die Darstellung der wesentlichen Probleme, die in den Vereinigten Staaten aufgetreten sind und die dazu existierenden Lösungsvorschläge, zu konzentrieren.[15]

Im Rahmen der Betrachtung sollte auch im Auge behalten werden, dass die Vereinigten Staaten momentan die wirtschaftlich stärkste Nation sind, die die größte Anzahl börsennotierter Gesellschaften aufweist.[16] Insofern kann dieses System grundsätzlich nicht völlig ungeeignet sein,

---

12 *Kropff*, Regierungsbegründung, S. 146 f.; *Hüffer*, § 105 Rn. 1ff; *Mertens*, in Kölner Kommentar AktG, § 105 Rn. 7 ff.; *Meyer-Landrut*, in Großkommentar AktG, § 105 Rn. 1 ff.; *Geßler*, in *Geßler/Hefermehl*, § 105 Rn. 2 ff.; Hoffmann-Becking, in MünchHdb AktG, § 29 Rn. 11.

13 *Hoffmann-Becking*, in MünchHdb AktG, § 29 Rn. 11; *Raiser*, Kapitalgesellschaften, § 15 Rn. 1 ff.; *K. Schmidt*, S. 825; *Semler*, Leitung und Überwachung, Rn. 58 ff.; *Wellenkamp*, S. 23 Rn. 85 ff.

14 *Elsing/van Alstine*, S. 237 f.; *Treumann/Peltzer/Kuehn*, S. 226; *McDermott/Reemers/Turcon*, in *Reemers/Turcon, S. 11*; *Merkt*, Rn. 482 ff. Siehe zur geschichtlichen Entwicklung auch *Merkt*, ZfRV 1996, 1 ff.

15 Siehe dafür *infra* Kapitel 3 und 4.

16 *Hein*, RIW 2002, 501 ff.

wenngleich es in Deutschland in der jüngeren Vergangenheit kaum Beachtung gefunden hat.[17]

Wenngleich eine völlige Übernahme des amerikanischen Systems in das deutsche Recht weder möglich noch erstrebenswert ist, kann ein Blick in den Rechtsalltag helfen, etwaige Probleme frühzeitig zu erkennen oder gänzlich zu vermeiden. Eine völlige Übernahme der amerikanischen Erfahrung ist, wie *infra* zu erläutern ist, schon aufgrund verschiedener unterschiedlicher Parameter nicht möglich.[18] Soziale, strukturelle und kulturelle Unterschiede, welche historisch gewachsen sind, schaffen eine unterschiedliche Ausgangslage, deren identische Kopie niemals zu den gleichen Ergebnissen führen kann.[19]

Schwerpunkte dieser Untersuchung sollen Fragen der Unternehmensführung und Überwachung sein, insbesondere die Ausgestaltung gesellschaftsinterner Strukturen der Geschäftsführung und Überwachung. Darüber hinaus sollen aber auch ergänzende Mechanismen berücksichtigt werden, deren sich die amerikanische Praxis für die Sicherstellung einer ausreichenden Corporate Governance bedient.[20] Ergänzend wird auch die Frage der persönlichen Haftung von Mitgliedern eines monistischen Verwaltungsgremiums einer amerikanischen Gesellschaft darstellen, die in erheblichem Maße von den bestehenden deutschen Regelungen abweicht, deren Übernahme aber im Rahmen eines monistischen Systems anzudenken ist.[21]

1.3 Themenbegrenzung

Da das Thema Corporate Governance einen großen Bereich umfasst[22], dessen vollständige Bearbeitung den Rahmen einer solchen Arbeit sprengen würde, soll diese Arbeit sich schwerpunktmäßig auf Fragen der internen Corporate Governance, also Regelungen die an den Verwaltungsrat selbst anknüpfen, stützen.[23] Aspekte der Kapitalmärkte, die, nach überwiegender Ansicht, ebenfalls Auswirkungen auf gute Corpora-

---

17 *Schnorr*, S. 48 ff.; *Hein*, ZHR 2002, 464 ff. Siehe auch *Steindl*, S. 200 ff. vergleichend zum österreichischen Recht.

18 Siehe beispielsweise nur *Hein*, ZIP 2002, 502-503; *ders.*, ZHR 2002, 464 ff.; *Steindl*, S. 240 (für Österreich); *Conrad*, ZGR 1987, 180 ff.; *Gerum*, S. 17 ff.; *Erhardt/Nowak*, AG 2002, 336, 338; *Buxbaum*, in *Feddersen/Hommelhoff/Schneider*, S. 65 ff.

19 *Steindl*, S. 256; *Timmermans*, RabelsZ 1984, 1, 14.

20 *Hess*, in *Feddersen/Hommelhoff/Schneider*, S. 9 ff.; siehe dazu *infra* Kapitel 1.6.

21 Siehe *infra* Kapitel 2.2.4.6. Siehe hierzu auch *Holl*, S. 86 ff. sowie *Baums* (Hrsg.), Regierungskommission Corporate Governance, Rn. 70 ff. Siehe insofern auch die Berichterstattung zu der angestrebeten Klage gegen Klaus Zwickel, Josef Ackermann sowie andere ehemalige Aufsichträte der Mannesmann AG in Spiegel-online v. 01.02.2003.

22 Siehe insofern *Baums(Hrsg.)*, Regierungskommission Corporate Governance, Rn. 5 ff.; *Berrar*, S. 5 f. oder auch www.encycogov.com/WhatIsGorpGov.asp.

23 *Schwarz/Holland*, ZIP 2002, 1661, 1663; *Teichmann*, ZGR 2002, 645, 646 ff.; *Davies*, ZGR 2001, 268 ff. Einen guten Überblick über Fragen der externen Corporate Governance gibt *Hess*, in *Feddersen/Hommelhoff/Schneider*, S. 9 ff. oder *Merkt*, Die Rolle des Kapitalmarktrechts, S. 5 ff.

te Governance haben, sollen nur am Rande gestreift werden, wenngleich ihnen gerade im angloamerikanischen Raum ganz erhebliche Bedeutung beizumessen ist.[24] Zusätzlich soll eine Einschränkung dahingehend vorgenommen werden, als bei der Betrachtung des amerikanischen Rechts lediglich börsennotierte Publikumsgesellschaften ("*public corporations*") herangezogen werden sollen, da diese den Aktiengesellschaften nach deutschem Recht am ehesten entsprechen.[25] Weiterhin ist der Tatsache Rechnung zu tragen, dass Fragen des Gesellschaftsrechts in den Vereinigten Staaten in die Gesetzgebungszuständigkeit der Einzelstaaten fallen.[26] Es ist somit an sich falsch, von einem amerikanischen Gesellschaftsrecht zu sprechen, da jeder Bundesstaat seine eigenen Regelungen erlässt,[27] die noch durch sogenannte "*Model Codes*", in welchen Entwürfe für eine Vereinheitlichung und Modernisierung der bestehenden Gesetze erarbeitet werden, zu ergänzen sind. Der bedeutendste dieser Entwürfe ist der "*Model Business Corporation Act*" (*MBCA*) der "*American Bar Association*", der auch teilweise in die einzelstaatlichen Aktiengesetze Eingang gefunden hat.[28]

Da eine Behandlung der Regelungen und Besonderheiten sämtlicher einzelstaatlichen Gesetze nicht möglich ist, erfolgt eine Beschränkung auf die Situation im Bundesstaat *Delaware* sowie die Rechtslage nach dem "*MBCA*".[29] Diese Einschränkung spielt jedoch nur in wenigen Bereichen eine Rolle, da Corporate Governance-Aspekte mehrheitlich auch auf nationaler Ebene von Bedeutung sind und sich für alle Bundesstaaten gleich auswirken. Wichtigste Impulsgeber sind die Regelungen der "*New York Stock Exchange*" (*NYSE*)[30], als bedeutendster Börsenhandelsplatz der Vereinigten Staaten sowie die "*Security Exchange Commission*" (*SEC*)[31] als oberste Börsen- und Wertpapieraufsichtsbehörde.[32]

Für das deutsche Recht erfolgt eine Beschränkung auf Aktiengesellschaften, da diese primäre Zielgruppe der Vorschriften zur SE sind,

---

24 *Barthelmeß*, S. 50 ff.; *Merkt*, Die Rolle des Kapitalmarktrechts, S. 5; *Winter*, 89 Colum. L. Rev. 1526, 1527; *Schwarz/Holland*, ZIP 2002, 1661 ff. Siehe auch *infra*, Kapitel 1.6.

25 *Hay*, Rn. 484 ff.; *Merk*, Rn. 130 ff.; *Steindl*, S. 31 ff.; *Kindler*, S. 9 f.

26 *Siegel*, in Fundamentals of American Law, S. 333; *Hay*, Rn. 499 ff.; *Henn/Alexander*, S. 36 ff.; *Steindl*, S. 31 ff.; *Kindler*, S. 9 f.; *Hamilton*, Corporations, S. 213; *Gevurtz*, S. 35 ff.; *Merkt*, ZfRV 1996, 1 ff.; *ders.*, Rn. 132.

27 *Hay*, Rn. 499 ff.; *Henn/Alexander*, S. 36ff; *Gevurtz*, S. 35 ff.; *Siegel*, in Fundamentals of American Law, S. 331 f.

28 Siehe *Siegel*, in Fundamentals of American Law, S. 333, Fn. 8.

29 Zu den Gründen siehe *infra* Kapitel 1.7.

30 Abrufbar unter www.nyse.com.

31 Abrufbar unter www.sec.gov.

32 *Schwarz/Holland*, ZIP 2002, 1661, 1663 f.; *Henn/Alexander*, S. 793; *Scott*, in Fundamentals of American Law, S. 583, 587; *Hay*, Rn. 528.

wenngleich sie auch Gesellschaften in der Rechtsform der GmbH offen steht.[33]

Fragen der Haftung, welche wie *supra* angesprochen, in den USA ebenfalls als ein Mittel zur Sicherstellung ausreichender Unternehmenskontrolle erachtet wird, sollen nur insoweit behandelt werden, als sie unmittelbaren Einfluss auf den monistischen Verwaltungsrat haben.[34]

1.4 Begriffsbestimmung

Aufgrund der zunehmenden Verbreitung des Begriffs Corporate Governance bietet es sich vorab an, dessen Bedeutung zu klären, was sich als nicht unproblematisch erweist. Eine einheitliche Verwendung des Begriffs Corporate Governance existiert nicht.[35] Generell lässt sich lediglich sagen, dass damit sämtliche Aspekte der Unternehmensleitung zusammengefasst werden sollen.[36] Sie beinhaltet sowohl die Überwachung der Geschäftsführung als auch die tatsächliche Unternehmensleitung. Eine engere Definition sieht in Corporate Governance die Kontrollmechanismen, durch die Investoren sich einen Gewinn auf ihr Investment sichern.[37] Im Gegensatz dazu sieht wieder eine andere Ansicht in Corporate Governance das Verhältnis der Anteilseigner an der Gesellschaft zu denen, die ihre Angelegenheiten leiten, also dem "*board of directors*".[38] Schließlich wird angeführt, dass Corporate Governance ein System aus unterschiedlichen Teilnehmern innerhalb und außerhalb einer Gesellschaft ist, welches teilweise auf dem Gesellschaftsrecht, teilweise auf dem Kapitalmarkt basiert. Es regelt die Zusammenarbeit der verschiedenen Parteien.[39]

Der Begriff "*board of directors*" beschreibt das oberste Verwaltungsorgan einer amerikanischen Kapitalgesellschaft. Sein Aufgabenbereich umfasst sowohl Fragen der Unternehmensführung als auch der Überwachung, also Bereiche die in Deutschland traditionell entweder vom Aufsichtsrat oder aber vom Vorstand wahrgenommen werden.[40] Im Zusammenhang mit der Umsetzung der SE-VO in Deutschland wird im Folgenden zur

---

33 *Bungert/Beier*, EWS 2002, 1ff; *Schwarz*, ZIP 2001, 1847, 1861; *Hommelhoff/Teichmann*, SZW/RSDA 2002, 1 ff.; *Jäger*, S. 5 ff.

34 Zu Fragen der Haftung siehe *infra* Kapitel 2.2.4.6.

35 *Berrar*, S. 24 ff.

36 *Baums(Hrsg.)*, Regierungskommission Corporate Governance, Rn. 5; *ALI*, Principles of Corporate Governance, S. 1 f.; *Henn/Alexander*, S. 33 f.; *Monks/Minow*, Corporate Governance, S. 3 ff.; siehe aber auch www.encycogov.com/WhatIsGorpGov.asp.

37 *Ramsey*, Corporate Governance Debate and the Role of Directors' Duties, S. 2.

38 *Prentice*, Some Aspects of the Corporate Governance Debate, S. 25; *Monks/Minow*, Corporate Governance, S. 1 ff.

39 Report der High Level Expert Group vom 04.11.2002. Abrufbar unter: http://europa.eu.int/comm/internal_market/en/company/company/modern/consult/report_en.pdf.

40 *Henn/Alexander*, S. 250 f.; *Hamilton*, Corporations in a Nutshell, S. 402 f.; *Hay*, Rn. 499 ff.; *Siegel*, in Fundamentals of American Law, S. 333; *Kindler*, S. 13; *Steindl*, S. 65; *Barthelmeß*, S. 28 f.; siehe dazu aber auch *Holl*, S. 232 ff.; *Schiessl*, AG 2002, 593 ff.

besseren Unterscheidung zu der Situation in den USA der Begriff "*board of directors*" mit Verwaltungsorgan oder Verwaltungsrat übersetzt.[41]

Das Verwaltungsorgans setzt sich typischerweise aus "*inside directors* und "*outside* oder *independent directors*" zusammen. Diese können, abhängig von der im Organ ausgeübten Funktion, in "*executive directors*" oder "*non-executive directors*" unterteilt werden.[42] Während "*executive directors*" mit der laufenden Geschäftsführung befasst sind, beschränkt sich die Tätigkeit der "*non-executive directors*" auf Überwachungsaufgaben im "*board*".[43]

"*Inside directors*" beschreibt Mitglieder des "*board*", die neben ihrer Aufgabe im "*board*" auch Angestellte der Gesellschaft sind oder zu dieser oder einem verbundenen Unternehmen in einem Abhängigkeitsverhältnis stehen. "*Outside* oder *independent directors*" sind dagegen Mitglieder, die eben in keinem Abhängigkeits- oder sonstigem Näheverhältnis zu der Gesellschaft stehen. Dabei ist nicht eindeutig klar, was alles ein Abhängigkeitsverhältnis darstellt, vgl. *infra*.[44]

Es werden verschiedene Ansätze vertreten, wobei in dieser Arbeit, soweit keine genauere Einschränkung erfolgt, der Begriff für sämtliche Personen verwendet wird, die nicht von der Gesellschaft oder einem verbundenen Unternehmen angestellt sind oder zu dieser in einer sonstigen dauerhaften vertraglichen oder persönlichen Beziehungen stehen.[45]

Mit den Begriffen "*board of directors*" oder "*board*" wird im Folgenden das gesamte Verwaltungsorgan umschrieben, ohne zwischen "*inside*" oder "*outside directors*" zu unterscheiden.

Die Bezeichnung "*officer*" umfasst sämtliche Mitglieder des Managements, welche von dem "*board of directors*" ernannt werden und mit der Führung der Alltagsgeschäfte der Gesellschaft befasst sind.[46] Vertraglich stehen sie in einem Anstellungsverhältnis zur Gesellschaft. Wie *supra* angesprochen, können sie als "*inside directors*" auch Mitglieder des "*board of directors*" sein. Das amerikanische Recht sieht sie als "*agents*" (Vertreter) der Gesellschaft an und regelt ihre Befugnisse dementsprechend un-

---

41 Anders *Teichmann*, ZGR 2002, 383, 452 der die Bezeichnung "Unternehmensrat" vorschlägt. Abzulehnen ist der Vorschlag von *Hirte*, NZG 2002, 1, 6 der das monistische Organ als "Vorstand" bezeichnen möchte, da insoweit eine Verwechslungsgefahr mit dem dualistischen Geschäftsführungsgremium besteht.

42 *Steindl*, S. 79 ff.; *Kindler*, S. 36; *Barthelmeß*, S. 128 ff., *Hamilton*, Corporations in a Nutshell, S. 405; *Monks/Minow*, Corporate Governance, S. 172 ff.; *Mace*, S. 86 ff.; *Hein*, RIW 2002, 103, 107 f.; *ALI*, Principles of Corporate Governance, § 3A.01; *Cox/Hazen/O'Neil*, S. 9.5; *Schwarz/Holland*, ZIP 2002, 1661, 1664.

43 Siehe zu der Differenzierung auch Sec. 303A der "*Listing Rules*" der NYSE, abrufbar unter www.nyse.com.

44 Siehe *infra* Kapitel 3.3.1.

45 Ausführlicher dazu *infra* Kapitel 3.3.4.

46 *Henn/Alexander*, S. 586 ff.; *Hamilton*, Corporations in a Nutshell, S. 322 ff.; *Hay*, Rn. 509 f.; *Steindl*, S. 72 ff.; *Kindler*, S. 38; *Gevurtz*, S. 180 ff.; *Merkt*, Rn. 509 ff.

ter diesem Recht.[47] Wenn im Folgenden der Begriff Management erwähnt wird, so bezeichnet er sämtliche "*officer*", unabhängig ob sie im "*board*" vertreten sind oder nicht.

1.5 Die "corporate governance" Diskussion in den USA und Deutschland

Corporate Governance-Fragen waren auch in den USA Gegenstand einer intensiven Debatte[48], da sich Auswüchse fehlender Kontrolle bemerkbar machten.[49] Diese Diskussion wird nach den spektakulären Zusammenbrüchen der Unternehmensgiganten *ENRON*[50], *Global Crossing*[51] oder *WorldCom*[52] wieder neue Nahrung erhalten, da sich Vielen die Frage stellt, ob diese nicht durch effizientere Arbeit des "*board of directors*" hätten verhindert werden können.[53]

Folge dieser andauernden Corporate Governance-Debatte ist die Erarbeitung zahlreicher Vorschläge einflussreicher amerikanischer Organisationen zur Verbesserung der aktuellen Situation. Besondere Beachtung verdient die Arbeit des "*American Law Institute*", das beginnend 1984 eine regelmäßig aktualisierte Abhandlung über Corporate Governance veröffentlicht.[54] Die neueste Fassung datiert aus dem Jahre 1994 und enthält umfangreiche Vorschläge für Regelungen über das Verhalten von "*corporate directors*".

---

47 *Henn/Alexander*, S. 586; *Siegel*, in Fundamentals of American Law, S. 332 f.; *Hay*, S. 484 ff., Fn. 2.

48 *Windbichler*, ZGR 1985, 50 ff.; *Hein*, RIW 2002, 502-503; *ALI*, Principles of Corporate Governance, § 2.01; *Monks/Minow*, Corporate Governance, S. 1 ff.; *dies*, Power and Accountability, S. 1 ff.; *Eisenberg*, The Legal Structure of the Corporation, S. 100ff; *Mace*, S. 5ff; *Hamilton*, Corporations, S. 603 ff.; *ABA*, Corporate Directors Guidebook, 56 Bus. Law. 1571 ff.

49 Eine gute Darstellung findet sich bei *Hamilton*, Corporate Governance in America 1950-2000; 25 J. Corp. L. 349 ff. Siehe aber auch *Windbichler*, ZGR 1985, 50 ff.; *Monks/Minow*, Corporate Governance, S. 46 ff.; siehe auch *Loomis/Rubman*, 8 Hofstra L. Rev. 142 ff.

50 *ENRON* machte Schlagzeilen, als es seiner Zeit der größte Unternehmenszusammenbruch der amerikanischen Geschichte war. Ausgelöst wurde er durch manipulierte Bilanzen, in denen die Geschäftsführung die tatsächliche wirtschaftliche Situation verschwieg. Bericht des "*Special Investigation Committee*" unter Vorsitz von *William C. Powers* vom 05.02.2002.Abrufbar unter: http://energycommerce.house.gov/107/hearings/02052002Hearing481/hearing.htm.

51 *Schwarz/Holland*, ZIP 2002, 1661 ff.; *Hein*, RIW 2002, 501 ff.; *Douglas*, Los Angeles Times v. 05.02.2002; *dies./Kaplan/Granelli*, Los Angeles Times v. 24.02.2002.

52 *WorldCom* fiel insbesondere durch die Höhe seiner Fehldarstellungen in den Unternehmensbilanzen auf. So musste der Gesellschaftsumsatz um ca. 3,8 Milliarden Dollar nach unten korrigiert werden. Hintergrund war, dass der "CFO" Ausgaben als Investitionen verbucht hatte, was zu einer langfristigen Abschreibungsmöglichkeit führt und damit sich nicht direkt auf den Jahresumsatz auswirkt. Der Aktienkurs fiel von $ 62,- zu Spitzenzeiten auf $ 0,08 nach bekannt werden der Bilanztricks. Siehe *Schwarz/Holland*, ZIP 2002, 1661 ff.; *Douglas*, Los Angeles Times v. 05.02.2002; *dies./Kaplan/Granelli*, Los Angeles Times v. 24.02.2002.

53 *Schwarz/Holland*, ZIP 2002, 1661 ff.; *Douglas/Kaplan/Granelli*, Los Angeles Times v. 24.02.2002; *Hirsch*, Los Angeles Times v. 29.06.2002.

54 *ALI*, Principles of Corporate Governance: Analysis and Recommendations, Vol. I&II, 1994; *Levine*, 11 Pepp. Rev. 499ff.

Gleichzeitig begannen auch wirtschaftlich bedeutende Investoren sich für eindeutige Regelungen im Bereich der Corporate Governance zu interessieren und von den Unternehmen ein klares Bekenntnis zum Einhalten bestimmter Mindestanforderungen, insbesondere der Unabhängigkeit des "*board of directors*" vom Management der Gesellschaft, zu fordern.[55]

Ergänzend wurde auch das Interesse der Medien an Fragen der Art und Weise der Unternehmensführung geweckt. So begann 1996 die Zeitschrift "*Business Week*" damit, jährlich eine Liste der 25 besten und 25 schlechtesten "*board of directors*" zu veröffentlichen.[56] Es wurden über 250 börsennotierte Unternehmen von "*corporate governance experts*" untersucht und bewertet.[57] Selbst wenn man unterstellt, dass eine solche Untersuchung äußerst subjektiv sein mag[58], auf einem schlecht abschneidenden Unternehmen lastet dennoch ein erheblicher Druck Veränderungen herbeizuführen, um sein öffentliches Erscheinungsbild zu verbessern.[59]

Aber auch in Deutschland erfreut sich dieses Thema zunehmender Beachtung. Hervorzuheben sind hier insbesondere die Arbeiten der *Regierungskommission Corporate Governance*[60] auf Basis deren Empfehlung im Jahre 2001 eine Kommission zur Erstellung eines deutschen Corporate Governance-Kodex eingesetzt wurde.[61] Dessen Empfehlungen wurden bereits teilweise mit dem neuen § 161 AktG in das deutsche Aktienrecht integriert.[62] Zusätzlich sind auch die Arbeiten der *Frankfurter Grundsatzkommission Corporate Gover*nance aus dem Jahr 2000 sowie die Arbeit des *Berliner Initiativkreises German Code of Corporate Governance* vom 06. Juni 2000 in diesem Bereich zu berücksichtigen.[63]

Wenngleich die Einführung dieser, für Deutschland noch unbekannten Materie einige Anlaufschwierigkeiten nach sich ziehen kann, zeigt es die gestiegene Bedeutung von Corporate Governance-Fragen auch im deut-

---

55 Besonders hervorzuheben ist dabei der Einfluss des "*California Public Employee Retirement System*" (CalPERS) (Rentensystem der öffentlichen Angestellten Kaliforniens) sowie *Teachers Insurance and Annuity Association/ College Retirement Equity Fund* (TIAA/CREF).

56 *Byrne*, Our New Report Card for Corporate Governance, Business Week, November 1996, S. 82-86; *Levine*, 11 Pepp. Rev. 499ff.

57 Zu Recht darf eine solche Bewertung infrage gezogen werden, da sie von zahlreichen subjektiven Elementen abhängt.

58 *Lublin*, Competition for Minority Directors Heats up, Wall Street Journal, 18.02.1997; *Levine*, 11 Pepp. Rev. 499ff.

59 *Hamilton*, Corporations, S. 672.

60 *Baums(Hrsg.)*, Regierungskommission Corporate Governance, Rn. 1 ff.

61 Regierungskommission Corporate Governance unter Vorsitz von *Gerhard Cromme*. Entwurf vom 26.02.2002, abrufbar unter www.bmj.de oder abgedruck in AG 2002, 236 ff.

62 Relevant ist insoweit insbesondere § 161 AktG, der durch das Transparenz- und Publizitätsgesetz (TransPub) vom 26.06.2002 in das AktG eingefügt wurde.

63 Die Arbeit der Frankfurter Grundsatzkommission sowie die des Berliner Initiativkreis sind abrufbar unter www.gccg.de. Siehe auch *Holl*, S. 161 ff.

schen Aktienrecht.[64] Aber auch auf europäischer Ebene hat dieses Thema an Bedeutung gewonnen, was sich in zwei veröffentlichten Studien zeigt.[65]

1.6 Grundzüge der externen Corporate Governance

Anders als in dem mittlerweile dominierenden Modell der internen Corporate Governance, das dem "*board of directors*" die entscheidende Bedeutung in Fragen der Corporate Governance zuspricht, existiert in der amerikanischen Gesellschaftsrechtsliteratur auch ein Ansatz, Corporate Governance-Fragen über externe Faktoren zu regeln.[66]

Basierend auf dem Gedanken, Aktiengesellschaften sind nichts weiter als eine Kombination verschiedener Verträge ("*nexus of contractual relationships*"), in deren Rahmen jeder Beteiligte durch die Ordnungskräfte des Marktes das Optimale erhält, bedarf es keiner internen Kontrollmechanismen.[67] Ausreichende Kontrolle wird dabei durch den Einfluss der unterschiedlichen Märkte und den, die unterschiedlichen Vertragsverhältnisse beeinflussenden, Marktkräften gewährleistet.

Die wichtigsten Märkte, welche den größten Einfluss auf Unternehmen ausüben, stellen der Produktmarkt, der Kapitalmarkt, der Managermarkt sowie der Markt für Unternehmenskontrolle ("*Market for Corporate Control*") dar.[68]

Der Produktmarkt bezieht sich auf den Wettbewerb mit den Herstellern konkurrierender Güter. Mangelndes Management wirkt sich durch sinkende Verkaufszahlen aus, welche sich dann in sinkenden Aktienkursen widerspiegeln. Dadurch werden aber auch die Finanzierungskosten höher, wodurch der Wettbewerbsnachteil wächst. Als Ergebnis wird ein solches Unternehmen letztlich aus dem Markt gedrängt, wodurch auch das Management seinen Arbeitsplatz verliert.[69] Allerdings ist dieser Ansatz auch unter seinen Vertretern nicht unumstritten. Zu Recht wird darauf hingewiesen, dass viele Gesellschaften in einem quasi monopo-

---

64 *Seibt*, AG 2002, 249 ff.; *Erhardt/Nowak*, AG 2002, 336 ff.; siehe insbesondere auch § 161 AktG.

65 Report of the *High Level Expert Group* vom 04.11.2002, abrufbar unter http://europa.eu.int/comm/internal_market/en/company/company/modern/consult/report_en.pdf sowie Comparative Studies of Corporate Governance Codes von *Weil, Gotshall & Manges*, abrufbar unter http://europa.eu.int/comm/internal_market/en/company/company/news/index.htm.

66 *Schwarz/Holland*, ZIP 2002, 1661, 1662 f.; *Barthelmeß*, S. 50 ff.; *Windbichler*, ZGR 1985, 50, 56; *Winter*, 89 Colum. L. Rev. 152 6 f.

67 *Meyer-Schatz*, Management und Marktkontrolle, ZHR 1985, 91 ff., *Fama*, 88 J. Political Economics 288 ff., *Jensen/Meckling*, 3 J. Fin. Econ. 305 ff.

68 *Barthelmeß*, S. 52; *Meyer-Schatz*, Management und Marktkontrolle, ZHR 1985, 91 ff.; *ders.*, 13 J. Corp. L. 431, 432 ff.; *Schwarz/Holland*, ZIP 2002, 1661 ff.

69 *Easterbrook*, 9 Del. J. Corp. L. 541, 557; *Barthelmeß*, S. 52.

listischen Bereich arbeiten, wodurch die Kräfte des Produktmarkts ihre Wirkung verlieren.[70]

Der Ansatz des Managermarktes geht davon aus, dass Führungskräfte selbst beruflichen Fortschritt machen wollen und dementsprechend eine Interesse haben, eine optimale Leistung zu erbringen.[71] Auch diese Theorie wird allerdings wegen Schwächen kritisiert. So versagt dieser Ansatz, wenn Führungsmitglieder kurz vor der Pensionierung stehen oder aber kein Interesse an einem weiteren Fortkommen haben.[72]

Größere Bedeutung kommt diesbezüglich dann dem Kapitalmarkt zu, an welchem amerikanische Unternehmen sich überwiegend finanzieren, da enge Verflechtungen mit Banken, anders als in Deutschland, nicht existieren.[73] Nur durch optimale Leistung wird ein hoher Aktienkurs erreicht, der Finanzierungskosten niedrig hält. Unternehmen sind aber auf niedrige Finanzierungskosten angewiesen, um ihre Produktpreise wettbewerbsfähig zu halten.[74] Aber auch für das Management ist dieser Markt wichtig, da es seine Vergütung mehrheitlich in Aktien und Aktienoptionen erhält, deren Wert vom Wert des Unternehmens am Kapitalmarkt abhängen.[75] Gerade dieses letzte Argument hat sich aber angesichts der jüngsten Vorkommnisse im Lichte der Bilanzierungsskandale als Beweis der Schwäche dieser Ansätze erwiesen. Entgegen der in der Literatur angeführten Theorie des Anreizes herausragende Leistung zu erbringen, war das Ergebnis massive Manipulationen, um die gleichen Ergebnisse zu erzielen.[76]

Die letzte der Marktkräfte, welcher nach dieser Theorie die größte Bedeutung zukommt, ist der Markt für Unternehmenskontrolle. Danach wird das Management aufgrund der Gefahr, Opfer einer feindlichen Übernahme zu werden, zur bestmöglichen Aufgabenerfüllung angehalten. Tut es dies nicht, werden Aktionäre ihre Anteile verkaufen, was zu sinkenden Börsenkursen führt, wodurch eine feindliche Übernahme erleichtert wird.[77] Aber auch diesem Ansatz kann nur bedingt zugestimmt werden, da Gesellschaften eine Vielzahl von Abwehrstrategien gegen

---

70 *Meyer-Schatz*, ZHR, 1985, 91 ff., *ders.*, Corporate Governance and Legal Rules, 13 J. Corp. L. 431 ff., jeweils m.w.N.

71 *Wolfson*, The Modern Corporation, S. 50; *Fama*, 88 J. of Political Economics 288 ff.

72 *Eisenberg*, New Modes of Discourse in the Corporate Law Literature, 52 Geo. Wash. L. Rev. 582, 584; *Barthelmeß*, S. 54 dazu ausführlicher.

73 *Kim*, 26 Lam & Pol'Y Int'l Bus. 371 ff.; *Kuebler*, 57 Brook. L. Rev. 97 ff.; *Buxbaum*, in *Feddersen/Hommelhoff/Schneider*, S. 65, 67 f.

74 *Easterbrook*, 9 Del. J. Corp. L. 541, 557; *Letsou*, 70 Wash. U. L. Q. 755, 756 ff.

75 *Elson*, Director Compensation, 50 SMU L. Rev. 127, 130; *ders.*, Executive Overcompensation, 34 B.C. L. Rev. 937, 940; *Lipton*, 136 U. Pal. L. Rev. 1, 20 ff.

76 *Schwarz/Holland*, ZIP 2002, 1661 ff.; *Kallmeyer*, ZIP 2002, 1663; *Elson*, Director Compensation, 50 SMU L. Rev. 127, 130; *Hess*, in *Feddersen/Hommelhoff/Schneider*, S. 9, 22.

77 *Meyer-Schatz*, ZHR 1985, 91 ff., *Zalecki*, 24 U.Tol. L. Rev. 831, 844 ff.; *Manne*, Mergers and the Market for Corporate Control, 73 J. of Political Economics 104, 107; *Cox*, 61 Geo. Wash. L. Rev. 1233, 1245 ff.; Lipton/Rosenblum, 58 U. Chi. L. Rev. 187, 190 ff.

feindliche Übernahmen entwickelt haben, die diesem Mechanismus entgegenwirken.[78]

1.7 Die verwendeten Rechtsquellen des amerikanischen Rechts

Bei den verwendeten Rechtsquellen beschränkt sich die Arbeit, soweit eine Bezugnahme auf einzelstaatliche Regelungen notwendig ist, auf eine Darstellung der Situation in *Delaware* und dem "*Delaware General Corporation Law*" (*Del. GCL*) sowie die Vorschriften des "*Modell Business Corporation Act*" (*MBCA*).[79] Grundsätzlich versucht diese Arbeit jedoch eine Darstellung der Situation für amerikanische Gesellschaften im Allgemeinen zu ermöglichen. Da die einzelstaatlichen Gesetze mehrheitlich sehr allgemein gehalten sind, um den Gesellschaften eine flexible Ausgestaltung zu ermöglichen, sind sie alleine für Corporate Governance-Aspekte unzureichend.

Zu beachten ist auch, dass oftmals nicht, wie es der, das deutsche Rechtssystem gewohnte Betrachter erwartet, verbindliche Normen ausschlaggebend sind, sondern Vorgaben zur freiwilligen Selbstkontrolle, die entscheidenden Einfluss haben.[80]

1.7.1 Bedeutung und Geschichte Delawares im amerikanischen Gesellschaftsrecht

Die Bedeutung *Delawares* als Vergleichsobjekt liegt in der dominanten Stellung dieses flächenmäßig kleinen Bundesstaates in gesellschaftsrechtlichen Fragen.[81] Mehr als 300.000 Gesellschaften waren zu Beginn des Jahres 2000 unter dem Recht des Staates *Delaware* gegründet, darunter auch 60 % der "*Fortune 500*" Unternehmen, also Gesellschaften die zu den 500 größten amerikanischen Gesellschaften gehören.[82]

Die Gerichte dieses Bundesstaates sind daher regelmäßig mit gesellschaftsrechtlichen Fragen befasst und weisen in diesen eine anerkannte Expertise auf. Ihre Entscheidungen werden regelmäßig auch von anderen einzel- und bundesstaatlichen Gerichten anerkannt. Als Besonderheit in der Gerichtsstruktur hat *Delaware* neben den regulären "*state courts*" und "*federal courts*"[83] auch eine besondere Gerichtsbarkeit für gesellschafts-

---

78 Siehe ausführlicher dazu und mit weitern Nachweisen *Barthelmeß*, S. 56-63 sowie *Meyer-Schatz*, ZHR 1985, 91 ff. Siehe auch *Zalecki*, 24 U.Tol. L. Rev. 831, 844 ff.

79 Zum *MBCA* siehe auch bereits *supra*, Kapitel 1.3.

80 *Hein*, RIW 2002, 501, 502 f.; *Schwarz/Holland*, ZIP 2002, 1661 ff., *Erhardt/Nowak*, AG 2002, 336, 338 f.; *Kindler*, S. 9 ff.; *Steindl*, S. 39 ff.

81 *Merkt*, ZfRV 1996, 1 ff.

82 Internetseite der *Delaware Division of Corporations*, www.state.de.us/corp Stand 30.06.2002.

83 "State courts" sind die Gerichte der Bundesstaaten. Sie sind auf die Anwendung des einzelstaatlichen Rechts beschränkt. "*Federal courts*" bezeichnen die bundesstaatlichen Gerichte. Diese haben ihren Sitz auch in den jeweiligen Bundesstaaten, sind aber nur für Rechtsfragen zuständig, die die Anwendung von Bundesrecht betreffen. *Blumenwitz*, S. 15 ff. sowie *Hughes*, in Fundamentals of American Law, S. 11 ff.

rechtliche Fragen. Die Gerichte, der "*Chancery Division*"[84], gehen auf die "*Courts of Equity*"[85] zurück, die in ihrer ursprünglich Konzeption Entscheidungen nach Billigkeitsgrundsätzen fällten.[86]

Aber auch für das System des "*common law*" wirkt sich diese Spezialisierung aus. *Delaware* hat bereits seit einem knappen Jahrhundert eine herausragende Stellung im Gesellschaftsrecht. Es verfügt daher über eine umfangreiche Rechtsprechung zu gesellschaftsrechtliche Fragen.[87] Eine hohe Anzahl von gesellschaftsrechtlichen Gerichtsentscheidungen bedeutet im amerikanischen Recht einen Beitrag zur Rechtssicherheit, da Unternehmen auf zahlreiche Präzedenzfälle ("*precedents*") vertrauen können.[88]

Gleichzeitig ergeht aufgrund der großen Anzahl dort ansässiger Aktiengesellschaften jedes Jahr eine Fülle von neuen Entscheidungen, was sich in der Weiterentwicklung des "*common law*" auswirkt.[89]. Als weiterer Vorteil *Delawares* wird in der amerikanischen Literatur genannt, dass *Delaware* bereit ist, seine Gesetzeslage schnell sich ändernden Anforderungen anzupassen[90].

Interessant für die weitere Entwicklung in Europa ist auch ein weiterer Gesichtspunkt, den *Delaware* in der deutschen Rechtslehre bekannt gemacht hat. Juristen in Europa und den USA verbinden mit *Delaware* die Schlagworte "*race to the bottom*" oder "*race of laxity*".[91] Diese plastischen Ausdrücke, der übersetzt soviel bedeutet wie "Wettrennen zum Grund" bzw. "Wettrennen der Nachgiebigkeit" steht für den Ruf, der Ort der geringsten gesellschaftsrechtlichen Einschränkungen zu sein.[92]

Da die kleineren und bevölkerungsschwachen Staaten in der Vergangenheit selbst nicht ausreichend Potenzial zum Aufbau einer eigenen Wirtschaft hatten und damit nicht auf Steuereinnahmen zurückgreifen konnten, versuchten sie, Aktiengesellschaften aus anderen Bundesstaaten,

---

84 *Hay*, Rn. 503 ff.; *Siegel*, in Fundamentals of American Law, S. 331, 334; *Steindl*, S. 32; zu der Bedeutung dieses Gerichts siehe auch *Barca*, 1998 Colum. Bus. L. Rev. 1, 12.

85 Zu dem Konzept der "*Courts of Equity*" siehe *Blumenwitz*, S. 9 f.

86 Der Erfolg dieses Gericht führte zur Schaffung ähnlicher Rechtsprechungskörper bzw. zur Planung der Schaffung in weiteren Bundesstaaten, *Ad Hoc Committee on Business Courts*, Business Courts: Towards a more Efficient Judiciary, S. 960, Business Lawyer, 1997 sowie *Barca*, 1998 Colum. Bus. L. Rev. 1, 12.

87 *Hamilton*, Corporations S. 222; *Hay*, Rn. 500ff; *Merkt*, ZfRV 1996, 1, 3 ff.

88 *Manning*, State Competition, 8 Cardozo L. Rev. 779 ff.; *Hamilton*, Corporations S. 222; *Merkt*, ZfRV 1996, 1, 3 ff.

89 *Manning*, State Competition, 8 Cardozo L. Rev. 779 ff.; *Cary*, 83 Yale L. J. 663, 670 ff.

90 So war *Delaware* einer der ersten Staaten, die einen in der Satzung verankerten Haftungsausschluss für "*directors*" einführte, als die Zahl der Haftungsprozesse überhand nahm; *Merkt*, ZfRV 1996, 1, 3 ff.; *Strine Jr*, 86 Cornell L.Rev.1257, 1262; *Romana*, State Competition Debate, 8 Cardozo L. Rev. 709 ff.

91 *ustice Brandeis* in *Louis K. Liggett Co. v. Lee*, 288 U.S. 517; siehe auch *Merkt*, ZfRV 1996, 1, 5 ff.

92 *Merkt*, ZfRV 1996, 1, 5; *Hamilton*, Corporations, S. 222 ff.; *Conrad*, 71 Mich. L. Rev. 621, 626.

entweder durch geringe Steuern oder durch ein Klima geringer rechtlicher Beschränkungen in der Ausübung ihrer Geschäfte, anzulocken.[93] *Delaware* konnte das "Rennen" durch einen weiten Gestaltungsspielraum in aktienrechtlichen Fragen und seine geographisch günstige Nähe zu New York für sich entscheiden[94].

Viele sehen mit der Einführung der SE-VO in Europa eine identische Gefahr auf die europäische Rechtskultur zukommen[95]. Es wird die Befürchtung geäußert, dass wirtschaftlich schwächere Staaten versuchen werden, durch Einführung geringer Mindeststandards Aktiengesellschaften anzulocken. Einer solchen Entwicklung käme zu Gute, dass die Verordnung selbst sehr allgemein gehalten ist und somit den Mitgliedsstaaten einen weiten Gestaltungsspielraum eröffnet[96]. Ob dies tatsächlich der Fall sein wird, bleibt abzuwarten, da durchaus Unterschiede zwischen den USA und Europa bestehen. Einer der wichtigsten, wenngleich nicht auf rechtlicher Ebene angeordnet, mag das Vorhandensein unterschiedlicher Sprachen in Europa sein. Insofern ist jede Gründung in einem anderen Land als die Geschäftstätigkeit stattfindet mit erheblichen Aufwand und Übersetzungskosten verbunden.

1.7.2 Der Model Business Corporation Act

Der *Model Business Corporation Act* selbst stellt lediglich einen Vorschlag des *ALI* zur Ausgestaltung des einzelstaatlichen Aktienrechts dar.[97] Er hat keine rechtliche Bindungswirkung und ist daher an sich ohne praktische Bedeutung. Der Vorteil solcher "*model codes*" ist aber, dass sie eine breite Basis für ein einheitliches Aktienrecht bieten. Bei der Erarbeitung wird versucht, einen gemeinsamen Nenner aus den einzelstaatlichen Rechtsnormen herauszuarbeiten. "Model Codes" können dabei als Ergänzung fehlender landesweiter Gesetzgebung fungieren, da in den Vereinigten Staaten eine landesweit einheitliche Gesetzgebung nur möglich ist, wenn dem "*federal legislator*" (Bundesgesetzgeber) ausdrücklich die Gesetzgebungskompetenz zukommt.[98]

Diese Vorschläge der "*model laws*", obwohl rechtlich in keiner Weise bindend, bieten einen Anreiz zur Vereinheitlichung und werden dementsprechend regelmäßig von einer Vielzahl von Einzelstaaten in ihr Rechtssystem übernommen.

---

93 *Gevurtz*, S. 41; *Conrad*, 71 Mich. L. Rev. 621, 626; *Merkt*, ZfRV 1996, 1, 5.

94 Eine gute Darstellung der Frage ob der Ruf Delawares gerechtfertigt ist, findet sich bei *Loewenstein*, Delaware as Demon, 71 U. Colo. L. R. 497, 501 ff.

95 *Schäfer*, Erwartungen eines deutschen Großkonzerns, in *Scheuing/Schwarz/Wollenschläger*, S. 66; *Grundmann*, ZGR 2002, 783, 793 ff.; *Timmermans*, RabelsZ 1984, 14 ff.

96 *Lutter*, EuZW 2002, 1.

97 Zum *ALI* siehe auch *Steindl*, S. 47 f.; *Barthelmeß*, S. 45; *Kindler*, S. 67 ff.

98 Diese Zersplitterung geht auf die enge Kompetenzklausel des "*federal legislators*" (Bundesgesetzgeber) zurück, der grundsätzlich nur in Fällen tätig werden darf, die unter die "*innerstate commrece clause*" (zwischenstaatlicher Handel) fallen. Alle übrigen Bereiche sind den "*state legislators*" (einzelstaatlichen Gesetzgebern) vorbehalten.

Aus akademischer Sicht ist dabei interessant, dass als Autoren sowohl Professoren als auch Praktiker fungieren, sodass eine ausgewogene Mischung aus Theorie und Praxis unterstellt werden kann.[99]

99 *Steindl*, S. 47 f.

2 Aufbau der Geschäftsführung amerikanischer Kapitalgesellschaften

"*Public corporations*" amerikanischen Rechts, die in Struktur und Anwendungsbereich der deutschen Aktiengesellschaft am ähnlichsten sind, setzten sich aus Anteilseignern ("*shareholders*"), einem Verwaltungsorgan ("*board of directors*") und von diesem ernannten Management ("*officers*") zusammen.[1] Letztere sind jedoch nicht zwingend von dem "*board of directors*" getrennt, sondern können auch, wie *supra* ausgeführt, zugleich Mitglieder des Verwaltungsorgans sein.[2] Aufgabe der "*officers*" ist die eigenverantwortliche Übernahme der Geschäftsführung in Alltagsfragen. Allerdings haben sie insoweit keine Autonomie, sondern sind dem "*board of directors*" gegenüber weisungsabhängig.[3]

2.1 Die Aktionäre ("shareholders")

Die Stellung der Aktionäre lässt sich im Wesentlichen mit drei, ihnen zugedachten Rechten beschreiben.[4] Einerseits haben Aktionäre in Angelegenheiten der Gesellschaft ein Stimmrecht, durch das sie Kontrolle ausüben können, zum anderen stehen ihnen das *infra* näher beschriebene Recht zu, Klagen gegen die Geschäftsführung im Namen der Gesellschaft zu erheben. Daneben haben sie verschiedene Einsichtsrechte in die Geschäftsbücher der Gesellschaft.[5]

Ihre wichtigste Einflussmöglichkeit ist die Ausübung des Stimmrechts[6], beispielsweise bei der Wahl von Mitgliedern des "*board of directors*".[7] Daneben wird ihnen auch ein Mitspracherecht für Fragen der Änderung der Satzung ("*articles of incorporation*") garantiert, soweit diese Änderung das Verhältnis der Gesellschaft zu den Aktionären betrifft sowie ein Zustimmungsrecht für außergewöhnliche Rechtsgeschäfte wie Fusionen, Auflösung der Gesellschaft oder die Veräußerung des gesamten Vermö-

---

1 *Cox/Hazen/O'Neil*, § 9.5, S. 9.20; *Henn/Alexander*, S. 128 f.; *Gevurtz*, S. 179 ff.; *Hamilton*, Corporations, S. 644 ff.; *ders*, Corporations in a Nutshell, S. 323; *Kindler*, S. 25ff; *Siegel*, in American Law, S. 341 ff.; *Hay*, Rn. 509 f.; *Elsing/van Alstine*, Rn. 594 ff.; *McDermott/Reemers/Turcon, in Turcon/Zimmer*, S. 8.

2 Siehe *Cox/Hazen/O'Neil*, § 9.5, S. 9.20; *Henn/Alexander*, S. 586 ff.; *Gevurtz*, S. 179 ff.; *Hamilton*, Corporations, S. 644 ff.; *ders*, Corporations in a Nutshell, S. 323; *Kindler*, S. 25ff; *Siegel*, in American Law, S. 341 ff.; *Steindl*, S. 33 ff.; *Elsing/van Alstine*, Rn. 594 ff. Siehe auch *supra* Abschnitt 1.4.

3 *Cox/Hazen/O'Neil*, § 9.5 S. 9.20, in 2001 Supplement; *Henn/Alexander*, S. 586 ff.; *Elsing/van Alstine*, Rn. 594 ff.; *Siegel*, in American Law, S. 341 ff.; *Eisenberg*, The Legal Structure of the Corporation, S. 1.

4 *Elsing/van Alstine*, Rn. 619; *Merkt*, Rn. 548 ff.

5 *Elsing/van Alstine*, Rn. 610 ff.; *Hamilton*, Corporations in a Nutshell, S. 231 f. und 254 ff.; *Henn/Alexander*, S. 490 ff.; *Merkt*, Rn. 139.

6 Siehe insoweit § 8.03 (d) *MBCA* sowie § 211 (b) *Del. GCL*.

7 *Hamilton*, Corporations in a Nutshell, S. 231; *Elsing/van Alstine*, Rn. 611; *Henn/Alexander*, S. 490 f.; *Merkt*, Rn. 560 f.

gens.[8] Jedem Aktionär steht weiterhin das Recht zu, Klagen im Namen der Gesellschaft gegen "*officers*" oder Mitglieder des "*board of directors*" zu erheben.[9] Schließlich stehen Aktionären auch verschiedene Einsichtsrechte zu, mit denen sie Geschäftsbücher der Gesellschaft inspizieren können.[10] Dieses Recht steht jedem Aktionär zu. Soweit Aktionäre dabei Kenntnis von Dokumenten nehmen wollen, die dem Bereich der Geschäftsgeheimnisse zuzuordnen sind, müssen sie einen guten Grund ("*proper purpose*") für das Einsichtsverlangen geltend machen.[11]

Trotz dieser an sich weitreichenden Rechte ist der faktische Einfluss der Aktionäre gering. Literatur und Rechtsprechung sehen sie primär als reine Investoren, die in Unternehmensfragen nur eine untergeordnete Rolle spielen.[12] So existiert eine Fülle von Rechtsprechung, welche den Aktionären ein Mitspracherecht in unternehmerischen Fragen verweigert und die diesbezügliche Entscheidungskompetenz ausdrücklich in die Hände des Managements legt.[13] Nach mehrheitlicher Auffassung der amerikanischen Rechtslehre ist es ausreichend, dass ein unzufriedener Aktionär seine Beteiligung verkaufen kann, ein Vorgang, der als "*Wall Street Rule*" bezeichnet wird.[14]

2.2 Das Verwaltungsorgan ("board of directors")

Das oberste Organ der Gesellschaft ist das "*board of directors*". Es setzt sich aus einem oder mehren Mitgliedern zusammen, § 141 *Del. GCL* bzw. § 8.03 (a) *MBCA*. Bei der Art und Einteilung der Mitglieder ist zwischen "*inside*" und "*outside* bzw. *independent directors*" zu unterschieden.[15] Daneben

---

8 *Siegel*, in American Law, S. 342; *Cox/Hazen/O'Neil*, § 9.3, S. 9.10 ff.; *Elsing/van Alstine*, Rn. 611; *Henn/Alexander*, S. 490 f.; *Hamilton*, Corporations in a Nutshell, S. 231;232. Zu den maßgeblichen Vorschriften siehe §§ 10.02, 11.03, 12.02, 14.02 *MBCA* sowie §§ 242(b), 251(c), 271(a), 275(b) *Del. GCL*.

9 Siehe dazu *infra* Kapitel 2.2.4.6.1. *Elsing/van Alstine*, Rn. 618; *Henn/Alexander*, S. 1035 f.; *Hamilton*, Corporations in a Nutshell, S. 231-232 und 599.

10 §§ 16.02-16.04 *MBCA*, § 220 *Del. GCL*. Siehe auch *Elsing/van Alstine*, Rn. 623; *Henn/Alexander*, S. 536 f.; *Fletcher, Cyc.* §§ 2213, 2219.

11 § 16.02 *MBCA*. Sie zur Rechtssprechung diesbezüglich: *Insuranshares Corp. Of Delaware v. Kirchner*, 5 A.2d 519 Del. 1939); *State ex rel. Thiele v. Cities Service Co.*, 115 A. 733 (Del. 1922).

12 *Berle/Means*, The Modern Corporation and Private Property, S.4; *Monks/Minow*, Corporate Governance, S. 174 f.; *dies.*; Power and Accountability, S. 179; *Henn/Alexander*, S. 490 ff.; *Hamilton*, Corporations in a Nutshell, S. 232.

13 *Hamilton*, Corporations in a Nutshell, S. 232; *Henn/Alexander*, S. 491; *Merkt*, Rn. 488.

14 *Monks/Minow*, Corporate Governance, S. 178 f.; *Cox*, 61 Geo. Wash. L. Rev. 1233 ff.; *Dent*, 1989 Wis. L. Rev. 881, 889f; *Fisch*, From Legitimacy to Logic, 46 Vand. L. Rev. 1229 ff.; *Hamilton*, Corporate Governance in America, 25 J. Corp. L. 349, 355 f.

15 *Hamilton*, dCorporations in a Nutshell, S. 405; *Elsing/van Alstine*, Rn. 619; *Merkt*, Rn. 548 ff.; *Fletcher, Cyc.* §§ 2213, 2219; *Cox/Hazen/O'Neil*, § 9.3, S. 9.10 ff.; *Eisenberg*, The Legal Structure of the Corporation, S. 144 ff.; Bavley, S. 87; *Pinto*, in *Pinto/Visentini*, S. 261; *Steindl*, S. 80 ff.; *Kindler*, S. 34 f.; *ABA*, Corporate Directors Guidebook, 56 Bus. Law. 1571, 1575; *ALI*, Principles of Corporate Governance, § 1.34. Siehe außerdem *NYSE*, Listing Rules, abrufbar unter www.nyse.com; Rule 16b-3(c)(2)(i) Securities and Exchange Act 1934, abrufbar unter www.sec.gov.

existiert die Unterteilung nach der ausgeübten Funktion im "*board*" in "*executive*" und "*non-executive directors*". "*Executive directors*" sind in der Regel zugleich "*inside directors*", da sie mit der Gesellschaft befasst sein müssen, um diese Aufgabe ausführen zu können.[16]

2.2.1 Aufbau des "board of directors"

2.2.1.1 Zusammensetzung

Unter dem Begriff "*inside directors*" versteht man Mitglieder des "*board of directors*", die gleichzeitig auch leitende Angestellte der Gesellschaft sind oder von dieser in irgendeiner sonstigen Art und Weise wirtschaftlich abhängen.[17] Häufig vorzufinden war in der Vergangenheit, dass die wichtigsten "*officers*", wie der *CEO* oder *CFO*[18] auch gleichzeitig Mitglieder des "*board of directors*" sind. Als Beispiel für "*inside directors*", die zwar nicht Angestellte der Gesellschaft sind, aber in einem wirtschaftlichen Abhängigkeitsverhältnis stehen, wird in der amerikanischen Aktienrechtsliteratur der Partner der Rechtsanwaltskanzlei, die die überwiegende Rechtsberatung für die Gesellschaft tätigt angeführt, oder der Vertreter der Hausbank der Gesellschaft.[19] Einen Grenzfall stellt der Inhaber oder "*director*" eines Großkunden oder Zulieferers dar.[20] Einerseits ist er formal von der Gesellschaft unabhängig und steht anders als der Rechtsanwalt der Gesellschaft auch nicht in einem dienstvertraglichen Verhältnis mit der Gesellschaft. Da er aber gleichzeitig auch erhebliche eigene wirtschaftliche Interessen hat und damit an der Erteilung weiterer Aufträge durch das Management interessiert ist, wird er zu Recht den "*inside directors*" zugerechnet. Aufgrund der jüngsten Entwicklungen im amerikanischen Gesellschaftsrecht ist, wie *infra* zu erörtern ist, die Anzahl der "*inside directors*" sehr zurückgegangen.[21]

Die Gegengruppe zu "*inside directors*" bilden "*outside*" oder "*independent directors*". Darunter versteht man diejenigen Mitglieder, die sich nicht in einem Abhängigkeitsverhältnis zu der Gesellschaft befinden, sondern frei von eigenen wirtschaftlichen Interessen ihre Aufgaben in der Gesell-

---

16 Siehe bereits *supra* Abschnitt 1.4.

17 *Henn/Alexander;* S. 553 ff.; *Monks/Minow*, Corporate Governance, S. 202; *Steindl*, S. 80 ff.; *Kindler*, S. 34 f.; *Cox/Hazen/O'Neil*, § 9.3, S. 9.10 ff.; *Jacobs*, 1987 J. Bus. Law 269ff.; *Elsing/van Alstine*, Rn. 619; *ABA*, Corporate Directors Guidebook, 56 Bus. Law. 1571, 1575; *Barthelmeß*, S. 47; *Mace*, S. 111 ff.

18 CEO steht für "chief executive officer"; CFO steht für "chief financial officer".

19 *Bacon/Brown*, S. 62 ff.; *Hamilton*, Corporations in a Nutshell, S. 405; *Mace*, S. 119 ff.; *Steindl*, S. 80 ff.; *ABA*, Corporate Directors Guidebook, 56 Bus. Law. 1571, 1575.

20 *Mace*, S. 119 ff.; *Monks/Minow*, Corporate Governance, S. 202; *NYSE*, Listing Rules, abrufbar unter www.nyse.com.

21 Siehe insofern die Vorschriften der *NYSE*, abrufbar unter www.nyse.com sowie *NASDAQ*, abrufbar unter www.nasdaq.com.

schaft erfüllen können.[22] Ihnen wird, wie *infra* dargestellt ist, in der derzeitigen Corporate Governance-Diskussion in den Vereinigten Staaten besondere Bedeutung zugesprochen.[23]

Geleitet wird das "*board*" von einem "*chairman of the board*" (Vorsitzender des Verwaltungsorgans), der sich aus seiner Mitte rekrutiert.[24] Diese Position wurde in der Vergangenheit meistens vom "*Chief Executice Officer*" ausgeübt, also einem "*inside director*".[25] Um aber die Unabhängigkeit des "*board of directors*" von dem Management zu stärken, wird heute zunehmend gefordert, dass sich der "*chairman*" aus den Reihen der "*outside directors*" rekrutiert.[26]

2.2.1.2 Wahl der Mitglieder des "board of directors"

Nach dem gesetzlichen Grundmodell werden Mitglieder des "*board of directors*" von den Anteilseignern auf der jährlich stattfindenden Hauptversammlung gewählt bzw. wiedergewählt.[27] Es existieren im amerikanischen Gesellschaftsrecht verschiedene, rechtlich zulässige Möglichkeiten, das Stimmrecht auszugestalten. Das Gesetz geht grundsätzlich davon aus, dass jeder Aktionär pro Aktie eine Stimme bei der Wahl der "*directors*" hat.[28]

Gesellschaften haben aber die Möglichkeit, verschiedene Aktiengattungen auszugeben.[29] Es ist nicht nur möglich, Aktien mit ("*general stock*") und ohne (meist "*preferred stock*") Stimmrecht auszugeben, sondern auch bei Aktien mit Stimmrecht unterschiedliche Kategorien zu schaffen, also

---

22 *Bacon/Brown*, S. 62 ff.; *Monks/Minow*, Corporate Governance, S. 202; *Steindl*, S. 80 ff.; *ABA*, Corporate Directors Guidebook, 56 Bus. Law. 1571, 1575; *ALI*, Principles of Corporate Governance, § 1.34; *Elsing/van Alstine*, Rn. 619; *Merkt*, Rn. 548 ff.; *Schwarz/Holland*, ZIP 2002, 1661, 1670. Siehe auch Stellungnahme des Business Roundtable, einem Zusammenschluss der CEO der größten amerikanischen Gesellschaften, vom Mai 2002, abrufbar unter www.brtable.org.

23 Siehe insbesondere *ALI*, Principles of Corporate Governance, § 1.34 f.; *Steindl*, S. 86f; *Barthelmeß*, S. 47; *Kindler*, S. 34; *Tobin*, 49 Bus. Law. 1707, 1712 f.; Lin, 90 Nw. U. L. Rev. 898 ff.; *Lipton/Lorsch*, 48 Bus. Law. 59 ff.; *Eisenberg*, Board of Directors and Internal Control, 19 Cardozo L. Rev. 237 ff.

24 *Fletcher*, Cyc. § 2232; Steindl, S. 87; *Monks/Minow*, Corporate Governance, S. 189; *Pinto*, in *Pinto/Visentini*, S. 257; *Merkt*, Rn. 495; *Elsing/van Alstine*, Rn. 603; *Eisenberg*, The Legal Structure of the Corporation, S. 143.

25 *Hamilton*, Corporations in a Nutshell, S. 407 f.; *Mace*, S. 94 und 113; *Merkt*, Rn. 495; *Elsing/van Alstine*, Rn. 603.

26 *Schwarz/Holland*, ZIP 2002, 1661, 1670; *Monks/Minow*, Watching the Watchers, S. 179 f.; *Hein*, RIW 2002, 501, 505. Dagegen spricht sich allerdings der *Business Roundtable* aus, siehe www.brtable.org, Corporate Governance, September 1997.

27 *Merkt*, Rn. 490 ff.; *Elsing/van Alstine*, Rn. 598; Gevurtz, S. 195 ff.; *Cox/Hazen/O'Neil*, § 9.1, S. 9.02 ff. Siehe auch § 8.03(d) *MBCA* sowie § 211(b) *Del. GCL.*

28 *Henn/Alexander*, S. 493 ff.; *Siegel*, in Fundamentals of American Law, S. 342 f.; *Merkt*, Rn. 492 ff.; *Elsing/van Alstine*, Rn. 613; *Pinto*, in *Pinto/Visentini*, S. 261. Siehe dazu § 7.21(a) *MBCA*.

29 *Gevurtz*, S. 113 ff.; *Hamilton*, Corporations, S. 496 ff.; *Siegel*, in Fundamentals of American Law, S. 342 f.; *Merkt*, Rn. 492 ff.; *Henn/Alexander*, S. 494; *Pinto*, in *Pinto/Visentini*, S. 259 f.; *Fletcher, Cyc.* §§ 2213.

Klassen eine unterschiedliche Stimmgewichtung einzuräumen.[30] Die Grundregel ist dann, dass alle Aktiengattungen mit Stimmrecht an der Wahl der "*directors*" teilnehmen können und gewählt ist, wer die meisten der abgegebenen Stimmen auf sich vereinigt. Da dies zu einer Benachteiligung von Minderheitsaktionären oder Inhabern bestimmter Aktiengattungen führen kann, können Gesellschaften in ihren Satzungen ("*articles of incorporation*") vorsehen, dass verschiedenen Aktiengattungen jeweils das Recht zusteht, eine bestimmte Anzahl der "*directors*" zu wählen. Auf diesem Weg soll sichergestellt werden, dass die Vertreter aller Klassen im "*board of directors*" vertreten sind.[31] Eine Repräsentation der unterschiedlichen stimmberechtigten Aktiengattungen im "*board of directors*" kann insofern von Bedeutung sein, als das "*board*" auch über die Verteilung einer Dividende entscheidet.[32]

Eine weitere Besonderheit des amerikanischen Rechts ist die Möglichkeit des "*cumulative voting*", bei der jeder Aktionär bei der Wahl der "*directors*" seine, ihm für sämtliche Mitglieder des "*board of directors*" insgesamt zustehenden Stimmen, für die Wahl einer einzigen Person verwenden kann.[33] Auf diesem Wege können Minderheitsaktionäre durch die Kumulierung ihrer Stimmen auf einen Kandidaten diesen leichter wählen, während sie nach der Methode des "*straight voting*" immer unterlegen wäre.[34]

2.2.1.3 Amtszeit der "directors"

Die Amtszeit der "*directors*" beträgt nach dem Gesetz ein Jahr.[35] Allerdings wird Gesellschaften das Recht eingeräumt in ihren "*by-laws*" (Geschäftsordnung) oder "*articles of incorporation*" (Satzung) die Amtszeit der Mitglieder des "*board of directors*" zu staffeln (*staggered terms*).[36] Das bedeutet, dass die gesamte Zahl der Mitglieder des "*board of directors*" in mehrere Klassen eingeteilt wird und die Neuwahl einer jeden Klasse immer um ein Jahr von der Neuwahl der jeweils vorherigen Klasse verschoben wird. Der mehrheitlich vorzufindende Zeitraum sind drei Jahre.

---

30 *Pinto*, in *Pinto/Visentini*, S. 259 f.; *Gevurtz*, S. 113 f.;*Henn/Alexander*, S 493 ff.; *Merkt*, Rn. 492 ff.; *Siegel*, in Fundamentals of American Law, S. 344; *Hamilton*, Corporations in a Nutshell, S. 254 ff.; *Cox/Hazen/O'Neil*, § 9.1, S. 9.02 ff.

31 *Hamilton*, Corporations in a Nutshell, S. 254 f.; *Gevurtz*, S. 113 ff.; *Cox/Hazen/O'Neil*, § 9.1, S. 9.02 ff.; *Henn/Alexander*, S 493 ff. Siehe auch §§ 6.01(a), 7.26 und 8.04 *MBCA*. Außerdem *Lehrman v. Cohen*, 222 A.2d 800 (Del. 1966).

32 § 6.40 *MBCA* und § 170(a) *Del. GCL*.

33 Siehe näher dazu *infra*. Siehe ebenfalls *Hamilton*, Corporations, S. 496 f.; *ders.*; Corporations in Nutshell, S. 263 ff.; [33] *Merkt*, Rn. 490 f.; *Elsing/van Alstine*, Rn. 613 ff.; *McDermott/Reemers/Turcon*, in *Turcon/Zimmer*, S. 13; *Steindl*, S. 53. Siehe außerdem § 214 *Del. GCL*.

34 § 7.28 (b) *MBCA* und § 214 *Del. GCL*. Eine detaillierte Darstellung dieses Systems würde hier zu weit führen. Eine gute Erklärung findet sich bei *Hamilton*, Corporations, S. 496, *Henn/Alexander*, S 493 ff. sowie *Steindl*, S. 53; Berrar, S. 237 zur Anwendbarkeit in Deutschland.

35 § 8.02 (c) *MBCA* und § 141(b) *Del. GCL*. Siehe auch *Gevurtz*, S. 186 f.; *Henn/Alexander*, S. 511; *Pinto*, in *Pinto/Visentini*, S. 261; *Steindl*, S. 53; *Bleicher*, Unternehmensverfassungen S. 304.

36 § 8.06 *MBCA* und § 141 (d) *Del. GCL*; *Henn/Alexander*, S. 556; *Steindl*, S. 53; *Hamilton*, Corporations in a Nutshell, S. 270; *Elsing/van Alstine*, Rn. 614; *Pinto*, in *Pinto/Visentini*, S. 261.

Auf diesem Wege soll erreicht werden, dass eine gewisse Kontinuität gewahrt bleibt, dadurch dass immer einige Mitglieder vorhanden sind, die bereits im vorangegangen Jahr das Amt innehatten und mit der Ausrichtung des Unternehmens vertraut sind.[37] Gleichzeitig kann es auch eine wirksame Waffe gegen feindliche Übernahmen darstellen.[38] Das übernehmende Unternehmen möchte regelmäßig zur Festigung seiner Kontrolle ihm verbundene "*directors*" in das "*board of directors*" bringen. Ein solches Vorgehen wird erheblich erschwert, wenn die vorhandenen Mitglieder erst nach Ablauf der vollständigen Amtszeit von in der Regel drei Jahren ersetzt werden können.[39]

Es stellt aber auch eine Benachteiligung von Minderheitsaktionären dar, da deren Chancen eigene Kandidaten in das "*board*" zu wählen, umso geringer sind, je weniger Kandidaten zur Wahl stehen. Konsequenterweise ist in Bundesstaaten, in denen "*cumulative voting*" gesetzlich vorgeschrieben ist, eine Staffelung der Amtszeit verboten.[40]

2.2.1.4 Abberufung der Mitglieder des "board of directors"

Da die Aktionäre die Mitglieder des "*board of directors*" wählen, steht ihnen auch das Recht zu, diese abzuberufen, unabhängig vom Ablauf ihrer Amtszeit.[41] Umstritten war diesbezüglich zeitweise lediglich die Frage, ob eine Abberufung eines besonderen Grundes bedarf oder nicht.[42] Die Rechtsprechung nahm in dieser Frage traditionell eine restriktive Position ein, als sie eine Analogie zur Wahl von Personen, welche ein öffentliches Amt bekleiden, zog und eine Abberufung nur bei Vorliegen eines wichtigen Grundes zuließ.[43] Die Mehrheit der modernen Aktiengesetze lässt demgegenüber eine Abberufung durch die Aktionäre zu, unabhängig vom Vorliegen eines wichtigen Grundes.[44] Es steht Gesellschaften aber frei, abweichende Regelungen in den "*articles of incorporation*" zu verankern.[45]

---

37 *Fletcher Cyc*, § 334.10, p. 138, *Gevurtz*, S. 187; *Steindl*, S. 53.

38 *Steindl*, S. 53.

39 *Gevurtz*, S. 187 f.; eine solche Maßnahme läuft allerdings in Leere, wenn die Satzung/das einschlägige Gesetz vorsieht, dass die "*directors can be removed with or without cause*" (mit oder ohne Grund abberufen werden können).

40 *Elsing/van Alstine*, Rn. 614 und Fn. 79. Dies ist in Kalifornien beispielsweise für nichtbörsennotierte Gesellschaften der Fall.

41 *Fletcher, Cycl.*, § 352; *Merkt*, Rn. 487; *Elsing/van Alstine*, Rn. 599; *Henn/Alexander*, S. 559; *Hamilton*, Corporations in a Nutshell, S. 263 ff.; *Steindl*, S. 64. Siehe auch § 8.08 *MBCA* sowie § 141(k) *Del. GCL.*

42 *Elsing/van Alstine*, Rn. 599.

43 Siehe z. B. *Everett v. Transnation Development Corporation*, 267 A.2d 627 (Del.Ch.1970). Siehe auch *Henn/Alexander*, S. 559 m.w.N.

44 *Gevurtz*, S. 188; *Merkt*, Rn. 487; *Elsing/van Alstine*, Rn. 599; *Henn/Alexander*, S. 559 f. Siehe auch § 8.08(a) MBCA und § 141(k) *Del. GCL.* Siehe außerdem *Insituform of North America, Inc. V. Chandler*, 534 A.2d 257 (Del.Ch).

45 *Fletcher*, Cyc. § 352; *Henn/Alexander*, S. 559 f.; *Pinto*, in *Pinto/Visentini*, S. 261; *Hay*, Rn. 515.

Einschränkend ist zu beachten, dass "*directors*", die von einer bestimmten Aktiengattung gewählt worden sind, auch nur von dieser abberufen werden können.[46] Dies ist notwendig, um dem Schutzgedanken, der hinter dieser Verteilung der Sitze steht, gerecht zu werden.

Beachtenswert ist, dass im amerikanischen Kapitalgesellschaftsrecht die Möglichkeit besteht, "*directors*" auch von den übrigen Mitgliedern des "*boards*" abberufen zu lassen.[47] Zwar ist der Grundgedanke, dass "*directors*", da sie von den Aktionären gewählt werden, auch nur von diesen wieder abberufen werden können[48], doch besteht die Möglichkeit spezielle Komitees ("*special committees*") einzurichten, denen auch die Befugnis übertragen werden kann, "*directors*" ihres Amtes zu entheben.

Als weitere Möglichkeit der Abberufung von Mitgliedern des "*board of directors*" steht den Aktionären auch ein gerichtliches Vorgehen offen. Dafür ist nach der Rechtslage in den meisten Bundesstaaten sowie dem *MBCA* ein Antrag eines 10%igen Aktionärsquorums erforderlich.[49] In Ausnahmefällen, bei Vorliegen von Anhaltspunkten von Betrug oder sonstigem schwerwiegendem Fehlverhalten, wird auch dem "*attorney general*" (Generalstaatsanwalt) des jeweiligen Bundesstaates das Recht eingeräumt, ein gerichtliches Verfahren zur Abberufung von Mitgliedern des "*board of directors*" einzuleiten.[50]

2.2.2 Aufgaben des "board of directors"

Die Aufgaben des "*board*" liegen mittlerweile überwiegend in der Überwachung der Geschäftsführung durch die "*officers*" sowie dem Treffen von Grundsatzentscheidungen über die weitere Ausrichtung der Geschäftstätigkeit der Gesellschaft.[51] Zwar steht es dem "*board of directors*" frei, ob und wie tief es sich mit den Alltagsgeschäften der Gesellschaft befasst, eine Verpflichtung dies zu tun, besteht aber nicht.[52]

---

46 *Henn/Alexander*, S. 561; dies gilt nicht im Anwendungsbereich des *MBCA*.

47 *Henn/Alexander*, S. 561 m.w.N.; siehe auch *Mace*, S. 94 ff.

48 Für *Delaware* siehe *Stroud v. Milliken Enterprises, Inc.*, 585 2.A2d 1306; siehe auch *Henn/Alexander*, S. 561.

49 § 8.09 *MBCA*; außerdem *Henn/Alexander* S. 561 sowie *Fletcher Cyc.*, § 357; *Merkt*, Rn. 487.

50 *Fletcher Cyc.*, § 357; *Henn/Alexander* S. 561; *Cox/Hazen/O'Neil*, § 9.1, S. 9.02 ff.; *Bacon/Brown*, S. 7 ff.

51 *Merkt*, Rn. 487; *Henn/Alexander* S. 551; *Cox/Hazen/O'Neil*, § 9.5, p. 9.20; *Mace*, S. 178 ff., *Eisenberg*, The Legal Structure of the Corporation, S. 156 ff.; *Barthelmeß*, S. 42 f.; *Kindler*, S. 26 ff.; *Gevurtz*, S. 186 ff.; *Pinto*, in *Pinto/Visentini*, S. 265 ff.; *Bleicher/Leberl/Paul*, S. 130; *Bowen*, S. 18 ff.; *Monks/Minow*, Power and Accountability, S. 75 ff.; *dies.*, Corporate Governance, S. 178 f.; *Fletcher Cyc.*, § 357.

52 *Eisenberg*, Corporations and other Business Associations, Official Comment to § 8.01 *MBCA*, S. 667; *Hamilton*, Corporations in a Nutshell, S. 232f; *Henn/Alexander* S. 550 f. Üblicherweise findet sich eine solche Untergliederung in Überwachung durch das "*board*" sowie Geschäftsführung durch die "*officer*" nur bei größeren Gesellschaften. In kleineren Gesellschaften kann es auch vorkommen, dass beides durch das "*board of directors*" erfolgt.

Historisch betrachtet ist diese Verteilung eine Abkehr von der traditionellen Sicht, welche dem "*board of directors*" auch die exklusive Leitungsfunktion zugewiesen hat.[53] Aufgrund der Anforderungen des modernen Geschäftslebens hat sich jedoch die Erkenntnis durchgesetzt, dass das "*board*" aufgrund seiner Zusammensetzung und Konzeption dieser Aufgabe nicht mehr nachkommen kann.[54] Dementsprechend haben die meisten einzelstaatlichen Gesetzgeber reagiert und eine Änderung des Aufgabenfelds in ihre Aktiengesetze aufgenommen[55].

Typisch für die veränderte Sicht der vorgesehenen Aufgaben des "*board of directors*" regelt § 141(a) *Del. GCL* mittlerweile, dass: "*the business and affairs of every corporation [...] shall be managed by or under the direction of a board of directors*" (die Geschäfte und Angelegenheiten einer Gesellschaft [...] sollen durch das "*board of directors*" oder unter seiner Leitung getätigt werden). Eine ähnliche Formulierung findet sich auch in § 8.01 (b) *MBCA*: "*all corporate power shall be exercised by or under the authority of, and the business and affairs of the corporation managed by or under the direction of, its board of directors [...]*" (die gesamte gesellschaftsrechtliche Leitung soll durch oder unter der Leitung des "*board of directors*" [...] ausgeübt werden.

Der Gegenstand dieser Leitungs- und Kontrollbefugnisse des "*board of directors*" lassen sich folgendermaßen zusammenfassen:[56]

- "*setting the course of the enterprise by determining the company's general objectives, goals and philosophies*" (Festlegen der Unternehmensstrategie durch das Bestimmen der Unternehmensziele und der Unternehmensphilosophie),
- "*selecting the chief executive and senior officers and seeing that able young executives are developed*" (Auswahl des CEO und anderer leitender Angestellter sowie Sorge für die Entwicklung von Managementnachwuchs tragen),

---

53 *Bacon/Brown*, S. 7 ff.; *Eisenberg*, The Legal Structure of the Corporation, S. 139 ff.; *Mace*, S. 41 ff.; *Monks/Minow*, Corporate Governance, S. 178 ff.; *Barthelmeß*, S. 42 f.; *Kindler*, S. 26 ff.; *Siegel*, in Fundamentals of American Law, S. 346 f.; *ABA*, Corporate Directors Guidebook, 56 Bus. Law. 1571 ff.

54 Statt vieler siehe *Mace*, S. 6 f. sowie *ALI*, Principles of Corporate Governance, § 3.02 und *ABA*, Corporate Directors Guidebook, 56 Bus. Law. 1571 ff.

55 Siehe § 8.01(b) *MBCA* sowie § 141(a) *Del. GCL*. Siehe außerdem *Eisenberg*, Corporations and other Business Associations, Official Comment zu § 8.01 *MBCA*, S. 667; *Hamilton*, Corporations in a Nutshell, S. 232 f.

56 *Bacon/Brown*, S. 7 ff.; *Cox/Hazen/O'Neil*, § 9.5, S. 9.20; *Mace*, S. 178 ff.; *Bleicher/Leberl/Paul*, S. 130 ff.; *Eisenberg*, The Legal Structure of the Corporation, S. 156 ff.; *ders.*, The Board of Directors and Internal Control, 19 Cardozo L. Rev. 237, 242 ff.; *Pinto*, in *Pinto/Visentini*, S. 265 ff.; *Barthelmeß*, S. 42; *Steindl*, S. 66 f.; Kindler, S. 33; Bowen, S. 18 ff. und 35 ff.; *Henn/Alexander*, S. 562 ff.; *Hamilton*, Corporations, S. 647 f.; *Brudney*, The Role of the Board of Directors, 37 U. Miami L. Rev. 223 ff.; *Millstein*, The Responsible Board, 52 Bus. Law. 407, 409 ff.; *ABA*, Corporate Directors Guidebook, 56 Bus. Law. 1571 ff.; *ALI*, Principles of Corporate Governance, § 3.02 ff.; *Buxbaum*, in *Feddersen/Hommelhoff/Schneider*, S. 65, 74 ff.; *Juran/Louden*, S. 41.

- "*determining executive compensation, pension and retirement policies*" (Die Vergütung des Geschäftsführung sowie Pensionspläne für diese erarbeiten),
- "*delegating the chief executive and subordinate executives authority for administrative action*" (die Verwaltungsbefugnis an den CEO und andere Mitglieder der Geschäftsführung übertragen),
- "*providing advice, counsel, and assistance to corporate officers*" (Mitgliedern der Geschäftsführung beratend zur Seite stehen),
- "*monitoring the company's progress, exercising vigilance for its welfare, and taking appropriate action in light of its welfare*" (das Wachstum der Gesellschaft beobachten, das Wohlergehen der Gesellschaft überwachen sowie die zum Wohle der Gesellschaft maßgeblichen Schritte einleiten),
- "*submitting for shareholders action proposals requiring their approval*" (den Aktionären Vorschläge für Entscheidungen, welche ihrer Zustimmung bedürfen übersenden),
- "*creating the adequate machinery for conducting the board's business*" (einen Verwaltungsapparat aufbauen, der ein angemessenes Arbeiten des *"board of directors"* ermöglicht).

Zusammenfassend lassen sich die Aufgaben des "*board*" daher in zwei Aspekten ausdrücken. Es hat im Rahmen seiner Geschäftsführungsbefugnisse die langfristigen Ziele der Gesellschaft festzusetzen und Maßnahmen zum Erreichen dieser Ziele zu treffen. Daneben kommt ihm im Rahmen seiner Kontrollfunktion die Aufgabe zu, die Geschäftsführung durch die "*officers*" zu überwachen und eine Einhaltung der aufgestellten Ziele und Vorgaben sicher zu stellen.[57]

2.2.3 Arbeitsweise des "board of directors"

Das "*board of directors*" handelt entweder durch Beschlüsse des gesamten Plenums, die mündlich während "*meetings*" (Versammlungen) oder durch schriftliche Zustimmung getroffen werden oder in Teilbereichen durch seine verschiedenen "*committees*" (Ausschüsse).[58]

2.2.3.1 Handlungen des "Board of Directors" durch das Plenum

Das Gesetz geht davon aus, dass das "*board of directors*" grundsätzlich als Plenum im Rahmen ordentlicher oder außerordentlicher Versammlungen

---

57 *Pinto*, in *Pinto/Visentini*, S. 265 ff.; *Barthelmeß*, S. 42; *Steindl*, S. 66 f.; *Kindler*, S. 33; *Bowen*, S. 18 ff. und 35 ff.; *Henn/Alexander*, S. 562 ff.; *Buxbaum*, in *Feddersen/Hommelhoff/Schneider*, S. 65, 74 ff.; *Eisenberg*, The Legal Structure of the Corporation, S. 156 ff.

58 Siehe § 8.20 *MBCA* aber auch § 8.21 *MBCA*, welcher Handlungen auch ohne Meeting zulässt, wenn jeder "*director*" eine entsprechende schriftliche Zustimmung unterschreibt. Siehe auch § 141(a) *Del. GCL*. Vertiefend *Henn/Alexander*, S. 562 ff. sowie *Cox/Hazen/O'Neil*, § 9.5, S. 9.20.

handelt.[59] Nach traditioneller Ansicht der Rechtsprechung haben Aktionäre ein Recht, dass die "*directors*" als "*board*", also in Mehrheit, alle, für die Gesellschaft relevanten Angelegenheiten besprechen und dadurch bei der Entscheidungsfindung von der gegenseitigen Erfahrung profitieren.[60] Eine Ausnahme wird zugelassen, wenn die Mitglieder durch "*unanimous consent in writing or electronic transmission*" (einstimmig schriftliche oder elektronische Übermittlung zulassen) ihre Zustimmung ausdrücken und weder die Satzung noch die Geschäftsordnung des "*boards*" ein solches Vorgehen verbietet.[61] Damit wird erreicht, dass Akte, bei denen eine Zustimmung offensichtlich ist, auch ohne das Abhalten formeller Treffen vorgenommen werden können, um den Aufwand eines tatsächlichen Zusammenkommens zu vermeiden.[62]

Delaware fordert darüber hinaus, dass der vorgenommene Rechtsakt in den "*minutes of the board*" (Sitzungsprotokoll) vermerkt wird[63], ein Schritt, der für die *infra* erörterte Frage der Haftung wichtig ist.[64]

Entscheidungen des "*boards*" bedürfen zu ihrer Wirksamkeit einer Entscheidung eines Quorums in Höhe der einfachen Mehrheit der Mitglieder.[65] In der Satzung oder der Geschäftsordnung der Gesellschaft kann davon aber abgewichen werden.[66]

Die Anzahl und Häufigkeit der Sitzungen des "*board of directors*" richtet sich nach dem Ermessen der "*directors*". Die einzelstaatlichen Gesetzgeber haben sich diesbezüglich einer Vorgabe enthalten.

2.2.3.2 Handlungen des "Board of Directors" durch Ausschüsse

Daneben steht es dem "*board of directors*" frei, aus seinen Mitgliedern bestehende Ausschüsse (sog. „committees“) zu bilden, die einzelne Aufga-

---

59 *Fletcher Cyc.*, § 392, S. 235; *Henn/Alexander*, S. 564 ff.; *Bowen*, S. 93 ff.; *Merkt*, Rn. 497 ff.; *Elsing/van Alstine*, Rn. 599; *Siegel*, in Fundamentals of American Law, S. 347; *Hamilton*, Corporations in a Nutshell, S. 306f; *McDermott/Reemers/Turcon*, in *Turcon/Zimmer*, S. 11 f.

60 Siehe z.B. *Ames v. Goldfield Merger Mines Co.*, 272 F. 292. Siehe auch *Fletcher Cyc.*, § 392, S. 238; *Henn/Alexander*, S. 565.

61 § 8.21 *MBCA* und § 141 (f) *Del. GCL*. Siehe auch *Henn/Alexander*, S. 564 ff.; *Merkt*, Rn. 497 ff.; *Elsing/van Alstine*, Rn. 599.

62 Siehe diesbezüglich auch die Vorschriften § 8.20 (b) *MBCA* und § 141 (f) *Del. GCL* zur Zulässigkeit vom Telefonkonferenzen und sonstigen technischen Mitteln.

63 Siehe § 141 (f) *Del. GCL*.

64 Siehe *infra*, Kapitel 2.2.4.6.1.

65 Siehe § 8.24 (a) *MBCA* und § 141 (b) *Del. GCL*. Allerdings steht es der Gesellschaft offen, auch ein geringeres Quorum festzusetzen, welches allerdings ein Drittel der gewählten "*directors*" nicht unterschreiten darf, § 141 (b) *Del. GCL* und § 8.24 (b) *MBCA*. Siehe dazu statt vieler *Henn/Alexander*, S. 567 ff. sowie *Cox/Hazen/O'Neil*, § 9.5, S. 9.20.

66 *Henn/Alexander*, S. 568.

ben des Plenums übernehmen.[67] Mittlerweile hat es sich sogar eingebürgert, wie *infra* dargestellt wird, dass zumindest börsennotierte Publikumsgesellschaften entweder durch Gesetz oder aber aufgrund der Notierungsvoraussetzungen ("*listing requirements*") der einzelnen Börsen zur Einsetzung eines oder mehrerer solcher Ausschüsse zwingend verpflichtet sind.[68]

Es ist dabei zwischen permanenten Ausschüssen, also solchen die regelmäßig in ihrem Aufgabenbereich neben oder an Stelle des "*board of directors*" tätig sind und besonderen Ausschüssen, also solchen, die lediglich temporär zur Wahrnehmung einzelner Aufgaben ins Leben gerufen werden, zu unterscheiden. Beispiele der ersten Kategorie sind "*audit committee*" (Prüfungsausschuss) oder "*compensation committee*" (Gehaltsausschuss), während wichtigstes Beispiel eines nur temporär tätigen Ausschusses das "*litigation committee*" ist, welches im Falle von Rechtsstreitigkeiten gegen Mitglieder des "*board of directors*" eingerichtet wird.[69]

Hintergrund der Arbeitsaufteilung ist, dass aufgrund der beschränkten Zeit, die Tätigkeit als "*director*" in der Regel nebenamtlich ausgeübt wird, sodass man wichtige Bereiche durch kleinere und damit auch flexiblere Gremien zu regeln versucht.[70] Ergänzend ist es aber gerade in jüngerer Zeit auch ein wichtiger Bestandteil interner Unternehmenskontrolle geworden[71], essentielle Bereiche an Ausschüsse zu übertragen, um auf diesem Weg eine formale Trennung zu den ebenfalls im "*board*" vertretenen Mitgliedern des Managements zu erreichen.[72]

Typischerweise werden bei größeren Aktiengesellschaften vier bis sechs permanente Ausschüsse gebildet, die in regelmäßigen Abständen zusätz-

---

67 Zur Bedeutung der Ausschussbildung siehe *Bleicher/Leberl/Paul*, S. 219 ff.; *ABA*, Corporate Directors Guidebook, 56 Bus. Law. 1571 ff.; *Fletcher Cyc.*; § 549 ff.; *Windbichler*, ZGR 1985, 50, 59; *ALI*, Principles of Corporate Governance, § 3a.02 ff.; *Buxbaum*, in *Feddersen/Hommelhoff/Schneider*, S. 65, 78 f.; *Bowen*, S. 98 ff.; *Eisenberg*, The Legal Structure of the Corporation, S. 141.

68 Siehe beispielsweise Sec. 301 *Sarbanes-Oxley Act of 2002* oder auch die Änderungen der "*Listing Requirements*" der "*New York Stock Exchange*", vom 16.08.2002, abrufbar unter www.nyse.com.

69 Zu den einzelnen Ausschüssen vgl. infra Kapitel 2.2.4. Siehe außerdem *Windbichler*, ZGR 1985, 50, 59; *Merkt*, Rn. 497 ff.; *Elsing/van Alstine*, Rn. 599; *ABA*, Corporate Directors Guidebook, 56 Bus. Law. 1571 ff.; *ALI*, Principles of Corporate Governance, § 3.02 ff.; *Bleicher/Leberl/Paul*, S. 219 ff.; *Fletcher Cyc.*; § 549 ff.; *Schwarz/Holland*, ZIP 2002, 1661, 1665 ff.

70 *Bleicher/Leberl/Paul*, S. 219 ff. Generell zu den Vorzügen der Ausschussarbeit siehe *Deckert*, ZIP 1996, 985 ff.; *Rellermeyer*, S. 1 ff.; *Lutter/Krieger*, S. 242 ff.; *Schwarz/Holland*, ZIP 2002, 1661, 1671 f.; *Buxbaum*, in *Feddersen/Hommelhoff/Schneider*, S. 65, 78 f.; *Potthoff/Trescher*, S. 77 ff.

71 *ALI*, Principles of Corporate Governance, § 2.01. Siehe auch Sec. 301 *Sarbanes-Oxley Act of 2002*; "*Listing Requirements*" der "*New York Stock Exchange*", vom 16.08.2002, abrufbar unter www.nyse.com; *Schwarz/Holland*, ZIP 2002, 1661, 1671.

72 Sec. 301 *Sarbanes-Oxley Act of 2002*, *Fletcher Cyc.*, § 549, S. 7; *Schwarz/Holland*, ZIP 2002, 1661, 1671 f.

lich zum Plenum tagen.[73] Diese decken die Bereiche "*audit*" (Prüfung), "*compensation*" (Gehalt), "*nominating*" (Nachfolge), "*executive*" (Geschäftsführung), "*corporate governance*" (Unternehmensführung und Unternehmenskontrolle) sowie "*stock*" (Aktienfragen).[74] Diese setzen sich aus Mitgliedern des "*board of directors*" zusammen, wobei aber auch Personen, welche nicht Angestellte oder "*directors*" der Gesellschaft sind, zu den Ausschusssitzungen hinzuberufen werden dürfen.[75]

Weiterhin steht ihnen das Recht zu, auf Kosten der Gesellschaft unabhängige Fachleute zu konsultieren, um sich ergänzend beraten zu lassen.[76]

Zur Größe der Ausschüsse sehen sowohl der *MBCA* als auch die meisten einzelstaatlichen Aktiengesetze eine Mindestzahl von zwei Mitgliedern pro Ausschuss vor.[77] Lediglich *Delaware* erlaubt Ausschüsse mit nur einem Mitglied.[78]

2.2.4 Aufgabenbereiche einzelner Ausschüsse ("committees")

2.2.4.1 Finanz- und Prüfungsausschuss ("Audit Committee")

Das "*audit committee*" stellt den wichtigsten Ausschuss des "*board of directors*" dar.[79] Es existiert in sämtlichen größeren Aktiengesellschaften und seine Existenz wird mittlerweile sowohl vom Gesetzgeber als auch den wichtigsten Börsen der Vereinigten Staaten als Voraussetzung einer Zulassung zum Handel angesehen.[80] Die elementare Bedeutung resultiert aus der hohen Abhängigkeit amerikanischer Gesellschaften von einer Kapitalbeschaffung an den Börsen.[81] Als Grundlage einer Investitionsentscheidung nehmen Anleger mehrheitlich die finanziellen Informationen über die Gesellschaft, weswegen es für Gesellschaften essentiell ist,

---

73 *Cox/Hazen/O'Neil*, § 9.5, S. 9.11; *Hamilton*, Corporate Governance in America, 25 J. Corp. L. 349, 354; *ABA*, Corporate Directors Guidebook, 56 Bus. Law. 1571, 1584 f.

74 *Fletcher Cyc.*; § 549, S. 7; *Cox/Hazen/O'Neil*, § 9.5, S. 9.11 ff.; *Henn/Alexander*, S. 575; *Kindler*, S. 138 ff.; *Steindl*, S. 94 ff.

75 *Henn/Alexander*, S. 575; *Gevurtz*, S. 186 ff.; *Bowen*, S. 98 ff.; *Varallo/Dreisbach*, S. 16.

76 In einzelnen Bereichen ist ein solches Recht mittlerweile auch gesetzlich festgeschrieben, wie Sec. 301 *Sarbanes-Oxley Act of 2002* für das "*audit committee*" zeigt. Siehe dazu auch *Henn/Alexander*, S. 577.

77 Siehe § 8.25 (a) *MBCA*. Siehe auch *Varallo/Dreisbach*, S. 16; *Cox/Hazen/O'Neil*, § 9.5, S. 9.11 ff.; *Fletcher Cyc.*, § 3:11.

78 § 141 (c) Del. GCL. New York und Ohio, fordern jeweils mindestens drei Mitglieder. *Varallo/Dreisbach*, S. 16.

79 Zur Geschichte und Entwicklung dieses Ausschusses siehe *Goerdeler*, ZGR 1987, S. 219 ff. sowie *Girnghuber*, S. 42 ff.

80 Sec. 301 *Sarbanes-Oxley Act of 2002* oder Handelsvoraussetzungen der NYSE und NASDAQ, abrufbar unter www.nasdaq.com bzw. www.nyse.com. Siehe auch *Schwarz/Holland*, ZIP 2002, 1661, 1671; *ABA*, Corporate Directors Guidebook, 56 Bus. Law. 1571, 1584 f.; *ALI*, Principles of Corporate Governance, § 3A.02 ff.; *Fletcher Cyc.*, § 550; S. 11.

81 *Schwarz/Holland*, ZIP 2002, 1661 ff.; *Buxbaum*, in *Feddersen/Hommelhoff/Schneider*, S. 65, 84; *Pinto*, in *Pinto/Visentini*, S. 256 ff.; *Kübler*, in *Baums/Buxbaum/Hopt*, S. 565 ff.; *Goerdeler*, ZGR 1987, 219 ff.; siehe auch infra Abschnitt 5.2.1.

der Öffentlichkeit akkurate finanzielle Informationen zur Verfügung zu stellen.[82]

Aufgabe dieses Ausschusses ist dementsprechend die Überwachung und Kontrolle sämtlicher Finanzangelegenheiten der Gesellschaft, insbesondere der periodisch zu veröffentlichenden Informationen.[83]

Zusätzlich obliegt ihm die Überwachung und Koordinierung der Zusammenarbeit mit den externen Wirtschaftsprüfern der Gesellschaft.[84] Dies beinhaltet sowohl deren Auswahl als auch die Sicherstellung ihrer Unabhängigkeit gegenüber der Geschäftsführung der Gesellschaft.[85] Sollten sich dabei entweder in der Zusammenarbeit oder der Unabhängigkeit zur Gesellschaft Probleme zeigen, obliegt es ihm die externen Abschlussprüfer zu wechseln.[86]

Darüber hinaus soll es auch ein offenes Gesprächsforum zwischen den Wirtschaftsprüfern und der Gesellschaft sicherstellen. Da das "*audit committee*" überwiegend mit "*outside directors*" besetzt ist, soll den Prüfern auf diesem Wege ermöglicht werden, offene Kritik an den vorhanden finanziellen Daten zu äußern, ohne in einen direkten Konflikt mit dem Management zu geraten und dadurch mit dem Entzug des Auftrags rechnen zu müssen.[87] Gesellschaftsintern soll es auf der anderen Seite einen Rückhalt für die interne Revision darstellen. Die Mitglieder des "*audit committee*" sollen sich regelmäßig mit den Mitarbeitern der internen Revision treffen, um dafür Sorge zu tragen, dass diese seitens der Geschäftsführung ausreichen informiert werden und in der Lage sind, Kritik an der internen Kontrolle sowie Verbesserungsvorschläge zu äußern, ohne berufliche Nachteile fürchten zu müssen.[88]

---

82 *Schwarz/Holland*, ZIP 2002, 1661 ff.; *Barthelmeß*, S. 40; *Goerdeler*, ZGR 1987, 219 ff.; *Girnghuber*, S. 42 ff.

83 *Fletcher Cyc.*, § 550, S. 11; *Goerdeler*, ZGR 1987, 219 ff.; *Girnghuber*, S. 42 ff.; *Henn/Alexander*, S. 577; *Buxbaum*, in *Feddersen/Hommelhoff/Schneider*, S. 65, 78 f.; *Olsen*, 54 Bus. Law. 1097, 1103; *ders./Sanlon*, SG02 ALI-ABA 1185, 191 ff.

84 *Fletcher Cyc.*, § 550, S. 12; *Varallo/Dreisbach* S. 20; *Schwarz/Holland*, ZIP 2002, 1661, 1671; *ABA*, Corporate Directors Guidebook, 56 Bus. Law. 1571, 1584 f.; *ALI*, Principles of Corporate Governance, § 3A.03.

85 *ABA*, Corporate Director's Guidebook, 56 Bus. Law. 1571, 1594 f.; *ALI*, Principles of Corporate Governance – Analysis and Recommendation, § 3.01 ff.; *Varallo/Dreisbach* S. 20; *Schwarz/Holland*, ZIP 2002, 1661, 1671.

86 *Olsen*, 54 Bus. Law. 1097, 1103; *ders./Sanlon*, SG02 ALI-ABA 1185, 191 ff.; *Kindler*, S. 138; *Girnghuber*, S. 37 ff.; *Bleicher/Leberl/Paul*, S. 219 ff.

87 *Fletcher Cyc.*, § 550, p. 12; *Schwarz/Holland*, ZIP 2002, 1661, 1666; *Kindler*, S. 138; *Girnghuber*, S. 34 ff.; *Olsen*, 54 Bus. Law. 1097, 1102; *Steindl*, S. 95; *ABA*, Corporate Director's Guidebook, 56 Bus. Law. 1571, 1594 f.; *Loeb/Lesser/Rothman/Fortman*, 822 PLI/Corp 83, 112.

88 *Olsen*, 54 Bus. Law. 1097, 1109; *ABA*, Corporate Director's Guidebook, 56 Bus. Law. 1571, 1594 f.; *Buxbaum*, in *Feddersen/Hommelhoff/Schneider*, S. 65, 78f; *Girnghuber*, S. 37 ff. Siehe auch den Bericht des "*Special Investigation Committee*" unter Vorsitz von *William C. Powers* vom 05.02.2002, abrufbar unter: http://energycommerce.house.gov/107/hearings/02052002 Hearing481/hearing.htm.

Weiterhin umfasst der Aufgabenbereich den Aus- und Aufbau interner Kontrollmechanismen der Gesellschaft sowie deren Überwachung und gegebenenfalls die Verbesserung derselben unter Beihilfe unabhängiger Wirtschaftsprüfer.[89] Nach Auffassung der Literatur sollte er auch in Personalfragen im buchhalterischen Sektor der Gesellschaft ein Mitspracherecht haben.[90]

In kleineren Unternehmen, welche eine geringere Personalstärke aufweisen, ist die Erfüllung sämtlicher ihm zugedachter Aufgaben durch das "*audit committe*" kaum möglich, da es in der Regel an qualifiziertem Personal in ausreichender Zahl mangelt. In diesen Fällen wird es als Aufgabe des "*audit committee*" angesehen, sich auf eine stärkere Zusammenarbeit mit den externen Abschlussprüfern zu beschränken.[91]

Gegenstimmen, welche die grundsätzliche Notwendigkeit dieses wie auch anderer Ausschüsse bestreiten, argumentieren, dass die Unterhaltung eines solchen Ausschusses gerade für kleinere Gesellschaften einen erheblichen zusätzlichen Kostenaufwand bedeutet, dem ein schwer messbarer Vorteil gegenübersteht.[92] Dementsprechend wird vielfach vorgeschlagen ein "*audit committee*" nur zwingend vorzuschreiben, wenn die Marktkapitalisierung der Gesellschaft sich auf über $ 200 Millionen beläuft.

Diesem Vorschlag sind die Regelwerke der wichtigsten amerikanischen Börsen nicht gefolgt, da er eine zu große Unsicherheit für Investoren enthält. Gerade im Bereich der Unternehmen mit einer Marktkapitalisierung von bis zu $ 200 Millionen befindet sich eine Vielzahl junger, ehrgeiziger Unternehmen, die eine aggressive Wachstumspolitik anstreben. Gerade bei diesen Unternehmen besteht dann die Gefahr einer Buchführungspraxis, die an der Grenze des Erlaubten und Möglichen verläuft.[93]

2.2.4.2 Gehaltsausschuss ("Compensation Committee")

Aufgabe dieses Ausschusses ist die Festlegung der Vergütung der "*directors*" und führenden "*officers*".[94] Er ist sowohl verantwortlich für die Höhe der Vergütung als auch die Art der Weise der Vergütung, was im amerikanischen Recht in den letzten Jahren zunehmend an Bedeutung gewonnen hat. Mittlerweile ist es üblich, dass das Management nur noch zu einem geringen Teil in Geld ausbezahlt wird, die überwiegende Ent-

---

89 *ALI*, Principles of Corporate Governance, § 3A.03; *Olsen*, 54 Bus. Law. 1097, 1109; *ABA*, Corporate Director's Guidebook, 56 Bus. Law. 1571, 1594 f.

90 *Olsen*, 54 Bus. Law. 1097, 1109; *Girnghuber*, S. 37 ff.; *Brudney*, 95 Harv. L. Rev. 597, 604 f.

91 *Girnghuber*, S. 69; *Olsen*, 54 Bus. Law. 1097, 1110.

92 Report and Recommendations of the *Blue Ribbon Committee on Improving the Effectiveness of Corporate Audit Committees*, 1999, reprinted in 54 Bus. Law. 1067 ff.

93 *Olsen*, 54 Bus. Law. 1097, 1110; *Girnghuber*, S. 82, *Merkt*, Rn. 520 ff.

94 Zum "*compensation committee*" siehe *Henn/Alexander*, S. 575; *Fletcher Cyc.*, § 552, S. 21; *Elson*, Executive Overcompensation, 34 B. C. L. Rev. 937, 940 ff.; *Mace*, S. 22; *Hamilton*, Corporations in a Nutshell, S. 318 ff.; *ders.*, Corporate Governance in America, 25 J. Corp. L. 349, 358.

lohnung erfolgt in Aktien oder Aktienoptionen.[95] Daneben ist wichtiger Bestandteil der Vergütung eine Haftpflichtversicherung ("*D&O-Insurance*"[96]) gegen etwaige Haftungsansprüche seitens der Aktionäre o-der der Gesellschaft.[97] Aber auch das Festlegen von Versorgungsleistungen für Geschäftsführungsmitglieder obliegt dem "*compensation committee*".[98]

Seine Aufgaben erstrecken sich auf die regelmäßige Überprüfung der Vergütung und Pensionszusagen des Managements und insbesondere die Frage, ob diese angemessen im Verhältnis zur Entwicklung der Gesellschaft ist.[99]

Bezüglich der Zusammensetzung dieses Ausschusses empfiehlt die amerikanische Literatur ausschließlich "*outside directors*" zu benennen[100], da die Gesellschaft ansonsten zusätzliche Veröffentlichungspflichten nach den Regeln der "*SEC*" treffen.[101] Auch können sich, wenn Angehörige des Managements in diesem Ausschuss und bei seinen Beschlussfassungen vertreten sind, nachteilige Steuerfolgen für die Gesellschaft ergeben, da Vergütungen, die den Betrag von $ 1 Million übersteigen und nicht in Relation zum Abschneiden der Gesellschaft an der Börse stehen, nicht von der Gesellschaft steuerlich geltend gemacht werden können.[102]

2.2.4.3 Personalausschuss ("Nominating Committee")

Dem "*nominating committee*" obliegt es Personalfragen auf der Ebene des "*board of directors*" sowie des Spitzenmanagements zu verwalten.[103] Dabei

---

95 *Elson;* Director Compensation, 50 SMU L. Rev. 127, 131; *ders.*; Executive Overcompensation, 34 B. C. L. Rev. 937, 940 ff.; *Loewenstein*, Reflections on Executive Compensation, 50 SMU L. Rev. 201 ff. Zu den Risiken dieser Praxis siehe *Schwarz/Holland*, ZIP 2002, 1661, 1663 ff.

96 Diese Abkürzung steht für "*Directors*" & "*Officers*" Versicherung, einer Art Berufshaftpflichtversicherung. Siehe dazu *Thümel*, S. 12 ff.

97 Siehe dazu *Balotti/Gentile*, 12 Del. J. Corp. L. 5 ff.; *Merkt*, Rn. 524; *Oesterle*, 1983 Wis. L. Rev. 513, 518 f. Siehe auch die Entscheidung *Smith v. van Gorkom*, 488 A.2d 858 (Del. Supr. 1985).

98 *Elson*, 50 SMU L. Rev. 127, 131; *Lublin/Hechinger*, The Wall Street Journal v. 05.06.2002; *Douglas/Granelli*, Los Angeles Times v. 17.06.2002. Siehe auch *Millstein*, Congressional Testimony v. 17.02.2002.

99 *Fletcher* Cyc., § 551, S. 13; *Millstein*, in *Monks/Minow*, Corporate Governance, S. 465-466; *Merkt*, Rn. 523 f.; *ABA*, Corporate Director's Guidebook, 56 Bus. Law. 1571, 1594 f., *Loewenstein*, Reflections on Executive Compensation, 50 SMU L. Rev. 20.

100 *Varallo/Dreisbach*, S. 21; *Elson*, 50 SMU L. Rev. 127, 131; *Merkt*, Rn. 524; *ABA*, Corporate Director's Guidebook, 56 Bus. Law. 1571, 1594 ff.; *ALI*, Principles of Corporate Governance, § 3A.03.

101 *Fletcher*, Cyc. 2A, § 551, S. 14, Executive Compensation Disclosure, Exchange Act Release Nos. 33-6940 & 34-30851.

102 *Fletcher* Cyc., § 551, S. 14, *Elson*, 34 B. C. L. Rev. 937, (940); *ALI*, Principles of Corporate Governance, § 3A.03; *ABA*, Corporate Director's Guidebook, 56 Bus. Law. 1571, 1594 ff.; *Brodsky/Adamsky*, § 8:05, S.13.

103 *Bacon*, Nominating Committee, S. 4 ff.; *Brodsky/Adamsky*, § 8:05, S.13; *Merkt*, Rn. 524; *Bleicher/Leberl/Paul*, S. 219 ff.; *Barthelmeß*, S. 74; *ALI*, Principles of Corporate Governance, § 3A.04.

hat er entweder selbst geeignete Kandidaten für die Wahl zum "*board*" auszusuchen und den Aktionären bei der Hauptversammlung vorzuschlagen oder seine Vorschläge dem gesamten "*board*" zu unterbreiten, sodass dieses über potentielle Nominierungen entscheiden kann.[104] Der Vorteil der mittlerweile verbreiteten Praxis von "*nominating committees*" ist die gestiegene Transparenz bei Personalentscheidungen, da anders als in der Vergangenheit, diese nicht mehr in der ausschließlichen Kompetenz des Vorsitzenden des "*board of directors*" liegen.[105] Bei seiner Aufgabenerfüllung soll er die Anforderungen an die Tätigkeit, erforderliche Qualifikationen[106] und gewünschte einschlägige Erfahrung definieren und darauf basierend Vorschläge unterbreiten.[107]

Die gleiche Praxis gilt für die Besetzung von Positionen im Spitzenmanagement. Diesbezüglich hat das "*nominating committee*" die Aufgabe dem "b*oard of directors*" Vorschläge für die Nachfolge des "*CEO*" zu unterbreiten sowie Vorsorge für einen plötzlichen Ausfall desselben zu treffen.[108]

Schließlich obliegt ihm auch die Aufgabe, geeignete Förderungsmöglichkeiten für den Managementnachwuchs zu erarbeiten, um qualifizierte Führungskräfte zur Verfügung zu haben.[109]

Für seine Zusammensetzung wird gefordert, dass das "*nominating committee*" ausschließlich aus "*outside directors*" besteht, um zu verhindern, dass das Management Einfluss auf die Auswahl der "*directors*", nehmen kann, in dem es den Aktionären nur ihm genehme Kandidaten vorschlägt.[110] Allerdings ist man sich einig, dass "*inside directors*" zumindest eine beratende Funktion haben sollten, da sie aufgrund der Alltagsarbeit besser die Bedürfnisse der Gesellschaft beurteilen können und daher Hinweise für die Auswahl potentieller Kandidaten geben können.

---

104 *ALI*, Principles of Corporate Governance, § 3A.04; *Kindler*, S. 143 ff.

105 *Bleicher/Leberl/Paul*, S. 219 ff.; *Kindler*, S. 143 ff.; *ABA*, Corporate Director's Guidebook, 56 Bus. Law. 1571, 1594 ff.; *Brodsky/Adamsky*, § 8:05, S.13.

106 Ein typisches Beispiel für Anforderungen an die Qualifikation ist das Vorhandensein von Kenntnissen im Bereich der Buchführung wenn ein neues Mitglied gewählt werden soll, dass u.U. einen Sitz im "*audit committee*" übernehmen soll.

107 *ALI*, Principles of Corporate Governance, § 3A.03; *ABA*, Corporate Director's Guidebook, 56 Bus. Law. 1571, 1594 ff.; *Brodsky/Adamsky*, § 8:05, S.13; *Kindler*, S. 143 ff.

108 *Kindler*, S. 144 f.; *Henn/Alexander*, S. 575 f.; *Cox/Hazen/O'Neil*, § 9.3, S. 9.02 ff.; *Varallo/Dreisbach*, S. 26 ff.; *Bowen*, S. 98; *Bacon*, Nominating Committee, S. 24 ff.

109 *Brodsky/Adamsky*, § 8:05, S.13; *Bleicher/Leberl/Paul*, S. 219 ff.; *Eisenberg*, The Legal Structure of the Corporation, S. 147 ff.; *Mace*, S. 118 ff.

110 *Varallo/Dreisbach*, S. 24; Kindler, S. 144 f.; *Fletcher* Cyc., § 556, S. 24; *Bacon*, Nominating Committee, S. 7 ff. Anders bei *Merkt*, Rn. 504, der insofern die in der Vergangenheit übliche Praxis beschreibt. Hintergrund war die Absicht, Personen auszuwählen, die harmonisch mit der Geschäftsführung zusammenarbeiten.

2.2.4.4 Managementausschuss ("Executive Committee")

Die Aufgabe des "*executive committee*" erstreckt sich üblicherweise in der Vertretung des "*board of directors*" zwischen dessen Sitzungen.[111] Seine Aufgabe ist es, dringliche Probleme kurzfristig zu bearbeiten, ohne dass es einer Einberufung des gesamten "*board*" bedarf. Daneben soll es den "*officers*" beratend zur Seite stehen.[112] Die übrigen Aufgaben dieses Ausschusses variieren, abhängig von den einzelstaatlichen Gesetzen. So erlaubt *Delaware*, dass ein solcher Ausschuss sämtliche Befugnisse des "*board of directors*" ausüben kann, wenn es von diesem ordnungsgemäß ermächtigt wurde oder eine entsprechende Ermächtigung in der Geschäftsordnung oder Satzung vorgesehen ist.[113]

Im Vergleich zu diesen weiten Befugnissen ermächtigt § 8.25 (e) *MBCA* lediglich eine limitierte Delegation von Befugnissen. Zwar ermächtigt er grundsätzlich auch zu einer breiten Übertragung von Befugnissen auf Ausschüsse, wenn dies vom "*board of directors*" beschlossen wurde oder in der Satzung oder Geschäftsordnung vorgesehen ist. Allerdings nimmt es vom Gesetzgeber als besonders wesentlich erachtete Bereiche von einer solchen Übertragung aus, wie z. B. Dividenden auszuschütten ("*authorize distributions*"), Abstimmungsvorschläge an die Aktionäre zu richten ("*approve or propose to shareholders that this Act requires be approved by shareholders*") oder eine Geschäftsordnung für das "*board of directors*" anzunehmen, zu ergänzen oder zu widerrufen ("*adopt, amend, or repeal bylaws*"). Diese Grenzen der Übertragbarkeit von Befugnissen auf ein "*executive committee*" gelten für sämtliche Ausschüsse, stellen sich aber typischerweise nur bei diesem, da er in der Regel den am wenigsten eingeschränkten und spezifizierten Aufgabenbereich innehat.

Traditionell war das "*executive committee*" mehr oder weniger das tatsächliche Machtzentrum der Gesellschaft, in dem sämtliche, für das Unternehmen wichtigen Entscheidungen gefällt wurden.[114] Neben der Geschäftsführung hat es regelmäßig auch die Aufgabe, sämtliche Angelegenheiten, die vor das "*board of directors*" gebracht wurden, durchzusehen und zu entscheiden, ob sie den "*directors*" vorgelegt werden sollten. Allerdings hat seine Bedeutung in den letzten Jahren aufgrund der veränderten Konzeption des "*board of directors*" stark abgenommen.[115]

---

[111] Siehe zum "*executive committee*" *Kindler*, S. 145; *Varallo/Dreisbach*, S. 29 ff., *Merkt*, Rn. 504.

[112] *Cox/Hazen/O'Neil*, § 9.16, S. 9.61; *Bacon/Brown*, S. 100 ff.; *ABA*, Corporate Director's Guidebook, 56 Bus. Law. 1571, 1594 ff.

[113] *Fletcher Cyc.*, § 552.20, S. 14 f.; siehe auch *Henn/Alexander*, S. 576 ff.

[114] *Kindler*, S. 146; *Steindl*, S. 100; *Mace*, S. 72 ff.; *Eisenberg*, The Legal Structure of the Corporation, S. 141 ff.; Bawley, S. 95 ff.; *Merkt*, Rn. 504.

[115] Dies zeigt sich deutlich am Umfang der Bearbeitung im sogenannten Corporate Director's Guidebook durch die *ABA*. Während es in der Auflage von 1978 noch umfangreich behandelt wurde, nimmt es in den neueren Auflagen eine völlig untergeordnete Rolle ein. Siehe insoweit *ABA*, 33 Bus. Law. 1591 ff. (1978); 49 Bus. Law. 1247 ff.(1994) sowie *ABA*, Corporate Director's Guidebook, 56 Bus. Law. 1571 ff. (2001).

In seiner Zusammensetzung besteht er mehrheitlich aus "*inside directors*", typischerweise dem "*CEO*" und einem oder zwei weiteren "*inside directors*" und lediglich einer Minderheit unabhängiger Mitglieder des "*board*".[116] Diese Form der Zusammensetzung ist nicht unumstritten[117], wird aber mehrheitlich als unvermeidbar angesehen, da für eine effektive Arbeit erforderlich ist, dass die Mitglieder permanent mit den Angelegenheiten der Gesellschaft befasst sind sowie kurzfristig zur Verfügung stehen.

Gegen eine solche Zusammensetzung wird vorgebracht, dass diesem Ausschuss die gleichen Aufgaben wie dem gesamten "*board of directors*" zukommen, weswegen es auch eine identische Zusammensetzung, also mehrheitlich "*outside directors*" haben sollte.[118] Zusätzlich wird die Gefahr der Umgehung des "*board of directors*" gesehen, weswegen gefordert wird, ihn nur als "Notausschuss" zu konzipieren, dessen Entscheidungen der Genehmigung des gesamten "*board of directors*" bedürfen.

2.2.4.5 Corporate Governance-Ausschuss ("Corporate Governance Committee")

Als weiteres Komitee hat sich in den letzten Jahren das "*corporate governance committee*" in amerikanischen Gesellschaften verstärkt durchgesetzt.[119] Seine Aufgaben beschränken sich darauf, dem gesamten "*board of directors*" Vorschläge über seine Größe und Zusammensetzung zu geben, Vorschläge für die kurzfristige Besetzung freier Sitze im "*board*" zu unterbreiten und sonstige Fragen, die das "*board of directors*" betreffen zu bearbeiten.[120] Weiterhin ist es vor allem für die Überwachung, Entwicklung und Weiterentwicklung von Corporate Governance-Mechanismen in der Gesellschaft verantwortlich.[121]

Die sonstigen, in der Literatur genannten, Befugnisse überschneiden sich teilweise mit denen anderer Ausschüsse, wie etwa Vorschläge für die Art und Weise der Vergütung zu unterbreiten oder Rentenfragen der "*directors*" oder "*officers*" zu klären.[122]

---

116 *Cox/Hazen/O'Neil*, § 9.16, S. 9.60; *Kindler*, S. 146; *Merkt*, Rn. 504.

117 *Millstein*, in *Monks/Minow*, Corporate Governance, S. 466 ff.; *Fletcher Cyc.*, § 552.20, S. 14 f.; *Merkt*, Rn. 504.

118 *Cohen*, Wash. & Lee L. Rev. 837 ff.; *Bacon/Brown*, S. 100 ff.; *Cox/Hazen/O'Neil*, § 9.3, S. 9.02 ff.

119 *Bacon/Brown*, S. 104 ff.; *Kindler*, S. 146 f.; *ABA*, Corporate Director's Guidebook, 56 Bus. Law. 1571, 1608 ff.; *Fletcher Cyc.*, § 549.10, S. 11.

120 *Fletcher* Cyc., § 549.10, S. 10; *Bacon/Brown*, S. 104 ff.; *Hamilton*, Corporate Governance in America, 25 J. Corp. L. 349, 352; *Lipton/Lorsch*, 48 Bus. Law. 59, 63 ff.

121 *Kindler*, S. 146 f.; *ABA*, Corporate Director's Guidebook, 56 Bus. Law. 1571, 1608 ff.

122 *Fletcher* Cyc., § 549.10, S. 11; *ABA*, Corporate Director's Guidebook, 56 Bus. Law. 1571, 1608 ff., welches diese bereits in der Überschrift zusammenfaßt.

Für seine Zusammensetzung wird eine Mehrheit aus "*outside directors*" gefordert, da Fragen der internen Kontrolle berührt werden, bei denen Unabhängigkeit vom Management erforderlich ist.[123]

2.2.4.6 Ausschuss für Rechtsstreitigkeiten ("Litigation Committee")

Anders als die vorher genannten Ausschüsse wird dieser nur bei Bedarf eingerichtet, nämlich in Fällen einer Klageerhebung gegen Mitglieder des "*board*". Dennoch kommt ihm erhebliche Bedeutung in Corporate Governance-Fragen zu, da die Kontrolle der Geschäftsführung mittels Schadensersatzklagen in den USA weit verbreitet ist.[124]

2.2.4.6.1 Grundlagen von "derivative suits"

Das "*board of directors*" unterliegt in seiner Arbeit verschiedenen Treuepflichten ("*fiduciary duties*"), welche es gegenüber der Gesellschaft, nicht den einzelnen Aktionären einzuhalten hat.[125] Bei Verstoß gegen diese ist es Aktionären daher nur dann erlaubt, Klage im eigenen Namen gegen die Mitglieder des "*board of directors*" zu erheben, wenn sie einen Schaden geltend machen, den sie individuell erlitten haben und nicht gemeinsam mit allen anderen Aktionären.[126] Für andere Schäden können sie nur einen Anspruch für die Gesellschaft auf Leistung an diese geltend machen. Einer der Gründe dieser Regelung ist die grundsätzlich existierende Prozessflut in den Vereinigten Staaten und insbesondere die im Gesellschaftsrecht.[127] Wären Aktionäre berechtigt, in eigenem Namen und insbesondere auf eigene Rechnung Klage einzureichen, befürchtet man eine Flut von Aktionärsklagen, die ein konstruktives Arbeiten der Gesellschaft unmöglich machen, da jede Kursschwankung eine Schadensersatzklage nach sich ziehen könnte.[128]

---

[123] *Bacon/Brown*, S. 97 f.; *ABA*, Corporate Director's Guidebook, 56 Bus. Law. 1571, 1594; *ALI*, Principles of Corporate Governance, § 3A.04.

[124] *Henn/Alexander*, S. 1035 ff.; *Hamilton*, Corporations in a Nutshell, S. 535 ff.; *ders.*, Corporations, S. 804 f.; *Cox/Hazen/O'Neil*, S. 15.07; *Fisch*, Corporate Governance, 34 Ga. L. Rev. 745 ff.; *McDermott/Reemers/Turcon*, in *Turcon/Zimmer*, S. 13.; siehe auch *Hess*, in *Feddersen/Hommelhoff/Schneider*, S. 9, 22.

[125] *ALI*, Restatement of the Law 2nd, Agency 2nd, § 14 C, Comment A; *Hynes*, Agency, Partnership and the LLC, S. 3, *Cox/Hazen/O'Neil*, Corporations, S. 15.12; *Murdoch*, 68 Wash. L. Rev. 79ff.

[126] *Ferrara/Abikoff/Gansler*, S. 1 ff.; *Steindl*, S. 103; *Kindler*, S. 47; siehe für *Delaware*: *Lewis v. Spencer*, 1990 WL 72615 oder *Moran v. Household International Inc.*, 490 A.2d. 1059, bestätigt durch 500 A.2d. 1346.

[127] *Ferrara/Abikoff/Gansler;* S. 1-20; *Coffee/Schwartz*, 81 Colum. L. Rev. 261 ff.; *Henn/Alexander*, S. 1019 ff.; *Fuchs*, S. 21ff.; *Hamilton*, Corporations in a Nutshell, S. 535 ff.; *Siegel*, in Fundamentals of American Law, S. 336 ff.

[128] Die hohe Anzahl von Schadensersatzklagen wird durch das amerikanische Kostenrecht begünstigt. Anwälten ist es erlaubt Erfolgsbeteiligungen zu vereinbaren, sodass wirtschaftlich denkende Kanzleien bereit sind solche Klagen zu übernehmen, selbst wenn der Klägers selbst mittellos ist, in der Hoffnung auf entsprechenden Gewinn. Zusätzlich trägt die vor Gericht unterlegene Partei lediglich ihre eignen Kosten selbst, nicht aber die der Gegenseite.

Dementsprechend ist es, von Ausnahmen abgesehen, auch die Gesellschaft, die bei erfolgreicher Prozessführung Begünstigte des Urteils ist.[129] Der klagende Aktionär profitiert davon nur durch mögliche Ausschüttungen oder steigende Aktienpreise.

2.2.4.6.2 Anwendungsbereich des "litigation committee"

Da nicht jede Verfolgung von Handlungen der Geschäftsführungsorgane, die *ex post* Anlass zur Klageerhebung geben, im Interesse der Gesellschaft ist, billigt die amerikanische Rechtsprechung den Gesellschaften zu, selbst über die Fortführung von Aktionärsprozessen zu entscheiden.[130] Eine solche Entscheidung erfolgt durch das "*board of directors*" als oberstes Geschäftsführungsorgan der Gesellschaft. Problematisch dabei ist, dass das "*board of directors*" insgesamt oder zumindest einzelne Mitglieder regelmäßig selbst Beklagte sind. Insofern ist es aber ungeeignet, eine solche Entscheidung zu treffen, da eine ablehnende Entscheidung den Anschein der Parteilichkeit hätte.

Es hat sich daher bei Vorliegen einer entsprechenden Klage eingebürgert, dass die Gesellschaft ein "*litigation committee*" einrichtet. Dieses hat sich aus Mitgliedern zusammenzusetzen, die nicht an der angegriffenen Handlung beteiligt waren.[131] Diese können entweder Mitglieder des "*board of directors*" sein, welche nicht an der umstrittenen Transaktion beteiligt waren oder auch gesellschaftsfremde Personen, die lediglich zu diesem Zweck aufgenommen werden.[132]

Seine Aufgabe ist es, den geltend gemachten Anspruch rechtlich zu prüfen und zu entscheiden, ob die Gesellschaft die vorgebrachte Klage weiterverfolgen soll.[133] Bei seiner Beurteilung ist es dabei nicht auf eine rechtliche Überprüfung beschränkt, sondern kann eine Weiterverfolgung auch aus sonstigen gesellschaftsbezogenen Gründen ablehnen. Z. B. dann, wenn es zu der Überzeugung gelangt, dass eine Weiterverfolgung der Klage nicht im besten Interesse der Gesellschaft ist.[134] Trifft das "*litigation committee*" eine solche Entscheidung, stehen dem Kläger nur einge-

---

129 *Cox/Hazen/O'Neil*, S. 15.22; *Fuchs*, S. 21ff.; *Murdoch*, 68 Wash. L. Rev. 79ff.; *Henn/Alexander*, S. 1070; *Ferrara/Abikoff/Gansler;* S. 17; *Delaware* : *Keenan v. Eshelman, 2.A.2d 904.*

130 *Henn/Alexander*, S. 1070; *Steindl*, S. 103 f.; *Ferrara/Abikoff/Gansler;* S. 17; *Cox/Hazen/O'Neil*, S. 15.22; *Hamilton*, Corporations in a Nutshell, S. 535 ff.

131 *Cox/Hazen/O'Neil*, S. 15.68; *Ferrara/Abikoff/Gansler;* S. 18; *Steindl*, S. 103 ff.; *Hamilton*, Corporations in a Nutshell, S. 535 ff.; *Pease*, 12 Del. J. Corp. L. 25 ff.; *Titus*, 11 W. New. Eng. L. Rev. 1 ff.

132 *Murdock*, 68 Wash. L. Rev. 79, (87-88); *Pease*, 12 Del. J. Corp. L. 25, 29 ff.; *Hamilton*, Reliance and Liability, 24 Wake Forrest L. Rev. 5, 11 ff.; *Davies Jr.*, 20 J. Corp. L. 215 ff.; *Henn/Alexander*, S. 1070; siehe für *Delaware*: *Spiegel v. Buntrock*, 571 A.2d 767, 772.

133 *Murdoch*, 68 Wash. L. Rev. 79ff.; *Henn/Alexander*, S. 1070; *Cox/Hazen/O'Neil*, Corporations, S. 15.12; *Gevurtz*, S. 400; *Ferrara/Abikoff/Gansler;* S. 17; *Pease*, 12 Del. J. Corp. L. 25 ff.; *Titus*, 11 W. New. Eng. L. Rev. 1 ff.

134 *Henn/Alexander*, S. 1074; *Cox/Hazen/O'Neil*, Corporations, S. 15.12. Siehe für *Delaware*: *Zapata Corp. v. Maldonado*, 430 A.2d 779.

schränkte rechtliche Möglichkeiten offen.[135] Die Gerichte sind bei einer Überprüfung dieser Entscheidung darauf beschränkt, festzustellen, ob diese Entscheidung von der "business "*judgment rule*" gedeckt war, welche besagt, dass unternehmerische Entscheidungen der Gesellschaft von den Gerichten nicht auf ihre materielle Rechtmäßigkeit hin überprüft werden.[136]

In *Delaware*, das aufgrund der großen Zahl der dort gegründeten Aktiengesellschaften, mit einer Vielzahl von Rechtsstreitigkeiten in diesem Bereich konfrontiert ist, hat sich diesbezüglich eine äußerst restriktive Praxis herausgebildet.[137] Danach werden "*derivative actions*" in zwei Klassen unterteilt, abhängig davon ob die Kläger eine vorherige Anfrage an die Gesellschaft richten müssen oder nicht.

In Fällen, die keiner vorherigen Aufforderung bedürfen ("*demand excused*"), kann ein Aktionär sofort im Namen der Gesellschaft Klage einreichen. Dies wird dann angenommen, wenn es dem Kläger gelingt dem Gericht spezifische Tatsachen vorzutragen, die ernsthafte Zweifel aufkommen lassen, dass (1) die Mitglieder des "*board of directors*" bezüglich der angegriffenen Transaktion unabhängig sind und dass (2) die Transaktion auch sonst nicht auf einer unternehmerischen Entscheidung der Gesellschaft beruht.[138]

In den übrigen Fällen ist ein Kläger vor Klageerhebung verpflichtet das "*board of directors*" zum Tätigwerden aufzufordern. Unterlässt er es, wird die Klage unmittelbar als unzulässig abgewiesen, da er nicht alle gesellschaftsinternen Rechtsmittel ausgenutzt hat.[139]

Richtet nach einer Aufforderung zum Tätigwerden das "*board of directors*" ein "*litigation committee*" ein und spricht dieses sich gegen die Fortführung der Klage aus, überprüft ein Gericht eine solche Entscheidung nur eingeschränkt.[140] Sie kann nur wirksam angegriffen werden, wenn der

---

135 *Ferrara/Abikoff/Gansler*, S. 8-1 ff. sowie für *Delaware* S. 8-10 – 8-14. Siehe auch *Steindl*, S. 103; *Sparks/Hurd*, 2 Del. L. Rev. 215 ff. ; *Hamilton*, Corporations, S. 814 ff.; *Dent.*, 75 NW.U.L. Rev. 96, 122.

136 *Delaware*: *Zapata Corp. v. Maldonado*, 430 A.2d 779. Siehe auch *Dent.*, 75 NW.U.L. Rev. 96, 122; *Pease*, 12 Del. J. Corp. L. 25, 29 ff. sowie *Pease*, 12 Del. J. Corp. L. 25 ff.; *Sparks/Hurd*, 2 Del. L. Rev. 215 ff.; *Titus*, 11 W. New. Eng. L. Rev. 1 ff.

137 Die wichtigsten Rechtsgrundlagen in *Delaware* sind diesbezüglich § 327 Del. GCL und *Chancery Court* Rule 23.1.

138 *Aronson v. Lewis*, 473 A.2d 805. Siehe auch *Fuchs*, S. 21ff.; *Henn/Alexander*, S. 1076; *Hamilton*, Corporations in a Nutshell, S. 535 ff.

139 *Balotti/Finkelstein*, § 13.12; *Hamilton*, Corporations in a Nutshell, S. 535 ff.; *Cox/Hazen/O'Neil*, Corporations, S. 15.12; *Gevurtz*, S. 404.

140 Eine Gute Darstellung dieser Probleme befindet sich bei *Balotti/ Finkelstein*, § 13.12f oder *Gevurtz*, S. 400 ff.

Kläger einen Interessenskonflikt des "*board of directors*" oder einen sonstigen Pflichtverstoß nachweisen kann.[141]

Aber selbst in Fällen, die an sich "*demand excused*" wären, kann die Gesellschaft entscheiden, ein "*litigation committee*" einzurichten, das die Verfolgung der Klage überprüft. Auch hier wird seitens der Gerichte einer solchen nachträglichen Entscheidung erhebliches Gewicht beigemessen und eine Entscheidung gegen die Fortführung der Klage führt in der Regel zu ihrer Abweisung.

Der *MBCA* geht insoweit einen unterschiedlichen Weg, als er in § 7.42 *MBCA* grundsätzlich für alle Klagen der Aktionäre im Namen der Gesellschaft eine vorherige Aufforderung an das "*board of directors*" verlangt. Er unterscheidet also nicht, wie in *Delaware*, zwischen "*demand excused*" und "*demand required*" Fällen.[142] Grund ist auch hier, dass man zum einen der Gesellschaft die Möglichkeit einräumen möchte, ihre Entscheidung rechtlich zu überprüfen und zum anderen die Gerichte entlasten möchte, in dem man eine vorherige Kontrollinstanz, nämlich das "*litigation committee*" einführt.

2.3 Das Management ("officers")

Angelegenheiten der laufenden Geschäftsführung werden in amerikanischen Kapitalgesellschaften von "*officers*" ausgeübt.[143] Diese sind Angestellte der Gesellschaft und haben die verschiedenen Aufgaben entsprechend der Funktion ihres "*office*" (Arbeitsbereich) inne. Die Anzahl und Arten der "*offices*" richtet sich nach der Satzung der Gesellschaft oder der Geschäftsordnung des "*board*". Gesellschaften steht es frei, welche "*offices*" sie unterhalten.[144] Lediglich einige wenige Bundesstaaten schreiben bestimmte "*offices*" vor, um ein Mindestmaß an interner Kontrolle sicherzustellen.[145]

"*Officers*" werden von dem "*board of directors*" ernannt oder gewählt, wobei auch einige Bundesstaaten die Möglichkeit vorsehen, sie von der Hauptversammlung wählen zu lassen.[146]

Ihre Abberufung erfolgt entsprechend ihrer Ernennung, d. h. in Fällen einer Wahl durch die Aktionäre können nur diese sie auch wieder abbe-

---

141 Einführend dazu *Hamilton*, Corporations in a Nutshell, S. 453; *Henn/Alexander*, S. 1020; *Balotti/Finkelstein*, § 13.12 f.

142 *Gevurtz*, S. 400; *Hamilton*, Corporations in a Nutshell, S. 453; *Cox/Hazen/O'Neil*, Corporations, S. 15.12.

143 *Cox/Hazen/O'Neil*, § 9.16, S. 9.60; *Hamilton*, Corporations in a Nutshell, S. 239; *Henn/Alexander*, S. 586; *Gevurtz*, S. 186 ff.

144 Official comment zu § 8.40 des *MBCA*: "Section 8.40 permits every corporation to designate the offices it wants."; siehe auch § 142 (a) *Del. GCL*.

145 *Fletcher* Cyc., § 269, S. 30; *Cox/Hazen/O'Neil*, § 9.16, S. 9.60; *Henn/Alexander*, S. 586 ff.

146 *Elsing/von Alstine*, Rn. 602 f.; *Fletcher* Cyc.; § 285, S. 71; *Henn/Alexander*, S. 589. In Delaware kann eine solche Regelung auch in der Satzung verankert werden. Siehe z.B. § 142 *Del. GCL*.

rufen. Im Falle einer Ernennung oder Wahl durch das "*board of directors*" obliegt es diesen "*officers*" wieder abzuberufen.[147]

2.3.1 Typischerweise eingerichtete "offices"

Größere Gesellschaften haben typischerweise einen *CEO* ("*Chief Executive Officer*") oder "*President*", der die Aufgabe des leitenden Managers innehat.[148] Ergänzend findet man regelmäßig auch einen "*treasurer*", "*secretary*", "*vice president*" und "*CFO*" ("*Chief Financial Officer*").[149] Welche Aufgaben die jeweiligen "*officers*" konkret ausüben, lässt sich nur schwer verallgemeinern, da Gesellschaften in der Benennung der jeweiligen Bereiche frei sind und auch die Titel keiner einheitlichen Verwendung unterliegen.[150]

2.3.2 Aufgaben der "officers"

Der Aufgabenbereich der "*officers*" beschränkt sich auf die Ausübung der laufenden Geschäftsführung. Ihnen obliegt es, die täglich anfallenden Entscheidungen zu treffen, welche ohne grundlegende Bedeutung für die Gesellschaft sind.[151] Bei ihrer Aufgabenerfüllung unterliegen sie der Kontrolle und den Weisungen des "*board of directors*", können sich also nicht auf eine dem § 76 Abs. 1 AktG entsprechende Vorschrift stützen.[152] Ihre Tätigkeitsbereiche ergeben sich aus den Vorschriften der Geschäftsordnung ("*by-laws*"). Gleichzeitig sind sie für die Vertretung der Gesellschaft nach außen zuständig.[153]

---

147 *Fletcher* Cyc., § 357, S. 176; *Hamilton*, Corporations in a Nutshell, S. 338 f.; *Henn/Alexander*, S. 590 ff.; Merkt, Rn. 510.

148 *Hein*, RIW 2002, 503 ff., Gevurtz, S. 186 ff.; *Eisenberg*, The Legal Structure of the Corporation, S. 177 ff.; *Kindler*, S.38; *Steindl*, S. 74 ff.

149 *Cox/Hazen/O'Neil*, § 8.2 S. 8.6, *Henn/Alexander*, S. 587 f.; *Steindl*, S. 93 f.; *Merkt*, Rn. 509; *Elsing/von Alstine*, Rn. 602 f.

150 *ABA*, MBCA Annotated, § 8.40, S. 8.231, 1997 Supplement; *Henn/Alexander*, S. 586 ff., *Merkt*, Rn. 509 ff.; *Mace*, S. 91 ff.; *Elsing/von Alstine*, Rn. 602 f.

151 Beachte aber die oftmals anzutreffende Machtfülle von "*officers*". Siehe auch *Merkt*, Rn. 511; *Hein*, RIW 2002, 503 ff.

152 *Hamilton*, Corporations in a Nutshell, S. 239; *Henn/Alexander*, S. 590 ff.; *Cox/Hazen/O'Neil*, § 8.2 S. 8.6; *Gevurtz*, S. 187 f.

153 Ausführlich dazu *Merkt*, Rn. 511 ff. Siehe auch *Elsing/von Alstine*, Rn. 603; *Steindl*, S. 93 f.

3 Rechtstatsächliche Probleme in der Überwachung der Geschäftsführung im amerikanischen "board" System

Bei der Verwirklichung der Aufgabe, eine effektive Unternehmensüberwachung zu gewährleisten, stellen sich den Mitgliedern des "*board of directors*" zahlreiche Schwierigkeiten und Probleme. Diese sind mehrheitlich bereits seit Jahrzehnten bekannt und wurden immer wieder in der Literatur angemahnt. Zugleich sind sie auch die Ursache zahlreicher Skandale in den letzten Jahrzehnten, deren jüngster Höhepunkt sich im Zusammenbruch von Unternehmen wie *ENRON* oder *WorldCom* fand.[1] Hauptkritikpunkt ist dabei der Mangel ausreichender interner Kontrolle in Gesellschaften. Es wird kritisiert, dass weder das "*board of directors*" noch die Aktionäre in der Lage sind, die Geschäftsführung zu kontrollieren.[2]

Ausgehend von *Adolf A. Berle* und *Gardiner C. Means* in ihrem Werk *"The Modern Corporation and Private Property"*[3] über *Myles L. Mace* mit seinem Standardwerk "*Directors: Myth and Reality*" sowie *Melvin A. Eisenberg* in "*The structure of the Corporation*" wurde die existierende Form der Corporate Governance immer wieder in das Zentrum der Kritik gerückt.[4] Eine tatsächliche Reform zur Behebung dieser Probleme erfolgte wie *infra* erörtert wird jedoch nur teilweise.

3.1 Problem des Zeitaufwandes für die Tätigkeit als "director"

Eines der Hauptprobleme der Ausübung der vom Gesetz zugedachten Aufgaben der Leitung und Kontrolle der Gesellschaft stellt vielfach die beschränkte Zeit der Mitglieder des "*board of directors*" für ihre Tätigkeit dar.[5] Da diese ihre Aufgabe als "*director*" in der Regel nebenberuflich ausüben und zugleich hauptberuflich selbst in verantwortungsvoller Po-

---

1 Siehe dazu *Schwarz/Holland*, ZIP 2002, 1661, 1662 ff. m.w.N. sowie *Hein*, RIW 2002, 503 ff.; *Sandberg/Lublin*, Wall Street Journal v. 28.06.2002.

2 *Mace*, S. 23 ff.; *Eisenberg*, The Legal Structure of the Corporation, S. 137 ff.; *Conrad*, ZGR 1987, 180, 182 ff.; *Hamilton*, Corporate Governance in America, 25 J. Corp. L. 349, 351 ff.; *Steindl*, S. 76 ff.; *Barthelmeß*, S. 22 ff.; *Kindler*, S. 25 ff.; *Monks/Minow*, Corporate Governance, S. 1 ff.; *Bavley*, S. 7 ff.; *Schwarz/Holland*, ZIP 2002, 1661 ff.; *Buxbaum*, in *Feddersen/Hommelhoff/Schneider*, S. 74, 82 ff.

3 *Berle/Means*, The Modern Corporation and Private Property, 1933, (Nachdruck 1982), S. 82 ff.

4 Mace, *Directors: Myth and Reality, 1986*; Eisenberg, *The Legal Structure of the Corporation, 1976;* Schwarz/Holland, *ZIP 2002, 1661, 1662 ff.;* Hein, *RIW 2002, 503, 504. Siehe auch* Buxbaum, *in* Feddersen/Hommelhoff/Schneider, *S.65, 71 ff.*

5 *Bacon/Brown*, S. 40; *Monks/Minow*, Corporate Governance, S. 198 ff.; *Mace*, S. 87 ff.; *Eisenberg*, The Legal Structure of the Corporation, S. 152 f.; Kindler, S.53; *Steindl*, S. 90; *Schwarz/Holland*, ZIP 2002, 1661, 1662; *Lipton/Lorsch*, 48 Bus. Law. 59, 63; *Cox*, 61 Geo. Wash. L. Rev. 1233, 1260 f.; *Tobin*, 49 Bus. Law. 1707, 1722 ff.; *Gilson/Kraakman*, 43 Stan. L. Rev. 863, 884 ff.; *Kraakman*, in *Feddersen/Hommelhoff/Schneider*, S. 129, 137 ff.

sition arbeiten[6], bedeutet die Tätigkeit als Mitglied des "*board of directors*" einen erheblichen zusätzlichen Zeitaufwand.[7]

Eine Studie in den 70er Jahren ergab, dass ein Mitglied des "*board of directors*" durchschnittlich nicht mehr als 60-70 Stunden pro Jahr für seine Tätigkeit als "*director*" aufwandte, wobei diese Zahlen sowohl die eigentlichen Zusammenkünfte als auch die erforderliche Reisezeit beinhalten.[8] Geht man dabei davon aus, dass ein "*board of directors*" sich durchschnittlich vier bis sechs Mal pro Jahr für jeweils vier Stunden trifft, bleiben für ein intensives Vor- und Nachbereiten der anfallenden Themen weniger als 46 Stunden übrig.[9] Bedenkt man zusätzlich die Komplexität vieler Themenbereiche, die durch das "*board of directors*" zu besprechen und zu entscheiden sind, wie z. B. Bilanzierungs- oder Investitionsfragen, ist es dem "*board*" kaum möglich, sämtliche relevanten Bereiche zu überwachen und zusätzlich auch an der Geschäftsführung zu partizipieren.[10]

Eine neuere Empfehlung aus dem Jahre 2001 sieht vor, dass Mitglieder des "*board*" zwischen 100 und 150 Stunden für ihre Tätigkeit einrechnen sollten, ausgehend von jährlich durchschnittlich sechs Sitzungen.[11]. Selbst diese gestiegene Stundenzahl dürfte nicht ausreichen, sowohl eine aktive Rolle in der Unternehmensführung einzunehmen, wie es die ursprüngliche Konzeption des "*board*"-Prinzips war, und gleichzeitig auch die Geschäftsführung durch die "*officer*" zu überwachen.[12]

Jedoch selbst unter dem veränderten Aufgabenbild des "*board*", das seine Aufgaben auf die Überwachungsfunktion beschränkt sind und sich nur noch in grundsätzlichen Fragen auf die Leitung erstrecken, ist es mit einem solchen Zeitaufwand nur schwer möglich, die Geschäftsführung tatsächlich zu kontrollieren. Erschwerend kommt hinzu, dass "*directors*" oftmals selbst führende Positionen in anderen Gesellschaften innehaben, die selbst zeit- und arbeitsintensiv sind.[13] Selbst wenn man unterstellt, dass diese Personen aufgrund ihrer Tätigkeit über die notwendigen

---

6 Typischerweise rekrutieren sich Mitglieder des "*board of directors*" aus dem Management anderer Kapitalgesellschaften. Siehe beispielsweise *Mace*, S. 87 ff.; *Bleicher/Paul/Leberl*, S. 211; *Kraakman*, in *Feddersen/Hommelhoff/Schneider*, S. 129, 137 ff.

7 *ABA*, Corporate Director's Guidebook, 56 Bus. Law. 1571 ff.; *Monks/Minow*, Corporate Governance, S. 172 ff.; *Kraakman*, in *Feddersen/Hommelhoff/Schneider*, S. 129, 139; *Kindler*, S. 50.

8 *Mace*, S. 87 ff.; *Bavly*, S. 91 ff.; *Eisenberg*, The Legal Structure of the Corporation, S. 147 m.w.N.; *Monks/Minow*, Corporate Governance, S. 171 f. Zu den Verhältnissen Ende der 80ger Jahre siehe *Kraakman*, in *Feddersen/Hommelhoff/Schneider*, S. 129, 139.

9 *Kindler*, S.50; *Eisenberg*, The Legal Structure of the Corporation, S. 147 m.w.N.

10 *Mace*, S. 87 ff.; *Eisenberg*, The Legal Structure of the Corporation, S. 147; *Bleicher/Paul/Leberl*, S. 213.

11 *ABA*, Corporate Director's Guidebook, 56 Bus. Law. 1571, 1589; *Monks/Minow*, Corporate Governance, S. 198-200. Diese Zahlen beinhalten ebenfalls bereits Sitzungs- und Reisezeiten.

12 *ALI*, Principles of Corporate Governance, § 3.01 ff.

13 *Bavly*, S. 91 ff.; *Mace*, S. 87 ff.; *Jacobs*, 1987 J. Bus. Law 269ff.; *Eisenberg*, The Legal Structure of the Corporation, S. 147.

Fachkenntnisse sowie erhebliche Erfahrung in den typischerweise auftretenden Problembereichen verfügen und dadurch in der Lage sind, anfallende Sachverhalte schnell zu erfassen, ist ein umfassendes Bearbeiten sämtlicher anfallenden Fragen kaum möglich.[14]

Neben der generellen Arbeit des "*board of directors*" stellt sich die Zeitproblematik in verstärktem Maße in der Ausschussarbeit des "*board*". Dementsprechend existiert die Forderung, dass "*board*"-Mitglieder, welche wichtige Positionen wie z. B. in einem "*audit committee*" besetzen einen höheren Zeitaufwand in die Gesellschaft investieren müssen.[15] Es bleibt allerdings abzuwarten, wie derartige Zeitvorgaben kontrolliert werden sollen und welche Folgen sich aus einem Nichteinhalten ergeben werden.

3.2 Problem der Dominanz des Managements

Mittlerweile unumstrittene Auffassung sowohl der einzelstaatlichen Gesetzgeber als auch von Lehre und Praxis ist, dass die Leitung des Unternehmens ausschließliche Aufgabe des Managements, verkörpert durch die "*officers*", ist.[16] Das *"board"* soll sich, vgl. *supra*, auf eine Überwachungsfunktion beschränken.[17] Es gibt jedoch Teilbereiche in denen sich die Geschäftsführung mit der Überwachungsaufgabe des "*board*" überschneidet.[18] Dies betrifft z. B. den Bereich der Zusammenarbeit mit den Abschlussprüfern der Gesellschaft.

Einerseits kann argumentiert werden, dass Abschlussprüfer dem Bereich der Unternehmenskontrolle zuzurechnen sind und damit in den Aufgabenbereich des "*board of directors*" fallen, andererseits können sie aber auch als Bestandteil der laufenden Geschäftsführung angesehen werden, was sie in den Zuständigkeitsbereich des Managements bringt. Dies kann dann angenommen werden, wenn, wie in den letzten Jahren vermehrt üblich, die großen Prüfungsgesellschaften neben der Durchführung der Abschlussprüfungen weitere Dienstleistungen für Gesellschaften auf der

---

14 *Lipton/Lorsch*, 48 Bus. Law. 59, 63; *Cox*, 61 Geo. Wash. L. Rev. 1233, 1260 f.; *Gilson/Kraakman*, 43 Stan. L. Rev. 863, 884 ff.

15 *ABA*, Corporate Director's Guidebook, 56 Bus. Law. 1571, 1593; *Bavly*, S. 91-92; Monks/Minow, Corporate Governance, S. 189 ff., siehe auch Regeln der NYSE, abrufbar unter www.nyse.com.

16 *Eisenberg*, The Legal Structure of the Corporation, S. 135ff; *Bacon/Brown*, S. 72 ff.; *Barthelmeß*, S. 47; Kindler, S. 25 ff.; *Hamilton*, Corporations in a Nutshell, S. 233; *Pinto*, in *Pinto/Visentini*, S. 260 ff.; *Elsing/van Alstine*, Rn. 594.

17 *ALI*, Principles of Corporate Governance § 3.20; *Mace*, S. 7 ff.; *ABA*, Corporate Director's Guidebook, 56 Bus. Law. 1571, 1591 ff.; *Monks/Minow*, Corporate Governance, S. 181 ff.; *Lorsch*, S. 79 ff.

18 *Rowland*, 102 Columb. L. Rev. 168, 169 f.; *Buxbaum*, in *Feddersen/Hommelhoff/Schneider*, S. 75 ff.; *Langevoort*, 89 Geo. L. J. 791, 793 ff.

Beratungsebene anbieten, beispielsweise in der Steuergestaltung.[19] Die Vergabe solcher Aufträge erfolgt in der Regel ausschließlich durch das Management.[20]

Eine solche Praxis birgt jedoch ein erhebliches Konfliktpotential, als es zu einer Abhängigkeit der Wirtschaftsprüfer vom Management führen kann, während gleichzeitig ihre Aufgabe die Überwachung desselben ist.[21] Der prüfenden Gesellschaft droht der Entzug zusätzlicher, wie *supra* erwähnt, lukrativer Beratungsaufträge, sollte es der Geschäftsführung unliebsame Informationen an das "*board*" weiterleiten.[22]

Weiterhin ist es üblich, dass Abschlussprüfer sich bei abzeichnenden Problemen zuerst an das Management wenden, um sich mit diesem zu besprechen. Eine Information des "*audit committee*" als Repräsentant des "*board of directors*" erfolgt oftmals erst verspätet oder gar nicht.[23]

Solange es sich nur um Grenzfälle in der Rechtmäßigkeit aufgetretener Fragen handelt, unterbleibt regelmäßig eine Einschaltung des "*audit committees*". Es besteht somit die Gefahr, dass es dem "*board of directors*" an den erforderlichen Informationen fehlt, um rechtzeitig sich abzeichnenden Problemen entgegenwirken zu können.[24]

Die Konsequenz dieser Praxis wird deutlich, betrachtet man die Unternehmensskandale der jüngeren Zeit. In den Jahren 2001 und 2002 war eine Vielzahl von Unternehmen gezwungen, ihre Bilanzen zu korrigieren, da diese aufgrund unzulässiger Buchführungspraxis, nicht den tatsächlichen Gegebenheiten entsprachen.[25]

---

19 Report of the *Committee on Banking, Housing and Urban Affaires*, S.2673,S. 14: 1999 erzielten die führenden Prüfungsgesellschaften lediglich 31% ihrer Einnahmen durch das Erbringen von Prüfungsleistungen, während 51% durch zusätzliche Beratungsleistungen erlangt wurde. Siehe dazu auch *Schwarz/Holland*, ZIP 2002, 1661, 1666.

20 Zu den Gefahren dieser Praxis siehe *Monks*, Emperor's Nightingale, S. 60 ff. Der Autor beschreibt dort die letztlich erfolgreichen Versuche der Einflussnahme von Vertretern des Spitzenmanagements auf die von den Wirtschaftsprüfern geforderte Bilanzierung von Aktienoptionen zu beginn der 80ger Jahre.

21 United States v. Arthur Young, 465 U.S. 805, 817-818: "[...] the public Watchdog function demands [...]".

22 *Schwarz/Holland*, ZIP 2002, 1661, 1666; *Monks*, Emperor's Nightingale, S. 60 ff.; *ders./Minow*, Corporate Governance, S. 181 ff.

23 Siehe aber Sec. 10A(b)(1) Security Exchange Act of 1934. Danach haben die unabhängigen Wirtschaftsprüfer der Gesellschaft die Aufgabe, zu überprüfen, ob illegale Aktivitäten vorliegen und dann entsprechende Personen des Managements und das "*audit committee*" zu informieren.

24 *Millstein*, Greater Independence for Corporate Boards, Congressional Testimony in Oversight Hearing on "Accounting and Investor Protection Issues Raised by Enron and other Public Companies, 27.02.2002, dazu auch *Monks/Minow*, Corporate Governance, S. 185 ff.

25 Siehe *Warren Buffet*, Who really Cooks the Books, New York Times vom 24.06.2002; *Schwarz/Holland*, ZIP 2002, 1661 ff.; *Millstein*, Greater Independence for Corporate Boards, Congressional Testimony in Oversight Hearing on "Accounting and Investor Protection Issues Raised by Enron and other Public Companies, 27.02.2002.

Insbesondere der Zusammenbruch *ENRONs*, einstmals der weltweit größte Energiehändler und das siebtgrößte Unternehmen der Vereinigten Staaten, machte die Gefahren einer engen Verknüpfung zwischen Geschäftsführung und Abschlussprüfern deutlich. Das Unternehmen musste im Jahr 2001 seine Jahresabschlüsse der vergangenen Jahre um über eine Milliarde Dollar nach unten korrigieren[26], nachdem bekannt wurde, dass unter der Einschaltung mehrer beschränkt haftender Personengesellschaften ("*Limited Partnerships*") der Großteil seiner erwirtschafteten Verluste aus den Bilanzen ferngehalten wurden.[27]

Bezeichnend an diesem Fall, der nur einen in einer Reihe ähnlicher Vorfälle darstellt[28], ist, dass sich die Wirtschaftsprüfer der Fragwürdigkeit dieser Bilanzierungspraxis bewusst waren. Wie die Ermittlungen der *SEC* und der Staatsanwaltschaft aufdeckten, fand eine heftige Diskussion in den Reihen der Abschlussprüfer über die Zulässigkeit dieser Praxis statt.[29] Obwohl verschiedene Mitarbeiter diese Praxis für rechtswidrig erachteten, wurde dennoch von einer Verweigerung des Testates abgesehen. Man fürchtete den Verlust dieses Großauftrages und insbesondere der zusätzlichen lukrativen Beratungsaufträge.

Paradoxe Konsequenz war, dass trotz Kenntnis des Managements und der Abschlussprüfer das "*board of directors*" selbst bis zuletzt keine Kenntnis von den Problemen hatte, da die Kommunikation mit den Abschlussprüfern ausschließlich über die Geschäftsführung erfolgte.[30]

Die dominante Stellung des Managements spiegelt sich auch in der Entscheidungsfindung des "*board*" wider, z. B. bei der Frage der Nominierung geeigneter Kandidaten für einen Sitz im "*board*". Regelmäßig ist es das Management selbst, welches die Vorschläge für die Wahl bzw. Wiederwahl der Mitglieder des "*board of directors*" einbringt.[31] Dies trifft auch in Fällen zu, in denen die Gesellschaft ein eigenes "*nominating committee*" unterhält.[32] Für diese Praxis kann einerseits vorgebracht werden, dass sichergestellt werden kann, dass der Gesellschaft Personen zur Verfü-

---

26 *Hein*, RIW, 2002, 503, 508 f.; *Schwarz/Holland*, ZIP 2002, 1661, 1664; *Wolfe*, Financial Times v. 01.07.2002; *Baumann*, Wirtschaftswoche Nr. 13 v. 21.03.2002.

27 Siehe Bericht des Special Investigation Committee under Dean Powers (Powers Report), abrufbar unter: http://www.energycommerce.house.gov/107/news/04022002_527.htm.

28 Andere Unternehmen sind z.B. *Xerox*, *Adalphia*, *WorldCom* oder *Tycos*. Siehe auch *Schwarz/Holland*, ZIP 2002, 1661 ff.

29 Siehe Bericht des Special Investigation Committee: http://www.energycommerce.house.gov/107/news/04022002_527.htm.

30 Das gleiche Problem trifft auch auf den Zusammenbruch *WorldCom*'s zu. Vgl. *Sandberg/Lublin*, Wall Street Journal v. 28.06.2002.

31 *Conrad*, ZGR 1987, 180, 186 und 196 ff.; *Kraakman*, in *Feddersen/Hommelhoff/Schneider*, S. 129, 131 ff.; *Monks/Minow*, Corporate Governance, S. 178 ff.; *Eisenberg*, The Legal Structure of the Corporation, S. 140 f.

32 *Conrad*, Corporations in Perspective, S. 349 ff.; *Kraakman*, in *Feddersen/Hommelhoff/Schneider*, S. 139; *Monks/Minow*, Corporate Governance, S. 193; *Johnson*, Harv. Bus. Rev. März 1990 S. 4 ff.

gung stehen, die aufgrund ihrer Fähigkeiten dieser von Nutzen sein können. Es stellt sich jedoch die Gefahr, dass die Geschäftsführung Personen für das "*board*" vorschlägt, deren Loyalität ihr gewiss ist.[33] Dies kollidiert aber mit einer kritischen Überwachung.

Aber auch in den *infra* zu erörternden Punkten des Informationsflusses sowie der Festlegung der Tagesordnung hat die Geschäftsführung einen ganz erheblichen Einfluss.[34]

Als Gegenstück kommt aber auch die oftmals vorzufindende Passivität der Mitglieder des "*board*" hinzu. Nach Ansicht vieler Kommentatoren mangelt es im Regelfall den "directors" neben der Zeit auch an der Bereitschaft gegen einen dominanten "*CEO*" anzukämpfen, selbst wenn man mit Entscheidungen nicht einverstanden ist. Bis noch vor wenigen Jahren zogen es Mitglieder des "*board*" vor, dieses zu verlassen, bevor sie sich gegen den "*CEO*" auflehnten.[35]

3.3 Problem in der Zusammensetzung des "board of directors"

3.3.1 Die Dominanz von Insidern im "board of directors"

Eines der Hauptprobleme für die Erfüllung der Kontrolle der Unternehmensführung stellt traditionell die Zusammensetzung vieler "*boards of directors*" dar. Diese bestanden in der Vergangenheit oftmals mehrheitlich oder zumindest hälftig aus "*inside directors*", also Personen die entweder in einem Anstellungsverhältnis zu der Gesellschaft standen oder aber von dieser wirtschaftlich abhängig waren.[36] Folge dieser Komposition war die Gefahr, dass "*inside directors*" es nicht wagten ihre Meinung frei zu äußern, wenn diese im Widerspruch zu der des "*CEO*" stand.[37] Als Angestellte der Gesellschaft standen sie hierarchisch unter dem "*CEO*", sodass ihr berufliches Weiterkommen regelmäßig von dessen Zustimmung abhing. Sollten sie daher während einer "*board*"-Sitzung diesem bohrende oder allzu kritische Fragen stellen, liefen sie Gefahr, ihre Karriere zu riskieren.[38]

---

33 *Langevoort*, 89 Geo. L. J. 791, 793 ff.; *Kraakman*, in *Feddersen/Hommelhoff/Schneider*, S. 129, 131 ff.; *Conrad*, ZGR 1987, 180, 186 und 196 ff.; *Monks/Minow*, Corporate Governance, S. 193.

34 Vgl. dazu *infra*, die Kapite 3.4 und 3.5.

35 *Conrad*, Corporations in Perspective, S. 350 der dieses Verhalten mit den Worten umschreibt, dass man schließlich nicht in die Hand beißt, die einen versorgt.

36 *Hamilton*, Corporate Governance in America, 25 J. Corp. L. 349, 350, Fn. 3; *Mace*, S. 112; *Kraakman*, in *Feddersen/Hommelhoff/Schneider*, S. 129, 131 ff.; *Monks/Minow*, Corporate Governance, S. 178 ff.; *Eisenberg*, The Legal Structure of the Corporation, S. 140 f.; *Kindler*, S. 34; *Steindl*, S. 85.

37 *Bacon/Brown*, S. 67; *Eisenberg*, The Legal Structure of the Corporation, S. 144, *Hein*, RIW 2002, 501, 503 f.; *Conrad*, Corporations in Perspective, S. 350; *Kraakman*, in *Feddersen/Hommelhoff/Schneider*, S. 129, 131 ff.

38 *Eisenberg*, The Legal Structure of the Corporation, S. 144; *Mace*, S. 112; *Monks/Minow*, Corporate Governance, S. 178 ff.; *Hamilton*, Corporate Governance in America, 25 J. Corp. L. 349, 350.; *Windbichler*, ZGR 1985, 50, 53 ff.

Erschwerend für die Arbeit des "*board of directors*" wirkt sich aus, dass die, auf der Tagesordnung vorgesehenen Punkte, regelmäßig bereits in der, zeitlich vor Tagungen des "*board of directors*" stattfindenden Managementsitzung ("*executive session*") unter den "*inside directors*" erörtert wurden. Dementsprechend hatten diese bereits eine gemeinsame Meinung gebildet oder sich auf einen gemeinsamen Standpunkt geeinigt.[39] Die Grundidee des "*board of directors*", anfallende Probleme kollektiv zu erörtern, blieb dementsprechend auf der Strecke.[40]

Eine Gefahr für die Aufgabenerfüllung stellt eine mögliche "Betriebsblindheit" von Mitgliedern des "*board*", die zugleich Mitglied der Geschäftsführung sind. Personen, welche sich permanent mit bestimmten Aufgabengebieten befassen, können leicht den Blick für alternative Lösungsansätze verlieren. Anders als "*outside directors*" können sie nicht auf Erfahrungen aus anderen Gesellschaften zurückgreifen.

Außerdem steht zu befürchten, dass ein von "*inside directors*" dominiertes "*board*" kein tatsächliches Interesse an einer effektiven Überwachung der Geschäftsführung hat. Jede Feststellung eines Problembereiches stellt im Umkehrschluss eine Kritik an der Tätigkeit des in diesem Bereich tätigen Geschäftsführers dar und schadet somit dessen Reputation.[41]

Gleichzeitig kann eine Dominanz von "*inside directors*" auch zu einem Stimmvorteil des Managements führen. Zwar wird mehrheitlich das Konsensprinzip in der Entscheidungsfassung angewandt und nur vereinzelt das Mehrheitsprinzip, jedoch kann auch hier eine starke Fraktion, welche dem "*CEO*" nahe steht, Einfluss ausüben.[42] Wenn sich ausreichend Mitglieder für einen bestimmten Antrag aussprechen, steigt die Wahrscheinlichkeit, dass sich auch die übrigen Personen dieser Auffassung anschließen.[43]

Allerdings wird dieses Bild von der Gefolgschaft der "*inside directors*" gegenüber dem "*CEO*" seit Mitte der siebziger Jahre von einigen Autoren infrage gestellt. So berichten *Jeremy Bacon* und *James K. Brown* in ihrem Bericht über "*Corporate Directorship Practices*", dass von ihnen befragte "*CEO*" zwar von ihren "*inside directors*" rückhaltslose Unterstützung während der Sitzungen des "*board*" fordern, aber gleichzeitig erwarten, dass Meinungsverschiedenheiten in den vorher stattfindenden Management-

39 *Bacon/Brown*, S. 67 ff.; *Buxbaum*, 73 Cal. L. Rev. 1671, 1686 ff.; *Bleicher/Leberl/Paul*, S. 209; *Conrad*, Corporations in Perspective, S. 350 f.

40 *Conrad*, Corporations in Perspective, S. 348 ff.; *Mace*, S. 112-113; *Bacon/Brown*, S. 67; *Monks/Minow*, Corporate Governance, S. 178 ff.; *Lipton/Lorsch*, 48 Bus. Law. 59, 62 ff.

41 *Bacon/Brown*, S. 67 ff.; *Lorsch/McIver*, S. 76 ff.; *Eisenberg*, The Legal Structure of the Corporation, S. 142 ff.

42 *Bleicher/Leberl/Paul*, S. 209.

43 *Mace*, S. 112-113; *Bacon/Brown*, S. 67; *Eisenberg*, The Legal Structure of the Corporation, S. 142 ff.; *Kraakman*, in *Feddersen/Hommelhoff/Schneider*, S. 129, 131 ff.

sitzungen vorbehaltlos angesprochen werden.[44] Eine solche Praxis mag zwar ein richtiger Schritt hin zu einer umfassenden Erörterung der anfallenden Punkte sein, doch erscheint sie immer noch hinter dem eigentlichen Ideal eines effektiven "*board*" zurückzufallen, da es eben an einer Erörterung durch das gesamte "*board*" mangelt.[45] Zusätzlich werden den übrigen Mitgliedern die Bedenken dieser "*inside directors*" nicht erkennbar, wodurch dem "*board of directors*" der Anstoß fehlt, sich mit den kontroversen Punkten intensiver auseinander zu setzen.

3.3.2 Vorsitz des "board of directors" durch den "CEO"

Ein weiteres Hindernis für eine bedeutendere Rolle des "*board of directors*" ist die bis heute überwiegend vorzufindende Konstellation, dass der "*CEO*" regelmäßig auch den Posten des "*chairman of the board*" innehat.[46] Als solcher obliegt ihm die Vorbereitung, Einberufung sowie Leitung von "*board*"-Sitzungen.[47] Gleichzeitig legt er die Tagesordnung fest und bereitet die auszuhändigenden Materialien vor. Da er somit sowohl Häufigkeit als auch Gegenstand der Sitzungen bestimmen kann, kann er maßgeblichen Einfluss auf die Arbeit des "*board of directors*" nehmen.[48]

Die entscheidende der Kombination dieser beiden Positionen ergibt sich jedoch aus der ungeschriebenen Kompetenz des "*chairman of the board*" indirekt "*directors*" zu benennen oder zu entlassen.[49] Obwohl die Wahl der Mitglieder des "*board of directors*" an sich durch die Aktionäre erfolgt, liegt die entscheidende Einflussmöglichkeit des "*CEO*" in der Aufstellung der Kandidaten. Dies gilt regelmäßig auch in den Fällen, in denen die Gesellschaft einen eigenständigen Ausschuss zu diesem Zweck unterhält.[50] Zusätzlich, quasi als Annexkompetenz war es gängige Praxis, dass der Vorsitzende des "*board*" ihm unliebsame Mitglieder auch zum Rücktritt auffordern bzw. faktisch entlassen konnte.[51] Legten diese nicht frei-

---

44 *Bacon/Brown*, S. 67 m.w.N. Siehe außerdem *Windbichler*, ZGR 1985, 50, 55 f.; *Hamilton*, Corporate Governance in America, 25 J. Corp. L. 349, 351 ff.

45 *Mace*, S. 6 ff.; *Eisenberg*, The Legal Structure of the Corporation, S. 139 ff.; *Pinto*, in *Pinto/Visentini*, S. 260 ff.; *Elsing/van Alstine*, Rn. 594; *Kraakman*, in *Feddersen/Hommelhoff/ Schneider*, S. 129.

46 *Monks/Minow*, Corporate Governance, S. 189-190; *Schwarz/Holland*, ZIP 2002, 1661, 1670; Hein, ZGR 2002, 464, 495, *ders.*, RIW 2002, 501, 502 ff.; *Hamilton*, Corporate Governance in America, 25 J. Corp. L. 349, 350.

47 *Schwarz/Holland*, ZIP 2002, 1661, 1670; *Karmel*, 52 Geo. Wash. L. Rev. 534, 543; *Hein*, ZGR 2002, 464, 495, *ders.*, RIW 2002, 501, 502 ff.; *Steindl*, S. 87; *Kindler*, S. 53 f.

48 *Hein*, RIW 2002, 501, 506; *Monks/Minow*, Watching the Watchers, S. 197; *Bacon/Brown*, S. 25 f.; *Bleicher/Leberl/Paul*, S. 208; *Bowen*, S. 83 ff.; *Windbichler*, ZGR 1985, 50, 56.

49 *Eisenberg*, The Legal Structure of the Corporation, S. 145 ff.; *Mace*, S. 94; *Conrad*, Corporations in Perspective, S. 348 ff.; *Monks/Minow*, Power and Accountability, S. 77; *Bleicher/Leberl/Paul*, S. 206 ff.

50 *Conrad*, Corporations in Perspective, S. 348 ff.; *Kraakman*, in *Feddersen/Hommelhoff/ Schneider*, S. 129, 132 ff.

51 *Mace*, S. 108 ff.; *Henn/Alexander*, S. 589 f.; *Fletcher* Cyc., S. 176; für *Delaware* siehe *Stroud v. Miliken Enterprises, Inc.*, 585 A.2d 1306.

willig ihr Amt nieder, wurden sie in der nächsten Hauptversammlung nicht erneut zur Wahl vorgeschlagen.[52]

Eine 1989 durchgeführte Studie unter Mitgliedern von "*nominating committees*" ergab, dass mindestens 50 % der Kandidaten, in der Regel jedoch über 90 % der Kandidaten für eine Position im "*board of directors*" ursprünglich vom "*CEO*" vorgeschlagen werden.[53] Wie *supra* ausgeführt[54] beruht diese Praxis oftmals auch auf der Überzeugung, dass in einer wirtschaftlich gesunden Gesellschaft niemand außer dem "*CEO*" besser weiß, welche Personen zu "seinem Team" passen.[55]

Problematisch an dieser Personalunion stellt die *infra* näher erörterte Möglichkeit der Kontrolle des Informationsflusses dar.[56] Als Vorsitzender des "*board*" kann der "*CEO*" durch Festlegen der Tagesordnung die Überprüfung durch das "*board of directors*" auf ihm genehme Punkte beschränken und unliebsame Aspekte ausklammern.

Insgesamt stellt die Personalunion beider Posten eine bedenkliche Konstellation dar, welche eine hohes Missbrauchsrisiko birgt. Die Aufgabe des "*board of directors*" wird zusehends in der Überwachung der Geschäftsführung, also der "*officers*" gesehen. Von der Grundidee werden zu diesem Zwecke von den Aktionären Vertreter gewählt, welche dann die von ihnen ernannten "*officers*" überwachen. Liegt aber Personalunion zwischen "*chairman of the board*" sowie "*CEO*" vor, so führt *de facto* der zu Überwachende seine Überwacher an. Zugleich kontrolliert er deren Information und Arbeit.[57]

3.3.3 Probleme der Qualifikation und Unabhängigkeit der Mitglieder des "board of directors" in der Vergangenheit

Ein besonderes Problem, welches in der jüngsten Vergangenheit aufgrund der Aktivitäten der *NYSE* sowie die Vorschriften des "*Sarbanes-Oxley Act*" der amerikanischen Legislative wieder an Bedeutung gewonnen hat, ist die Frage, welche Personengruppen als "*outside directors*" anzusehen sind.[58]

Noch Mitte der 80er Jahre merkte *Myles L. Mace* ironisch an, dass als eine der maßgeblichsten Voraussetzungen für die Befähigung zur Übernahme

---

52 *Kraakman*, in *Feddersen/Hommelhoff/Schneider*, S. 129; *Mace*, S. 94 ff.; *Monks/Minow*, Watching the Watchers, S. 197.

53 *Barnard*, 40 Cath. U. L. Rev. 37 ff.; *Hein*; RIW 2002, 503, 506; *Mace*, S. 105 ff.; *Kindler*, S. 53 f.; *Bleicher/Leberl/Paul*, S. 210 f.; *Conrad*, Corporations in Perspective, S. 348 ff.

54 Siehe *supra* Kapitel 3.2.

55 *Mace*, S. 105 ff.; *Bacon/Brown*, S. 28 ff.; *Kraakman*, in *Feddersen/Hommelhoff/Schneider*, S. 129 ff.

56 Siehe *infra* Kapitel 3.4.

57 *Kindler*, S. 53; *Windbichler*, ZGR 1985, 50, 52 f.; *Jacobs*, 1987 J. Bus. Law 269ff.; *Langevoort*, 89 Geo. L. J. 791, 793 ff.

58 Siehe dazu Sec. 303 des Listing Manual des *NYSE*, abrufbar unter www.nyse.com. Siehe auch Sec. 301(3) des *Sarbanes-Oxley Acts of 2002*.

eines Postens als "*outside director*" in einer Aktiengesellschaft das Innehaben einer prestigeträchtigen Position in einer anderen Gesellschaft angesehen werde.[59] In seiner Studie wurde mehrfach als wesentliche Voraussetzung das Innehaben des Postens des "*president*" (Leitender Manager) in einer anderen Gesellschaft angesehen, unabhängig ob der jeweilige Kandidat aufgrund seiner persönlichen Qualifikation zu der jeweiligen Gesellschaft passte oder nicht. Einige der befragten Personen äußerten sich sogar dahin, dass die Qualifikation der Mitglieder des "*board*" keine Rolle spiele, da es nur darauf ankomme, dass der Kandidat eine Topposition in seinem Unternehmen einnimmt.[60] *"We have a standing rule that no one can be an outside director in our company who is not the top person in his organization. [...] I don't care how able he is [...]. You can't downgrade the prestige of our board membership by inviting a [...] vice-president."* (Wir haben eine feste Regel, dass niemand als "*outside director*" in unserer Gesellschaft dienen kann, wenn er nicht selbst der Topmanager seiner eigenen Gesellschaft ist. Wir können das Ansehen unseres "*board*" nicht herabsetzen, in dem wir eine Person einladen, die lediglich die Nummer zwei in ihrer Gesellschaft ist.)

Mitglieder des "*board of directors*" wurden nicht notwendig nach ihrer Befähigung oder der Zeit, die sie für ihre Arbeit aufwenden können ausgesucht, sondern einzig nach ihrer Papierform.[61] Es lässt sich sicherlich argumentieren, dass die Tatsache, dass diese Personen Spitzenpositionen in anderen Unternehmen einnehmen, als Indiz ihrer Qualifikation gewertet werden kann, doch sagt es gleichwohl nichts darüber aus, ob sie für diese spezifische Aufgabe geeignet sind.

Die Betonung des Prestiges der Kandidaten für einen Sitz im "*board of directors*" basiert auf ihrem Ansehen gegenüber Investoren.[62] Man hoffte leichter Investoren gewinnen zu können, wenn die Gesellschaft ein besonders hochkarätiges "*board of directors*" aufweist.[63] Der Gedanke ist, dass eine Gesellschaft, welche in der Lage ist, prestigeträchtige "*directors*" anzulocken, einfach gut sein muss.[64] Daneben dient es auch gegenüber den eigenen Aktionären der Verbesserung des Images der Gesellschaft.[65]

---

59 *Mace*, S. 94 ff.; *Bacon/Brown*, S. 30 ff.

60 *Brudney*, 95 Harv. L. Rev. 597, 602 ff.; *Mace*, S. 94 ff.

61 *Mace*, S. 97 f.

62 *Monks/Minow*, Corporate Governance, S. 178 ff.; *Bacon/Brown*, S. 30 ff.; *Mace*, S. 94 ff.

63 *Mace*, S. 96 f.

64 *Mace*, S. 94 ff.; *Bacon/Brown*, S. 30 ff.

65 *Monks/Minow*, Corporate Governance, S. 178 ff.

3.3.4 Problem der Unabhängigkeit der Mitglieder des "board of directors"

Selbst wenn die von *Mace* beschriebenen Praktiken mittlerweile nicht mehr existieren, stellt sich immer wieder die Frage, welcher Personenkreis die Voraussetzungen eines "*independent director*" erfüllt.[66]

In der Vergangenheit wurde als "*independent director*" jede Person gewertet, die nicht selbst Arbeitnehmer der Gesellschaft oder eines verbundenen Unternehmens war. Dies umfasste typischerweise auch die Anwälte der die Gesellschaft beratenden Kanzlei, Führungspersonen von Großkunden oder Zulieferern, Angestellte abhängiger Unternehmen oder Mitglieder der Hausbank.[67] Sämtliche dieser Personen können es jedoch im Einzelfall schwer haben, eine unabhängige Position gegenüber dem Management einzunehmen, da sie in der Ausübung ihrer Tätigkeit in erheblichem Maße von eigenen Interessen getrieben werden.[68] Sie könnten es sich nur schwer erlauben, eine dem Management widersprechende oder kritische Position einzunehmen, da sie andernfalls eine Beeinträchtigung ihrer Geschäftsbeziehungen in Kauf nehmen müssten.[69]

Aber selbst Mitglieder, die davon unabhängig sind, bieten nicht notwendig die Gewähr einer unabhängigen Überwachung, da es zahlreiche Faktoren gibt, die sich hier auswirken können, wie z. B. eine identische soziale Herkunft oder ein Verbundenheitsgefühl aufgrund ähnlicher sozialer Stellung.[70]

In der neueren Zeit wurden diese Probleme zusehends erkannt und man versuchte dem auf verschiedene Arten vorzubeugen und entgegenzuwirken. Als Folge existiert mittlerweile eine Vielzahl von Definitionen, die sich in einigen Punkten decken, ohne jedoch völlig identisch zu sein. Dazu trägt wesentlich bei, dass die Umschreibung der Unabhängigkeit regelmäßig durch die Verwendung unbestimmter Rechtsbegriffe erfolgt, die verschiedene Interpretationen ermöglichen.

3.3.4.1 Definition der "American Bar Association" ("ABA")

So fordert die "*ABA*" in ihrem "*Corporate Director's Guidebook*", dass Voraussetzung für einen "*outside director*" ist, dass er ohne familiäre, berufliche oder wirtschaftlich bedeutende Beziehung zu der Gesellschaft oder einem dieser verbundenen Unternehmen ist.[71]

---

66 *Schwarz/Holland*, ZIP 2002, 1661, 1664 f. m.w.N.

67 *Jacobs*, 1987 J. Bus. Law 269ff.; *Eisenberg*, The Legal Structure of the Corporation, S. 145 ff.; *Bacon/Brown*, S. 30 f.; *Mace*, S. 94 ff. und 128 ff.; *Steindl*, S. 80 ff.

68 Siehe dazu *Hein*, RIW 2002, 503, 509; *Schwarz/Holland*, ZIP 2002, 1661, 1664 ff.

69 *Jacobs*, 1987 J. Bus. Law 269ff.; *Eisenberg*, The Legal Structure of the Corporation, S. 145 f.; in neuerer Zeit *Schwarz/Holland*, ZIP 2002, 1661, 1664.

70 *Brudney*, 95 Harv. L. Rev. 597, 612 f.; *Mace*, S. 46 ff.

71 *ABA*, Corporate Director's Guidebook, 56 Bus. Law. 1571, 1591, ebenso *ALI*, Principles of Corporate Governance, § 3.01.

Diese Voraussetzungen sind nicht gewahrt, wenn die Person in irgendeiner familiären oder freundschaftlichen Beziehung zu einem Mitglied des Managements steht, ein kürzlich in den Ruhestand eingetretenes ehemaliges Mitglied der Geschäftsleitung des Unternehmens oder eines verbundenen Unternehmens ist oder in Geschäftsbeziehungen mit der Gesellschaft, einem verbundenen Unternehmen oder einem strategischen Partner dieses Unternehmens steht.[72]

Dieser restriktive Ansatz soll Fälle der Mitgliedschaft von Anwälten oder sonstigen Beratern erfassen, die in der Vergangenheit regelmäßig Mitglieder des "*board*" stellten. Der Gedanke ist, dass selbst eine Rechtsanwaltskanzlei, die nur kleinere Aufträge für die Gesellschaft ausführt nach einer bestimmten Zeit aufgrund der Regelmäßigkeit der Aufträge ihre Unabhängigkeit verliert und damit beeinflussbar wird.[73]

3.3.4.2 Definition der NYSE

Die "*New York Stock Exchange*" fordert für eine Person, bevor sie als "*independent director*" angesehen werden kann, dass das "*board*" durch einen Beschluss feststellt, dass die betreffende Person über keine materiellen Beziehungen zu der Gesellschaft verfügt.[74]

Eine genaue Definition, was alles als materielle Beziehung angesehen werden kann, unterbleibt allerdings. Es wird lediglich klargestellt, dass ehemalige Angestellte erst nach einer Frist von fünf Jahren als unabhängig angesehen werden können.[75] Entscheidendes Kriterium nach diesem Ansatz ist daher die Einschätzung des "*board*" selbst. Um eine gewisse Kontrolle zu gewährleisten, ist die Gesellschaft jedoch verpflichtet, in ihren Dokumenten sämtliche Beziehungen des jeweiligen Mitglieds zu der Gesellschaft zu veröffentlichen, sodass sich auch die Aktionäre ein Bild dieser Beziehungen machen können.[76]

3.3.4.3 Definitionen der SEC

Nach § 16b-3 der "*Rules*" zu "*Securities Exchange Act 1934*" ist eine Person als unabhängig anzusehen, wenn sie gegenwärtig nicht bei der Gesellschaft beschäftigt ist und außerdem für ihre Dienste für die Gesellschaft keine andere Vergütung als die für ihre Mitgliedschaft im "*board*" erhält.[77] Zusätzlich darf sie auch keinerlei persönliches Interesse an Rechtsgeschäften oder geschäftlichen Beziehungen der Gesellschaft haben.

---

[72] *ABA*, Corporate Director's Guidebook, 56 Bus. Law. 1571, 1591; *Jacobs*, 1987 J. Bus. Law 269 ff.

[73] *ABA*, Corporate Director's Guidebook, 56 Bus. Law. 1571, 1591.

[74] Siehe Sec. 303(a) der Listing Rules der "NYSE" in der Fassung vom 16.08.2002, abrufbar unter www.nyse.com.

[75] Siehe Sec. 303(b) der Listing Rules der "NYSE" in der Fassung vom 16.08.2002, abrufbar unter www.nyse.com.

[76] Steindl, S. 84, Sec. 303(a) der Listing Rules der "NYSE" in der Fassung vom 16.08.2002, abrufbar unter www.nyse.com.

[77] Siehe *Steindl*, S. 83.

3.3.4.4 Sonstige Definitionen und Zwischenergebnis

Daneben existieren auch Definitionen des "*American Law Institute*"[78], des "*Business Roundtable*"[79] sowie anderer Börsen und Organisationen[80], die sich jeweils in Einzelfragen und Terminologie unterscheiden. So verwendet beispielsweise das "*ALI*" als Entscheidungskriterium nicht die Begriffe "*outside/independent director*" bzw. "*inside director*", sondern sieht es als maßgeblich an, ob der "*director*" eine bedeutende Beziehung zur Gesellschaft unterhält.[81] Der Ansatz des "*Business Roundtable*" dagegen verwendet auch die Unterscheidung zwischen "*inside*" und "*outside director*", wobei letzteres nicht sein kann, wer Angestellter der Gesellschaft ist.[82] Ebenfalls disqualifiziert sind bis zu einem gewissen Grad ehemalige Angestellte, Anwälte und Banker der Gesellschaft sowie Personen, die der Gesellschaft dienen.[83] Zusammenfassend lässt sich daher feststellen, dass eine verbindliche Definition nicht existiert.

Der praktikabelste Ansatz scheint auf den ersten Blick der Ansatz der "*NYSE*" zu sein, da er der Gesellschaft einen Beurteilungsspielraum einräumt.[84] Er kann als die logische Konsequenz der allgemeinen Tendenz anzusehen sein, Gesellschaften einen Gestaltungsspielraum zu ermöglichen und damit dem "*board*" zu ermöglichen, die geeigneten Personen auszuwählen. Allerdings kann er sich auch negativ auswirken, wenn das "*board*" unter der Leitung eines dominanten Managements steht.

Problematisch an sämtlichen Ansätzen, Unabhängigkeit der Mitglieder des "*board of directors*" zu gewährleisten, ist die Unverbindlichkeit dieser Definitionen. Gesellschaften müssen zwar offen legen, in welchem Verhältnis "*directors*" zur Gesellschaft stehen, bei Verstößen, fehlt es jedoch an einer Sanktionsmöglichkeit. Selbst die Offenlegung scheint nur bedingt geeignet zu sein, da es Außenstehenden schwer fällt, trotz der Beschreibung der Beziehungen, eine umfassende Beurteilung vorzunehmen. Weiterhin mangelt es Kleinaktionären aber auch an Reaktionsmöglichkeiten. Bei Unzufriedenheit können sie lediglich ihre Anteile veräußern, doch stellt sich immer die Frage, ob sie auch eine alternative Investitionsmöglichkeit besitzen.

Daneben stellt sich regelmäßig auch das Problem, der Sicherstellung dauerhafter Unabhängigkeit. Zwar mögen diese Definitionen einen Anhaltspunkt geben, für das Verhältnis beim Beitritt zum "*board of directors*", sie gewährleisten aber nicht das Fortbestehen der Unabhängigkeit.[85]

---

78 *ALI*, Principles of Corporate Governance, § 1.34.

79 *BRT*, 33 Bus. Law. 2107 sowie abrufbar unter brt.org.

80 Zur Definition der NASDAQ siehe www.nasdaq.com.

81 *ALI*, Principles of Corporate Governance, § 1.34; siehe auch *Steindl*, S. 82.

82 Statement des *BRT*, 33 Bus. Law. 2107 ff. Siehe auch *Steindl*, S. 80.

83 Siehe dazu *Schwarz/Holland*, ZIP 2002, 1661, 1664 f. sowie *Steindl*, S. 80 ff. jeweils m.w.N.

84 So auch *Steindl*, S. 84 f.

85 *Schwarz/Holland*, ZIP 2002, 1661, 1664 f.

3.3.5 Problem der Gewährleistung dauerhafter Unabhängigkeit der "independent directors"

Einen insofern neuen Weg zur Sicherstellung dauerhafter Unabhängigkeit, der eine Reaktion auf die jüngsten Entwicklungen darstellt, geht der amerikanische Gesetzgeber in Sec. 301(3) *Sarbanes-Oxley Act*, der Sec. 10A *Securities Exchange Act of 1934* ergänzt. Danach gilt nur als unabhängig, wer außer seiner Vergütung als Mitglied des "*board of directors*" keine sonstige Vergütung seitens der Gesellschaft empfängt.[86] Mit dieser Regelung möchte der Gesetzgeber verhindern, dass Personen zwar als unabhängig anzusehen sind, wenn sie dem "*board*" beitreten, diesen Status jedoch verlieren, indem sie lukrative Beratungsaufträge oder sonstige Zahlungen seitens der Gesellschaft oder des Managements annehmen.[87] So wurde sowohl beim Zusammenbruch der Unternehmen *ENRON* als auch *WorldCom* bekannt, dass die Mitglieder des "*board*" Beraterverträge mit den Gesellschaften unterhielten.[88] Gleichzeitig hatte der "*CEO*" von *WorldCom* persönlich Investitionen in Privatgesellschaften von Mitgliedern des "*board*" getätigt.[89]

Es bedarf somit auch Mechanismen zur Sicherstellung dauerhafter Unabhängigkeit, wozu "*board*"-Beschlüsse ungeeignet sind, da diese kaum einerseits Beraterverträge vergeben andererseits dann deswegen die Unabhängigkeit anzweifeln werden.[90]

3.4 Probleme des Informationsflusses zwischen Management und "directors"

Im Zusammenhang mit der Kritik an der fehlenden Effizienz der "*board*"-Arbeit wird regelmäßig fehlende Information des "*board*" erwähnt.[91] So führte *Peter F. Drucker* aus, dass: "*In every major business catastrophe .....down to recent debacles the Board members were apparently the last people to be told that anything was awry...and it is futile to blame men. It is the Institution that malfunctions*".[92]

---

86 Siehe *auch Schwarz/Holland*, ZIP 2002, 1661, 1664 f.

87 *Kraakman*, in *Feddersen/Hommelhoff/Schneider*, S. 129 ff.; *Schwarz/Holland*, ZIP 2002, 1661, 1664, *Sandberg/Lublin*, Wall Street Journal v. 28.06.2002.

88 *Millstein*, Congressional Testimony v. 27.02.2002; *Charles*, Directors & Boards v. 01.01.2002.

89 *Sandberg/Lublin*, Wall Street Journal v. 28.06.2002; *Schwarz/Holland*, ZIP 2002, 1661, 1664 f.

90 Ausführlicher dazu *Millstein*, Congressional Testimony v. 27.02.2002; *Schwarz/Holland*, ZIP 2002, 1661, 1664.

91 *Eisenberg*, The Legal Structure of the Corporation, S. 145 f.; *Kraakman*, in *Feddersen/Hommelhoff/Schneider*, S. 129 ff.; *Hein*, RIW 2002, 503, 507; *Sandberg/Lublin*, Wall Street Journal v. 28.06.2002 zur Situation bei WorldCom.

92 In jeder größeren Unternehmenskatastrophe ...bis hin zu den jüngsten Debakeln, waren die Mitglieder des "*board of directors*" offensichtlich die letzten, denen man mitteilte, dass irgendetwas nicht in Ordnung ist....es ist jedoch überflüssig, die betroffenen zu kritisieren. Es ist die Organisation selbst, die nicht funktioniert. Siehe *Bavly*, S. 82, Fn. 3 sowie *Monks/Minow*, Corporate Governance, S. 181.

Der Mangel an Information des "*board of directors*" tritt insbesondere bei Grundlagengeschäften hervor, in denen es der Zustimmung des "*board of directors*" zur Wirksamkeit geplanter Maßnahmen bedurfte. Insofern sollte man annehmen, dass das "*board*" selbst, dafür Sorge trägt, ausreichend informiert zu sein. Bezeichnend ist in diesem Zusammenhang die Entscheidung des "*Delaware Supreme Courts*" in *Smith v. van Gorkom* [93], die eindrucksvoll zeigt, wie weit die tatsächliche Arbeit der "*directors*" von ihrer theoretisch zugedachten Aufgabe divergiert.

In dieser, im Folgenden stark vereinfacht dargestellten Entscheidung hatten Aktionäre die Mitglieder des "*board of directors*" auf Schadensersatz verklagt, nachdem die Geschäftsführung der Gesellschaft einen Verkauf sämtlicher Anteile einer Konzerngesellschaft zum Preis von $ 55,- beschlossen hatte, einem Preis, der zu diesem Zeitpunkt ca. $ 16,- über den Börsenhandelskurs dieses Konzernteils lag. Unter dem Del. GCL, wie unter sämtlichen anderen bundesstaatlichen Aktiengesetzen, bedarf der Verkauf einer Gesellschaft oder eines Gesellschaftsteils der Zustimmung des "*board of directors*". In diesem Falle hatte der langjährige "*CEO*", der gleichzeitig auch "*chairman of the board of directors*" war, den Entschluss gefasst, die Konzerngesellschaft zu verkaufen, da sie sich nachteilig auf die Steuersituation des Gesamtkonzerns auswirkte. Er kontaktierte daher einem ihm bekannten Unternehmenskäufer, um mit diesem über einen Verkauf zu sprechen. Im Verlaufe dieser Gespräche bot er diesem schließlich den Erwerb der Gesellschaft für $ 55,- pro Aktie an. Diesen Preis hatte er aus eigenen Überlegungen, ohne Rücksprache mit einer Investmentbank oder der Finanzabteilung der Gesellschaft festgelegt.

Als der kontaktierte Käufer zusagte und einen Kauf an eine Abwicklung in den nächsten Tagen knüpfte, rief der Beklagte für den folgenden Tag eine Sitzung der "*officers*" und ein Treffen des "*board of directors*" ein. Auf diesen stellte er seinen Plan den anwesenden Personen vor und betonte, dass der angestrebte Preis angemessen war. Eine Aushändigung relevanter Unterlagen erfolgte nicht. Nach einer mündlichen Darstellung der Grundzüge der geplanten Transaktion stimmte das "*board of directors*" nach weniger als 2 Stunden Sitzung dem geplanten Verkauf zu.

Das Gericht urteilte, dass unter derartigen Bedingungen dem "*board of directors*" jegliche Möglichkeit fehlt, diese Transaktion tatsächlich zu überprüfen. Obwohl es sich um eine der wesentlichsten Aufgaben im Rahmen seiner Leitungs- und Kontrollaufgabe handelt, wurde es hier lediglich zur Zustimmung zu der bereits ausgehandelten Transaktion einberufen. Doch selbst diese Aufgabe konnte hier, abgesehen vom formalen Akt, nicht ausgeführt werden, da den "*directors*" keinerlei Unterlagen zur Verfügung standen, die eine tatsächliche Beurteilung der Transaktion ermöglicht hätten. So war es dem "*board of directors*" nicht möglich, wie später von den Klägern vorgetragen, nachzuprüfen, ob der anvisierte Preis tatsächlich angemessen war oder ob die gewählte Form der

---

[93] Smith v. van Gorkom, 488 A.2d 858.

Transaktion steuerlich tatsächlich die vorteilhafteste Variante war. Dementsprechend entschied der "*Delaware Supreme Court*" auch, dass diese Entscheidung nicht von der "*business judgment rule*"[94] gedeckt war und die Beklagten haftbar sind.[95]

In einer solchen Konstellation wirkt sich auch die Zusammensetzung des "*board of directors*" und die Anzahl der "*inside directors*" aus. Wenn die gleichen Personen sowohl Mitglied der Geschäftsführung als auch des "*board*" sind, haben sie die anfallenden Punkte meist bereits in der zeitlich früher stattfindenden Managementsitzung besprochen. Dementsprechend erhalten die Mitglieder des "*board*" dann nicht mehr sämtliche Informationen zur Verfügung, sondern nur, was nach der Managementsitzung noch als relevant angesehen wird.[96] Eine selbständige Beurteilung der Bedeutung der restlichen Informationen durch das "*board of directors*" ist damit nicht möglich.

Selbst in Fällen, in denen das Management grundsätzlich bereit ist, das "*board of directors*" umfassend über alle anstehenden Tagesordnungspunkte zu informieren, hat sich die Praxis eingebürgert, die ausgeteilten Informationen, selbst solche zu komplexesten Transaktionen auf wenige Seiten zusammenzufassen, da somit zumindest erreicht wird, dass diese auch gelesen werden.[97]

Ein weiteres Problem des mangelnden Informationsflusses stellt sich im eingeschränkten Zugang der Mitglieder des "*board*" zu ergänzenden Informationsquellen. So können einzelne Mitglieder regelmäßig nicht Angestellte der Gesellschaft unterhalb der Geschäftsführung kontaktieren oder auf Kosten der Gesellschaft unabhängige Berater hinzuziehen.[98] Sobald dem "*board of directors*" lediglich Informationen zugeleitet werden, die vorher durch die Hände des "*CEO*" gegangen sind, ergibt sich die latente Gefahr, dass dieser sie in kritischen Situationen zu seinen Gunsten bzw. wie er es für angebracht hält, darstellt.[99] Ohne eigene Möglichkeit, sich durch direktes Nachfragen bei Beschäftigten der einzelnen Abtei-

---

94 Diese besagt, dass Gerichte eine Überprüfung von Entscheidungen der Gesellschaft unterlassen, wenn diese im vernünftigen Interesse der Gesellschaft erfolgt sind und auf eine angemessene Information beruht. Siehe *Hamilton*, Corporations in Nutshell, S. 453 ff.

95 Smith v. van Gorkom, 488 A.2d 858. Zu dieser bedeutenden Entscheidung siehe auch *Hamilton*, Corporations in Nutshell, S. 455 ff.; *Monks/Minow*, Corporate Governance, S.189 f.; *Kindler*, S. 89; *Steindl*, S. 133 f.

96 *Eisenberg*, The Legal Structure of the Corporation, S. 145 ff.; *Monks/Minow*, Corporate Governance, S. 185 f.; *Kindler*, S. 50; *Johnson*, in *Feddersen/Hommelhoff/Schneider*, S. 143, 144.

97 *Mace*, S. 30 f.; *Bacon/Brown*, S. 30 ff.; *Pinto*, in *Pinto/Visentini*, S. 280; *Monks/Minow*, Power and Accountability, S. 78; *Lipton/Lorsch*, 48 Bus. Law. 59, 66 f.

98 Daher die Vorschläge des *ALI*, Principles of Corporate Governance, § 3.03 sowie *ABA*, Corporate Director's Guidebook, 56 Bus. Law. 1571, 1581. Siehe auch *Hein*, RIW 2002, 501, 507 m.w.N.

99 *Sandberg/Lublin*, Wall Street Journal v. 28.06.2002 zu der Situation bei WorldCom; *Schwarz/Holland*, ZIP 2002, 1661, 1664 f.

lungen von der Authentizität der Informationen zu überzeugen, ist das Erfüllen einer Kontrollfunktion nicht möglich.[100]

Hinzu kommt die fehlende Verpflichtung der Gesellschaft ihre Mitglieder des "*board*" rechtzeitig mit ausreichenden Informationen zu versorgen, also vor anstehenden Sitzungen relevante Materialien auszuhändigen.[101] Eine Studie in den siebziger Jahren stellte fest, dass über 10 % der Gesellschaften überhaupt keine Unterlagen an die Mitglieder des "*board of directors*" aushändigte und 83 % zwar das "*board*" grundsätzlich mit Unterlagen versorgte, allerdings davon sämtliche Informationen bezüglich Produktion und Marketing ausnahmen.[102]

Insofern kann es durchaus vorkommen, dass die Mehrheit der "*board*"-Mitglieder völlig unvorbereitet mit Fragen, welche ihrer Zustimmung bedürfen, konfrontiert wird.[103] Dass in solchen Situationen eine Tendenz existiert, entsprechend dem Vorschlag des Managements abzustimmen, welches sich offensichtlich mit dem anstehenden Thema befasst hat, ist nachvollziehbar.

Schließlich ist es Mitgliedern des "*board*" regelmäßig faktisch verwehrt, die Hilfe unabhängiger Berater, wie Wirtschaftsprüfer oder Anwälte der Gesellschaft in Anspruch zu nehmen.[104] Beauftragen einzelne Mitglieder Berater, um Transaktionen zu überprüfen, sind sie persönlich für die Kosten verantwortlich. Nur wenn das "*board*" ausdrücklich einen solchen Schritt billigt, erfolgt eine Übernahme der Kosten durch die Gesellschaft. Aus Gründen, die im *supra* geschilderten Fall ENRONs deutlich werden[105], kann es für eine effektive Überwachung jedoch erforderlich sein, sich auf andere als die von der Gesellschaft üblicherweise in Anspruch genommenen Berater zu stützen. Eine solche Maßnahme hätte im Fall ENRON dazu beitragen können, Probleme frühzeitiger aufzudecken.[106]

3.5 Probleme eines effektiven Meinungsaustausches

3.5.1 Probleme des Meinungsaustausches zwischen den "directors"

Verbunden mit den Problemen mangelnden Informationsflusses ist der oftmals mangelhafte Meinungsaustausch innerhalb des "*board*". Dem Gedanken der Arbeit des "*board of directors*" liegt die Vorstellung zu Grunde, dass sich in seinen Sitzungen qualifizierte und erfahrenen Men-

---

100 *Hein*, RIW 2002, 501,507; *Langevoort*, 89 Geo. L. Rev. 797, 812 f.; *Lorsch*, Pawns or Potentates, S. 82; *Millstein*, 48 Bus. Law. 1485, 1495.

101 *Eisenberg*, The Legal Structure of the Corporation, S. 143 ff.

102 *Eisenberg*, The Legal Structure of the Corporation, S. 145 ff.; *Mace*, S. 94 ff. und 128 ff.

103 *Lorsch*, Pawns or Potentates, S. 82; *Monks/Minow*, Corporate Governance, 1995, S. 185 f.; *Hamilton*, 24 Wake Forest L. Rev. 5, 9 f.

104 *Hein*, RIW 2002, 501, 507; siehe dementsprechend auch *ALI*, Principles of Corporate Governance, § 3.04.

105 Vgl. supra Kapitel 1.5.

106 Siehe dazu *Schwarz/Holland*, ZIP 2002, 1661, 1664; *Hein*, RIW 2002, 501, 507.

schen zu den anstehenden Themen gedanklich austauschen.[107] Dabei wird davon ausgegangen, dass auf diese Weise die Erfahrung der einzelnen Mitglieder sowie ihre Spezialkenntnisse erfolgreich zum Wohl der Gesellschaft eingebracht werden können. Wenn nun ein "*board of directors*" sich mehrheitlich oder paritätisch aus Angestellten der Gesellschaft zusammensetzt, die der Weisungsbefugnis des "*CEO*" unterliegen, stellt sich die Gefahr, dass diese aus Angst vor beruflichen Nachteilen nicht wagen, frei ihre Meinung auszudrücken.[108]

Negativ wirkt es sich ebenfalls aus, wenn die anwesenden Personen nicht ausreichend auf die Inhalte der Sitzung vorbereitet sind. Grundlage einer Diskussion ist, dass die Teilnehmer ausreichend über die Hintergründe, Ziele und Probleme der relevanten Gegenstände informiert sind. Nach Feststellung von *Mace* ist es auch keine Seltenheit, dass Mitglieder des "*board of directors*" aufgrund fehlender Informationen nicht wagen, Fragen zu stellen, da sie fürchten sich sonst vor den übrigen Mitgliedern zu blamieren.[109]

Im Gegenzug ist es aber auch der "CEO", der es regelmäßig nicht wünscht, gezielt zu Unternehmensfragen oder Zusatzinformationen zu seinen Präsentationen gefragt zu werden, da er ebenfalls fürchtet, sich vor Mitgliedern des "*board of directors*" zu blamieren, bzw. wenn andere "*inside directors*" vorhanden sind, ein Untergraben seiner Autorität fürchtet.[110] Stattdessen wird erwartet, dass ein "*director*", welcher tiefergehende Fragen oder Zweifel hat, diese unter vier Augen mit dem "*CEO*" bespricht.

Ein weiteres Problem ist die oftmals geringe Anzahl jährlicher "*board*"-Sitzungen.[111] Ein "*board*", das lediglich vier bis sechs Mal pro Jahr für wenige Stunden zusammenkommt, muss ein umfängliches Programm an Tagesordnungspunkten bewältigen. Insofern zwingt die Masse der anstehenden Probleme von einer tiefgehenden Diskussion abzusehen. Wenn dann der einzelne "*director*" weitergehende Fragen hat und diese außerhalb einer Sitzung des "*board of directors*" mit dem Management bespricht, geht gerade der Grundgedanke einer "*board*"-Sitzung, die Diskussion anstehender Punkte, verloren.

Auch war es in der Vergangenheit unüblich und ungern gesehen, dass "*outside directors*" unabhängig von regulären "*board*"-Sitzungen zusammenkamen, um Angelegenheiten der Gesellschaft zu besprechen.[112] Ein

---

107 *Henn/Alexander*, S. 562 f.; *Elsing/van Alstine*, Rn. 600; *Cox/Hazen/O'Neil*, S. 9.03 f.; *Pinto*, in *Pinto/Visentini*, S. 260 f.; *Bowen*, S. 20 f. Vgl. auch *supra* Kapitel 2.2.3.1.

108 Siehe *supra* Kapitel 3.3.1.

109 *Mace*, S. 57; *Lorsch/McIver*, S 83 ff.

110 *Mace*, S. 57.

111 *Mace*, S. 59 f.; *Bleicher/Leberl/Paul*, S. 210; *Monks/Minow*, Corporate Governance, S. 187 f.; *Schwarz/Holland*, ZIP 2002, 1661, 1665.

112 *Millstein/McAvoy*, 98 Colum. L. Rev. 1283, 1287; *Hein*, RIW 2002, 501, 507.

solches Verhalten wurde, wie *Jay W. Lorsch* feststellte als Hochverrat an der Geschäftsführung angesehen, da der "*CEO*" seine Autorität als gleichzeitiger "*chairman of the board*" untergraben sah, dem alleine es obliegt, Meetings anzusetzen und einzuberufen.[113]

3.5.2 Probleme des Meinungsaustausches zwischen Aktionären und der Gesellschaft

Das Problem des fehlenden Meinungsaustausches stellt sich auch im Verhältnis der Aktionäre zu der Gesellschaft bzw. dem "*board of directors*".

Ausschlaggebend ist dabei die traditionelle Ansicht, die Aktionäre lediglich als Kapitalgeber ansieht, ohne Mitspracherecht in Fragen der Geschäftsführung.[114] Bereits in Zeiten nach der großen Krise der amerikanischen Wirtschaft 1929 hatte die einschlägige Fachliteratur die Trennung von Kontrolle der Gesellschaft und Eigentum an der Gesellschaft kritisiert.[115] Es wurde bereits damals auf die Problematik hingewiesen, die sich aus der Trennung ergibt, dass die Aktionäre zwar Inhaber der Gesellschaft sind, die Leitung aber ausschließlich in den Händen eines Managements liegt, welches in der Regel selbst kein wirtschaftliches Eigeninteresse an der Gesellschaft hat.[116]

3.5.2.1 Kein Einfluss der Aktionäre auf die Geschäftsführung

Diese Verteilung der Stellung innerhalb der Gesellschaft wurde zusätzlich durch die Rechtsprechung und die Gesetzgeber der Einzelstaaten gefestigt.[117] Ein Mitspracherecht der Aktionäre existiert nur in Ausnahmefällen, wenn es um Maßnahmen geht, die ihre Stellung als Aktionär beeinträchtigen, wie z. B. der Verkauf der Vermögenswerte der Gesellschaft oder Ähnliches.[118] Aber auch seitens der Gerichte ist es konstante Rechtsprechung, dass Fragen der Geschäftsführung des Einflusses der Aktionäre entzogen sind, da die Gesellschaftsleitung in den Händen des "*board of directors*" und nicht der Aktionäre liege.[119] Selbst bei anhaltend

---

113 *Schwarz/Holland*, ZIP 2002, 1661, 1671; *Lorsch*, Pawns and Potentates, S. 184; *Millstein/McAvoy*, 98 Colum. L. Rev. 1283, 1287.

114 *Ryan*, 23 Ga. L. Rev. 97, 178; *Goforth*, 43 Am. U. L. Rev. 379, 434.

115 *Berle, Adolph/Means, Gardiner*, The Modern Corporation and Private Property, p. 69, *Letsou*, 70 Wash. U. L. Q. 755, (756), *Monks/Minow*, Corporate Governance, S. 99 ff.

116 *Elson*, 50 SMU L. Rev. 127, 131, *Berle, Adolph/Means, Gardiner*, The Modern Corporation and Private Property, S. 69.

117 Siehe z.B. § 8.01 MBCA oder § 141 DGCL, die die Geschäftsführung in die Hände des Managements legen. Siehe auch *Goforth*, 43 Am. U. L. Rev. 379, 434.

118 Siehe z.B. § 12.02 MBCA aber im Kontrast dazu § 12.01 MBCA. Siehe auch *Merkt*, Rn. 601 ff.; *Letsou*, 70 Wash. U. L. Q. 755, 756. Zu der Zustimmung der Aktionäre siehe *supra*, Kapitel 2.1.

119 *Letsou*, 70 Wash. U. L. Q. 755, 756, *Henn/Alexander*, S. 589 ff.;.*Conrad*, ZGR 1987, S. 180, 182 ff.

schlechtem Abschneiden der Gesellschaft stehen ihnen kaum Möglichkeiten zur Verfügung, Druck auf das Management auszuüben.[120]

3.5.2.2 Die Bedeutung des Verwaltungsstimmrechts

Dieses Problem wird noch durch die Art und Weise, in der amerikanische Gesellschaften ihre Hauptversammlungen abhalten, verstärkt. Aufgrund der Größe vieler Gesellschaften ist ein tatsächliches Zusammenkommen sämtlicher Aktionäre unmöglich.[121] Es hat sich daher eingebürgert, dass die Mehrheit der Anteilseigner durch "*proxys*", also eine Stimmrechtsvollmacht ihre Stimme auf der Hauptversammlung ausübt. Üblicherweise versendet das Management entsprechende Abstimmungsvorschläge, mit denen es die Zustimmung der Aktionäre erhalten möchte (der Vorgang des Erlangens dieser Stimmrechtsvollmachten heißt "*proxy solicitation*"). Entsprechend den Regelungen des "*Securities Exchange Act of 1934*" sind diese Formulare für Stimmrechtsvollmachten bei der *SEC* zur Überprüfung einzureichen, bevor sie an die Aktionäre versandt werden. Ein von der Gesellschaft benannter Vertreter übt dann das Stimmrecht auf der Aktionärsversammlung entsprechend dieser Anweisungen aus.[122]

Aufgrund der Vielzahl der Aktionäre, welche ihre Stimmrechte durch Abstimmungsvollmachten ausüben, ist der Vorgang der "*proxy solicitation*" der für den Ausgang von Abstimmungen entscheidende Vorgang.[123] Wem es gelingt, die meisten "*proxy*" zu erlangen, kann sich einer Mehrheit sicher sein. Allerdings wird aufgrund der Passivität der Mehrheit der Aktionäre nur eine geringe Anzahl von Formularen auch an die Gesellschaft zurückgesandt, sodass die Geschäftsführung in der Regel leicht eine Mehrheit erzielen kann.[124]

3.5.2.3 Kein Einfluss über das Recht, die Mitglieder des "board of directors" zu wählen

Wichtigste Einflussmöglichkeit ist theoretisch die Ausübung seines Stimmrechts bei der jährlichen Wahl der Mitglieder des "*board of directors*".[125] Ausgehend von der Vorstellung des theoretischen Aufbaus von Kapitalgesellschaften wäre hier der Ansatzpunkt der Einflussnahme der

---

120 *Goforth*, 43 Am. U. L. Rev. 379, 434; *Monks/Minow*, Corporate Governance, S.174 f.; *Millstein/Whitehead*, 54 Bus. Law. 1067 ff.; *Hamilton*, Corporations, S. 657 f.

121 *Frenchman*, 68 Tul. L. Rev. 161, 164ff, *Ryan*, 23 Ga. L. Rev. 97, 105; *Henn/Alexander*, S. 586 ff.; *Hamilton*, Corporations in a Nutshell, S. 273 ff.; *Barnard*, 40 Cath. U. 37 ff.

122 *Cox/Hazen/O'Neil*, S. 13.63; *Hamilton*, Corporations in a Nutshell, S. 273 ff.; *Merkt*, Rn. 561; *Schwarz/Holland*, ZIP 1661, 1664 f.

123 *Ryan*, 23 Ga. L. Rev. 97, 105; *Henn/Alexander*, S. 116; *Hamilton*, Corporations in a Nutshell, S. 273 ff.; *Fisch*, 46 Vand. L. Rev. 1129, 1135 ff.

124 *Goforth*, 43 Am. U. L. Rev. 379, 434, *Hornstein*, 71 Wash. U. L. Q. 1129, 1131 f.; *Monks/Minow*, Corporate Governance, S. 116.

125 *Monks/Minow*, Corporate Governance, S. 116, *Eisenberg*, The Structure of the Corporation, S. 143 f.; *Windbichler*, ZGR 1985, 50, 54 ff.; *Barthelmeß*, S. 68.

Aktionäre als Eigentümer der Gesellschaft.[126] Aktionäre haben das Recht im Rahmen der jährlichen Hauptversammlung die Mitglieder des "*board of directors*" zu wählen. Durch die jährliche Wiederwahl bezweckt der Gesetzgeber, ihnen eine Kontrollmöglichkeit zur Hand zu geben, durch die sie einzelne Mitglieder bei Unzufriedenheit durch die Verweigerung der Wiederwahl aus dem "*board*" entfernen können.[127] Diese von den Aktionären gewählten Mitglieder sind es dann, die das Management ernennen, kontrollieren und bei Ineffizienz abberufen, sodass auf indirektem Wege, also über die Wahl des "*board*" Aktionäre Einfluss auf die Geschäftsleitung ausüben.

Die Praxis stellt sich jedoch regelmäßig anders dar. Oftmals ist es das Management selbst, welches faktisch die Mitglieder des "*board*" bestimmt, wodurch es sich deren Unterstützung im Verbleiben im Amt sichert.[128] Somit entsteht ein Kreislauf, der zur Bedeutungslosigkeit des Aktionärs bei der Wahl zum "*board of directors*" führt. Zusätzlich kann von einer tatsächlichen Wahl der Aktionäre nicht gesprochen werden, da die Vorschlagslisten der Gesellschaft mit den Kandidaten typischerweise lediglich so viele Kandidaten enthalten, wie auch tatsächlich Sitze im "*board*" zu vergeben sind.[129]

Doch selbst wenn Aktionäre beschließen, Mitglieder des "*board*" und darüber dann die Geschäftsführung auszuwechseln, ist dies aufgrund der Strukturierung der Amtszeit vieler "*boards*" unmöglich. Durch die Technik der "*staggered terms*", also der gestaffelten Amtszeit, welche lediglich die Wiederwahl einer beschränkten Anzahl von Mitgliedern pro Jahr vorsieht, wird eine Dominanz der bestehenden Struktur für die nächsten ein bis zwei Jahre gewährleistet.[130]

Der wichtigste Mechanismus, welcher den Einfluss des Managements sichert, sind jedoch die *"proxy"*-Regelungen des *"Security Exchange Act of 1934"* sowie die extensive Auslegung dieser Vorschriften durch die *"SEC"* und Gerichte.[131]

Vor der Reform der *"proxy"*-Vorschriften im Jahre 1992 wurde der Begriff "*solicitation*", also des Sammelns von Stimmrechtsvollmachten, äußerst weit ausgelegt. Er umfasste jede öffentliche Stellungnahme eines

---

[126] *Varallo/Dreisbach*, S. 18 f.; *Hamilton*, Corporations in a Nutshell, S. 254 f.; *Elsing/van Alstine*, Rn. 508; *Kindler*, S. 49; *Barthelmeß*, S. 99 ff.

[127] *Lipton/Lorsch*, 48 Bus. Law. 59, 63; *Cox*, 61 Geo. Wash. L. Rev. 1233, 1243; *Langevoort*, 89 Geo. L. J. 797, 805; *Barthelmeß*, S. 68.

[128] *Mace*, S. 94 ff.; *Monks/Minow*, Corporate Governance, S. 206.

[129] *Barnard*, 40 Cath. U. L. Rev. 37, 39, *Frenchman*, 68 Tul. L. Rev. 161, 164 f.; *Hornstein*, 71 Wash. U. L. Q. 1129, 1136; *Cox/Hazen/O'Neil*, S. 13.65.

[130] Letsou, 70 Wash. U. L. Q. 755, 756 f., Monks/Minow, Corporate Governance, S. 207; *Henn/Alexander*, S. 557; *Hamilton*, Corporations in a Nutshell, S. 270 f. Eine solche Aufteilung bietet einen Schutzmechanismus gegen feindliche Übernahmen.

[131] *Fisch*, 46 Vand.L.Rev.1129, 1163; *Barnard*, 40 Cath. U. L. Rev. 37; 39; *Goforth*, 43 Am. U. L. Rev. 379, 434; *Barthelmeß*, S. 68 f.

Aktionärs, wie er selbst bezüglich anstehender gesellschaftsbezogener Entscheidungen abzustimmen gedenkt.[132] Dies galt selbst dann, wenn der betreffende Aktionär selbst keine "*proxy authority*" (Abstimmungsvollmacht) suchte. Als öffentlich wurde eine Stellungnahme angesehen, wenn sie sich an mehr als zehn Personen richtete, wenngleich Gerichte "*de minimis*" Ausnahmen dieser Regelung zuließen, wenn die Anzahl der kontaktierten Aktionäre zehn lediglich geringfügig überschritt.[133]

Folge dieser weiten Auslegung war dann, dass der Aktionär gezwungen war, seine Stellungnahme vor Veröffentlichung bei der "*SEC*" einzureichen, welche diese auf Unklarheiten und generelle Zulässigkeit prüfte,[134] was in der Regel mehrere Wochen dauern konnte. Zusätzlich musste er auch umfassende Angaben über seinen persönlichen Hintergrund, seine finanziellen Verhältnisse und seinem Interesse an dieser Stellungnahme zur Veröffentlichung vorbereiten und einreichen. Wurde seine Stellungnahme von der *SEC* gebilligt, war er verpflichtet, diese an sämtliche Aktionäre zu verteilen. Da er selbst keinen Zugang zu Aktionärslisten hatte, war er gezwungen, die Gesellschaft aufzufordern, ihm diese zu überlassen oder was die Regel war, die Stellungnahme auf seine Kosten zu versenden.[135] Bei der Versendung durch die Gesellschaft kann diese aber Einfluss auf den Versendungszeitpunkt nehmen, welcher wiederum das Ergebnis der Abstimmung maßgeblich beeinflussen kann.[136] Die Kosten eines solchen Vorgehens hatte er persönlich zu tragen, im Gegensatz zum Management, welches dafür auf Gesellschaftsmittel zurückgreifen kann.[137] Da diese bei Publikumsgesellschaften mit einer Vielzahl von Aktionären leicht mehrere Millionen Dollar betragen konnten, hemmt es die Mehrheit der Aktionäre aktiv zu werden.[138]

Die einzige Chance ihre Ausgaben ersetzt zu bekommen ist durch einen entsprechenden Hauptversammlungsbeschluss.[139]

Diese Probleme wurden durch die gesetzlichen Reformen im Jahre 1993 teilweise beseitigt. Die *SEC* hatte die hindernde Wirkung dieser Vorschriften für eine Teilnahme von Aktionären am Wirtschaftsleben und der Überwachung des Managements eingesehen. Gegen den Widerstand von Managementlobbyisten wurden Erleichterungen der Kommunikation zwischen Aktionären, die gerade keine Zustimmung zu eigenen Ab-

---

132 *Hornstein*, 71 Wash. U. L. Q. 1129, 1131; *Barnard*, 40 Cath. U. L. Rev. 37, 39, *Frenchman*, 68 Tul. L. Rev. 161, 164 f.; Nordlund, 1285 PLI/Corp 445 ff.

133 Pantry Pride Inc. vs. Rooney, 598 F.Supp.891(1984), International Banknote Corporation vs. Muller 713 F.Supp.612 (1989).

134 Sec. 14-1 alt Securities Exchange Act of 1934.

135 Regelmäßig bedurfte es dazu auch des Ergreifens gerichtlicher Schritte.

136 *Sharara/Hoke-Witherspoon*, 49 Bus. Law. 327, 343.

137 *Hornstein*, 71 Wash. U. L. Q. 1129, 1131, *Barnard*, 40 Cath. U. L. Rev. 37, 39; *Cox/Hazen/O'Neil*, S. 13.59, *Black*, 5 Sec. Reg. L. J 291 f.

138 *Schwarz/Holland*, ZIP 2002, 1661, 1664 f.; *Cox/Hazen/O'Neil*, S. 13.58.

139 *Cox/Hazen/O'Neil*, S.13.59.

stimmungsvorschlägen (*proxy authority*) suchten, geschaffen.[140] Erfolgt die Kommunikation öffentlich und in mündlicher Form, bestehen keinerlei Beschränkungen. In Fällen der schriftlichen Stellungnahme bedarf es des Einreichens einer Abschrift bei der "*SEC*".[141]

Unverändert geblieben ist dagegen die zehn Personen Regelung sowie die Vorschriften über die Nominierung eigener Kandidaten zur Wahl zum "*board of directors*". Gerade letztere hat für einen aktiv partizipierenden Aktionär eine hohe Kostenlast zur Folge.[142] Nach *Rule 14a-8 Security Exchange Act 1934* steht jedem Aktionär, der entweder Anteile mit einem Marktwert von mindestens $ 2000,- oder 1 % der ausgegebenen Aktien der Gesellschaft besitzt, abhängig davon welches die geringere Hürde darstellt, das Recht zu, Abstimmungsvorschläge für eine Aktionärsversammlung an die Gesellschaft zu übermitteln. Diese ist verpflichtet jeweils einen Vorschlag pro Aktionär zu ihren Abstimmungsvorschlägen für das Verfahren der "*proxy solicitation*" aufzunehmen. Jedoch ist nach *Rule 14a-8 (i)(8)* davon ausdrücklich das Recht ausgenommen, Kandidaten für einen Sitz im "*board of directors*" vorzuschlagen.

Hintergrund ist auch hier wieder die Auffassung, dass ein solches Recht ein Eingriff in die Befugnisse des Managements darstellt, die Gesellschaft zu leiten. Zusätzlich wird befürchtet, dass die Erlaubnis zu einer Vielzahl von entsprechenden Vorschlägen führen würde, deren Veröffentlichung zu hohe Kosten verursachen würde.[143] Somit kann ein Aktionär, wenn er die Kosten einer eigenen "*proxy solicitation*" nicht aufbringen kann, eigene Kandidaten nur mit Zustimmung der Gesellschaft aufstellen, die diese mehrheitlich verweigern wird.[144]

Generell stehen der Gesellschaft zahlreiche Möglichkeiten offen, eine Aufnahme von Aktionärsvorschlägen in den von ihr verteilten "*proxy*"-Materialien zu verweigern. Hauptargument eines Ausschlusses über *Rule 14-8 Security Exchange Act 1934* ist das Einmischen in die Geschäftsführung des Gesellschaft. Was allerdings konkret als eine Einmischung in die Geschäftsführung anzusehen ist, ist umstritten.[145] Als unzulässig wurden beispielsweise von der *SEC* Abstimmungsvorschläge zum Thema der Managementvergütung oder der Aktienoptionen angesehen.[146] Ebenfalls

---

[140] *Hornstein*, 71 Wash. U. L. Q. 1129, 1131; *Barnard*, 40 Cath. U. L. Rev. 37, 43 f.; *Frenchman*, 68 Tul. L. Rev. 161, 164 ff, *Ryan*, 23 Ga. L. Rev. 97, 105.

[141] *Grienenberger*, 1161 PLI/Corp 223, 236; *Monks/Minow*, Corporate Governance, S. 174 ff.; *Cox/Hazen/O'Neil*, S. 13.59.

[142] Schwarz/Holland, *ZIP 2002, 1661, 1664 f.*

[143] *Fisch*, 46 Vand. L. Rev. 1129, 1163.

[144] *Frenchman*, 68 Tul. L. Rev. 161, 164 ff.; *Fisch*, 46 Vand. L. Rev. 1129, 1163; *Sharara/Hoke-Witherspoon*, 49 Bus. Law. 327, 343.

[145] *Ryan*, 23 Ga. L. Rev. 97, 105; *Shahara/Witherspoon*, 49 Bus. Law. 327 ff.

[146] *Frenchman*, 68 Tul. L. Rev. 161, 164 ff.; *Fisch*, 46 Vand. L. Rev. 1129, 1163; *Sharara/Hoke-Witherspoon*, 49 Bus. Law. 327, 343.

unzulässig sind Vorschläge, welche mit geplanten Abstimmungsvorschlägen der Geschäftsführung kollidieren.[147]

Ein zusätzliches Hindernis ist weiterhin, dass Aktionäre lediglich fünfhundert Worte für Vorschlag und Begründung zur Verfügung haben, während die Gesellschaft keine Platzbeschränkungen trifft.[148]

Selbst institutionelle Anleger, wie die einzelstaatlichen Rentenfonds, die aufgrund der ihnen zur Verfügung stehenden Mittel ganz erhebliche Beteiligungen erwerben können, haben kaum Möglichkeiten Einfluss auf die Gesellschaft zu nehmen.[149] Ihnen bleibt insofern nur die Möglichkeit auf informellem Wege mit Mitgliedern des Managements in Kontakt zu treten und dort etwaige Forderungen vorzubringen.[150] Einem solchen Vorgehen mangelt es aber dann an jeglicher Transparenz.

Begründet wird der Ausschluss der Anteilseigner von jeglicher Teilnahme an Unternehmensfragen mit einem bestehenden Interessenskonflikt.[151] So wird argumentiert, dass das Interesse von Aktionären sich nur auf das Erzielen kurzfristiger Gewinne erstreckt, was dem langfristigen Geschäftsinteresse der Gesellschaft entgegenläuft.

Gegen dieses Argument spricht jedoch, dass gerade die großen Rentenfonds an einem langfristigen Engagement interessiert sind, da ansonsten aufgrund ihrer hohen Investitionssummen, Marktschwankungen zu befürchten sind.[152] Weiterhin erscheint diese Auffassung auch insofern fraglich, als es verbreitete Praxis ist, Kreditgebern der Gesellschaft einen oder mehrere Sitze im "*board of directors*" mit von ihnen ausgewählten Personen zu besetzen.[153] Dass zwischen diesen Personen ein Unterschied gemacht wird, lässt sich wohl nur mit der Hoffnung auf weiteres Kapital erklären.[154]

3.5.2.4 Einfluss nur über die sogenannte "Wall Street Rule"

Letztlich die einzige Möglichkeit eines Aktionärs sein Missfallen über die Entwicklung der Gesellschaft auszudrücken, sieht die amerikanische Fachliteratur daher traditionell in der Anwendung der sogenannten "*Wall Street Rule*". Diese bedeutet den Verkauf der Aktien bei Unzufrieden-

147 Rule 14-8 Security Exchange Act of 1934.

148 Rule 14-8 Security Exchange Act of 1934.

149 *Sharara/Hoke-Witherspoon*, 49 Bus. Law. 327, 333; *Ryan*, 23 Ga. L. Rev. 97, 105.

150 CalPERS (California Public Employee Retirement System) z.B. schreibt regelmäßig Gesellschaften an, um auf diesem Wege Treffen zu vereinbaren, bei denen ein Meinungs-austausch stattfinden kann.

151 *Cox/Hazen/O'Neil*, S. 13.42.

152 *Barnard*, 40 Cath. U. L. Rev. 37, 41.

153 Note, Equitable Subordination and Analogous Theories of Lender Liability: Toward a New Model of "Control", 65 Tex. L. Rev. 801, 822.

154 *Barnard*, 40 Cath. U. L. Rev. 37, 39.

heit.[155]. Die Theorie geht davon aus, dass sobald eine ausreichende Zahl an Aktionären ihre Aktien abstoßen und dementsprechend der Kurs der Gesellschaft sinkt, die Gesellschaft zum Ziel einer feindlichen Übernahme wird.[156] Auf diesem Wege kann dann das erfolglose Management ausgetauscht werden, um die Ressourcen der Gesellschaft angemessen zu nutzen.

Unberücksichtigt in diesem Ansatz bleiben allerdings die zahlreichen Abwehrstrategien, die der Vermeidung feindlicher Übernahmen dienen[157] oder der Sicherung der Position des Managements im Falle einer Übernahme.[158] Solche Mechanismen führen aufgrund der wirtschaftlichen Konsequenzen den Erfolg einer Unternehmenskontrolle durch den freien Markt letztlich ins Leere, sodass eine Einflussnahme über den Verkauf der Anteile an der Gesellschaft faktisch nicht erfolgt.

---

155 *Livingston*, Joseph A., The American Stockholder, S. 60 ff., *Hamilton*, Corporations, S. 620, *Goforth*, 43 Am. U. L. Rev. 379, 441. Siehe auch *supra* Abschnitt 2.1.

156 *Monks/Minow*, Corporate Governance, S. 107, *Lipton/Lorsch*, 48 Bus. Law. 59, 60.

157 Zu Denken wäre an Institute wie "Poison Pills", offiziell "Shareholder Right Plans", deren Ziel es ist, eine feindliche Übernahme sinnlos zu machen. *Letsou*, 70 Wash. U. L. Q. 755, (756).

158 Typisches Beispiel sind die sogenannten "Golden Parachute", die hohe Abfindungen für das Management vorsehen.

4 Lösungsvorschläge in den USA

In Folge der Erkenntnisse nach dem Bekannt werden des "Watergate"-Skandals in den siebziger Jahren setzte sich die Erkenntnis nach dem bestehen von Reformbedarf durch. Aufgrund der zahlreichen Rechtsverstöße und dem damit verbunden Imageverlust amerikanischer Unternehmen wuchs die Akzeptanz für die Idee der Einführung von Mechanismen zur Gewährleistung effektiver Unternehmenskontrolle.[1]

4.1 Änderungen im Bereich der Aktiengesetze

Auf gesetzlicher Ebene lässt sich die veränderte Aufgabenzuweisung an das "*board of directors*" als einen Schritt hin zu einer verbesserten Corporate Governance feststellen. In der Vergangenheit enthielt die Mehrheit der einzelstaatlichen Aktiengesetze Vorschriften, die uneingeschränkt festlegten, dass die Gesellschaft durch das "*board of directors*" geleitet wird.[2] Unberücksichtigt blieb, dass, wie *supra* festgestellt, die Anforderungen des modernen Wirtschaftslebens zu komplex sind, um von einem lediglich vier bis sechs Mal pro Jahr tagenden Gremium ausgeführt zu werden. Es hat sich daher in den letzten Jahren durchgesetzt, die Aufgabe des "*board of directors*" zutreffender unter Ausrichtung auf die Überwachungsfunktion, zu umschreiben.

Sowohl der *MBCA* als auch das *Del. GCL* betonen in ihren aktuellen Fassungen, dass Aufgabe des "*board of directors*" insbesondere die Überwachung des Managements sei.[3] § 8.01(b) *MBCA* lautet nun: "*All corporate power shall be exercised under the authority of, and the business and affairs of the corporation managed by or under the direction of, its board of directors, subject to any limitation set forth in the articles of incorporation or in an agreement authorized under section 7.32.*"[4] Durch diese Neufassung soll den Gesellschaften ein Gestaltungsspielraum eröffnet werden, die Führungsorganisation nach ihren Bedürfnissen auszurichten.[5]

So kann es zwar durchaus sein, dass, in kleinen Aktiengesellschaften, in denen sich das "*board*" aus Aktionären der Gesellschaft zusammensetzt, diesem eine aktive Managementrolle zukommt, in großen Publikumsge-

---

1 Ausschlaggebend waren die zahlreichen Korruptionsskandale in den siebziger Jahren, in die amerikanische Gesellschaften verwickelt waren. Siehe *Hamilton*, Corporate Governance in America, 25 J. Corp. L. 349, 359; *Conrad*, ZGR 1987, 180, 183; *Grienenberger*, 834 PLI/Corp 685, 687; *Eisenberg*, 37 U. Miami L. Rev. 187, 210.

2 *Cox/Hazen/O'Neil*, S. 9.7, üblicherweise wurde folgende Formulierung gewählt: "[...] *the business and affairs of the corporation shall be managed by a board of directors.*".

3 Siehe § 8.01(b) *MBCA* und § 141(a) *Del. GCL*.

4 Übersetzt bedeutet dies: "Alle gesellschaftlichen Befugnisse sollen geführt werden unter der Leitung, und ihre Geschäfte und Angelegenheiten sollen gemanagt werden unter der Leitung ihres Board of Directors, beschränkt durch ihre Satzung oder eine Vereinbarung nach §7.32."

5 Siehe offiziellen Kommentar zu § 8.01 MBCA, in *Eisenberg*, Corporations and Other Business Associations, S. 666. Siehe auch *Cox/Hazen/O'Neil*, S. 9.18.

sellschaften dies in der Regel dagegen ausgeschlossen ist.[6] Durch Einräumen einer Gestaltungsfreiheit wird es den Gesellschaften erlaubt, die Arbeit des "*board of directors*" stärker auf die Ausübung der Kontrollfunktion auszurichten.[7]

Ein weiterer Grund dieser redaktionellen Überarbeitung war es, Gerichten und Behörden die veränderte Rolle des "*board of directors*" vor Augen zu führen.[8] Es sollte verhindert werden, dass Mitglieder des "*board of directors*" haftbar gemacht werden, weil Gerichte oder Behörden die Aufgabenerfüllung des "*board*" zu eng interpretieren und eine permanente Teilnahme an der Geschäftsführung im Alltagsgeschäft der Gesellschaft erwarten.[9]

4.2 Verbesserte Corporate Governance durch restriktive Veröffentlichungspflichten

Neben gesetzlichen Änderungen oder Vorgaben einer freiwilligen Selbstregulierung ist einer der wichtigsten Mechanismen der Unternehmenskontrolle im amerikanischen Recht das bestehende System weitreichender Veröffentlichungspflichten.[10] Diesen liegt der Gedanke zugrunde, dass als Gegengewicht zu den beschränkten Mitspracherechten der Anleger, diese über weitreichende Informationspflichten geschützt werden müssen.[11] Durch ein hohes Maß an Transparenz sollen sie in der Lage sein, Anlageentscheidungen zu fällen.

Historisch geht das System der Offenlegungspflichten auf die Wirtschaftskrise von 1929 zurück, als eine Anzahl amerikanischer Unternehmen aufgrund manipulatorischer Geschäfte zusammenbrachen.[12] In der Folgezeit erließ der amerikanische Gesetzgeber die Vorschriften des "*Securities Exchange Act 1933*", das Regelungen zur Emission von Wertpapieren durch Gesellschaften enthält sowie den "*Securities Exchange Act 1934*", der sich mit dem Handel von Wertpapieren befasst.[13]

---

6 *Cox/Hazen/O'Neil*, S. 9.18; *Eisenberg*, Corporations and Other Business Associations, S. 666; *Hamilton*, Corporations in a Nutshell, S. 232 f.

7 *Kindler*, S. 77; *Hamilton*, Corporate Governance in America, 25 J. Corp. L. 349, 351 f.; *Cox/Hazen/O'Neil*, S. 9.18-1; *Steindl*, S. 66.

8 *Cox/Hazen/O'Neil*, S. 9.7.

9 *Cox/Hazen/O'Neil*, S. 9.7.

10 Die amerikanische Gesellschaftsrechtspraxis zeichnet sich, anders als in Deutschland üblich, durch sehr restriktive Veröffentlichungspflichten aus. Eine zutreffende Beschreibung des Sinn und Zwecks dieser Regelungen stammt diesbezüglich von *Justice Brandeis*, der als Analogie anführte: "*Sunlight is said to be the best disinfectants; electric lights the most efficient policeman.*", zitiert bei *Pinto*, in *Pinto/Visentini*, S. 269.

11 *Barthelmeß*, S. 64 f.; *Conrad*, ZGR 1987, S. 180, 183 ff.; *Pinto*, in *Pinto/Visentini*, S. 269.

12 *Pinto*, in *Pinto/Visentini*, S. 269; *Kindler*, S. 94; *Hamilton*, Corporations, S. 390 f.; *Scott*, in Fundamentals of American Law, S. 581, 591 f.

13 Näher dazu *Barthelmeß*, S. 64-65 sowie *Hamilton*, Corporations, S. 390 f. und *Scott*, in Fundamentals of American Law, S. 581, 591 f.

Auch nach den jüngsten Unternehmensskandalen um *ENRON* und *World-Com*[14] hat der Gesetzgeber durch Hinzufügen neuer und Verschärfen bestehender Veröffentlichungspflichten reagiert. Insbesondere bezwecken die neuen Vorschriften im "*Sarbanes-Oxley Act of 2002*" durch Veröffentlichungspflichten eine Stärkung der Unabhängigkeit des "*board of directors*" und damit eine bessere Erfüllung seiner Überwachungsfunktion herbeizuführen.[15] Unternehmen sollen durch einen Rechtfertigungszwang gegenüber ihren Aktionären zur Einhaltung von Mindeststandards bewegt werden.[16]

Neu hinzugekommen ist insbesondere eine Veröffentlichungspflicht zur Qualifikation der Mitglieder des "*audit commitee*". Gesellschaften müssen in Zukunft offen legen, ob mindestens ein Mitglied mit buchhalterischen Kenntnissen in diesem vertreten ist bzw. im Falle des Abweichens von einer solchen Zusammensetzung ist die Gesellschaft gezwungen, die Gründe offen zu legen.[17] Ziel ist es eine bessere Überwachung der finanziellen Angelegenheiten der Gesellschaften zu erreichen, um die in den jüngsten Unternehmensskandalen zu Tage getretenen großflächigen Finanzmanipulationen in Zukunft zu verhindern. Gleichzeitig dient eine solche Maßnahme aber auch der Vertrauensbildung gegenüber den Aktionären. Gerade finanzielle Informationen sind regelmäßig die wichtigste Voraussetzung einer Investitionsentscheidung.

Ebenfalls neu hinzugekommen ist die Verpflichtung offen zu legen, welche gesellschaftsinternen Mechanismen existieren, um eine interne Kontrolle der finanzbezogenen Informationen zu gewährleisten.[18] Auch dieser Schritt dient der Sicherstellung eines gemeinsamen Mindeststandards, wenn die Gesellschaft vermeiden möchte, ihr Abweichen von der üblichen Praxis rechtfertigen zu müssen.

Verschärft wurden weiterhin die Vorschriften über die Reichweite der Publizitätsverpflichtung für Bilanzen. Als Konsequenz der großen Summe der Verbindlichkeiten, die bei den jüngsten Unternehmensskandalen aus den zu veröffentlichenden Bilanzen ferngehalten wurden[19], müssen Gesellschaften zukünftig auch sämtliche "*Off Balance Sheet Transactions*"(außerbilanzmäßige Transaktionen) in ihren Quartals- und Jahresberichten offen legen.[20] Verschärft wurden, zum Schutz der Aktionäre,

---

14 Vgl. dazu *Schwarz/Holland*, ZIP 2002, 1661 ff. sowie *Hein*, RIW 2002, 503 ff.

15 *Schwarz/Holland*, ZIP 2002, 1661 ff. sowie *Hein*, RIW 2002, 503 ff.

16 Siehe z. B. Sec. 404(a) des *Sarbanes-Oxley Acts of 2002*. Siehe auch *Schwarz/Holland*, ZIP 2002, 1661, 1668.

17 Sec. 407 Sarbanes-Oxley Act of 2002, 15 USCA § 7265.

18 Sec. 404 Sarbanes-Oxley Act of 2002, 15 USCA § 7262.

19 *Schwarz/Holland*, ZIP 2002, 1661, 1663 f.; Bericht des "Special Investigation Committee" unter Vorsitz von *William C. Powers* zum Zusammenbruch ENRONs vom 05.02.2002. Abrufbar unter: http://energycommerce.house.gov/107/hearings/02052002Hearing481/hearing.htm.

20 Sec. 401 Sarbanes-Oxley Act of 2002, 15 USCA § 78m. Diese Maßnahme beruht aufdie Erfahrungen mit ENRON. Vgl. insofern FN. 19.

auch die Vorschriften über die Art der Veröffentlichung, also das Erfordernis des "*plain english*" (allgemeinverständliches Englisch).[21] Berichte des Buchführungsausschusses müssen in allgemeinverständlicher Form abgefasst werden. Dieser Schritt soll zu einem höheren Investorenschutz beitragen, da die Mehrheit der Kleinanleger nicht in der Lage ist, die in Fachsprache abgefassten Ausführungen zu verstehen und somit Entwicklungen der Gesellschaft nicht nachvollziehen können.[22]

Neben der "*SEC*" haben aber auch die Börsen ihre Publizitätsvorschriften verschärft.[23] Gemäß den überarbeiteten Vorschriften der "*New York Stock Exchange*" werden Gesellschaft zukünftig gezwungen sein, in ihren "*proxy*"-Unterlagen darzulegen, welche Beziehungen einzelne "*board*"-Mitglieder" zur Gesellschaft unterhalten und warum nach Ansicht des "*board*" diese keine Gefährdung der unabhängigen Überwachungsfunktion darstellen.[24] Damit soll der häufig anzutreffenden Praxis entgegengewirkt werden, dass Mitglieder des "*board*" eine zu enge Beziehung zum Management aufbauen, indem sie von diesem umfangreiche Beratungsverträge erhalten.[25]

Dieser Ansatz, eine Verbesserung der Corporate Governance durch restriktive Veröffentlichungspflichten zu erreichen, wird allerdings nicht uneingeschränkt positiv gesehen, sondern teilweise auch als eine Ursache der bestehenden Probleme erachtet. So wird beispielsweise gegen das Erfordernis der Veröffentlichungen von Quartalszahlen angeführt, das es einen weiterer Grund der fehlenden langfristigen Gesellschaftsausrichtung darstelle.[26] Dieser Mechanismus führt nach Ansicht der Kritiker zu einem Druck permanent Erfolgszahlen zu präsentieren, da ansonsten der Wert der Aktien sinke, weil die Erwartungen nicht erfüllt wurden.[27] Gleichzeitig liefere diese Praxis auch einen Anreiz zur Bilanzmanipulation, um Gleichmäßigkeit zu suggerieren. Ausgaben würden gezielt in bestimmte Quartale geschoben, nur um die gewünschte Gleichmäßigkeit nicht zu gefährden.[28]

---

21 Sec. 409 Sarbanes-Oxley Act of 2002; *Schwarz/Holland*, ZIP 2002, 1661, 1668.

22 *Bavly*, S. 69 ff.; *Schwarz/Holland*, ZIP 2002, 1661, 1668; *Monks/Minow*, Corporate Governance, S. 176.

23 Siehe Regelungen der *NYSE* vom 16.08.2002, abrufbar unter www.nyse.com; siehe auch NASDAQ, abrufbar unter www.nasdaq.com.

24 Siehe Regelungen der *NYSE* vom 16.08.2002, abrufbar unter www.nyse.com.

25 Bericht des "Special Investigation Committee" unter Vorsitz von *William C. Powers* zum Zusammenbruch ENRONs vom 05.02.2002. Abrufbar unter: http://energycommerce.house.gov/107/hearings/02052002Hearing481/hearing.htm. Siehe auch *Schwarz/Holland*, ZIP 2002, 1661, 1664; *Bhagat/Black*, 54 Bus. Law. 921, 951.

26 *Bavly*, S. 71 f.; *Millstein*, Congressional Testimony v. 27.02.2002.

27 *Bavly*, S. 71 f.

28 *Bavly*, S. 72.

4.3 An die Mitglieder des "board of directors" anknüpfende Reformen

Einer der entscheidenden Schwerpunkte der Reformbestrebungen ist die Betonung und Stärkung der Rolle der "*outside directors*" in amerikanischen Aktiengesellschaften.[29] Ihnen wird die entscheidende Rolle zugeschrieben, eine effektive Unternehmensführung zu gewährleisten.[30]

4.3.1 Sicherstellung dauerhafter Unabhängigkeit der "*board*"-Mitglieder

Der wichtigste Ansatzpunkt ist die strikte Trennung zwischen "*inside directors*" und "*outside directors*"[31]. Wie *supra* aufgeführt, fehlte es in der Vergangenheit an einer verbindlichen Definition, welche Personengruppe als "*outside directors*" infrage kommt. So waren insbesondere auch Anwälte oder Investmentbanker der Gesellschaft regelmäßig in den "*boards of directors*" als "*outside directors*" vertreten.[32] Dies kann jedoch zu gefährlichen Interessenüberschneidungen führen, da dieser Personenkreis stets auch ein Eigeninteresse vertritt. Solange es bei Transaktionen der Gesellschaft auch immer um die Beteiligung der jeweiligen Kanzleien oder Banken geht, existiert die Gefahr eines Interessenkonflikts. Solche Personen können dann schwer eine tatsächlich unabhängige Überwachungsfunktion ausüben.[33]

Zusätzlich weisen die *supra* dargestellten Ansätze zur Abgrenzung der einzelnen Mitgliedergruppen einen erheblichen Schwachpunkt auf, der im Rahmen der jüngsten Corporate Governance-Diskussion wieder an Bedeutung gewonnen hat, als sie keine Gewähr einer dauerhaften Unabhängigkeit bieten.[34] Wie es in der jüngsten Vergangenheit der Fall war, erhalten Mitglieder nach ihrem Beitritt zum "*board*" oftmals von der Geschäftsführung hoch dotierte Beraterverträge, durch die ihre Unabhängigkeit infrage gestellt werden kann, da sie wirtschaftlich von der Geschäftsführung abhängen.[35] Neben den Definitionen für die Qualifikation als "*independent/outside director*" bedarf es daher auch restriktiver Vor-

---

29 Siehe insoweit nur *ALI*, Principles of Corporate Governance, § 3.1 ff.

30 *Bainbridge*, 61 Geo. Wash. L. Rev. 1034, 1035 ff.; *Tobin*, 49 Bus. Law. 1707 ff.; *Millstein*, 52 Bus. Law. 407 ff.

31 *Cox/Hazen/O'Neil*, S. 9.17; *Bavly*, S. 91 f.; Steindl, S. 80 ff.; *Schwarz/Holland*, ZIP 2002, 1661, 1663 f.; *Hein*, RIW 501, 505; *Monks/Minow*, Corporate Governance, S. 193 ff.; *Hamilton*, Corporate Governance in America, 25 J. Corp. L. 349, 360; *Millstein/MacAvoy*, 98 Colum. L. Rev. 1283, 1286.

32 *Hein*, RIW 2002, 503, 508; *Bhagat/Black*, 54 Bus. Law. 921, 951 f.; *Langevoort*, 89 Geo. L. J. 797, 799 ff. Siehe auch *The Economist*, v. 15.06.2002; *Sandberg/Lublin*, Wall Street Journal v. 28.06.2002.

33 *Bavly*, S. 91-92; *Mace*, S. 128 ff.; *Langevoort*, 89 Geo. L. J. 797, 799 ff.; *Bainbridge*, 55 Vand. L. Rev. 1, 35 f.

34 Siehe bereits *supra*, Kapitel 3.3.5.

35 *Schwarz/Holland*, ZIP 2002, 1661, 1664 f.; *Sandberg/Lublin*, Wall Street Journal v. 28.06.2002; *Ames*, Boards & Directors, 24 ff.; v. 01.01.2002.

schriften zur Sicherstellung dauerhafter Unabhängigkeit dieses Personenkreises.[36]

Einen solchen Schritt geht zumindest in Teilbereichen der "*board*"-Arbeit *Sec. 301 des Sarbanes-Oxley Act of 2002*. Danach wird zur Einordnung als unabhängig gefordert, dass Mitglieder des "*audit committee*" außer ihrer Vergütung für die Mitgliedschaft im "*board of directors*" oder einem anderen Ausschüsse keine weitere Vergütung seitens der Gesellschaft erhalten dürfen.[37] Eine identische Regelung enthalten auch die geänderten Notierungsvoraussetzungen der "*NYSE*" in der Fassung vom 16.06.2002.[38]

Wenngleich die außerordentliche Bedeutung des "*audit committee*" unbestritten ist[39], stellt sich die Frage, ob diese Vorschriften nicht auf sämtliche "*outside directors*" ausgedehnt werden sollten, da auch den Mitgliedern anderer Ausschüsse erheblicher Einfluss auf die Unternehmenskontrolle zukommt. Sowohl Mitglieder des *"nominating* oder *compensation committee"* sollten von einer solchen Regelung erfasst werden, da auch sie wesentlichen Beitrag zu einer integren Arbeit des "*board*" leisten können.

In der starken Betonung der Unabhängigkeit der "*outside directors*" zeigt sich gleichzeitig auch ihr veränderter Aufgabenbereich als Kontrollorgan der Gesellschaft. Wenn sie die geforderte Distanz zu der Gesellschaft aufweisen, sind sie nicht mehr in der Lage, aktiv an der Geschäftsführung zu partizipieren, sondern sind auf die Überwachung derselben beschränkt.[40] Aber auch die ihnen ansonsten zugedachten Funktionen, insbesondere dem Management beratend zur Seite zu stehen, wird durch eine restriktivere Definition des "*outside director*" gestärkt, da die Mitglieder sich über anstehende Fragen austauschen können, ohne mit den anfallenden Problemen permanent befasst zu sein.[41] Ansonsten bestünde die Gefahr, dass die beteiligten Personen eine Sichtweise einnehmen, die durch frühere Gesellschaftspraxis geprägt ist.

4.3.2 Trennung der Position des "Chairman of the Board" und des "CEO"

Als weiterer Schritt hin zu einer größeren Unabhängigkeit des "*board of directors*" vom Management wird die Trennung der Posten des "*CEO*" ("*Chief Executive Officer*") von dem des "*Chairman of the Board*", also dem

---

36 *Booth/Deli*, Factors Affecting the Number of Outside Directorships Held by CEO's, Journal of Financial Economics, 1996, S. 81; *Bavly*, S. 103.

37 Sec. 301 des Sarbanes-Oxley Act of 2002.

38 Sec. 303A(6) Listing Rules der NYSE v. 16.06.2002. Abrufbar unter www.nyse.com.

39 Siehe z.B. *Conrad*, ZGR 1987, 180, 181 ff.; *Goerdeler*, ZGR 1987, 219 ff.; Girghuber, S. 48; *Olsen*, 54 Bus. Law. 1097, 1101 ff.; *Rowland*, 102 Colum. L. Rev. 168 ff.

40 *Bhagat/Black*, 54 Bus. Law. 921, 951 f.; *Lin*, 90 Nw. U. L. Rev. 898 ff.

41 *Fletcher Cyc.*, § 392, S. 238.

Vorsitzenden des "*board of directors*" gefordert.[42] In den Vereinigten Staaten sind diese Positionen in der Regel von derselben Person besetzt.[43] Reformvorschläge sehen dementsprechend vor, dass Gesellschaften in Zukunft entweder diese Posten trennen oder aber zumindest einen "*independent lead director*" ernennen.[44]

4.3.2.1 "Independent director" als "chairman of the board"

Einer der wesentlichen Gründe der Besetzung beider Posten mit dem "CEO" liegt in dem psychologischen Effekt, der von der Kombination beider Posten ausgeht.[45]

Es gilt als Ausdruck großen Vertrauens seitens des "*board*", wenn einem "*CEO*" zugleich auch der Posten des "*Chairman of the Board*" angeboten wird. Für einen "*CEO*" ist es Zeichen des Höhepunkts seiner Karriere, beide Positionen innezuhaben.[46] In der Öffentlichkeit führt es zu einem erheblichen Prestigegewinn, beide Stellungen zu besetzen. Dementsprechend ist es keine Seltenheit, dass im Rahmen von Vertragsverhandlungen ein zukünftiger "*CEO*" großen Wert auf die Zusicherung legt, beide Posten besetzten zu dürfen.[47] Aber auch aus praktischer Sicht kann die Kombination beider Posten in einer Person der besseren Integration von Geschäftsführung und Überwachung dienen.[48]

Auf der anderen Seite birgt eine solche Verflechtung aber erhebliche Nachteile für eine effiziente Kontrolle des Managements.[49] Mit dem gleichzeitigen Vorsitz im "*board of directors*" ist der "*CEO*" sowohl oberster Geschäftsführer der Gesellschaft als auch Vorsitzender der Repräsentanten der Aktionäre, denen die Überwachung der Geschäftsführung obliegt. Dies birgt aber unüberwindbare Interessenkonflikte.[50]

---

42 *NACD*, 995 PLI/Corp 95, 108, *ABA*, Corporate Director's Guidebook, 56 Bus. Law. 1571, 1591; *Schwarz/Holland*, ZIP 2002, 1661, 1670 f.; *Hein*, RIW 2002, 501, 506; *ders.*, ZGR 2002, 464, 495; *Monks/Minow*, Corporate Governance, S. 179 f.; *Eisenberg*, 19 Cardozo L. Rev. 237, 239; *Millstein/MacAvoy*, 98 Colum. L. Rev. 1283, 1287; *Lorsch*, S. 184 ff.; *Bagley/Koppes*, 34 San Diego L. Rev. 149, 152 ff.

43 *Monks/Minow*, Corporate Governance, S. 179 f.; *Millstein/MacAvoy*, 98 Colum. L. Rev. 1283, 1287; *Bowen*, S. 86 f.; *Windbichler*, ZGR 1985, 50, 56; *Lieser/Schoenbaum*, DBW 1973, 1981, 1982. Siehe auch *Kindler*, S. 53 Fn. 169.

44 *Monks/Minow*, Corporate Governance, S. 179 f.; *Bagley/Koppes*, 34 San Diego L. Rev. 149, 152 ff.; *Schwarz/Holland*, ZIP 2002, 1661, 1670 f.; *Dobrezynski*, New York Times v. 11.07.1995.

45 *Bagley/Koppes*, 34 San Diego L. Rev. 149, 157; *Hein*, RIW 2002, 501, 506; *Bowen*, S. 87; *Lipton/Lorsch*, 48 Bus. Law. 59, 70 f.

46 Statt vieler *Bowen*, S. 86 ff.; *Hein*, RIW 2002, 501, 506; *Eisenberg*, The Legal Structure of the Corporation, S. 143 ff.

47 *Dobrzynski*, Jack and John: 2 for the Road at G.M., New York Times, July 9, 1995, S. 11, *Monks/Minow*, Corporate Governance, S. 189 f.; *Hein*, RIW 2002, 501, 506.

48 *Kindler*, S.53, *Eisenberg*, The Legal Structure of the Corporation, S. 143.

49 *Lipton/Lorsch*, 48 Bus. Law. 59, 67; *Hein*, RIW 2002, 501, 506; *Kindler*, S. 53.

50 *Kindler*, S. 53; *Bowen*, S. 86 ff.; *Lipton/Lorsch*, 48 Bus. Law. 59, 70 f.; *Karmel*, 52 Geo. Wash. L. Rev. 534, 543; *Steindl*, S. 87 f.

Der Vorteil der Trennung dieser Posten wäre, dass ein Vorsitzender des "*board*", welcher nicht gleichzeitig auch "*CEO*" ist, den übrigen Mitgliedern des "*boards*" eine Leitfigur bei kritischen Tätigkeiten wie der Bewertung der Performance des "*CEO*" oder der Festsetzung der Managementvergütung sein könnte.[51] Es lässt sich schwer mit der Vorstellung einer unabhängigen Bewertung vereinbaren, wenn derjenige, der Gegenstand der Bewertung sein soll, diese Sitzung leitet. Weiterhin kommt dem "*Chairman of the Board*" die Aufgabe zu, die Tagesordnung für die anstehenden "*board*"-Sitzungen festzusetzen oder auch die Besetzung der verschiedenen Ausschüsse des "*board of directors*" zu übernehmen.[52]

Gerade die letzten beiden Punkte sind jedoch elementarer Bestandteil der Überwachung des Managements. Ein "*CEO*", der das Anschneiden eines bestimmten Themas vermeiden möchte, kann dies durch entsprechendes Festlegen der Tagesordnung erreichen. Ähnliche Einflussmöglichkeiten gewährt aber auch die Verantwortung für die Besetzung der verschiedenen Ausschüsse. Durch das Besetzen mit "*inside directors*" oder nahestehenden "*outside directors*" oder in sonstiger Form von der Gesellschaft abhängenden Personen, kann eine kritische Überwachung verhindert werden.[53]

Schließlich kommt einer solchen Trennung aber auch ein wichtiger psychologischer Effekt zu. In vielen Gesellschaften ist es oftmals immer noch der "*chairman of the board*" und nicht ein "*nominating committee*", welcher zukünftige Kandidaten zur Wahl als "*director*" vorschlägt.[54] Ist nun der "*CEO*" zugleich Vorsitzender des "*board*" entsteht leicht eine Abhängigkeit von diesem in der Form, dass dieser als Quelle seiner Mitgliedschaft angesehen wird.[55] Dies verträgt sich aber nicht mit der ihnen zugedachten Kontrollfunktion.

Eine Trennung dieser beiden Positionen kann aber auch die psychologische Wirkung haben, dass sowohl dem "*board*" als auch dem "*CEO*" vor Augen geführt wird, dass seine Stellung von dem Willen des "*board of directors*" abhängt, und nicht umgekehrt.[56]

Allerdings ist eine solche Trennung derzeit nur schwer durchzusetzen, da sie mehrheitlich auf den Widerstand der "CEOs" stößt.[57] Nach ihrer Ansicht werde nur durch die Verbindung beider Posten eine effektive Orga-

---

51 *Bagley/Koppes*, 34 San Diego L. Rev. 149, 157; *Monks/Minow*, Corporate Governance, S. 189 f.; *Millstein*, 48 Bus. Law. 1485, 1495.

52 *NACD*, Appendix B, 995 PLI/Corp 95, 139; *Bagley/Koppes*, 34 San Diego L. Rev. 149, 158 ff. Siehe auch *supra*, Kapitel 3.3.2.

53 *Conrad*, ZGR 1987, 180, 181 ff.; *Bagley/Koppes*, 34 San Diego L. Rev. 149, 157; *Monks/Minow*, Corporate Governance, S. 189 f.

54 *Monks/Minow*, Watching the Watchers, S. 179 f.; *Hein*, RIW 2002, 501, 506.

55 *Bagley/Koppes*, 34 San Diego L. Rev. 149, 157 f.

56 *Lorsch/MacIver*, S. 186; *Monks/Minow*, Corporate Governance, S. 189 f.

57 The *Business Roundtable (BRT)*, Statement on Corporate Governance, September 1997, abrufbar unter www.brtable.org. Siehe auch *Hein*, RIW 2002, 503, 506.

nisation ermöglicht, da ansonsten die Integration der Geschäftsführung und Überwachung, die besondere Stärke des Systems des "*board of directors*", nicht gewährleistet ist. Zusätzlich wird eine Verwirrung der Öffentlichkeit befürchtet, wenn ein Unternehmen mit zwei Zungen spreche.[58] Auch befürchten die Gegner einer Trennung eine Rivalität der Spitzenkräfte sowie Formelkompromisse an Stelle klarer Führungsentscheidungen.[59]

4.3.2.2 Ernennung eines "independent lead director"

Als Alternative zur Trennung der Posten wird daher vorgeschlagen, einen "*independent lead director*" zu installieren.[60]

Dieser sollte sich aus den Reihen der "*outside directors*" rekrutieren und keinerlei Verflechtungen mit der Gesellschaft aufweisen. Ihm soll die Koordination der Arbeit der unabhängigen "*board*"-Mitglieder obliegen. Insbesondere ist er für die Einberufung von Sitzungen ausschließlich der "*independent directors*" verantwortlich, beispielsweise zur Evaluierung der Arbeit des "*CEO*" und anderer "*officers*".[61] Zusätzlich soll er einem Missbrauch der Befugnisse des "*chairman*" durch den "*CEO*" z. B. bei der Einberufung von "*board*"-Sitzungen oder Festlegung der Tagesordnung sowie der Planung der notwendigen Diskussionszeit entgegenwirken, sodass es dem "CEO" nicht möglich ist, unliebsame Punkte aus der Tagesordnung fernzuhalten.[62]

Diese Lösung scheint jedoch nur der zweitbeste Ansatz zu sein. Zwar wird durch einen "*Lead Director*" sichergestellt, dass eine vom Management unabhängige Person die Aktivitäten der "*outside directors*" koordiniert, doch hat sie weniger Einflussmöglichkeiten auf die Arbeit des "*board*" als ein "*Chairman of the Board*".[63] Zusätzlich gehen von ihr auch nicht die identischen psychologischen Signale wie von einem unabhängigen Vorsitzenden aus. Auch in der Praxis scheint dieser Vorschlag nicht auf große Zustimmung zu stoßen. So zeigen Umfragen aus den neunziger Jahren, dass maximal 25 % der Gesellschaften einen solchen "*Lead Director*" eingesetzt haben.[64]

---

58 *Hein*, RIW 2002, 501, 506; *Bowen*, S. 86 ff.

59 *Hein*, RIW 2002, 501, 506; *Bowen*, S. 87 ff.; *The Business Roundtable*, Statement on Corporate Governance, September 1997, abrufbar unter www.brtable.org; dazu kritisch *Monks*, The Emperor's Nightingale, S. 53 ff.

60 *Bagley/Koppes*, 34 San Diego L. Rev. 149, 157 f.; *Hein*, RIW 2002, 501, 506; *Monks/Minow*, Corporate Governance, S. 215 f.; *Eisenberg*, 19 Cardozo L. Rev. 237, 239; *Millstein*, 48 Bus. Law. 1495, 1495 f.

61 *Eisenberg*, 19 Cardozo L. Rev. 237, 239; *Bagley/Koppes*, 34 San Diego L. Rev. 149, 157 f.; *Millstein*, 48 Bus. Law. 1495, 1495 f.; *Hein*, RIW 2002, 501, 506.

62 *Lorsch/MacIver*, S. 186; *Hein*, RIW 2002, 501, 506; *Eisenberg*, 19 Cardozo L. Rev. 237, 239, *Millstein*, 48 Bus. Law. 1485, 1495.

63 *Lipton/Lorsch*, 48 Bus. Law. 59, 67 f.

64 *Millstein/McAvoy*, 98 Colum. L. Rev. 1283, 1288, *Lorsch/McIver*, S. 184 ff.; *Hein*, RIW 2002, 501, 506.

4.3.3 Limitierung der Anzahl der "inside directors"

Ein weiterer Vorschlag zur Erlangung effizienterer Corporate Governance, der mit dem Vorstehenden verbunden ist, ist die Limitierung der Anzahl von "*inside directors*" im "*board of directors*".

Die neuere Literatur fordert, dass sich "*board of directors*" überwiegend aus unabhängigen Mitgliedern zusammensetzen sollen.[65] So vertritt z. B. die "*American Bar Association*" in ihrem "*Corporate Directors Guidebook*" die Auffassung, dass die Ausübung der Kontrollfunktion nur möglich ist, wenn nicht mehr als zwei Mitglieder des Managements im "*board of directors*" vertreten sind.[66] Andere fordern, außer dem "*CEO*" keine weiteren "*inside director*" im "*board*", da diese dort keinen Nutzen hätten. Sie wären faktisch gezwungen, im Sinne des "*CEO*" abzustimmen.[67]

Eine vollständige Zusammensetzung des "*board*" aus Nicht-Managementmitgliedern, wie es für einen deutschen Aufsichtsrat der Fall ist, wird jedoch nicht angestrebt.[68] Dagegen wird vorgebracht, dass es zum Verlust wichtiger Kenntnisse aus dem Alltagsgeschäft der Gesellschaft führt.[69] Gleichzeitig würde dem "*board*" eine Gelegenheit genommen werden, mit weiteren Mitgliedern des Topmanagements zusammenzukommen. Solche Treffen können aber gerade auch die Funktion erfüllen, zukünftige Kandidaten für den Posten des "*CEO*" kennen zu lernen.[70]

Gegen diese Argumente, insbesondere der Notwendigkeit weiterer "*inside directors*" zusätzlich zum "*CEO*" kann jedoch angeführt werde, dass sie auch ohne die Mitgliedschaft weiterer "*Insider*" erfüllt werden können. Dem "*board of directors*" steht es frei, jederzeit weitere Mitglieder des Managements als Gäste zu "*board meetings*" zu laden. Wenn man das "*board of directors*" mit ausreichend Befugnissen ausstattet, können sie jederzeit die entsprechenden Personen zu ihren Sitzungen bestellen.[71] Dafür bedarf es ihrer Mitgliedschaft im "*board*" nicht. Aber auch der Gedanke der Informationsversorgung über das Alltagsgeschäft rechtfertigt zumindest nicht die paritätische Zusammensetzung des "*board of directors*" mit "*inside directors*". Hier könnte mit hoher Wahrscheinlichkeit ein iden-

---

65 *Eisenberg*, C 973 ALI-ABA 1, 20; Hein, RIW. 2002, 501, 505; *Monks/Minow*, Corporate Governance, S. 179 ff.; *Fisch*, 19 Cardozo L. Rev. 265, 271, *Hamilton*, Corporate Governance in America, 25 J. Corp. L. 349, 360; *ders.*, Corporations in a Nutshell, S. 408 f.; *Bowen*, S. 45 ff.; *Windbichler*, ZGR 1985, 50, 57 ff.; *Gevurtz*, S. 230 f.

66 *ABA*, Corporate Director's Guidebook, 56 Bus. Law 1571 1590; *Kindler*, S. 104; *Steindl*, S. 85.

67 *Bowen*, S. 45. Für die Aufnahme lediglich des "*CEO*" im "*board*" auch *Monks/Minow*, Corporate Governance, S. 179 ff.; *Fisch*, 19 Cardozo L. Rev. 265, 271.

68 *Steindl*, S. 85, *Hamilton*, Corporations, S. 647.

69 *Hamilton*, Corporate Governance in America; 25 J. Corp. L. 349, 360; *Hein*, RIW 2002, 501, 505; *Steindl*, S. 85; *Eisenberg*, The Legal Structure of the Corporation, S. 174 ff.; *Bowen*, S. 46.

70 *Bainbridge*, 55 Vand. L. Rev. 1, 35; *Baghat/Black*, 54 Bus. Law. 921, 950 f.; *Bowen*, S. 46; *Hamilton*, Corporate Governance in America 25 J. Corp. L. 349 360.

71 *Balotti/Finkelstein*, S. 4.21; *Eisenberg*, The Legal Structure of the Corporation, S. 172 f.

tisches Ergebnis über einen unbeschränkten Zugang zu den übrigen Geschäftsführungsmitgliedern erreicht werden.

Ebenfalls wenig überzeugend erscheint die Argumentation, dass ohne eine ausreichende Anzahl "*inside directors*" eine tatsächliche Überwachung des "*CEO*" nicht möglich ist, da es unabhängigen Mitgliedern regelmäßig an dem notwendigen Einblick in die Alltagsgeschäfte der Gesellschaft mangelt, um ihrer Überwachungsfunktion gerecht zu werden.[72]

Eine in der amerikanischen Literatur kontrovers geführte Diskussion über die Besetzung der Sitze mit "*inside*" und "*outside directors*" ist, welche wirtschaftlichen Auswirkungen solche Maßnahmen auf die Gesellschaft haben.[73] Unbestritten ist dabei, dass eine solche Struktur ein nützliches Werkzeug der Kontrolle des Managements ist, wenn die Mitglieder tatsächlich unabhängig vom Management sind und bereit sind dieses zu kontrollieren.[74] Insofern kann eine solche Struktur zu einer höheren Integrität des Managements führen und damit auch zu einem höheren Ansehen bei Anlegern. Fraglich ist jedoch, ob eine solche Besetzung darüber hinaus auch ökonomische Vorteile mit sich bringt, also zu einem höheren Unternehmensgewinn oder höheren Aktienpreisen führt. Dies kann insofern von Bedeutung sein, da es nach ganz herrschender Auffassung der amerikanischen Rechtslehre einzig Aufgabe des Managements ist, für eine Maximierung des "*shareholder value*" zu sorgen.[75]

Studien der amerikanischen Wissenschaft zu diesem Thema führten zu widersprüchlichen Ergebnissen.[76] So kommt eine von *Laura Lin* verfasste Zusammenstellung verschiedener Studien über das Abschneiden börsennotierter Unternehmen abhängig von der Zusammensetzung ihres "*board of directors*" zu sich widersprechenden Ergebnissen.[77] In den sieben von ihr verglichenen Studien gelangen zwei zu dem Ergebnis, dass mehrheitlich mit "*outside directors*" besetzte "*boards*" besser an der Börse abschneiden, während eine Studie zum Ergebnis einer negativen Kursperformance bei überwiegender Besetzung mit "*outside directors*" gelangt.[78] Drei der verglichenen Studien können keinen Zusammenhang zwischen der Zusammensetzung des "*board of directors*" und dem Abschneiden der

---

72 Siehe dazu *Langevoort*, 89 Geo. L. Rev. 797, 799, *Bainbridge*, 55 Vand. L. Rev. 1, 35.

73 *Bagley/Koppes*, 34 San Diego L. Rev. 149, 157 f.; *Baghat/Black*, 54 Bus. Law. 921, 950 f.; *Millstein/MacAvoy*, 98 Colum. L. Rev. 1283 ff.; *Brudney*, 95 Harv. L. Rev. 597, 622.

74 *Zalecki*, 24 U. Tol. L. Rev. 831, 849; *Lipton*, 2 Fordham Finance, Securities & Tax Law Forum 41 ff.

75 *Hess*, in *Feddersen/Hommelhoff/Schneider*, S. 9, 20 f.; *Hamilton*, Corporations, S. 603 ff.

76 *Chandler*, 67 U. Cin. L. Rev. 1083, 1085; *Lin*, 90 NW. U. L. Rev. 889 ff.; *Baghat/Black*, 54 Bus. Law. 921, 950 f.; *Millstein/MacAvoy*, 98 Colum. L. Rev. 1283 ff.

77 *Lin*, 90 NW. U. L. Rev. 889 ff.; *Zalecki*, 24 U. Tol. L. Rev. 831, 839; *Baghat/Black*, 54 Bus. Law. 921, 950 f.

78 *Lin*, 90 NW. U. L. Rev. 889, 896 f. Siehe auch *Klein*, 41 J.L. & Econ. 275 ff.; *Brudney*, 95 Harv. L. Rev. 597, 622 f.

Gesellschaft feststellen, während eine der Studien sowohl zu positiven als auch negativen Ergebnissen führt, abhängig von angesetzten Kriterien.[79]

Andere Studien ergaben dagegen, dass "*inside directors*" aufgrund ihrer besseren Kenntnisse der Gesellschaft positiven Einfluss auf die Performance der Gesellschaft haben können und damit zu höheren Dividenden für Aktionäre führen können.[80] Eine von *April Klein* durchgeführte Studie über den Zusammenhang zwischen einem Abschneiden der Gesellschaft an der Börse und der Zusammensetzung des "*board*" und einzelner "*committees*" ergab, dass zumindest eine Besetzung von Finanz- und Prüfungsausschüssen mit "*inside directors*" eine unmittelbare positive Auswirkung auf das wirtschaftliche Abschneiden der Gesellschaft hat.[81] Folgt man diesem Ansatz wäre der mehrheitlich geforderte Trend die "*boards*" von Gesellschaften ausschließlich mit "*outside directors*" zu besetzen zum Nachteil der Aktionäre. Es müsste dann eine Interessenabwägung vorgenommen werden zwischen dem Interesse der Allgemeinheit an einer integren Unternehmensführung und dem Interesse der Aktionäre an einer Profitmaximierung.

Im Gegensatz dazu ergaben Untersuchungen, dass der Wert von "*outside directors*" sich lediglich in besonderen Situationen bemerkbar macht.[82] So ergaben Studien, dass im Falle feindlicher Übernahmeangebote Entscheidungen unabhängiger "*boards*" regelmäßig einen positiven Einfluss auf die Kursentwicklung haben.[83] Studien haben ergeben, dass in solchen Situationen "*boards*" mit überwiegend unabhängigen Mitgliedern in der Regel einen 20 % höheren Aktienpreis erzielen.[84] Der Hintergrund mag sein, dass das Ablehnen solcher Angebote durch das Management oftmals als Maßnahme zur Arbeitsplatzsicherung interpretiert wird und weniger als unternehmerische Entscheidung.

Zusätzlich wird als positiv angesehen, dass überwiegend mit unabhängigen Mitgliedern besetzte "*boards*" eher bereit sind, einen erfolglosen "*CEO*" zu entlassen.[85]

---

79 *Lin*, 90 NW. U. L. Rev. 889, 892 ff.; *Zalecki*, 24 U. Tol. L. Rev. 831, 839; *Millstein/MacAvoy*, 98 Colum. L. Rev. 1283 ff.

80 *Fama/Jensen*, Separation of Ownership and Control, 26 J. Law & Econ. 301, 314 f.; *Barthelmeß*, S. 44 ff.

81 *Klein*, 41 J.L. & Econ. 275 ff.; *Millstein/MacAvoy*, 98 Colum. L. Rev. 1283 ff.; *Lin*, 90 NW. U. L. Rev. 889, 892 ff.

82 *Zalecki*, 24 U. Tol. L. Rev. 831, 849; *Lin*, 90 NW. U. L. Rev. 889, 892 ff.; *Lipton*, 2 Fordham Finance Securities & Tax Law Forum 41 ff.; *Kraakman*, in *Feddersen/Hommelhoff/Schneider*, S. 129, 136.

83 *Bhagat/Black*, 54 Bus. Law. 921, 926; *Zalecki*, 24 U. Tol. L. Rev. 831, 8855 ff.; *Byrd/Hickmann*, 32 J. Fin. Econ. 195 ff.; *Cotter/Shivadasani/Zenner*, 43 J. Fin. Econ. 195 ff.

84 *Cotter/Shivadasani/Zenner*, 43 J. Fin. Econ. 195 f.; *Brickley/Coles/Terry*, 35 J. Fin. Econ. 371 ff.

85 *Kraakman*, in *Feddersen/Hommelhoff/Schneider*, S. 129, 136; *Weisbach*, 20 J. Fin. Econ. 431 ff. (Kraakman, Fn. 25)

Eine weitere Untersuchung schließlich kommt zu dem Ergebnis, dass "*outside*" oder "*independent directors*" einen für die Gesellschaft wirtschaftlich positiven Einfluss ausüben, allerdings nur, solange ihr Anteil 30 % der Mitglieder des "*board*" nicht übersteigt.[86]

Zusammenfassend lässt sich daher feststellen, dass von einem ökonomischen Standpunkt aus betrachtet, die Zusammensetzung des "*board of directors*" mit überwiegend "*outsidern*" nicht notwendigerweise erstrebenswert ist. Sieht man von den gefundenen Vorteilen in Einzelsituationen ab, insbesondere beim Vorliegen feindlicher Übernahmeangebote, kommen die meisten Studien entweder zu keinem Zusammenhang zwischen der Zusammensetzung des "*board of directors*" oder aber zu einer negativen Auswirkung, wenn die Mehrheit der "*board*"- oder "*committee*"-Mitglieder unabhängig ist. Allerdings stellt sich durchaus die Frage, ob ein solcher Nachteil nicht in Kauf zu nehmen ist, wenn man die jüngsten Unternehmenszusammenbrüche der amerikanischen Wirtschaft betrachtet.[87] Sämtlichen Fällen ist gemeinsam, dass die Mitglieder des "*board*" unzureichend unabhängig waren, um ihrer Kontrollfunktion nachzukommen.[88]

Es steht daher dem Vorteil unabhängiger "*directors*", die umfassende Kontrolle des Managements der mögliche Nachteil des geringeren Profits gegenüber. Dieser Nachteil dürfte allerdings zumindest in Anbetracht der jüngsten Entwicklungen auch wirtschaftlich in Kauf zu nehmen sein.

4.3.4 Beschränkung der Anzahl der Sitze in verschiedenen "boards" einführen

Ein weiterer Vorschlag, der sich in der Praxis nur schwer durchsetzt, knüpft an das oben geschilderte Zeitproblem von Mitgliedern des "*board of directors*" an.[89] Da als qualifiziert angesehene Personen oftmals eine Vielzahl von Angeboten erhalten, Mitglieder in verschiedenen "*boards of directors*" zu werden, stellt sich die Gefahr mangelnder Aufgabenerfüllung aufgrund Zeitmangels.[90]

So berichten *Nell Minow* und *Kit Bingham* von Fällen, in denen einzelne Personen bis zu dreißig Sitze in "*boards*" verschiedener Wirtschaftsunternehmen innehatten.[91] Selbst wenn man davon ausgeht, dass solche Personen ihre Tätigkeit hauptberuflich ausüben, scheint es kaum möglich zu

---

86 *Baysinger/Butler*, 52 Geo. Wash. L. Rev. 557, 575 f.; so auch *Kraakman*, in *Feddersen/Hommelhoff/Schneider*, S. 129, 136.

87 *Ames*, Directors & Boards, 01.01.2002; *Sandberg/Lublin*, Wall Street Journal v. 28.06.2002; *Schwarz/Holland*, ZIP 2002, 1661 ff.

88 *Sandberg/Lublin*, Wall Street Journal v. 28.06.2002; *Schwarz/Holland*, ZIP 2002, 1661 ff.

89 Vgl. *supra*, Kapitel 3.1.

90 *Lipton/Lorsch*, 48 Bus. Law. 59, 64; *Bowen*, S. 51; *Mace*, S. 90, *Bavly*, S. 110 f.; *Monks/Minow*, Corporate Governance, S. 179 ff.; *Gilson/Kraakman*, 43 Stan. L. Rev. 863, 884; *Steindl*, S. 90; *Easterbrook*, 9 Del. J. Corp. L. 540, 555; *Heidrick & Struggles Inc.*, S. 9; *Kraakman*, in *Feddersen/Hommelhoff/Schneider*, S. 129, 139.

91 *Minow/Bingham*, in *Monks/Minow*, Corporate Governance, S. 496 f.

sein, tatsächlich eine effektive Rolle zu spielen. Diese Gefahr ist umso größer, wenn die betreffende Person gleichzeitig auch aktiv am Berufsleben teilnimmt.[92]

Autoren wie *Martin Lipton* und *Jay Lorsch*, gehen von einem jährlichen Stundenaufwand pro Mitgliedschaft in einem "*board of directors*" von mindestens einhundert Stunden aus.[93] Würde man diese Zahl auf fünf "*boards*" ausdehnen hätte man einen Gesamtaufwand von fünfhundert Stunden jährlich für die Erfüllung der Nebentätigkeit als "*director*", zusätzlich zu der in der Regel noch ausgeübten Haupttätigkeit. Aus diesem Grund wird vorgeschlagen, die Anzahl der "*boards of directors*", in denen eine Person sitzen kann zu beschränken.[94] Es wird vorgeschlagen, "*director*"-Sitze in nicht mehr als drei bis fünf verschiedenen "*boards*" zu erlauben.[95]

Wenn einzelne Personen lediglich in der Lage wären maximal bis zu fünf Sitzen in verschiedenen Gesellschaften einzunehmen, könnte neben der Bekämpfung des Zeitproblems vermieden werden, dass einzelne Personen zahlreiche Posten in verschiedenen "*boards of director*" besetzen, ohne in der Lage zu sein, konstruktiv mitzuarbeiten.[96] Es entstünde Platz für andere Personen, die dieser Aufgabe mehr Zeit und Arbeit widmen könnten. Ein weiterer Vorteil wäre die Vermeidung von Interessenkonflikten, die entstehen können, wenn Personen in zu vielen Gesellschaften dienen. Diese Gefahr verschärft sich noch, wenn Mitglieder des "*board*" auch als Berater der Gesellschaft fungieren.

Ob eine solche Beschränkung allerdings tatsächlich zu einer Verbesserung der Arbeit der "*boards of directors*" führt, bleibt abzuwarten. Meist ist es die hauptberuflich ausgeübte Tätigkeit, welche den größten Teil der Arbeitszeit beansprucht und somit eine effektive Arbeit im "*board of directors*" unmöglich macht.[97] Andererseits könnte eine solche Praxis zumindest einen ersten Schritt in die richtige Richtung darstellen, ohne gleich auf den an anderer Stelle erwähnten Vorschlag der hauptberuflichen "*board*"-Mitglieder zurückgreifen zu müssen.[98] In der derzeitigen Diskussion von Maßnahmen zur Verbesserung der Corporate Governance spielt die Einführung einer solchen Regelung keine Rolle. Es wird vielmehr auf freiwillige Selbstbeschränkung gesetzt, verbindliche Regeln werden als unpassend angesehen. Zusätzlich ist den Kritikern einer star-

---

92 *Monks/Minow*, Corporate Governance, S. 199 f.; *Gilson/Kraakman*, 43 Stan. L. Rev. 863, 884.

93 *Lipton/Lorsch*, 48 Bus. Law. 59, 64; ähnlich auch *Bavly*, S. 83.

94 *Cox/Hazen/O'Neil*, S. 9.12.

95 Report der *NACD Blue Ribbon Commission of Director Professionalism*, 34 Bus. Law. 1473 ff.; *Bavly*, S. 83; *Cox*, 61 Geo. Wash. L. Rev. 1233, 1243 f.; *Schwarz/Holland*, ZIP 2002, 1661, 1669; *Fisch*, 19 Cardozo L. Rev. 265, 270.

96 *Monks/Minow*, Corporate Governance, S. 199 f.;*Cox/Hazen/O'Neil*, S. 9.12.

97 *Mace*, S. 91 ff.

98 *Gilson/Kraakman*, 43 Stan. L. Rev. 863, 890; *Monks/Minow*, Corporate Governance, S. 218 f.; *Cox*, 61 Geo. Wash. L. Rev. 1233, 1260 f.; siehe auch *infra* Abschnitt 4.3.6.3.

ren Beschränkung zuzugeben, dass die Pflichterfüllung wesentlich von den individuellen Fähigkeiten abhängt, sodass eine Pauschalisierung nicht notwendig weiterhilft.[99]

4.3.5 Verlängerung der Amtszeit der Mitglieder des "board of directors"

Ein weiterer Vorschlag ist, die Amtszeit der "*board*"-Mitglieder von einem bis drei Jahre auf fünf Jahre zu verlängern, um es Gesellschaften zu ermöglichen, eine längerfristige Zielsetzung zu verfolgen.[100]

Als eines der Probleme amerikanischer Kapitalgesellschaften wird regelmäßig die zu starke Fokussierung auf die Realisierung kurzfristiger Unternehmensziele genannt. Insbesondere während der achtziger Jahre, der Boomzeit feindlicher Unternehmensübernahmen, war die Geschäftsführung gezwungen, kurzfristige Gewinne zu vermelden, um nicht selbst Gegenstand einer feindlichen Übernahme zu werden.[101]

Gesellschaften ist es daher unmöglich, eine langfristige Strategie einzuschlagen, eine Tatsache, die als Nachteil gegenüber japanischen oder deutschen Konkurrenten angesehen wird.[102] Durch eine längere Amtszeit könnte der Gesellschaft einerseits größere Kontinuität ermöglicht werden zum anderen aber hätten "*directors*" die Möglichkeit sich durch mehrjährige Tätigkeit bessere Kenntnis der Gesellschaft und den Aufbau von Informations- und Kontrollmechanismen zu verschaffen.[103] Gleichzeitig würde es auch einen zusätzlichen Schutz gegen feindliche Übernahmen bedeuten.

Nachteilig wirkt sich dagegen der Kontrollverlust der Aktionäre aus, da die u. U. stattfindende jährliche Wiederwahl des "*board*" entfiele. Da ein solcher Vorschlag für Aktionäre einen Kontrollverlust durch den Wegfall der jährlichen Wiederwahl nach sich zieht, schlagen die Autoren im Gegenzug vor, den Aktionären bei den Wahlen zum "*board*" größeren Einfluss einzuräumen.[104]

Kritiker dieses Vorschlags stellen bereits die Prämisse der kurzfristigen Unternehmensausrichtung infrage. So argumentiert *Steven N. Kaplan*, Professor an der *University of Chicago*, dass es keinen Unterschied in der Ge-

---

99 *Bowen*, S. 51, der jedoch zugesteht, dass zumindest eine Limitierung auf 3-4 "*boards*" größerer Gesellschaften hilfreich sein könnte.

100 *Lipton/Rosenblum*, 58 U, Ch. L. Rev. 187, 189; *Gilson/Kraakman*, 43 Stan. L. Rev. 863, 890; *Monks/Minow*, Corporate Governance, S. 218; *Bleicher/Leberl/Paul*, S. 134.

101 *Hamilton*, Corporations in a Nutshell, S. 417 f.; *Brudney*, 95 Harv. L. Rev. 597, 608 f.; *Barthelmeß*, S. 56.

102 *Zalecki*, 24 U. Tol. L. Rev. 831, 857; *Bowen*, S. 68; *Lipton/Rosenblum*, 58 U, Ch. L. Rev. 187, 189 ff.

103 *Lipton/Rosenblum*, 58 U, Ch. L. Rev. 187, 189 ff.; *Monks/Minow*, Corporate Governance, S. 218; *Bowen*, S. 68; *Schwarz/Holland*, ZIP 2002, 1661, 1670 f.

104 *Zalecki*, 24 U. Tol. L. Rev. 831, 842; *Lipton/Rosenblum*, 58 U, Ch. L. Rev. 187, 195; *Hess*, in *Feddersen/Hommelhoff/Schneider*, S. 9, 14 f.; *Monks/Minow*, Corporate Governance, S. 218.

sellschaftsausrichtung von Unternehmen in den betreffenden Ländern gäbe.[105] Sämtliche untersuchte Unternehmen würden eine zeitlich ähnliche Orientierung aufweisen. Allerdings ist die Repräsentanz dieser Studie insoweit fraglich, als sich die Untersuchung lediglich auf das Verhältnis von Managementvergütung zum Abschneiden der Gesellschaft bezieht.

Andere Kritikpunkte setzten bei der weitreichenden Entmachtung der Aktionäre an. Angesichts des grundsätzlich bereits geringen Einflusses von Aktionären auf die Gesellschaftsführung fürchten sie bei einer Umsetzung eine völlige Entmachtung.[106] Einzige Einflussmöglichkeit der Aktionäre derzeit ist neben dem Verkauf der Anteile die regelmäßige Wahl bzw. Wiederwahl der Mitglieder des "*board*". Durch verlängerte Amtszeiten würde ihre Einflussmöglichkeit daher noch weiter eingeschränkt.[107]

Aber auch der Gedanke des Aufbaus eines besseren Verständnisses der Gesellschaft sowie eines verbesserten Informationsflusses kann nicht notwendig überzeugen. Es stellt sich im Gegenzug die Gefahr des Einschleifens einer feststehenden Handhabe, ohne dass deren Effizienz hinterfragt wird.

Ein solcher Vorschlag scheint nur realisierbar zu sein, wenn, wie die Autoren vorschlagen, zugleich Aktionären an anderer Stelle größere Mitspracherechte eingeräumt werden und zusätzlich sichergestellt werden kann, dass Mitglieder des "*board*" tatsächlich unabhängig sind.[108]

4.3.6 Stärkung der Stellung institutioneller Anleger

Großaktionäre, in Form von institutionellen Anlegern, insbesondere die einzelstaatlichen Rentenfonds, haben in den letzten Jahrzehnten einen immer stärkeren Einfluss erworben und sind heute eine der einflussreichsten Kräfte des amerikanischen Gesellschaftsrechts.[109] Traditionell spielten Großaktionäre, insbesondere Banken, im amerikanischen Wirtschaftsleben im Gegensatz zu Deutschland oder Japan nur eine untergeordnete Rolle.[110] Grund dieser verhältnismäßig schwachen Stellungen sind verschiedene gesetzliche Beschränkungen, die die Beteiligung von

---

105 *Kaplan*, in *Hopt/Wymeersch*, S. 196 ff.

106 *Steindl*, S. 54; *Schwarz/Holland*, ZIP 2002, 1661, 1670; *Olsen/Arp*, P.L.I./Corp 907, 571, 645.

107 *Monks/Minow*, Corporate Governance, S. 218; *Schwarz/Holland*, ZIP 2002, 1661, 1670; *Gevurtz*, S. 230 f.

108 *Lipton/Rosenblum*, 58 U, Ch. L. Rev. 187, 195; *Monks/Minow*, Corporate Governance, S. 218.

109 *Hamilton*, Corporate Governance in America, 25 J. Corp. L. 349, 354; *Rock, 62 Geo. L. J. 445, 449*; *Cox*, 61 Geo. Wash. L. Rev. 1233, 1258 f.; *Ryan*, 23 Ga. L. Rev. 97, 147 f.; *Sommers*, 59 U. Cin. L. Rev. 357, 361 ff.; *Hess*, in *Feddersen/Hommelhoff/Schneider*, S. 9, 20; *Chandler*, 6 U. Cin. L. Rev. 1083, 1088 ff.

110 *Black*, 39 UCLA L. Rev. 895, 896 f.; *Zalecki*, 24 U. Tol. L. Rev. 831, 842; *Kindler*, S. 130; *Butler*, 17 Ariz J. Int'l & Comp. L. 555, 585; *Hadden*, in Baums/Buxbaum/Hopt, S. 91, 95; *Monks/Minow*, Corporate Governance, S. 120 ff.

Banken oder anderer Investitionen in größerem Ausmaß nicht zulassen,[111] sowie restriktive Veröffentlichungspflichten.[112]

4.3.6.1 Hintergrund des Aufstiegs Institutioneller Anleger

In jüngerer Vergangenheit entwickelte sich aber mit den öffentlichen Rentenfonds der Bundesstaaten eine einflussreiche Marktkraft, die zunehmend an Bedeutung gewinnt.[113] Anders als in der Vergangenheit sind diese Fonds mittlerweile auch bereit, aus ihrer Rolle als passive Investoren herauszutreten und Einfluss auf die Geschäftsführung der Gesellschaften, die sie in ihrem Portfolio haben, auszuüben.[114] Es hatte sich die Überzeugung durchgesetzt, dass ihre Gewinne verbessert werden können, wenn eine aktive Rolle eingenommen wird.[115]

Aber auch ein weiterer Faktor ist zu beachten. Gerade die von den Rentenfonds gehaltenen Aktienpakete sind in der Regel zu groß, um sie bei Unzufriedenheit mit der Performance der Gesellschaft einfach abzustoßen[116], ohne erhebliche Kursschwankungen befürchten zu müssen.[117] Das Ausüben der oft zitierten "*Wall Street Rule*", vgl. *supra*[118], ist ihnen daher verwehrt. Sie müssen andere Möglichkeiten ergreifen, um ihre Interessen durchzusetzen.

Diese Entwicklung wurde durch Maßnahmen des amerikanischen Arbeitsministeriums beschleunigt.[119] In einer vielbeachteten Stellungnahme führte es aus, dass Rentenfonds eine Verpflichtung hätten, das ihnen aus dem Erwerb von Aktien an Unternehmen zustehende Stimmrecht auszuüben. Sie dürfen sich nicht lediglich passiv verhalten.

Hintergrund ist, dass diese Fonds Gelder verwalten, welche vom "*Employee Retirement Income Security Act*" (*ERISA*) gedeckt werden, einem

---

111 *Garten*, 44 Rutgers L. Rev. 585, 613; *Butler*, 17 Ariz J. Int'l & Comp. L. 555, 585; *Monks/Minow*, Corporate Governance, S. 120 ff.

112 § 13 (d) of the Williams Act, 15 U.S.C. §§ 781-78n (1994).

113 Sommer, 59 U. Cin. L. Rev. 357, 362, Rosenbaum/Korens, 712 PLI/Corp 439, 441; *Pinto*, in *Pinto/Visentini*, S. 253, 279; *Brancato*, S. 125 ff.; *Hamilton*, Corporate Governance in America, 25 J. Corp. L. 349, 354.

114 *Flom*, S. 8; *Garten*, 44 Rutgers L. Rev. 585, 613; *Brancato*, S. 7 ff.; *Monks/Minow*, Corporate Governance, S. 120 ff.; *Rosenbaum/Korens*, 712 PLI/Corp 439, 441; *Brancato*, S. 7 ff.; *Monks/Minow*, Corporate Governance, S. 120 ff.

115 *CalPers*, in *Olsen/Arp*, 997 PLI/Corp 571, (679); *Rosenbaum/Korens*, 712 PLI/Corp 439, 441; *Hadden*, in Baums/Buxbaum/Hopt, S. 91ff.

116 *Tobin*, 49 Bus. Law. 1707, 1731; *Cox*, 61 Geo. Wash. L. Rev. 1233, 1258, *Gilson/Kraakman*, 41 Stan. L. Rev. 863, 866; *Hess*, in *Feddersen/Hommelhoff/Schneider*, S. 9, 20 ff.; *Zalecki*, 24 U. Tol. L. Rev. 831, 839 ff.; *Zanglein*, 11 DePaul Bus. L. J. 43, 46 f.

117 Umstritten ist, wodurch diese Kursschwankungen verursacht werden. Während teilweise angenommen wird, dass sie auf der Größe der abzustoßenden Aktienpakete beruhen, vgl. Fußnote supra, gehen andere davon aus, dass diese Schwankungen sich nur aus dem psychologischen Effekt des Verkaufs eines großen Pakets ergeben. Siehe *Rock*, 79 Geo. L. J.445, 496.

118 Siehe *supra* Kapitel 3.5.2.4.

119 *Zanglein*, 11 DePaul Bus. L. J. 43, 46 f.

Gesetz, welches die Rechte und Pflichten privater Institutionen festlegt, die Einzahlungen für Arbeitnehmerrenten verwalten.[120] Es verpflichtet die verwaltenden Fonds einzig im Interesse der Teilnehmer zu handeln. Zwar fallen die öffentlichen Rentenfonds der Einzelstaaten selbst nicht direkt unter die gesetzlichen Verpflichtungen von "*ERISA*", da dieses bundesstaatliches Recht ist und sie dem Recht der jeweiligen Einzelstaaten unterworfen sind, in denen sie ihren Sitz haben.[121] Allerdings entfalten diese Pflichten unter "*ERISA*" auf indirektem Wege Wirkung gegenüber den einzelstaatlichen Fonds: um die steuerlichen Vergünstigungen die der Bundesgesetzgeber für Institutionen, die unter "*ERISA*" arbeiten, gewährt, müssen sie die sich daraus ergebenden Verpflichtungen erfüllen.[122]

Anfang der achtziger Jahre richtete sich die Aktivität vornehmlich gegen die vom Management vorgeschlagenen Strategien zur Verhinderung feindlicher Übernahmen.[123] Hintergrund dieses Aktivismus gegen Instrumente wie "*Poison Pills*" oder "*Golden Parachute*" war die Überzeugung, dass feindliche Übernahmen ein wichtiges Instrument zur Disziplinierung des Managements darstellen.[124] Verteidigungsstrategien wurden daher als Instrument der Machterhaltung des Managements angesehen, die nicht im Interesse der Aktionäre lägen.

Ende der achtziger Jahre dann erweiterten einzelne Rentenfonds ihre Aktivitäten und versuchten Gesellschaften zur Einhaltung verbindlicher Corporate Governance-Regeln.[125] Insbesondere *CalPERS* (*California Public Employee Retirement System*), der Fonds der öffentlichen Angestellten Kaliforniens sowie *TIA-CREF* (*Teachers Insuransce and Annuity Association - College Retirement Employment Fund*) begannen zu dieser Zeit Abstimmungsvorschläge für Hauptversammlungen einzubringen, um Druck auf die Geschäftsführung auszuüben.[126] So initiierte *CalPERS* 1991 in den Gesellschaften *ITT* und *W.R.Grace* Abstimmungsvorschläge, die die Einsetzung eines "*Compensation Committees*" forderten, das ausschließlich aus unabhängigen Aktionären bestehen sollte.[127]

Begünstigt wurde diese Entwicklung durch Lockerungen der Vorschriften der "*proxy solicitation*" aus dem Jahre 1992, da es Aktionären zuvor

---

120 *Flom*, S. 8; *Zalecki*, 24 U. Tol. L. Rev. 831, 841 ff.; *Zanglein*, 11 DePaul Bus. L. J. 43, 46 f.

121 *Sommer*, 59 U. Cin. L. Rev. 357, 364 ff. ; *Zalecki*, 24 U. Tol. L. Rev. 831, 840.

122 *Donovan v. Bierwirth*, 538 F. Supp. 463, *Sommer*,59 U. Cin. L. Rev. 357, 364.

123 *Rosenbaum/Korens*, 712 PLI/Corp 439, 441; *Zalecki*, 24 U. Tol. L. Rev. 831, 840 f.; *Brancato*, S. 7 ff.; *Monks/Minow*, Corporate Governance, S. 120 ff.

124 *Gilson*, 74 Wash. U. L. Q. 327, 338 sowie *Barthelmeß*, S. 56, m.w.N.

125 Insbesondere CalPers nahm insofern eine Vorreiterrolle ein, siehe *Rosenbaum/Korens*, 712 PLI/Corp 439, 441 sowie *Monks/Minow*, Corporate Governance, S. 120 ff. und *Zanglein*, 11 DePaul Bus. L. J. 43, 46 f.

126 *Block/Radin/Maimone*, 704 PLI/Corp 161, 306; *Brancato*, S. 7 ff.; *Monks/Minow*, Corporate Governance, S. 120 ff.

127 *Garten*, 44 Rutgers L. Rev. 585, 643; *Block/Radin/Maimone*, 704 PLI/Corp 161, 306.

faktisch nicht möglich war, kollektiv Abstimmungsvorschläge zu erarbeiten oder ihr Stimmverhalten zu koordinieren.[128]

Neben der aktiven Mitarbeit durch Einbringen eigener Vorschläge in Hauptversammlungen, richteten institutionelle Anleger sich zunehmend auch außerhalb der Hauptversammlung an das Management, um Forderungen vorzubringen. Sollten die Gesellschaften Aufforderungen zu Treffen nicht nachkommen, würden sie ihre Stimmrechte gegen die Abstimmungsvorschläge des Managements ausüben.[129] Diese "*just-no*" Politik fand zunehmend Zuspruch unter den verschiedenen institutionellen Anlegern, da sie sich gegenüber den betroffenen Gesellschaften als erfolgreich erwies.[130]

Der generelle Vorteil des steigenden Einflusses institutioneller Anleger wird in der Möglichkeit gesehen, Gesellschaften Stabilität zu gewährleisten.[131] Es wird die Hoffnung geäußert, dass die Geschäftsführung solcher Gesellschaften in die Lage versetzt wird, sich auf längerfristige Unternehmensziele zu konzentrieren und nicht permanent wachsende Quartalszahlen liefern zu müssen.[132] Kritikern warnen allerdings davor, diese Ansicht überzubewerten, da sich das Vergütungssystem der Fondsmanager ebenfalls an den Wertsteigerungen der von ihnen betreuten Gesellschaften orientiert.[133]

Zutreffend erscheint, dass institutionelle Anleger als einzige unter den Aktionären in der Lage sein dürften, Einfluss auf die Geschäftsführung auszuüben.[134] So sind sie auch personell eher in der Lage, die Geschäftsführung zu überwachen, da sie auf einen größeren Stab von Mitarbeitern zurückgreifen können.[135]

4.3.6.2 Einrichtung von "Shareholder Advisory Committees" (Beratenden Aktionärsgremien)

Ein Schritt, der von institutionellen Anlegern im Rahmen der Corporate Governance-Diskussion vorgeschlagen wird und sich auch vereinzelt bereits in der Praxis durchgesetzt hat, ist die Einrichtung beratender Ak-

---

128 Siehe ausführlich zu diesem Punkt *Frenchman*, 68 Tul. L. Rev. 161, 179.Siehe auch *Zalecki*, 24 U.Tol. L. Rev. 831, 840 ff.; *Zanglein*, 11 DePaul Bus. L. J. 43, 46 f. Siehe dazu *supra*, Kapitel 4.5.1.

129 *Monks/Minow*, Corporate Governance, S. 120 ff.; *dies.*; Power and Accountability, S. 229 ff.; *Brancato*, S. 7 ff.

130 Ein gutes Beispiel ist der Rücktritt des CEOs bei General Motors in 1992, der auf den Druck institutioneller Anleger zurückzuführen ist, siehe auch *Block/Radin/Maimone*, 704 PLI/Corp 161, 306; *Zalecki*, 24 U.Tol. L. Rev. 831, 839.

131 *Monks/Minow*, Power and Accountability, S. 230 ff. und 254; *Zalecki*, 24 U. Tol. L. Rev. 831, 839 ff.

132 Siehe dazu *supra* Kapitel 4.3.5.

133 *Hess*, in *Feddersen/Hommelhoff/Schneider*, S. 9, 20.

134 Ausführlicher dazu *Brancato*, S. 7 ff. sowie *Monks/Minow*, Corporate Governance, S. 120 ff. oder *Baums/Buxbaum/Hopt*, Institutional Investors and Corporate Governance, 1993.

135 *Zalecki*, 24 U.Tol. L. Rev. 831, 839; *Gilson/Kraakman*, 43 Stan.L.Rev. 863, 870.

tionärsgremien ("*Shareholder Advisory Committees*"). Ausgehend von *CalPERS*, welches entsprechende Vorschläge 1990 in verschiedenen Aktiengesellschaften unterstützte oder einbrachte,[136] hat sich diese Idee zumindest in einigen Gesellschaften durchgesetzt.[137] Gegenstand ist es, Großaktionären der Gesellschaft regelmäßige Treffen mit dem Management zu ermöglichen, bei denen diese der Gesellschaft Vorschläge und Anregungen vorbringen können.[138]

Ein solches Gremium würde von dem "*board of directors*" auf der jährlich stattfindenden Hauptversammlung benannt. Es sollte sich nach den Vertretern dieses Vorschlags aus den Vertretern der sechs bis zehn größten Aktionäre zusammensetzen.[139] Ihre Aufgabe ist es regelmäßig mit dem "*board*" und dem Management zusammenzutreffen und diesen Anliegen und Ansichten der größten Aktionäre in Bereichen, die für sämtliche Aktionäre von Interesse sind, mitzuteilen.[140]

Befürworter dieses Vorschlags sehen in einem solchen Komitee eine einfache Maßnahme, die Interessen der Gesellschaft mit denen der Aktionäre in Einklang zu bringen. Durch regelmäßige Informationsmöglichkeit wird dem "*board*" ein Überblick über die Anliegen der Aktionäre gegeben.[141] Gleichzeitig bietet er, anders als z. B. der Vorschlag des Abhaltens informeller Treffen, ein höheres Maß an Transparenz.[142] Bedenklich ist allerdings, dass dieser Ausschuss lediglich aus Großaktionären besteht. Dabei stellt sich dann die Frage, ob deren Interessen tatsächlich mit denen der übrigen, mehrheitlich kleinen Aktionäre übereinstimmt.

Der Vorteil dieses Vorschlags ist die höhere Transparenz der Einflussnahme institutioneller Anleger. Wie *supra* geschildert nahm *CalPERS* z. B. seine Vorschläge zur Errichtung eines beratenden Aktionärsgremiums bei zwei der anvisierten Gesellschaften zurück, als diese sich zu informellen Treffen bereit erklärten.[143] Die Folge eines solchen Schrittes ist jedoch der Verlust jeglicher Transparenz, die bei einem offiziellen Treffen gewährleistet sein könnte. Zusätzlich bieten gleichzeitige Treffen verschiedener Anleger zur gleichen Zeit auch die Möglichkeit der gegen-

---

136 CalPERS brachte entsprechende Vorschläge bei *Occidental Petroleum*, *TRW* und *Avon* ein. Bei den ersten beiden zog es seine Abstimmungsvorschläge zurück, als das Management sich zu informellen Treffen einverstanden erklärte. Bei *Avon* gewann der Vorschlag die Zustimmung von 45% der Aktien. Siehe *Taylor*, Can Big Owners make a Big Difference?, Harv. Bus. Rev. Sept.-Oct. 1990, 1, 80.

137 *Garten*, 44 Rutgers L. Rev. 585, 646; *Gilson/Kraakman*, 43 Stan. L. Rev. 863, 871 f.; *Rosenbaum/Korens*, 712 P.L.I./Corp. 439, 445; *Rock, 62 Geo. L. J. 445*, 490 f.

138 *Gilson/Kraakman*, 43 Stan. L. Rev. 863, 871 f.; *Rock, 62 Geo. L. J. 445*, 490 f.

139 *Rosenbaum/Korens*, 712 P.L.I./Corp. 439, 445; *Rock, 62 Geo. L. J. 445*, 490 f.

140 *Rock*, 79 Geo. L. J.445, 491, *Rosenbaum/Korens*, 712PLI/Corp 439, 443.

141 *Block/Radin/Maimone*, 704 PLI/Corp 161, 306; *Garten*, 44 Rutgers L. Rev. 585, 646; *Steindl*, S. 92; *Orts*, 96 Mich. L. Rev. 1947, 1963; *Zalecki*, 24 U. Tol. L. Rev. 831, 839.

142 Vgl. dazu *infra*, Kapitel 4.3.6.4.

143 Siehe *supra*. Siehe auch *Taylor*, Can Big Owners make a Big Difference?, Harv. Bus. Rev. Sept.-Oct. 1990, 1, (80).

seitigen Kontrolle der institutionellen Anleger. Einseitige Vorteile nur eines Großaktionärs würden vermieden.

Kritiker des Vorschlags zweifeln allerdings an der Wirksamkeit und Zulässigkeit solcher Aktionärsgremien. Einerseits wird die Frage einer Ungleichbehandlung zwischen den Aktionären aufgeworfen. Sie sehen in diesen Vorschlägen eine bloße Bevorzugung institutioneller Anleger, die faktisch die Mehrheit der Großaktionäre darstellen.[144] Aber auch grundsätzliche marktwirtschaftliche Überlegungen spielen bei der Ablehnung dieser Vorschläge eine Rolle. Befürchtet wird, dass auf diesem Wege eine zunehmende Intervention öffentlicher Stellen erfolgt, da gerade die Rentenfonds der Einzelstaaten immer auch Vertreter der Verwaltung in ihrem Management haben.[145]

Aber auch der praktische Vorteil eines solchen Gremiums wird in Zweifel gezogen. Aktionäre, welche in diese Gremien vertreten sein würden, haben einen noch geringeren Zugang zu relevanten Informationen als Mitglieder des "b*oard of directors*". Folglich wäre eine aktive Rolle, mangels Einblick in die Gesellschaftsinterna kaum möglich.[146] Allerdings verfehlt eine solche Argumentation die tatsächliche Zielsetzung solcher beratender Aktionärsgremien. Diese sollen gerade kein zweites "*board of directors*" darstellen, sondern eine zusätzliche Beratungsmöglichkeit der Gesellschaft.[147] Die relevanten Institutionen besitzen Beteiligungen an einer Vielzahl von Unternehmen, da die Vorgabe der Risikominimierung sie zwingt, weit gefächert zu investieren ("*diversification*").Sie sind damit leichter in der Lage Vergleiche zwischen den Gesellschaften anzustellen, wenn sie z. B an verschiedenen Unternehmen der gleichen Branche beteiligt sind. Aus solchen Informationen gezogene Schlussfolgerungen können aber wertvolle Hinweise für das Management der beteiligten Gesellschaft sein.

4.3.6.3 Einführung professioneller "directors"

Ein sehr weitgehender Vorschlag in der amerikanischen Aktienliteratur sieht vor, die oben geschilderten Probleme mangelnder Zeit und Effizienz durch die Einführung hauptberuflicher Mitglieder des "*board*" zu lösen.[148] Die Idee basiert auf dem Gedanken, dass institutionellen Anlegern das Recht eingeräumt werden sollte, Mitglieder für das "*board of directors*" zu benennen oder zur Wahl vorzuschlagen.[149]

---

144 *Block/Radin/Maimone*, 704 PLI/Corp 161, 306.

145 *Gilson/Kraakman*, 43 Stan. L. Rev. 863, 871 f.; *Block/Radin/Maimone*, 704 PLI/Corp 161, 283.

146 *Block/Radin/Maimone*, 704 PLI/Corp 161, 308.

147 *Gilson/Kraakman*, 43 Stan. L. Rev. 863, 871 f.; *Monks/Minow*, Corporate Governance, S. 126 ff.

148 *Gilson/Kraakman*, 43 Stan. L. Rev. 863, 884, *Meier-Schatz*, 13 J. Corp. L. 431, 471 f.; *Gevurtz*, S. 240; *Cox*, 61 Geo. Wash. L. Rev. 1233, 1260. Siehe auch *Kraakman*, in *Feddersen/Hommelhoff/Schneider*, S. 129, 142.

149 *Bavly*, S. 85; *Cox*, 61 Geo. Wash L. Rev. 1233, 1263; *Kraakman*, in *Feddersen/Hommelhoff/Schneider*, S. 129, 142; *Steindl*, S. 92.

Diese sollen eine gemeinsame Organisation gründen, deren Aufgabe die Auswahl, Benennung und Überwachung geeigneter Kandidaten ist.[150] Als geeigneten Kandidaten sieht dieser Vorschlag dabei typischerweise einen fünfzigjährigen Partner einer großen Wirtschaftsprüferkanzlei an.[151] Dieser sollte dann hauptberuflich die Unternehmensführung in bis zu sechs verschiedenen "*board of directors*" überwachen, da er bei einer solchen Zahl noch in der Lage wäre, diese Aufgabe zu erfüllen.[152] Gleichzeitig hätte er durch die, den Mitgliedern des "*board*" gezahlte Vergütung, ein angemessenes Einkommen durch die Gesellschaften.[153].

Der Vorteil dieses Vorschlags liegt in der Möglichkeit eine effektivere Überwachung des Managements zu ermöglichen. Professionelle Mitglieder des "*board*" können die erforderliche Zeit aufbringen, sich mit anfallenden Problemen auseinander zu setzen, Sitzungen vorzubereiten und auch ausgehändigte Informationen nachzuarbeiten.[154] Aufgrund der hauptberuflichen Tätigkeit könnten die Personen ihre Zeiteinteilung entsprechend den Bedürfnissen der jeweiligen Gesellschaften ausrichten, was einem effizienteren Arbeiten zu Gute käme.[155] Gleichzeitig kann er sich Produktionsstätten ansehen und mit Angestellten der mittleren und unteren Ebene sprechen, um so einen besseren Einblick in die Alltagsgeschäfte der Gesellschaft zu erhalten.

Zugleich würde er in höherem Maße vom Management unabhängig sein.[156] Kandidaten würden von den institutionellen Anlegern vorgeschlagen und nicht vom Management, sodass es keine Verknüpfungen untereinander gäbe.

Schließlich kann ebenfalls als vorteilhaft angesehen werden, dass die oftmals beschriebene geistige Verbundenheit zwischen "*outside director*" und Management vermieden wird.[157] "*Outside directors*" rekrutieren sich typischerweise aus dem Spitzenmanagement anderer Publikumsgesellschaften. Daher werden sie in der Erfüllung ihrer Aufgaben zum einen keinen strengeren Kontrollmaßstab an die Überwachung der Gesellschaft anlegen, als sie selbst in ihren Gesellschaften haben wollen, zum anderen

---

150 *Gilson/Kraakman*, 43 Stan. L. Rev. 863, 884 ff.

151 *Gilson/Kraakman*, 43 Stan. L. Rev. 863, 884; *Monks/Minow*, Corporate Governance, S. 187 ff.

152 *Kraakman*, in *Feddersen/Hommelhoff/Schneider*, S. 129, 142; *Steindl*, S. 92; Gevurtz, S. 240; *Schwarz/Holland*, ZIP 2002, 1661, 1669.

153 *Gilson/Kraakman*, 43 Stan. L. Rev. 863, 884.

154 *Bavly*, S. 85; *Kraakman*, in *Feddersen/Hommelhoff/Schneider*, S. 129, 142; *Steindl*, S. 92.; *Schwarz/Holland*, ZIP 2002, 1661, 1669.

155 *Meier-Schatz*, 13 J. Corp. L. 431, 471 ff.; *Gilson/Kraakman*, 43 Stan. L. Rev. 863, 884; *Cox*, 61 Geo. Wash. L. Rev. 1233, 1260; Gevurtz, S. 240.

156 *Gilson/Kraakman*, 43 Stan. L. Rev. 863, 884 ff.; *Schwarz/Holland*, ZIP 2002, 1661, 1669.

157 *Mace*, S. 98 ff.; *Eisenberg*, S. 143 ff.

stellt sich die Gefahr, dass sie im Zweifel zu Gunsten des Managements abstimmen, da sie sich mit diesem enger verbunden fühlen.[158]

Allerdings birgt ein solcher Vorschlag auch Nachteile. So wird befürchtet, dass eine Klasse professioneller "*directors*" geschaffen wird, die sich zu einer eigenen sozialen Schicht entwickelt, ohne jemandem gegenüber tatsächlich verantwortlich zu sein.[159] Geht man davon aus, dass im Durchschnitt etwa zwei Mitglieder pro Aktiengesellschaft sich aus diesem Personenkreis rekrutieren und jedes Mitglied in sechs verschiedenen "*boards*" sitzt, schafft man eine "eigene Kaste" von lediglich ein paar hundert professionellen "*directors*".[160]

Es drängt sich außerdem die Frage auf, ob diese Personen nicht auch negative Auswirkungen haben würden, da es an innovativen Ideen mangelt, wenn eine derart kleine Anzahl von Personen sämtliche Industriezweige beeinflusst. Es würde einem der Grundgedanken eines effektiven "*board*" zuwider laufen.[161] Dieses Problem würde außerdem durch die hauptberufliche Ausübung der Tätigkeit noch verstärkt werden. Die Mitglieder des "*board*" üben neben ihrer Tätigkeit als "*director*" noch einen weiteren Beruf aus, welcher ihnen Ideen für eine kreative Arbeit geben kann. Dies geht bei einem hauptberuflichen "director" verloren.[162] Allerdings könnte man dieser Gefahr durch eine funktionelle Arbeitsverteilung entgegenwirken. Setzt man, wie von den Autoren dieses Vorschlags gefordert, lediglich eine beschränkte Anzahl hauptberuflicher Mitglieder ein, können die hier beschriebenen Defizite durch die übrigen, nach der bisherigen Praxis rekrutierten Mitglieder übernommen werden.[163] Zu überlegen wäre dann, hauptberuflichen Mitgliedern innerhalb des "*board*" Aufgaben zuzuweisen, welche ein hohes Maß an Überwachungstätigkeit mit sich bringen und einen hohen Zeitaufwand fordern.[164] Typischerweise wäre an eine Übernahme einer Position im "*audit*" oder "*compensation committee*" zu denken, in denen sich die permanente Beschäftigung mit der Gesellschaft auszahlen kann. Insbesondere nach den gesetzlichen Neuerungen über den Aufgabenbereich des "*audit committees*" im "*Sarbanes-Oxley Acts of 2002*", wonach dieses ausschließlich für die Auswahl, Zusammenarbeit und Überwachung der unabhängigen Wirtschaftsprüfer der Gesellschaft

---

158 *Cox*, 61 Geo. Wash L. Rev. 1233, 1263; *Meier-Schatz*, 13 J. Corp. L. 431, 472 ff.; *Hess*, in *Feddersen/Hommelhoff/Schneider*, S. 9, 14 f.

159 *Cox*, 61 Geo. Wash L. Rev. 1233, 1263; *Meier-Schatz*, 13 J. Corp. L. 431, 471 f.

160 *Eisenberg*, The Legal Structure of the Corporation, S. 151, *Meier-Schatz*, 13 J. Corp. L. 431, 471 ff.

161 *Hamilton*, Corporations, S. 644-646; *Cox/Hazen/O'Neil*, S. 9.01 f.

162 *Meier-Schatz*, 13 J. Corp. L. 431, 471 f.

163 *Gilson/Kraakman*, 43 Stan. L. Rev. 863, 884 ff.; *Cox*, 61 Geo. Wash L. Rev. 1233, 1263.

164 Siehe Empfehlung der NASDAQ, welche einen erhöhten Zeitaufwand für Mitglieder des "Audit Committees" fordert, abrufbar unter www.nasdaq.com.

verantwortlich ist, könnte sich eine hauptberufliche Tätigkeit auszahlen.[165]

Schließlich könnte man dem aber auch entgegenwirken, in dem man hauptamtliche "*directors*" lediglich für eine beschränkte Zeit als solche arbeiten lässt, bevor sie wieder in das reguläre Berufsleben zurückkehren. Damit vermiede man, dass diese nach einer bestimmten Zeit keinen Bezug mehr zum Alltagsgeschäft haben sondern reine Kontrolleure, ohne die Fähigkeit einer kreativen Mitarbeit in anderen Bereichen werden. Der Nachteil einer solchen Lösung dürfte aber ihre Unpraktikabilität sein. Es erscheint fraglich, ob Gesellschaften tatsächlich ausreichend qualifiziertes Personal fänden, welches solche Aufgaben übernähme, aber dann nach wenigen Jahren wieder versuchen müsste in seinen alten Beruf zurückzukehren.

Ein anderer Problembereich ergibt sich aus der Frage, wem diese Personen Rechenschaft schulden. Die Autoren dieses Vorschlags gehen davon aus, dass ihre Verantwortung sich zuerst nach den Portfoliointeressen der institutionellen Anleger zu richten habe, was sich schwer mit einer unabhängigen Überwachungspflicht vereinbaren lässt.[166]

Zusätzlich stellt sich die Frage, wer diese professionellen "*directors*" selbst überwacht, um eine effiziente Arbeit ihrerseits sicherzustellen. Hier wird einerseits vorgeschlagen, ihre Vergütung von der Performance der von ihnen überwachten Gesellschaften abhängig zu machen.[167] Dadurch würde ein Anreiz geschaffen, aktiv zum wirtschaftlichen Erfolg der Gesellschaft beizusteuern. Der Nachteil wäre allerdings die Gefahr, dass sich diese Personen einzig auf einen kurzfristigen Erfolg der Gesellschaft kümmern, der für sie den höchsten Profit verspricht und langfristige Gesellschaftsziele vernachlässigen.[168]

Auch warnen Gegenstimmen davor, die Einflussmöglichkeiten solcher Personen auf die anderen Mitglieder nicht zu überschätzen. Wenn in einem "*board of directors*" zwei Mitglieder, in der Regel somit lediglich ein Sechstel bis zu einem Siebtel des gesamten "*board*" von einer Interessengruppe nominiert worden sind, stellt sich die Gefahr, dass sie nicht in der Lage sind, die übrigen Mitglieder von ihren Ideen zu überzeugen.[169]

Als Beispiel wird insofern der Versuch *H. Ross Perots* 1986 gewertet, Einfluss auf das "*board of directors*" von *GM* ("*General Motors*") auszuüben. Dieser war nach dem Verkauf seiner Firma an *GM* in das "*board of directors*" gewählt worden. Dort scheiterte er mit seinen Versuchen, Einfluss

---

165 Sec. 301 Sarbanes-Oxley Acts of 2002. Siehe auch *Schwarz/Holland*, ZIP 2002, 1661, 1671 f.

166 *Cox*, 61 Geo. Wash L. Rev. 1233, (1263), *Gilson/Kraakman*, 43 Stan. L. Rev. 863, 884.

167 *Coffee*, 91 Colum. L. Rev. 1277, 1326.

168 Siehe dazu auch *Schwarz/Holland*, ZIP 2002, 1661 ff.; sowie *Hess*, in *Feddersen/Hommelhoff/Schneider*, S. 9, 20. *O'Barr, William M. /Conley, John M.*, Fortune and Folly: The Wealth and Power of Institutional Investing, S. 139; *Cox*, 61 Geo. Wash L. Rev. 1233, 1263.

169 *Smith*, 37 U. Miami L. Rev. 273, 289, *Meier-Schatz*, 13 J. Corp. L. 431, 471 f.

auszuüben, da es ihm nicht gelang die übrigen Mitglieder für sich zu gewinnen. Am Ende stimmte er dem Verkauf seiner Anteile an *GM* ("*General Motors*") und dem Rücktritt vom "*board*" zu.[170] Dieses Beispiel zeigt, dass unabhängige Mitglieder keinen Einfluss ausüben können, wenn sie nicht in der Lage sind die übrigen Mitglieder für sich zu gewinnen.[171] Es existieren aber Studien, dass Kooperation zwischen Mitgliedern am besten funktioniert, wenn sich die verschiedenen "*directors*" miteinander identifizieren können, was dann vorliegt, so sie den gleichen beruflichen Hintergrund aufweisen.[172] Dies wäre bei diesem Vorschlag nicht der Fall.

Daher können sie nur erfolgreich handeln, wenn es ihnen gelingt, auch die übrigen Mitglieder von ihren Ideen zu überzeugen, was wiederum schwer fallen dürfte, wenn sie als Personen, die sich primär um die Interessen der institutionellen Anleger zu kümmern haben, gelten.

4.3.6.4 Großaktionären regelmäßige Treffen mit dem Management ermöglichen

Als weiterer Ansatzpunkt zur Verbesserung der Corporate Governance wird gefordert, institutionellen Anlegern und anderen Großaktionären regelmäßige informelle Treffen mit dem Management und dem "*board of directors*" zu ermöglichen.[173] Dieser Weg wurde beispielsweise im Falle General Motors gewählt, als verschiedene Großaktionäre Druck auf die Gesellschaft ausübten, ihre Strategie zu überdenken.[174]

Der Nachteil dieses Ansatzes ist der Mangel an Transparenz. Es entsteht leicht der Eindruck geheimer Absprachen.[175] Es wäre zu befürchten, dass gerade Kleinaktionäre argwöhnen, solche Treffen würden nur zur Sicherung der Profite der wenigen Großaktionäre genutzt.[176] Dem würde entgegengewirkt, wenn solche Treffen zwar informell, aber dennoch von der Gesellschaft in regelmäßigen Abständen angesetzt stattfänden. Auf diesem Wege würde ein höherer Grad an Transparenz gewahrt. Gleichzeitig wird gefordert, dass die Inhalte solcher informellen Treffen offengelegt werden.[177]

4.3.6.5 Sonstige Vorschläge

Weitere Vorschläge im Kontext institutioneller Anleger setzen am "*proxy*"-System und den damit verbundenen Kosten und Veröffentlichungspflichten an.[178] So sollen nach Vorschlägen institutioneller Anle-

---

170 *Levin*, Irreconcilable Differences: Ross Perot versus General Motors, S. 256 ff.

171 *Cox*, 61 Geo. Wash L. Rev. 1233, 1263.

172 *Koenig*, 38 AM. J. Econ.&Soc. 173, 178 ff.; *Bacon /Brown*, S. 30.

173 *Gilson/Kraakman*, 43 Stan. L. Rev. 863, 870.

174 *Rosenbaum/Korens*, 712PLI/Corp 439, 443.

175 *Hess*, in *Feddersen/Hommelhoff/Schneider*, S. 9, 22.

176 *Rock*, 79 Geo. L. J.445, 496.

177 *Hess*, in *Feddersen/Hommelhoff/Schneider*, S. 9, 20 ff.

178 Siehe dazu ausführlicher *infra*, Kapitel 4.5.1.

ger Großaktionäre, welche eine Beteiligung von drei Prozent oder mehr besitzen, berechtigt sein, mehr als einen Abstimmungsvorschlag auf den "*proxy*"-Unterlagen der Gesellschaft aufzuführen und die Kosten einer Veröffentlichung nicht selber tragen müssen.[179]

Dies ist jedoch nicht unumstritten, da Kritiker eine nicht gerechtfertigte Ungleichbehandlung zwischen Kleinaktionären und Großaktionären befürchten.[180] Ein häufig anzutreffendes Gegenargument ist, dass Anleger, welche finanziell in der Lage sind Beteiligungen in Höhe von mehreren Prozent zu erwerben auch die finanziellen Möglichkeiten haben, eigenständig "*proxy solicitation*" zu betreiben.[181]

Ein anderer Vorschlag ist, den Prozess des "*proxy voting*" zu anonymisieren.[182] Institutionelle Anleger beklagen, dass das Management Kenntnis der zurückgesandten "*proxies*" nimmt und dann "*resolicitation*" betreibt. Dies bedeutet, dass es gezielt abweichend stimmende Aktionäre kontaktiert, um sie zu einer Änderung ihres Stimmverhaltens zu bewegen. Gegen ein anonymes Abstimmungsverfahren wird jedoch die Befürchtung geäußert, dass Fondsmanagers dadurch weniger kontrollierbar wären.[183]

Generell wird immer wieder die Frage aufgeworfen, ob eine Stärkung des Einflusses institutioneller Anleger wirklich erstrebenswert ist. Befürworter eines solchen Schrittes verweisen auf die Erfahrungen des deutschen oder japanischen Marktes, welcher sich, gerade Ende der achtziger Jahre, erheblich besser präsentierte als der Amerikanische. Dort ist es aber üblich, dass institutionelle Anleger, in der Regel Banken entweder selbst oder für ihre Kunden erhebliche Beteiligungen in Gesellschaften halten.[184] Dem wird jedoch die historisch unterschiedliche wirtschaftliche Entwicklung entgegengehalten. Während es in den USA üblich war, notwendiges Kapital durch private Investitionen zu erhalten, fehlte dieser Bereich in Deutschland in der Vergangenheit weitestgehend. Übliche Finanzierungsquelle sind die Banken.[185]

4.3.7 Das "Board of directors" ausschließlich mit "inside directors" besetzen

Ein älterer Vorschlag, anknüpfend an den Vorwurf der Ineffizienz der Arbeit der "*boards of directors*" schlägt die Besetzung der "*boards*" ausschließlich oder zumindest überwiegend mit "*inside directors*" vor.[186] Basierend auf der Beobachtung, dass "*outsidern*" regelmäßig die Zeit fehlt,

---

179 Siehe CalPERS Schreiben von 1987, abrufbar unter www.calpers.gov.

180 *Block/Radin/Maimone*, 704 PLI/Corp 161, 306.

181 Siehe zu weiteren Kritikpunkten: *Block/Radin/Maimone*, 704 PLI/Corp 161, 195 ff.

182 *Rock*, 79 Geo. Wash. L. Rev. 445, 490.

183 *Rock*, 79 Geo. Wash. L. Rev. 445, 490. Vgl. Dazu auch *infra*, Kapitel 4.5.1.

184 *Kim*, 26 Law & Pol'y Int'l Bus. 371, 374.

185 *Kubler*, 57 Brook. L. Rev. 97, (98), Butler, 17 Ariz J. Int'l & Comp. L. 555, 585. Siehe dazu auch *infra*, Kapitel 5.

186 Mace, S. 198.

um eine bedeutende Rolle in der Unternehmensleitung und Überwachung zu spielen[187], wird vorgeschlagen ausschließlich "inside directors", also momentane oder ehemalige Angestellte der Gesellschaft oder verbundener Unternehmen in das "*board of directors*" zu wählen. Damit könnte das oft genannte Informationsdefizit der "*outside directors*" beseitigt werden.[188] Da *"insider"* beständig mit dem Alltagsgeschäft der Gesellschaft befasst sind, wären sie über die Mehrheit der anstehenden Probleme laufend informiert und könnten somit besser zu Lösungsvorschlägen beitragen.[189] Da die Mehrheit dieser Personen außerdem in näherer Umgebung zusammenarbeitet, ließen sich häufigere "*board*"- oder "*committee*"-Sitzungen abhalten, ohne organisatorischen Aufwand oder dass einzelne Mitglieder erst anreisen müssten. Aus Sicht der Gesellschaft könnte sich auch vorteilhaft auswirken, dass auf diesem Wege zukünftige Führungskräfte in einem Gremium auf ihre Aufgaben vorbereitet werden können.[190]

Allerdings kann ein solcher Vorschlag angesichts der jüngsten Ereignis nicht überzeugen, da die Tendenz hin zu einer größeren Unabhängigkeit der Mitglieder geht.[191] Es widerspricht jeglichem Kontrollgedanken, wenn Personen, die die Leitungsaufgabe erfüllen gleichzeitig auch für die Kontrolle ihrer Aufgabenerfüllung verantwortlich sind.

Einer der Hauptkritikpunkte ist weiterhin, dass er die grundsätzliche Aufgabe des "*board of directors*" verkennt. Sowohl der *MBCA* als auch das *Del. GCL* sehen das "*board of directors*" sowohl als Leitungs- als auch Überwachungsorgan der Gesellschaft an. Gerade die neueren Versionen der einzelstaatlichen Aktiengesetze richten das Augenmerk stärker auf die Überwachungsfunktion als auf die Leitungsfunktion.[192] Der Vorschlag, das "*board of directors*" ausschließlich mit "*inside directors*" zu besetzen, würde dieser modernen Ausrichtung der Gesetze entgegenlaufen. Wenngleich zuzugeben ist, dass das "*board*" eine stärkere Leitungsfunktion einnehmen könnte, so verkennt er völlig die Bedeutung der Überwachungsfunktion, die mittlerweile im Vordergrund steht.[193] Zusätzlich würde den Aktionären die einzige Einflussmöglichkeit genommen, die ihnen *de facto* neben dem Verkauf ihrer Aktien offen steht.[194]

---

187 *Eisenberg*, The Legal Structure of the Corporation, S. 142 f.; *Minow/Bingham*, in *Monks/Minow*, Corporate Governance, S. 496; *Lipton/Lorsch*, 48 Bus. Law. 59, 64.

188 *Brudney*, 37 U. Miami L. Rev. 223, 228; Siehe auch *Hein*, RIW 2002, 501, 508 f.

189 *Minow/Bingham*, in *Monks/Minow*, Corporate Governance, S. 496.

190 *Mace*, S. 198.

191 Siehe dazu z.B. Sec. 302 des *Sarbanes-Oxley Acts of 2002* oder *Schwarz/Holland*, ZIP 2002, 1661, 1663 f.; *Hein*, RIW 2002, 503, 508.

192 Siehe § 141(b) *Del. GCL* oder 8.31 *MBCA*. Siehe auch *Eisenberg*, The Legal Structure of the Corporation, S. 140 ff.

193 *Eisenberg*, 48 Bus. Law. 1271, 1279.

194 *Eisenberg*, 37 U. Miami L. Rev. 187, 203, *Schwarz/Holland*, ZIP 2002, 1661, 1670; *Gevurtz*, S. 240.

Eine Überwachung der Geschäftsführung ist nicht durchführbar, wenn sie durch den gleichen Personenkreis, der für Geschäftsführungsentscheidungen verantwortlich ist, erfolgt.[195]

Ein weiteres Problem stellt sich in der hierarchischen Struktur des Managements. Führungskräfte unter der Ebene des "*CEO*" werden nicht in der Lage sein, dessen Entscheidungen zu kritisieren oder zumindest kritisch zu hinterfragen, ohne berufliche Nachteile befürchten zu müssen.[196]

Schließlich würde eine solche Zusammensetzung auch zu Lasten der Meinungs- und Erfahrungspluralität gehen. Wenn sämtliche Mitglieder aus dem gleichen Unternehmen kommen, geht die Erfahrungsvielfalt verloren.[197] Es fehlt die Möglichkeit zu erfahren, wie ähnliche Fragen in anderen Unternehmen gehandhabt werden.

Letztlich dürfte dieser Vorschlag aufgrund der jüngsten Entwicklungen in den Vereinigten Staaten im Zusammenhang mit den Zusammenbrüchen von "*ENRON*" oder *WorldCom*" und den daraus resultierenden Gesetzgebungsaktivitäten bedeutungslos geworden sein.[198] Die Reformbestrebungen des Gesetzgebers und der amerikanischen Börsenplätze deuten genau in die entgegengesetzte Richtung, nämlich hin zu einer größeren Unabhängigkeit des "*board*" von der Gesellschaft und dem Verbot persönlicher Beziehungen zwischen den Mitgliedern und dem Management.[199] Dementsprechend ist dieser Vorschlag, trotz seiner *supra* angesprochenen ökonomischen Vorzüge, als überholt anzusehen.[200]

4.3.8 Höchstalter für "directors" einführen, die Anzahl ehemaliger Managementmitglieder limitieren sowie Wiederwahl der Mitglieder beschränken

Ein weiterer Vorschlag hin zu einer effizienteren Arbeit des "*board of directors*" ist das Einführen eines Höchstalters für Mitglieder, die Begrenzung der Anzahl der ehemaligen Managementmitglieder sowie die Beschränkung der Wiederwahlmöglichkeit der Mitglieder.[201]

Das Einführen einer Altersgrenze, bei deren Überschreiten die Mitglieder aus dem "*board*" ausscheiden müssen, würde eine regelmäßige Auffrischung des "*board*" ermöglichen. Da oftmals das "*board of directors*" auch dazu genutzt wird, ehemaligen Mitgliedern des Managements eine Stelle in der Gesellschaft anzubieten, nachdem sie aus ihrer aktiven Tä-

---

195 *Tobin*, 49 Bus. Law. 1707, 1723; *Kindler*, S. 34 ff.; *Steindl*, S. 86 f.; *Conrad*, ZGR 1987, 180, 181 f.; *Kraakman*, *Feddersen/Hommelhoff/Schneider*, S. 129, 132 ff.

196 *Mace*, S. 86 ff.; *Eisenberg*, The Legal Structure of the Corporation, S. 142-143; *Hein*, RIW 2002, 503, 506 f.

197 *Minow/Bingham*, in *Monks/Minow*, Corporate Governance, S. 496 ff.

198 *Schwarz/Holland*, ZIP 2002, 1661 ff.; *Hein*, RIW 2002, 501, 509 f.

199 Siehe Änderungen in den Regelungen der New Yorker Börse, abrufbar unter: www.nyse.com oder Sec 301 des Sarbanes-Oxley Acts of 2002 im Verhältnis zu "audit committees".

200 Siehe *supra*, Kapitel 1.47.

201 *Lipton/Lorsch*, 48 Bus. Law. 59, 63; *Bowen*, S. 71 ff.

tigkeit ausgeschieden sind, würde durch das Festlegen einer Altersgrenze deren Einfluss vermindert. Der Vorteil dieser Praxis wäre, dass der Gesellschaft Personen zur Verfügung stehen, die mit dem Alltagsgeschäft vertraut sind, den Markt kennen und in der Lage sein dürften, ausreichend Zeit für die Erfüllung dieser Tätigkeit aufzubringen.[202]

Der Nachteil ist jedoch, dass diese Personen oftmals den Großteil ihres Arbeitslebens in einer einzigen Industriebranche gearbeitet haben. Ihnen mangelt es damit an der Fähigkeit Erfahrungen und Lösungsvorschläge aus anderen Bereichen in die Gesellschaft einzubringen. Auch für ein fruchtbares Arbeiten des "*board of directors*" ist es daher förderlich, sich regelmäßig mit neuen Personen "anzureichern", um eine vielfältigere Sichtweise einzelner Probleme zu erhalten.[203]

Unabhängig von der Altersfrage spricht gegen eine Mitgliedschaft des ehemaligen "*CEO*" im "*board*" auch die Tatsache, dass dieser regelmäßig wesentlichen Anteil an der Wahl seines Nachfolgers hat.[204] Selbst wenn die Vorschläge von einem unabhängigen "*nomination committee*", vgl. *supra*, gemacht werden, kommt seinem Vorschlag erhebliches Gewicht zu.[205] Es stellt sich dann die Gefahr einer zu engen Verbundenheit des pensionierten "*CEO*" zu seinem von ihm vorgeschlagenen Nachfolger.[206] Eine solche Konstellation geht dann aber wieder zu Lasten der Unabhängigkeit des "*board of directors*".

Der Gedanke der Beschränkung der Wiederwahl von Mitgliedern des "*board of directors*" ist, eine größere Rotation der Mitglieder zu ermöglichen.[207] Werden Mitglieder alle paar Jahre ausgewechselt, kann der Aufbau zu enger Kontakte zur Geschäftsführung verhindert werden, die sich mit der Überwachungsfunktion des "*board*" nicht in Einklang bringen lassen.[208] Zusätzlich lässt sich über die Beschränkung der Wiederwahl auch ein Austausch der Personen ermöglichen, ohne Einzelne, z. B. "*inside directors*" vor den Kopf zu stoßen.[209] Wird ein verdienter "*officer*" regulär abberufen, kann er dies auch als Vertrauensverlust werten. Erfolgt sein Ausscheiden jedoch aufgrund der Zeitbeschränkung, stellt es sich anders für ihn dar.[210]

Eine solche Maßnahme ist allerdings vorsichtig umzusetzen, da sie sich ansonsten negativ auf die Gesellschaftsziele auswirken kann. Bei strate-

---

202 *Ukropina*, SE39 ALI-ABA 159, 173.

203 *Monks/Minow*, Power and Accountability; S. 180-184; *Minow/Bingham*, in *Monks/Minow*, Corporate Governance, S. 496; *Bowen*, S. 71 ff.

204 *Schiessl*, AG 2002, 593, 597.

205 Siehe *supra*, Kapitel 3.2.

206 *Mace*, S. 198; *Monks/Minow*, Corporate Governance, S. 191-192.

207 *Bowen*, S. 71 ff.; *Lipton/Lorsch*, 48 Bus. Law. 59, 63.

208 *Monks/Minow*, Corporate Governance, S. 191-192; *Bowen*, S. 72 ff.

209 *Lipton/Lorsch*, 48 Bus. Law. 59, 63; *Bowen*, S. 71 ff.

210 *Bowen*, S. 72.

gische Entscheidungen, welche über einen längeren Zeitraum verwirklicht werden sollen, kann es sich als vorteilhaft erweisen, wenn Mitglieder, die diese mitentschieden haben sie auch in der Zukunft überwachen.[211] Daher dürfen etwaige Beschränkungen der Wiederwahl sich nicht auf zu kurze Zeiträume erstrecken, da ansonsten eine Gefahr für die Kontinuität der Gesellschaft besteht. Vorgeschlagen wird, die Amtszeit auf maximal zwölf bis vierzehn Jahre zu beschränken. Damit wäre langfristige Kontinuität ausreichend gewahrt.[212] Zusätzlich wird angeregt, Mitglieder nach dieser Zeit nicht für immer aus dem "*board*" zu verbannen, da ansonsten wertvolle Hilfe verloren gehen könne. Stattdessen sollen ausscheidende Mitglieder lediglich für mindestens zwei Jahre nicht der Gesellschaft angehören dürfen.[213] Nach Ablauf dieser Zeit dürfen sie jedoch, so es als erstrebenswert erachtet wird, wieder für eine Position im "*board*" kandidieren.

4.4 Vorschläge, die an die Arbeitsweise des "board of directors" anknüpfen

Neben der Zusammensetzung steht insbesondere die Arbeit des "*board of directors*" immer wieder in der Kritik. Den Mitgliedern wird vorgeworfen, die Geschäftsführung unzureichend zu überwachen bzw. ihr einen zu großen Spielraum einzuräumen.

4.4.1 Stärkere Verteilung der Arbeit auf "committees" und Stärkung der Position der einzelnen Komitees

Ein bereits seit einigen Jahren geforderter Ansatz zur Verbesserung der internen Überwachung der Geschäftsführung ist es, die Arbeit in Ausschüssen nachdrücklich zu verbessern.[214] In diesen soll das "*board*" die Kontrolle der Geschäftsführung gewährleisten sowie sonstige essentielle Aufgaben des "*board of directors*" erfüllen.[215]

4.4.1.1 Vorteile der Ausschussarbeit

Aufgrund seiner Größe und seiner niedrigen Sitzungshäufigkeit ist das "*board*" als Plenum nur beschränkt in der Lage, eine umfassende Überwachung zu gewährleisten.[216] Durch die Verteilung von Aufgaben auf unterschiedliche Ausschüsse kann dem entgegengewirkt werden. Aus-

---

211 *Lipton/Rosenblum*, 58 U. Chi. L. Rev. 187, 193.

212 *Bowen*, S. 72.

213 *Bowen*, S. 72 f.

214 *ABA*, Corporate Director's Guidebook, 56 Bus. Law. 1571, 1596 ff.; *ALI*, Principles of Corporate Governance, § 3.02; *Eisenberg*, C 973 ALI-ABA 1, 27 f.; *Loeb/Lesser/Rothman/Fortman*, 822 PLI/Corp 83, 90; *Bacon/Brown*, S. 99 ff.; *Windbichler*, ZGR 2002 59 ff.

215 *Hamilton*, Corporations in a Nutshell, S. 318 f.; *Gevurtz*, S. 186 ff.; *Kindler*, S. 136; *Schwarz/Holland*, ZIP 2002, 1661, 1671; *Hein*, RIW 2002, 501, 505; *Bacon/Brown*, S. 99 f.; *Buxbaum*, in *Feddersen/Hommelhoff/Schneider*, S. 65, 69; *Fletcher Cyc.*, § 547., S. 7.

216 *Rowland*, 102 Colum. L. Rev. 168, 173; *Kindler*, S. 136; *Bacon/Brown*, S. 99 f.; *Bowen*, S. 96 f.; *Barthelmeß*, S. 173; *Lipton/Lorsch*, 48 Bus. Law. 59, 64; *Monks/Minow*, Corporate Governance, S. 187 ff.; *Kraakman*, in *Feddersen/Hommelhoff/Schneider*, S 129, 135.

schüsse können häufiger und auch kurzfristiger tagen.[217] Ihnen ist es möglich, rasch auf plötzliche Ereignisse zu reagieren. Sie können damit leichter auch der Geschäftsführung beratend zur Seite stehen. Die größere Flexibilität erlaubt zugleich auch eine zeitnähere Überwachung der Geschäftsführung.[218]

Die Verteilung der Arbeit auf unterschiedliche Ausschüsse ermöglicht, zusätzlich Mitglieder des "*board*" gezielt nach ihren Fachkenntnissen einzusetzen.[219] Dadurch können leistungseffiziente Gremien geschaffen werden, in denen aufgrund des in der Regel gleichwertigen Wissensstands, eine intensivere Bearbeitung der anstehenden Probleme ermöglicht wird.

Aber auch für die Arbeit des gesamten "*board*" zahlt sich eine solche Arbeitsteilung aus. Durch die vorbereitende Tätigkeit der Ausschüsse können eingehende Informationen bereits derart vorbereitet werden, dass das Plenum sich nur noch mit den letztlich relevanten Fakten auseinandersetzen muss.[220] Dadurch kann das "*board*" während seiner Sitzungen effektiver arbeiten sowie eine umfangreichere Tagesordnung abarbeiten.

Schließlich kann die Verteilung der Arbeit auf Ausschüsse auch eine größere Unabhängigkeit von der Geschäftsführung bedeuten und damit den Aktionären ein höheres Maß an Integrität gewährleisten.[221] Abhängig von der Zusammensetzung des "*board of directors*" bietet es sich an, wichtige Ausschüsse ausschließlich mit unabhängigen Mitgliedern zu bestücken.[222] Dies kann das Auftreten der Gesellschaft gegenüber ihren Aktionären verbessern, da es ein Bild größerer Integrität darstellt.

Die Verteilung der "Arbeit" in Ausschüssen kann zusätzlich das Risiko von Interessenkonflikten minimieren, die sich aufgrund der nebenamtlichen Aufgabenerfüllung der "*director*"-Tätigkeit ergeben können. Durch die Verlagerung der Bearbeitung von Teilaspekten auf Ausschüsse kann ein Interessenkonflikt vermieden werden, der sich durch die Mitgliedschaft Einzelner im "*board*" ergeben kann.[223]

4.4.1.2 Entwicklungen in den USA

Mit dem "*Sarabanes-Oxley Act of 2002*", der als Antwort auf die zuvor publik gewordenen Unternehmensskandale zu verstehen ist, hat der amerikanische Gesetzgeber auch die Bedeutung der Ausschussarbeit ge-

---

217 *Zalecki*, 24 U.Tol. L. Rev. 831, 839; *Kindler*, S. 136 f.; *Barthelmeß*, S. 173; *Bleicher/Leberl/Paul*, S. 218 ff.

218 *Kindler*, S. 136 f.; *Rellermeyer*, S. 46 ff. Siehe auch *Baums (Hrsg)*, Regierungskommission Corporate Governance, Rn. 56.

219 *Barthelmeß*, S. 173; *Kindler*, S. 136 f.; *Hamilton*, Corporations in a Nutshell, S. 318 f.; *ABA*, Corporate Director's Guidebook, 56 Bus. Law. 1571, 1596 ff.

220 *Bacon/Brown*, S. 99 f.; *Lipton/Lorsch*, 48 Bus. Law. 59, 64.

221 *Kraakman*, in *Feddeersen/Hommelhoff/Schneider*, S 129, 135; *Hamilton*, Corporations in a Nutshell, S. 318 f.

222 *Kraakman*, in *Feddeersen/Hommelhoff/Schneider*, S 129, 135.

223 Für Deutschland siehe *Krebs*, S. 1 ff.

stärkt.[224] Wenngleich diese Vorschriften sich lediglich auf das "*audit committee*" als wichtigsten der verschiedenen Ausschüsse bezieht, können sie Leitfunktion für andere Ausschüsse haben. Zusätzlich hat er, anders als in der Vergangenheit, Vorschriften erlassen, die die Arbeit dieses Ausschusses positiv umschreiben. So wird nun gesetzlich geregelt, dass die Ernennung, Vergütung und Überwachung der unabhängigen Wirtschaftsprüfer der Gesellschaft ausschließlich in die Zuständigkeit des "*audit committee*" fällt.[225] Zusätzlich, um auch die Qualität der Arbeit zu verbessern, sollte dem Ausschuss mindestens eine Person angehören, welche über ausreichende Kenntnis in Fragen der Buchführung und Rechnungslegung verfügt.[226] Zwar können Gesellschaften davon abweichen, allerdings sind sie dann gezwungen darzulegen, warum sie auf die Aufnahme einer solchen Person in ihrem "*audit committee*" verzichtet haben. Außerdem ist es den Mitgliedern des "*audit committee*" jederzeit erlaubt, externe Experten hinzuzuziehen, wenn sie es für notwendig erachten.[227] Gleichzeitig sind, als Gegenstück dazu, auch die Wirtschaftsprüfer der Gesellschaft verpflichtet, ausschließlich an das "*audit committe*" zu berichten.

Als Schritt hin zu einer stärkeren Bedeutung der Ausschüsse können aber auch die neuen restriktiven Unabhängigkeitsvorschriften gesehen werden. Mitglieder des "*audit committee*" dürfen neben ihrer Vergütung als "*director*" keine weiteren Zahlungen der Gesellschaft annehmen.[228] Zuvor war es keine Seltenheit, dass die Mitglieder des "*audit committee*" neben ihrer Vergütung als "*director*" einen gut dotierten Beratervertrag mit der Gesellschaft hatten.[229]

Noch einen Schritt weiter gehen die Vorschriften der "NYSE" für die dort gehandelten Gesellschaften. Voraussetzung der Notierung dort ist seit August 2002, dass Gesellschaften neben einem "*audit committee*", welches bereits seit längerem verpflichtend ist, auch ein "*nominating*" und "*compensation committee*" unterhalten, welches sich ausschließlich aus unabhängigen Mitgliedern, entsprechend der Definition der "*NYSE*" zusammensetzt.[230]

Die Einrichtung und Unterhaltung eines "*audit committee*", ausschließlich mit von der Geschäftsführung unabhängigen Mitgliedern besetzt, ist

---

224 Siehe insofern Sec. 301 ff. *Sarbanes-Oxley Act of 2002.*

225 Siehe Sec. 301(2) *Sarbanes-Oxley Act of 2002. Schwarz/Holland*, ZIP 2002, 1661, 1671.

226 Sec. 407 *Sarbanes-Oxley Act of 2002; Schwarz/Holland*, ZIP 2002, 1661, 1671.

227 Sec. 301(2) *Sarbanes-Oxley Act of 2002.*

228 Sec. 301(2) *Sarbanes-Oxley Act of 2002. Schwarz/Holland*, ZIP 2002, 1661, 1671.

229 *Schwarz/Holland*, ZIP 2002, 1661, 1663 ff.

230 Siehe Rule 301 der Listing Rules v. 16.08.2002. Abrufbar unter www.nyse.com.

mittlerweile unabdingbare Voraussetzung einer Zulassung zum Handel sowohl bei der NYSE, American Stock Exchange oder NASDAQ.[231]

Aber auch andere einflussreiche Institutionen fordern in ihren Publikationen eine verstärkte Ausschussarbeit. So fordert die "*American Bar Association*" in ihrem "*Corporate Director's Guidebook*", dass Gesellschaften zumindest ein "*audit*", "*compensation*" und "*nominating committee*" unterhalten.[232] Gleichzeitig wird gefordert, dass diese Ausschüsse ausschließlich mit von der Geschäftsführung unabhängigen Personen besetzt sind.[233] Eine solche Zusammensetzung, insbesondere für das "*compensation committee*" gebietet sich aber auch aufgrund steuerlicher Vorschriften. Ist ein "inside director" in diesem Ausschuss vertreten, kann es zur steuerlichen Nicht-Abziehbarkeit der Vergütung von Managementmitgliedern führen, soweit diese den Betrag von eine Millionen Dollar übersteigt.[234]

Auch das "*American Law Institute*" hat in seinen "*Principles of Corporate Governance*" die Bedeutung der Ausschussarbeit erkannt.[235] Auch hier wird die Einrichtung von zumindest "*audit*", "*compensation*" sowie "*nominating committee*" gefordert.[236] In ihrer Zusammensetzung sollen sie auch hier überwiegend aus unabhängigen Mitgliedern bestehen, wenngleich anerkannt wird, dass in Personalfragen die Teilnahme von Managementmitglieder an Personalentscheidungen hilfreich sein kann.[237]

Neben diesen direkten Empfehlungen sind es jedoch auch verschiedene indirekte Mechanismen, die Gesellschaften zur Einrichtung solcher Ausschüsse und deren Besetzung mit unabhängigen Mitgliedern motivieren. So wirkt sich die Einrichtung und Zusammensetzung des "*compensation committee*" neben der *supra* beschriebenen steuerlichen Ebene auch im Umfang der Veröffentlichungspflichten aus.[238] Die SEC fordert in den jährlichen Erläuterungen im Rahmen der zu versendenden "*proxy*"-Unterlagen auch eine Stellungnahme des "*compensation committees*" über die Faktoren, welche Grundlage der Managementvergütung sind.[239] Unterhält die Gesellschaft keinen derartigen Ausschuss, muss das "*board*" in seiner Gesamtheit diesen Bericht fertigen. Wenngleich damit noch keine verbindlichen Vorschriften über die Zusammensetzung oder die Arbeitsweise existieren, erzeugt es dennoch einen Druck auf Gesellschaften einen solchen Ausschuss zu etablieren. Die Geschäftsführung sieht sich

---

231 *Hein*, RIW 2002, 501, 506; *Schwarz/Holland*, ZIP 2002, 1661, 1671; *Blue Ribbon Committee on Improving the Effectiveness of Corporate Audit Committees*, 54 Bus. Law. 1067 ff.

232 *ABA*, Corporate Director's Guidebook, 56 Bus. Law. 1571, 1575 f.; *Hein*, RIW 2002, 501, 506.

233 *ABA*, Corporate Director's Guidebook, 56 Bus. Law. 1571, 1596; *Barthelmeß*, S. 160.

234 *ABA*, Corporate Director's Guidebook, 56 Bus. Law. 1571, 1604.

235 *ALI*, Principles of Corporate Governance, § 3.03 ff.; Barthelmeß, S. 160 ff.

236 *ALI*, Principles of Corporate Governance, § 3.03 ff.

237 *ALI*, Principles of Corporate Governance, § 3.02 ff.

238 *ABA*, Corporate Director's Guidebook, 56 Bus. Law. 1571, 1604; *Monks/Minow*, Corporate Governance, S 196 ff.

239 *Monks/Minow*, Corporate Governance, S 197.

ansonsten mit Fragen nach dem Grund für das Nichtvorhandensein im Vergleich zu anderen Gesellschaften konfrontiert. In den Fällen, in denen ein solches Komitee eingerichtet wurde, kann die von der SEC auferlegte Veröffentlichungspflicht einen erheblichen Anreiz für eine sorgfältige Aufgabenerfüllen geben. Zwar knüpft sich keinerlei persönliche Haftung an fehlerhafte Berichte des "*compensation committees*", doch müssen die Mitglieder diese mit ihrem Namen unterzeichnen, wodurch ein faktischer Zwang entsteht, sich damit tatsächlich zu befassen.[240]

4.4.2 Regelmäßige Treffen des "board of directors" unter Ausschluss des Managements

Aufgrund der oft dominanten Stellung des "*CEO*", insbesondere wenn er zugleich auch die Position des "*chairman of the board*" innehat, fordert die Corporate Governance-Literatur regelmäßige Zusammenkünfte der "*outside directors*", ohne Anwesenheit von Managementmitgliedern oder "*inside directors*".[241] Den Mitgliedern soll ermöglicht werden, offene Kritik an der Geschäftsführung oder dem "*CEO*" zu äußern, ohne diesen selbst vor den Kopf zu stoßen.

Ihre Hauptaufgabe ist es, die Bewertung der "*CEO*" und anderer Spitzenmanager zu diskutieren und sich daran anschließend über deren Vergütung zu besprechen.[242] Gleichzeitig kommen sie in Situationen zum Tragen, in denen die Möglichkeit eines Interessenkonflikts des Managements besteht.[243]

4.4.3 Die Unternehmensziele konkreter festlegen, um einen besseren Maßstab für Leistung des Managements zu haben

Verbreitet ist auch die Forderung nach dem Festlegen verbindlicher Unternehmensziele durch das "*board of directors*". Bei der Ausübung seiner Überwachungsfunktion[244] soll dann anhand dieser Ziele eine regelmäßige Bewertung der "*officer*" und des "*CEO*" erfolgen.[245]

Gegenstand dieser Bewertung soll dabei nicht nur das wirtschaftliche Abschneiden der Gesellschaft sein, sondern auch die Zusammenarbeit des Managements mit dem "*board*" oder die Informationsversorgung der Mitglieder des "*board*" durch das Management.[246]

---

240 *ABA*, Corporate Director's Guidebook, 56 Bus. Law. 1571, 1606.

241 *Schwarz/Holland*, ZIP 2002, 1661, 1671; *Hein*, RIW 2002, 501, 506; *ABA*, Corporate Director's Guidebook, 56 Bus. Law. 1571, 1592.

242 *Hein*, RIW 2002, 501, 506; *Hamilton*, Corporate Governance in America, 25 J. Corp. L. 349, 363; *Minow*, 21 Stetson L. Rev. 197, 239.

243 *Hamilton*, Corporate Governance in America, 25 J. Corp. L. 349, 363; *BRT*, Statement on Corporate Governance, S. 41, abrufbar unter www.brtable.com; *ABA*, Corporate Director's Guidebook, 56 Bus. Law. 1571, 1595.

244 *Kim*, 68 Tenn. L. Rev. 179, 208; *Monks/Minow*, Corporate Governance, S. 187 ff.

245 *Lipton/Lorsch*, 48 Bus. Law 59, 70, *Eisenberg*, The Board of Directors and Internal Control, 19 Cardozo L. Rev. 237, 238.

246 *ABA*, Corporate Directors Guidebook, 56 Bus. Law 1571, 1595.

Dieser Vorschlag gewinnt besondere Bedeutung angesichts von Zeitungsmeldungen im Jahre 2002, die von persönlichen Gewinnen einzelner "*CEOs*" aus dem Verkauf von Aktienoptionen in zwei- bis dreistelliger Millionenhöhe sprechen, während gleichzeitig die von ihnen geleiteten Unternehmen Insolvenz anmelden.[247] Eindrucksvollste Beispiele der amerikanischen Gesellschaftswelt sind die Unternehmen *ENRON* und *WorldCom*. Im Falle *ENRON*s, dessen Zusammenbruch auch den Untergang seines Wirtschaftsprüfungsunternehmens Arthur Anderson besiegelte, erhielten die Spitzenmanager ein Jahresgehalt bestehend aus Geldzahlungen, Sozialleistungen und Aktienoptionen in Höhe von bis zu siebzig Millionen Dollar pro Person. Bevor das Unternehmen im Jahre 2001 zusammenbrach, als bekannt wurde, dass unter Zuhilfenahme verschiedener Personengesellschaften Verluste in Milliardenhöhe von den Bilanzen ferngehalten wurden, hatte das Spitzenmanagement zusammen ca. 310 Millionen Dollar and Bezügen für den Zeitraum 2000 erhalten.[248]

Im Fall des Telekommunikationsunternehmens *WorldCom*, welches im Juli 2002 einen Insolvenzantrag stellte, kassierte das Spitzenmanagement Gehälter in ähnlicher Größenordnung. Zusätzlich hatte die Gesellschaft ihrem *"CEO"* auch noch private Kredite gewährt, die sich zum Zeitpunkt des Unternehmenskollapses auf 400 Millionen Dollar beliefen.[249] Bezüge in diesen Größenordnungen stoßen in der Öffentlichkeit auf breite Kritik, wenn sie insbesondere vor dem Hintergrund von Massenentlassungen und Insolvenzanträgen gesehen werden.

Es wird dementsprechend gefordert, dass die Bezüge des Managements stärker an das Abschneiden der Gesellschaft und an die Arbeit des "*CEO*" persönlich angeknüpft werden sollen. Insbesondere sollten die festgelegten Ziele nicht nur auf das Abschneiden des Unternehmens an der Börse ausgerichtet sein. Diese Praxis wird als einer der Gründe für die Praktiken von *ENRON* und *WorldCom* angesehen, da sie dem Management einen Anreiz gab, alles daran zu setzen, einen möglichst hohen Aktienkurs vorweisen zu können.[250]

Im Gegensatz zu der jetzigen Praxis, in der es nur auf das Abschneiden an der Börse ankommt, sieht dieser Vorschlag vor, dass das "*board of directors*" regelmäßig verbindliche Ziele für die Gesellschaft ausarbeitet, an Hand deren Erreichens sich dann das Abschneiden des Managements bemisst.[251] Dabei sollen diese Ziele sich nicht nur auf das wirtschaftliche

---

247 Colvin, Geoffrey, The Boardroom Follies in which we Meet the Non-Stockholders, Non-Attenders, and Nonagenarians still among America's Corporate Directors, Fortune Magazine, 07.01.2002.

248 Clendenning, Alan, Lavished with Stock Options and Loans, Executives went for the Quick Buck, Associated Press News Wire, 28.06.2002, *Solomon*, Deborah, Managers & Managing: Independents at Adelphia are Facing new Scrutiny, The Wall Street Journal, Europe, 31.05.2002.

249 Teather, David, Pensions Timebomb – Funds hit again as America's Corporate Sickness Continues its Relentless Spread, The Guardian, 27.06.2002.

250 *Schwarz/Holland*, ZIP 2002, 1661, 1663 f.; *Hess*, in *Feddersen/Hommelhoff/Schneider*, S. 9, 20.

251 *Kim*, 68 Tenn. L. Rev. 179, 208; *Lipton/Lorsch*, 48 Bus. Law 59, 70.

Abschneiden beschränken, sondern Faktoren wie die Zusammenarbeit mit dem *"board"*, die Informationsversorgung des *"board"* und der einzelnen Ausschüsse berücksichtigen. Befürworter dieses Vorschlags hoffen, auf diesem Wege eine schnellere Entlassung erfolgloser Manager zu erreichen sowie die oftmals kritisierte Überbezahlung des Managements zu kontrollieren.[252]

4.4.4 Vereinfachter Zugang der "board"-Mitglieder zur mittleren Managementebene

Eine weitere Forderung zur besseren Information ist es, den Mitgliedern des "*board of directors*" unbeschränkten Zugang zum Personal der Gesellschaft zu gewähren. Insbesondere sollen sie in der Lage sein, jederzeit mit leitenden Angestellten unterhalb des Spitzenmanagements zu kommunizieren.

Zwar steht ihnen *per se* dieses Recht zu, jedoch steht der praktischen Ausübung regelmäßig die Dominanz des "*CEO*" entgegen.[253] Das Ausüben dieses Rechts wurde von diesem oftmals als Ausdruck des Misstrauens erachtet und führte dementsprechend zur Beeinträchtigung der Zusammenarbeit.[254]

Der Vorteil der tatsächlichen Ausübung dieses Rechts wäre, eine umfassendere Information der "*board*"-Mitglieder. Diese könnten die ihnen präsentierten Informationen mit den auf diesem Wege erlangten abgleichen. So meldete z. B. im Falle ENRON eine leitende Angestellte Unregelmäßigkeiten in der Buchführung an ihre Vorgesetzten. Da diese jedoch selbst darin verwickelt waren, hatten sie kein Interesse an der Weiterleitung solcher Informationen an das "*board*".[255] Bei unbeschränktem Zugang zu Angestellten dieser Hierarchieebene hätten diese Bedenken bereits vorher bekannt werden können.

4.4.5 Vereinfachten Zugang zu Wirtschaftsprüfern, Anwälten und Beratern der Gesellschaft ermöglichen

Ein in der Literatur seit langem geforderter Vorschlag ist der unbeschränkte Zugang des "*board of directors*" zu den unabhängigen Beratern der Gesellschaft, wie Anwälten, Wirtschaftaftsprüfern oder Investmentbankern.[256] Aber auch zur Stärkung der Arbeit der unterschiedlichen Ausschüsse ist ein solcher Zugang unerlässlich. So wird neben der Zusammenarbeit mit Wirtschaftsprüfern durch das "*audit committee*" auch für

---

252 *Elson*, 34 B. C. L. Rev. 937 ff.; *Loewenstein*, 50 SMU L. Rev. 201 ff.

253 *Steindl*, S. 70.

254 *Schwarz/Holland*, ZIP 2002, 1661, 1669 ff.

255 Siehe Powers-Report, abrufbar unter: http://energycommerce.house.gov/107/hearings/02052002Hearing481/hearing.htm.

256 *Eisenberg*, The Board of Directors and Internal Control, 19 Cardozo L. Rev. 237, 240; *ALI*, Principles of Corporate Governance, § 3.05; *Buxbaum*, in *Feddersen/Hommelhoff/Schneider*, S. 65, 78; *Bowen*, S. 104; *ABA*, Corporate Director's Guidebook, 56 Bus. Law. 1571, 1581; *Schwarz/Holland*, ZIP 2002, 1661, 1671; *Hein*, RIW 2002, 501, 507.

"*nominating*" und "*compensation committees*" der Rückgriff auf externe Berater gefordert. So wird z. B. dem "*compensation committee*" das Einschalten externer Gehaltsexperten empfohlen, da diese über bessere Kenntnisse über die Vergleichbarkeit und Angemessenheit der Managementvergütung verfügen.[257] Ähnliches gilt für die Arbeit des "*nominating committee*". Auch dort kann sich das Einschalten externer Personalberater auszahlen, da diese in der Regel Kenntnis über einen größeren Personenkreis haben, der für die Gesellschaft relevant sein könnte.[258]

Von den Mitgliedern des "*board*" können nicht in sämtlichen Bereichen tiefgehende Fachkenntnisse gefordert werden.[259] Daher ist der Rückgriff auf externe Experten notwendig, um alleine eine umfassende Beurteilung anstehender Sachverhalte zu tätigen.[260]

Zwar unterhalten sämtliche größere Aktiengesellschaften dauerhafte Beratungsverträge mit Rechtsanwaltskanzleien oder Wirtschaftsprüfungsunternehmen, doch kann es für das "*board of directors*" angebracht sein, gerade nicht auf diese zurückzugreifen. Üblicherweise werden die Geschäftsbeziehungen zu diesen Unternehmen von der Geschäftsführung etabliert. Diese sind es dann auch, die regelmäßig Aufträge vergeben. Geht es daher um eine kritische Überprüfung einer Transaktion, an welcher Mitglieder der Geschäftsführung beteiligt waren, besteht die Gefahr der fehlenden Unabhängigkeit zur Geschäftsführung, da eine kritischer Haltung gegenüber dieser zum Verlust der dauerhaften Geschäftsbeziehung führen kann.[261] Auf der anderen Seite gilt das gleiche in Fällen, in denen eine erneute Kontrolle der Stellungnahme der externen Experten erfolgen soll. Es kann nicht erwartet werden, dass ein beratendes Unternehmen seine eigene Stellungnahme allzu kritisch hinterfragt, da es sich ansonsten die Blöße einer fehlerhaften Beratungsleistung geben würde. Schließlich sind aber auch Situationen denkbar, in denen aufgrund des hohen Haftungsrisikos eine weitere Stellungnahme eingeholt werden soll.

Wie *supra* ausgeführt, war dies in der Vergangenheit nicht ohne weiteres gewährleistet.[262] Verbreitete Praxis war es, dass es zur Erstattung der Kosten eines Beschlusses des gesamten "*board*" bedurfte.[263] Dies birgt aber das Risiko, dass die beauftragenden "*board*"-Mitglieder anfallende Kosten selber tragen müssen, so das Plenum der Notwendigkeit nicht

---

[257] *ABA*, Corporate Director's Guidebook, 56 Bus. Law. 1571, 1607; *Bowen*, S. 104 ff.

[258] *Bowen*, S. 104 ff.

[259] *Hein*, RIW 2002, 501, 507, *ALI*, Principles of Corporate Governance, § 3.05.

[260] *Schwarz/Holland*, ZIP 2002, 1671, *Hein*, RIW 2002, 501, 507; *ALI*, Principles of Corporate Governance, § 3.05; *Eisenberg*, ALI's Principles of Corporate Governance, C973 ALI-ABA 1, 23.

[261] *Schwarz/Holland*, ZIP 2002, 1661, 1666 zum Fall *ENRON*.

[262] Siehe *supra*, Kapitel 3.4.

[263] *ABA*, Corporate Director's Guidebook, 56 Bus. Law. 1571, 1581, *Eisenberg*, ALI's Principles of Corporate Governance, C973 ALI-ABA 1, 23.

zustimmt. Gerade in Fällen eines dominanten "*CEO*" sowie überwiegend ihm ergebener "*directors*" ist ein solcher Beschluss jedoch im Falle einer Kritik an seiner Arbeit zu erwarten. Dies widerspricht jedoch dem Überwachungsauftrag des "*board*" und hindert eine effektive Kontrolle.[264]

Im Verhältnis zum Zugang zu den Wirtschaftsprüfern wurde dieser Vorschlag im Rahmen der jüngsten gesetzlichen Reformen mit Inkrafttreten des "*Sarbanes-Oxley Acts of 2002*" bereits teilweise in die Praxis umgesetzt. [265] Neben der Zuweisung der ausschließlichen Zuständigkeit für die Zusammenarbeit mit den unabhängigen Wirtschaftsprüfern haben Gesellschaften sicherzustellen, dass das "*audit committee*" jederzeit nach seinem Ermessen unabhängige Berater einschalten kann.[266] Darüber hinaus hat die Gesellschaft auch ein angemessenes Budget für die Arbeit dieses Ausschusses bereitzustellen.[267] Dieses muss ausreichend sein, um sowohl die Abschlussprüfer der Gesellschaft als auch ergänzende Berater zu bezahlen.[268] Zwar ist es bereits seit längerem herrschende Meinung, dass das "*board*" im Rahmen seiner Kontrollfunktion auch auf externe Berater zurückgreifen kann.[269] Neu ist jedoch, dass den Mitglieder nun erstmals ein gesetzlich verankertes Recht zur Seite gestellt werden kann.

Einen Schritt weiter gehen die geänderten Vorschriften der "New York Stock Exchange". Danach müssen Gesellschaften sowohl ein "*nominating*" als auch "*compensation committee*" einrichten. Deren Aufgabenbereich ist in einer schriftlichen Charta niederzulegen, in der auch das Recht der Einschaltung externer Experten festgelegt sein muss. Gesellschaften müssen ihren Ausschüssen außerdem die dafür notwendigen Mittel zur Verfügung stellen.[270] Gleichzeitig muss diesen Ausschüssen die ausschließliche Zuständigkeit für das Einschalten, Abberufen und die Vergütung dieser externen Ausschüsse zukommen.[271] Im Falle eines Gehaltsausschusses kann damit z. B. vermieden werden, dass "unabhängige" Gehaltsexperten letztlich von der Gesellschaft, also vom Management bezahlt werden, da ansonsten die Gefahr fehlender Unabhängigkeit besteht. Diese wären zur Sicherstellung einer dauerhaften Zusammenarbeit verleitet, dem Management eine möglichst hohe Vergütung zuzusprechen, um sich seine Gunst zu erwerben.[272]

---

264 *Schwarz/Holland*, ZIP 2002, 1661, 1671; *Eisenberg*, ALI's Principles of Corporate Governance, C973 ALI-ABA 1, 23.

265 Sec. 301 des Sarbanes-Oxley Act of 2002.

266 Sec. 301(5) des Sarbanes-Oxley Acts of 2002.

267 Sec. 301(6) des Sarbanes-Oxley Acts of 2002.

268 Sec. 301(6)(B) des Sarbanes-Oxley Acts of 2002.

269 *Eisenberg, ALI's Principles of Corporate Governance, C973 ALI-ABA 1, 23.*

270 Kommentar zu Sec. 303a (4) u. (5) der Listing Rules vom 16.08.2002, abrufbar unter www.nyse.com.

271 Kommentar zu Sec. 303a (4) u. (5) der Listing Rules vom 16.08.2002, abrufbar unter www.nyse.com.

272 *Hein*, RIW 2002, 501, 507; siehe auch *The Economist* vom 06.04.2002, S, 56.

4.4.6 "Directors" eigenes Personal zur Verfügung stellen

Da die Mehrheit der "*directors*" ihre Tätigkeit nebenamtlich ausübt und außerdem "*directors*" oftmals eine Vielzahl von "*board*"-Sitzen innehaben, leidet die Überwachungsaufgabe bekanntermaßen darunter, dass die "*directors*" nicht genügend Zeit aufbringen können.[273] Um den erkannten Zeitproblemen zu begegnen, richtet sich einer der Verbesserungsvorschläge auf die Ausstattung des "*board*" mit eigenem Personal.

Danach sollte die Gesellschaft dem "*board of directors*" eigenes Personal zu Verfügung stellen, welches Sitzungen des "*board*" vorbereitet, Informationen sammelt und diese für das "*board of directors*" aufarbeitet.[274] Neben der damit verbundenen höheren Effizienz der "*board*"-Arbeit wäre auch die verbesserte Informationsversorgung von Vorteil.[275] Das "*board*" würde in deutlich geringerem Maße auf die Informationsversorgung durch das Management, insbesondere den "*CEO*" angewiesen sein.[276] Dabei hat sich nicht nur das Fehlen der Information sondern auch die Fülle und Komplexität der übermittelten Information als hinderlich dargestellt.[277]

Durch eigenes Personal könnte das "*board*" entsprechende Nachforschungen anstellen und sich ein eigenes Bild anstehender Transaktionen verschaffen. Nimmt man. z. B die im "*Powers Report*" beschriebenen Sachverhalte des Zusammenbruches von *ENRON*, hätten derartige Fehlinformationen des "*board*" vermieden werden können.[278] Dieses wäre in der Lage gewesen, sich selbst über die Anzahl und Besonderheiten der einzelnen Personengesellschaften ein Bild zu machen und hätte dann vielleicht zu einer anderen Einschätzung der Lage kommen können. Es wäre dann u. U. eben nicht zum Außerkraftsetzen der firmeneigenen Regeln über die Handhabung von Interessenkonflikten gekommen.[279]

Neben der vom Management unabhängigen Informationsversorgung könnte eigenes Personal aber auch bei der Abstimmung der Tagesordnung den oben beschriebenen Problemen entgegenwirken.[280] Eigene Mitarbeiter könnten z. B. die Ausgestaltung der Tagesordnung durch den

---

273 Siehe *supra*, Abschnitt 3.1.Siehe außerdem *Mace*, S. 91 ff.; *Gilson/Kraakman*, 43 Stan. L. Rev. 863 ff.; *Kraakman*, in *Feddersen/Hommelhoff/Schneider*, S. 129, 139 f.; *Conrad*, ZGR 1987, 180, 197.

274 *Kraakman*, in *Feddersen/Hommelhoff/Schneider*, S. 129, 139 f.

275 *Monks/Minow*, Corporate Governance, S. 179 ff.; *Eisenberg*, The Legal Structure of the Corporation, S. 143 ff.

276 *Mace*, S. 86 ff.; *Sandberg/Lublin*, The Wall Street Journal v. 28.06.2002; Kindler, S. 170 f.

277 *Kindler*, S. 170 f.

278 Siehe unter: http://energycommerce.house.gov/107/hearings/02052002Hearing481/hearing.htm.

279 *Schwarz/Holland*, ZIP 2002, 1661, 1663 ff.; *Baumann/Bierach/Dunkel/Engeser/Gersemann/Schürmann*, in: WirtschaftsWoche Nr. 5 v. 24.01.2002, S. 48.

280 *Kraakman*, in *Feddersen/Hommelhoff/Schneider*, S. 129, 139 ff.

"*CEO*" überwachen und damit vermeiden, dass dieser unliebsame Themen außen vor lässt.[281]

Gegen die Umsetzung eines solchen Vorschlags wird angeführt, dass er zu einem Zwei-Klassen-System von Angestellten führt, was den innerbetrieblichen Frieden beeinträchtigen und sich auf die Arbeitsweise dieser Mitarbeiter auswirken könnte. Um die notwendige Unabhängigkeit solcher Mitarbeiter zu gewährleisten, dürften sie nicht direkt Angestellte der Gesellschaft sein, sondern müssten nur dem "*board*" unterstehen. Es ist aber dann fraglich, ob sie nicht als reine Fremdkörper in der Gesellschaft angesehen würden, die dann von den übrigen gemieden würden und damit keine ausreichenden Informationen einholen könnten. Auf der anderen Seite stellt sich aber auch die Gefahr einer zu großen Integration in die Gesellschaft, die wiederum auf Kosten der Unabhängigkeit geht.[282]

Aber auch die vorgeschlagene Aufgabe der Zusammenfassung und Auswertung der relevanten Informationen ist nicht unproblematisch. Würde man das hier vorgeschlagene Personal solche Zusammenfassungen machen lassen, würde es faktisch die Aufgabe des "*board*" übernehmen.[283]

Weiterhin birgt dieser Vorschlag aber auch die Gefahr eines Eingriffs in die unabhängige und eigenständige Geschäftsführung des Managements. Zwar ist anders als im deutschen Recht diese nicht gesetzlich normiert, doch ist nur dem "*board*" selbst das Recht zuzusprechen, in die Geschäftsführung durch die "*officer*s" einzugreifen. Diese Befugnis kann nicht auf angestelltes Personal, letztlich eine Art zweite Garnitur "*officers*", übertragen werden.

Es besteht aber die Gefahr, professionelle Kontrolleure zu schaffen, deren einzige Aufgabe es wäre, Entscheidungen des Managements permanent zu hinterfragen, ohne aber selbst die unternehmerische Verantwortung für Konsequenzen zu tragen.[284] Dies könnte sich kontraproduktiv für Gesellschaften auswirken.[285]

4.5 Sonstiges

4.5.1 Änderung im "proxy"-Verfahren

Einer der wichtigsten Schritte einer Reform zur Verbesserung der Corporate Governance im amerikanischen Gesellschaftsrecht sind Veränderung im Wahlverfahren, insbesondere der Regelungen über das Ver-

---

281 *Mace*, S. 47 ff.; *NACD*, Report of the NACD Blue Ribbon Commission on Director Professionalism, Appendix B, 995 PLI/Corp 95, 139.

282 *Meier-Schatz*, 13 J. Corp. L. 431, 471 ff.

283 *Bacon*, Membership and Organization of Corporate Boards, S. 6, *Cox*, 61 Geo. Wash. L. Rev. 1233, 1263; *Meier-Schatz*, 13 J. Corp. L. 431, 471 ff.

284 *Eisenberg*, The Legal Structure of the Corporation, S. 155.

285 *Meier-Schatz*, 13 J. Corp. L. 431, 471 ff.

fahren der "*proxy solicitation*". Ohne deren Veränderung kann eine verstärkte Teilnahme der Aktionäre nicht erfolgen.

Bereits im Jahre 1993 hat die *SEC* nach einer dreijährigen Untersuchung der bestehenden Regeln und der Veröffentlichung verschiedener Vorschläge Änderungen vorgenommen, vgl. *supra*, die nach einhelliger Auffassung der Literatur zwar einen Schritt in die richtige Richtung darstellen, aber nicht weit genug gehen.[286] Im Folgenden sollen lediglich Einzelaspekte des Verfahrens herausgegriffen werden, die nach verbreiteter Ansicht Hindernis für eine stärkere Aktionärsbeteiligung darstellen und damit auch den Einfluss der Aktionäre in der Überwachung des "*board*" und des Managements minimieren.[287]

4.5.1.1 Vertraulichkeit des "proxy"-Prozesses

Ein Vorschlag, der auch von institutionellen Anlegern wiederholt vorgetragen wird, ist, den Prozess des "*proxy voting*" vertraulich zu gestalten.[288]

In der bisherigen Praxis ist es üblich, dass die von der Gesellschaft versandten "*proxy*"-Formulare", durch die Aktionären unterschrieben an die Geschäftsführung zurückgehen. Dabei kann diese die eingehenden Formulare den Aktionären zuordnen. In Fällen, in denen ein "*proxy-contest*" (zwei oder mehr Abstimmungsvorschläge konkurrieren um die Zustimmung der Aktionäre) stattfindet, hat das Management somit bereits beim Eingehen der zurückgesandten "*proxy*"-Formulare vor der eigentlichen Hauptversammlung die Möglichkeit, Tendenzen im Abstimmungsverhalten der Aktionäre festzustellen.[289]

Großaktionäre beklagen, dass das Management diese Kenntnis der Abstimmungstendenzen ausnutzt und bei Bedarf "*resolicitation*" betreibt.[290] Dies bedeutet, dass die Geschäftsführung gezielt abweichend stimmende Aktionäre kontaktiert, um sie zu einer Änderung ihres Stimmverhaltens zu bewegen.[291]

Eine solche Änderung der "*proxy*"-Vollmacht ist aufgrund der jederzeitigen Widerrufbarkeit möglich. Maßgeblich ist nur die zeitlich zuletzt erteilte "*proxy*"-Vollmacht. Eine Ausnahme gilt lediglich in Fällen, in denen sie unwiderruflich erteilt wurde, was nur unter Leistung einer soge-

---

286 *Hornstein*, 71 Wash. U. L. Q. 1129, 1131; *Barnard*, 40 Cath. U. L. Rev. 37 ff.; *Fisch*, 46 Vand. L. Rev. 1129, 1138.

287 Allgemein zu Reformansätzen des "proxy"-Verfahrens siehe *Barnard*, 40 Cath. U. L. Rev. 37 ff.; *Fisch*, 46 Vand. L. Rev. 1129; *Ryan*, 23 Ga. L. Rev. 97 ff.; *Goforth*, 43 Am. U. L. Rev. 379 ff.; *Frenchman*, 68 Tul. L. Rev. 161 ff.; *Hornstein*, 71 Wash. U. L. Q. 1129 ff.

288 *Goforth*, 43 Am. U. L. Rev. 379, 460; *Rock*, 79 Geo. Wash. L. Rev. 445, 490.

289 *Monks/Minow*, Corporate Governance, S. 208.

290 *McGurn, Patrick S.*, Investor Responsibility Research Center, Confidential Proxy Voting, 1989, S. 39.

291 *Monks/Minow*, Corporate Governance, S. 208.

nannten "*consideration*", also einer Gegenleistung, um eine solche Abmachung bindend zu machen, möglich ist.[292]

Da nur das Management diese vorgezogene Kenntnis von dem sich abzeichnenden Ergebnis hat, nicht aber die anderen Bewerber, stellt diese Möglichkeit der Einflussnahme eine Bevorzugung des Managements dar.[293] Dementsprechend wird gefordert, das gesamte Verfahren dahingehend zu ändern, dass Vertraulichkeit gewährt ist, um Chancengleichheit zu gewährleisten.[294]

Begründet wird dieser Ansatz mit der Analogie zu politischen Wahlen, welche ebenfalls anonym stattfinden.[295] Entweder sollten die "*proxy*"-Vollmachten anonym ausgestaltet sein, sodass die Identität des Unterzeichners nicht erkennbar ist, oder aber das gesamte Verfahren sollte nach einem weiterreichenden Vorschlag aus den Händen des Managements genommen werden.[296]

4.5.1.2 Zuständigkeit eines Aktionärsgremiums für das "proxy"-Verfahren

Als eine Alternative wird dann beispielsweise ein Gremium bestehend aus den zehn größten Aktionären der Gesellschaft vorgeschlagen, welches diesen Prozess überwachen soll.[297] Diesem soll dann das Verwalten und Versenden der "*proxy*"-Unterlagen unterliegen. Gleichzeitig sollen sie einen unabhängigen Vertreter bestellen, dem dann die Stimmrechtsausübung in der Hauptversammlung obliegt.

Dem Anliegen dieses Vorschlags ist insofern zuzustimmen, als es zur Herstellung einer größeren Chancengleichheit im Prozess der "*proxy solicitation*" führen könnte. Der Vorteil des Managements, erneut für die Zustimmung seiner Vorschläge zu werben könnte genommen werden. Es würde damit auch Großaktionären einfacher die Möglichkeit gegeben, gegen das Management abzustimmen, ohne Angst vor zukünftigen Repressalien zu haben.[298]

Allerdings wird zu Recht vorgebracht, dass zumindest die Gefahr der "*resolicitation*" auch durch einfachere Maßnahmen gebannt werden kann. Aktionäre können, wie sich in der Praxis bereits zum Teil eingebürgert hat, ihre "*proxy*"-Vollmachten" erst gegen Ende der Einsendefrist verschicken. Dadurch wird es der Gesellschaft unmöglich, frühzeitig Tendenzen zu erkennen und gezielt einzelne Aktionäre erneut zu kontaktieren. Außerdem wird gegen ein anonymes Abstimmungsverfahren die

---

292 Gevurtz, S. 241 ff.; *Henn/Alexander*, S. 697 ff.; *Hamilton*, Corporations in a Nutshell, S. 387 ff.

293 *Goforth*, 43 Am. U. L. Rev. 379, 460 ff.

294 *Monks/Minow*, Corporate Governance, S. 208.

295 Diese Analogie ist nicht unumstritten.

296 *Barnard*, 40 Cath. U. L. Rev. 37, 99 f., *Dent*, 1989 Wis. L. Rev. 881, 908 f.

297 *Dent*, 1989 Wis. L. Rev. 881, 908 f.

298 *Goforth*, 43 Am. U. L. Rev. 379, 454 ff.

Befürchtung geäußert, dass z. B. Fondsmanagers dadurch weniger kontrollierbar wären, da es für die übrigen Aktionäre nicht offensichtlich wird, wie sie abgestimmt haben.[299]

Anders wird der Vorschlag des Einsetzens eines Aktionärsgremiums zur Verwaltung des "*proxy*"-Verfahrens beurteilt.[300] Dieses könnte insgesamt zu einer größeren Chancengleichheit beitragen.

Wie *supra* angesprochen, kann auch durch den Zeitpunkt des Versendens von "*proxy*"-Vorschlägen Einfluss auf den Ausgang der Abstimmung genommen werden.[301] Eine solche Strategie könnte allerdings vermieden werden, wenn eine Aktionärsgruppe, welche selbst keinen gemeinsamen Vorschlag verfolgt, mit der Durchführung beauftragt wird. Durch die Personenmehrheit könnte eine gegenseitige Kontrolle erreicht werden, welche einseitige Benachteiligungen verhindert.

Zusätzlich ist zu berücksichtigen, dass die Mehrheit der Großaktionäre sich aus dem Kreis der öffentlichen Rentenfonds rekrutiert, welche strengen gesetzlichen Regulierungen unterliegen.[302] Entgegen der Befürchtung von Managementvertretern scheint ein Missbrauch etwaigen Einflusses durch diese Personengruppe unwahrscheinlich.

4.5.1.3 Änderung der Praxis der Kostentragung

Eine weitere Forderung richtet sich gegen die Praxis der Kostentragung für das Verfahren der "*proxy solicitation*", vgl. *supra*.[303] Es widerspricht der Chancengleichheit, dass das Management zur Finanzierung ihrer Abstimmungsvorschläge auf die Mittel der Gesellschaft zurückgreifen kann, während Aktionäre ihre Kosten selbst tragen müssen.

Es wird zugestanden, dass eine Übernahme der Kosten der Verbreitung sämtlicher Aktionärsvorschläge durch die Gesellschaft unrealistisch ist. Die sich ergebende Summe würden in einer Schädigung der Gesellschaft resultieren. Ebenso wenig wäre eine Verbreitung von Aktionärsvorschlägen durch die Gesellschaft über ihre "*proxy*"-Materialien durchführbar.[304] Das zu versendende Material wäre zu unübersichtlich und aufgrund der Fülle nicht mehr lesbar. Es stellt sich zusätzlich die Gefahr, dass Aktionäre nicht mehr in der Lage wären, die Initiatoren der verschiedenen Vorschläge zu unterscheiden.

Als Kompromissvorschlag, wenngleich er umstritten ist, wird daher wiederum eine Übernahme der Kosten für Vorschläge von Großaktionären gefordert. Diese sollen die Möglichkeit erhalten, die Kosten ihrer "*proxy*"-Vorschläge" von der Gesellschaft ersetzt zu bekommen, um das Mo-

---

299 *Rock*, 79 Geo. Wash. L. Rev. 445, 490.

300 *Dent*, 1989 Wis. L. Rev. 881, 908 f.

301 *Hornstein*, 71 Wash. U. L. Q. 1129, 1148; *Goforth*, 43 Am. U. L. Rev. 379, 454-456.

302 *Barnard*, 40 Cath. U. L. Rev. 37, 99-101; Dent, 1989 Wis. L. Rev. 881, 908-909.

303 Siehe Kapitel 3.5.2.2. Siehe auch *Hornstein*, 71 Wash. U. L. Q. 1129, 1148.

304 *Goforth*, 43 Am. U. L. Rev. 379, 454-456.

nopol des Managements zu durchbrechen.[305] Dieser Vorschlag wird allerdings in der Literatur kritisch betrachtet, da er nach Ansicht vieler eine bloße Bevorzugung der Großaktionäre bedeutet. Das Gegenargument ist, dass Aktionäre, die in der Lage sind, eine Beteiligung in erheblicher Höhe zu erwerben, auch in der Lage sind die Kosten eines "*proxy*"-Verfahrens" zu tragen. Dieser Ansicht ist durchaus eine gewisse Stimmigkeit zuzugeben, jedoch verkennt sie, dass die Idee weniger eine finanzielle Unterstützung von Großaktionären ist, als eine Beseitigung des ausschließlichen Zugriffs des Managements auf das Vermögen der Gesellschaft zur Finanzierung ihrer Kampagne. Gleichzeitig stellt es den einzig praktikablen Vorschlag dar, da auf diesem Weg zumindest eine überschaubare Personengruppe bestimmt werden kann, was zu einer vorhersehbaren Kostenlast der Gesellschaft führt.

4.5.1.4 Einschränkung von "Rule 14-8 Securities and Exchange Act of 1934"

Der wichtigste Ansatzpunkt schließlich ist eine Reform der Regelungen und Praxis der "*Rule 14-8 Securities and Exchange Act of 1934*". Diese Vorschrift ermöglicht der Gesellschaft unter anderem, Abstimmungsvorschläge von Aktionären mit der Begründung eines Einmischens in die inneren Angelegenheiten der Gesellschaft von den zu versendenden Materialien auszuschließen. Erschwerend für Anteilsinhaber wirkt sich aus, dass weder das Gesetz noch die "*SEC*" oder die damit befassten Gerichte verbindliche Regelungen zur Anwendung dieser Vorschriften aufgestellt haben. Dementsprechend ist ihre Reichweite regelmäßiger Gegenstand von Rechtsstreitigkeiten, wenn das Management ihm unliebsame Vorschläge nach dieser Vorschrift ausschließt.[306]

Eine der Ursachen der sich hierbei präsentierenden Probleme ist wiederum in der traditionellen Sichtweise der Aktionäre als reinen Investoren zu sehen, wie sie sich auch in den Aktiengesetzen der Einzelstaaten widerspiegelt.[307] Diese ist allerdings angesichts der Zunahme institutioneller Anleger nicht mehr gerechtfertigt, da dieser Aktionärskreis sowohl über die Möglichkeiten als auch, mangels Verkaufsmöglichkeit, den Anreiz zur Übernahme einer aktiveren Rolle verfügt. Insofern scheint die Reichweite der Ausschlussgründe in "*Rule 14-8 Securities Exchange Act 1934*" den tatsächlichen Gegebenheiten nicht mehr gerecht zu werden.[308]

---

305 *Dent*, 1989 Wis. L. Rev. 881, 908 f.

306 Siehe z.B. *SEC vs. Transamerica Corporation*, 163 F.2d 511 (1947) Aktionäre planten eine Ergänzung der Satzung, um selbst die Abschlussprüfer bestellen zu können, *Peck vs. Greyhound Corp.*, 97 F. Supp. 679 (1951), Antrag auf Aufhebung der Rassentrennung in Bussen, *Medical Committee for Human Rights vs. SEC*, 432 F.2d 659 (1970), Antrag, dass Gesellschaft kein Napalm mehr produzieren soll.

307 *Ryan*, 23 Ga. L. Rev. 97, 178, *Bayne*, 34 U Detroit L. J. 575, 583, *Fisch*, 46 Vand. L. Rev. 1129, 1150.

308 *Sharara/Hoke-Witherspoon*, 49 Bus. Law. 327, 332.

Daher wird eine generelle Lockerung sowie eine verbindliche Definition der darunter zu subsumierenden Ausschlussgründe gefordert, um eine aktivere Rolle der Aktionäre zu ermöglichen.

Schließlich wird auch die bestehende Beschränkung auf lediglich einen Abstimmungsvorschlag mit lediglich fünfhundert Worten Begründung als ungerechtfertigt angesehen, da das Management der Gesellschaft sich in seiner Antwort auf etwaige Vorschläge nicht an eine Wortbeschränkung halten muss. Alternativ wird daher vorgeschlagen Aktionären, welche eine gewisse Beteiligung halten, das Recht einzuräumen, bis zu vier Vorschläge mit einem Umfang jeweils 1500 Worten vorzubereiten.[309] Zwar wird die Notwendigkeit von Beschränkungen nicht infrage gestellt, da ansonsten die Gefahr besteht, dass die "*proxy*"-Materialien" zu unübersichtlich und die Versandkosten zu hoch werden, jedoch sind die bestehenden Vorschriften unbrauchbar, da sie die Erfolgschancen eines Aktionärsvorschlags unverhältnismäßig einschränken.[310]

4.5.2 Die Vergütung für "board" Mitglieder heraufsetzen und an die Unternehmensentwicklung anknüpfen

Ein weiterer Vorschlag zur Verbesserung der Arbeit des "*board of directors*" als Überwachungsorgan des Managements ist, "*directors*" und insbesondere "*outside directors*" finanzielle Anreize für eine gewissenhafte Arbeitserfüllung zu setzen.[311]

Vorgeschlagen wird daher z. B., die Vergütung der "*board*"-Mitglieder in Zukunft ausschließlich in Aktien oder Aktienoptionen auszuzahlen.[312] Es soll ein Anreiz geschaffen werden, steigende Aktienkurse anzustreben und somit dem Wohl der Aktionäre zu dienen. Ihr Einkommensinteresse würde daher mit dem Aktionärsinteresse korrespondieren.[313]

In der Vergangenheit war es üblich Mitgliedern des "*board*" einen Festbetrag zuzüglich Sitzungsprämien zu bezahlen. Darüber hinaus wurden regelmäßig ergänzend Sozialleistungen in Form von Lebens- oder Rentenversicherungen eingerichtet oder Mitgliedern langfristige Beraterverträge angeboten.[314] Dies birgt, nach dieser Ansicht, jedoch den Nachteil, dass den "*directors*" kein Anreiz gegeben wird, die Geschäftsführung durch das Management aktiv zu überwachen, da ihnen ihre Vergütung gewiss ist, unabhängig vom Abschneiden der Gesellschaft. Es erhöht u. U. sogar die Abhängigkeit vom Management, da für den Verbleib im "*board of directors*" eine Nominierung durch dieses erforderlich wäre und

---

309 *Goforth*, 43 Am. U. L. Rev. 379, 454-456.

310 *Hornstein*, 71 Wash. U. L. Q. 1129, 1148; *Goforth*, 43 Am. U. L. Rev. 379, 454-456.

311 *Elson*, 50 SMU L. Rev. 127 ff.; *ders.*, 34 B. C. L. Rev. 937 ff.; *National Association of Corporate Directors*, in *Olsen/Arp*, 907 PLI/Corp 571, 594.

312 *Olsen/Arp*, 907PLI/Corp 571, 578; *Ames*, Directors & Boards, v. 01.01.2002, S. 24.

313 *Elson*, 50 SMU L. Rev. 127, 130.

314 *Elson*, 50 SMU L. Rev. 127, 132.

somit der zukünftige Erhalt dieser Vorteile nur gesichert wäre, wenn sich die Mitglieder einverständlich mit dem Management stellen.[315]

Durch das Fehlen eines gemeinsamen Interesses mit den Aktionären, die sie zur Überwachung des Managements gewählt haben, fehlt der Anreiz sich für ein gutes Abschneiden und eine möglichst hohe Dividende einzusetzen. Ihre Vergütung ist unabhängig von Unternehmensgewinn und dem Börsenwert der Aktien. Zusätzlich wird argumentiert, dass eine feste Vergütung die Gefahr birgt, dass "*directors*" sich stärker als Angestellte des Managements fühlen statt als unabhängige Kontrolleure desselben.[316]

Gegen die praktische Tauglichkeit dieses Vorschlags lassen sich jedoch, insbesondere angesichts der jüngsten Ereignisse bei *ENRON* oder *World-Com* ganz erhebliche Bedenken anführen.[317] Eine solche Form der Vergütung kann dazu beitragen, dass das "*board*" sein Augenmerk ausschließlich auf kurzfristige Gewinnsteigerungen legt, um seine Optionen gewinnbringend einlösen zu können.[318]

Aber auch der generelle Ansatz, durch die Gewährung von Aktienoptionen einen ausreichenden Anreiz für eine verstärkte Unternehmenskontrolle des Managements zu erreichen, erscheint zweifelhaft. Die Defizite in der Aufgabenerfüllung der Vergangenheit waren nicht unbedingt auf mangelnde Motivation zurückzuführen, sondern auf die Zeitprobleme einzelner Mitglieder oder die schwache Stellung gegenüber dem Management. Die Gründe für diese Schwäche sind dabei vielfältig, vgl. *supra*. Zusätzlich ist zu bedenken, dass sich "*board*"-Mitglieder typischerweise aus Führungskräften anderer Gesellschaften rekrutieren.[319] Ob dieser Personenkreis daher durch das Gewähren von Aktienoptionen einer Gesellschaft, deren Belange pro Jahr nicht mehr als zwei Wochen Arbeitszeit einnehmen, zu einer besseren Arbeit bewegt werden kann, erscheint fraglich. Dieser Vorschlag kann daher nur bei denjenigen Mitgliedern des "*board of directors*" Auswirkungen haben, die nicht selbst aus dem Spitzenmanagement kommen. Nur in diesem Personenkreis kann von einem tatsächlichen finanziellen Anreiz ausgegangen werden.

Für eine Vergütung in der Form, wie sie in der Vergangenheit üblich war, wird seitens Managementvertreter vorgebracht, dass die Gewährung von Rentenleistungen an Mitglieder des "*board of directors*" erforderlich ist, um eine längerfristige Ausrichtung der Gesellschaft zu gewährleisten.[320]

---

315 *Elson*, 34 B. C. L. Rev. 937, 947.

316 *Elson*, 50 SMU L. Rev. 127, 131.

317 Vgl. dazu *supra* Kapitel 1.5.

318 Siehe auch *Hess*, in *Feddersen/Hommelhoff/Schneider*, S. 9, 20 f.; *Schwarz/Holland*, ZIP 2002, 1661, 1663 ff.

319 *Mace*, S. 87.

320 *Bowen*, in *Elson*, 50 SMU L. Rev. 127, 133.

Entscheidende Voraussetzung einer Verbesserung der Arbeit des "*board*" durch ein Vergütungssystem in Form von Aktien oder Aktienoptionen dürfte die langfristige Orientierung einer solchen sein. Betrachtet man die Vorfälle in den Jahren 2001 und 2002 in den Vereinigten Staaten, als eine Vielzahl von Unternehmen ihre Bilanzen korrigieren musste, da Mitglieder des Managements wohl oftmals mit Kenntnis des "*board*" Bilanzen manipulierten, um den Aktienkurs in die Höhe zu treiben, kommen Zweifel an einer tatsächlichen Verbesserung durch diesen Vorschlag.[321] Für eine wirkungsvolle Umsetzung bedarf es zusätzlich weiterführender Mechanismen, die ein solches Verhalten unattraktiv machen.[322] Dazu gehören z. B. Veräußerungsverbote während der Amtszeit sowie für einen bestimmten Zeitraum danach.[323]

Weiterhin wird gefordert, die Vergütung grundsätzlich heraufzusetzen, um qualifizierten Personen einen Anreiz für gute Arbeit zu bieten.[324] Zwar wird anerkannt, dass bedingt durch die Praxis, dass viele "*directors*" selbst Mitglieder des Managements sind, Geld keinen wirklichen Anreiz bieten kann[325], doch basiert der Vorschlag auf der Erwartung, dass die Wahrscheinlichkeit einer guten Leistung bei entsprechender Vergütung höher ist als ohne.[326]

Ebenfalls wird gefordert, sämtliche Versorgungsleistungen, wie Pensionspläne oder Versicherungsleistungen für Mitglieder des "*board*" einzustellen.[327] Solche Zusatzleistungen würden dazu führen, dass "*directors*" sich als Arbeitnehmer der Gesellschaft ansehen. Eine solche Gleichstellung ist aber nicht gerechtfertigt. Diese Formen der Sozialleistungen dienen bei Arbeitnehmern dazu, ihre Loyalität gegenüber dem Unternehmen sicherzustellen. Eine solche Behandlung ist gegenüber "*board*"-Mitgliedern nicht notwendig, da diese in der Regel über ausreichende anderweitige Einkünfte verfügen.[328]

Eine weitere Forderung ist ein generelles Verbot für Mitglieder des "*board of directors*" ergänzende Beratungsleistungen für die Gesellschaft zu erbringen. Es besteht die Auffassung, dass das "*board of directors*" seine Mitglieder anwerben sollte, um nur als "*director*" zu dienen. Will die Gesellschaft Beratungsleistungen erhalten, sollte die Gesellschaft entsprechende Berater beauftragen.[329]

---

321 *Schwarz/Holland*, ZIP 2002, 1661, 1664 f.

322 *Millstein*, Greater Independence for Corporate Boards, 2/27/02 Cong. Testimony.

323 *Ames*, 1/1/02 Directors & Boards 24. Siehe auch die Vorschriften im *Sarbanes-Oxley Act of 2002*.

324 Vgl. insofern die Korrespondiesrende Diskussion in Dtld.

325 *National Association of Corporate Directors*, in *Olsen/Arp*, 907 PLI/Corp 571, 594.

326 *Elson*, 50 SMU L. Rev. 127, 157; *Ukropina*, SE39 ALI-ABA 159, 163.

327 *Elson*, 50 SMU L. Rev. 127, 157.

328 *National Association of Corporate Directors*, in *Olsen/Arp*, 907 PLI/Corp 571, 594.

329 "Board of Directors should hire directors and service providers to provide service", *National Association of Corporate Directors*, in *Olsen/Arp*, 907 PLI/Corp 571, 618.

4.6 Zwischenergebnis

Als Zwischenergebnis lässt sich festhalten, dass die Reformen zur Verbesserung der bestehenden Corporate Governance in hohem Maße auf eine Trennung von Geschäftsführung und Kontrolle abzielen. Es wird versucht sicherzustellen, dass "*outside directors*" sowohl ausreichend unabhängig von der Geschäftsführung sind als auch ihre Unabhängigkeit von dieser dauerhaft wahren. Zielsetzung ist es, eine funktionale Trennung im "*board of directors*" sicherzustellen, sodass Interessenskonflikte bei der Ausführung der Überwachungsfunktion vermieden werden. Dazu dient auch der Ansatz, den Vorsitz im "*board of directors*" mit einer unabhängigen Person, die nicht aus den Reihen der Geschäftsführung stammt, zu besetzten.

Überhaupt zielen viele der Ansätze primär auf ein Beschneiden des Einflusses der Geschäftsführung entweder zu Gunsten von Aktionären oder dem "*board of directors*". Die Notwendigkeit einer umfassenden Kontrolle ist stärker in den Vordergrund getreten.

5 Vorgaben der SE-VO sowie systembedingte Unterschiede im amerikanischen und deutschen Recht

Bevor sich im folgenden Kapitel der Frage der konkreten Ausgestaltung der Geschäftsführung und Überwachung der SE, unter Beachtung der Erfahrungen der amerikanischen Gesellschaftsrechtspraxis, zugewandt werden kann, sollen im Folgenden einerseits die wesentlichen Regelungen der Verordnung aufgezeigt werden, andererseits wichtige systembedingte Unterschiede zwischen der deutschen und amerikanischen Rechtslage dargestellt werden, welche sich ebenfalls auf die Frage der Übertragbarkeit der amerikanischen Praxis auswirken.

5.1 Rechtliche Vorgaben durch die SE-VO

Betrachtet man die einschlägigen Artikel der SE-VO zu Fragen der Unternehmensleitung und Kontrolle in der monistisch organisierten Gesellschaft findet sich zu diesem Thema nur eine sehr beschränkte Anzahl von Regelungen in der SE-VO.[1] Nach der Intention des VO-Gebers sollen diese lediglich ein Grundgerüst gemeinschaftlicher Vorgaben darstellen, dessen nähere Ausgestaltung dem nationalen Recht unterliegt.[2]

Da aufgrund der beschränkten Anzahl von Vorschriften in der SE-VO lediglich eine rudimentäre Regelung der relevanten Themenbereiche erfolgt ist, gilt im Übrigen Art. 9 SE-VO.[3] Danach richtet sich die Regelung der maßgeblichen Sachverhalte nach der SE-VO, wenn diese es zulässt nach der Satzung und schließlich nach den Vorschriften des nationalen Rechts der Mitgliedsstaaten.[4] Im nationalen Recht gilt eine Abstufung dahingehend, dass vorrangig spezialgesetzliche Normen der Mitgliedstaaten zur SE gelten, danach das nationale Aktienrecht des Sitzstaates der SE und schließlich Satzungsbestimmungen der SE, die unter den gleichen Voraussetzungen wie eine, nach dem Recht des Sitzstaates gegründete Aktiengesellschaft, gelten, vgl. § 1 RegE-SEEG.[5]

---

1 Die Anzahl der Vorschriften ist im Gegensatz zu von früheren Entwürfen von ursprünglich 400 Artikel im SE-Entwurf von 1970 auf 70 Artikel reduziert worden. Siehe dazu *Brandt/Scheifele*, DStR 2002, 547, Rn. 3; *Teichmann*, ZGR 2002, 383, 390; *Kolvenbach*, DB 1989, 1957ff.; *Schwarz*; Europäisches Gesellschaftsrecht, Rn. 947 ff.; *Blanquet*, ZGR 2002, 20, 22 ff.; *Caspar*, in FS Ulmer, S. 51. Zum Entwurf 1992 siehe *Raiser*, in FS Semler, S. 290ff.

2 *Schwarz*, ZIP 2001, 1847, 1854; *Blanquet*, ZGR 2002, 20, 22 ff.; *Bungert/Beier*, EWS 2002, 3 ff.; *Caspar*, in FS Ulmer, S. 51; *Schindler*, S. 57 f.; *Teichmann*, ZGR 2002, 383, 390; *Schulz/Eicker*, INTERTAX 2001, 329ff.; *Schulz/Geismar*, DStR 2001, 1078ff.

3 Zur Reihenfolge der Prüfung siehe *Schnyder*, in FS *Druey*, S. 569, 573 f.; *Brandt/Scheifele*, DStR 2002, 547 ff.; *Theisen/Hölzl*, in *Theisen/Wenz*, S. 247, 257 f.; *Teichmann*, ZGR 2002, 383, 390 f.; *Grunewald*, S. 309; *Hommelhoff*, in FS Ulmer, 267 ff.

4 *Schnyder*, in FS *Druey*, S. 569, 573 f.; *Brandt/Scheifele*, DStR 2002, 547 ff.; *Hommelhoff*, in FS Ulmer, 267 ff.; *Schwarz*; Europäisches Gesellschaftsrecht, Rn. 947 ff.; *Teichmann*, ZGR 2002, 383, 390 f.; *Theisen/Hölzl*, in *Theisen/Wenz*, S. 247, 257 ff.

5 *Theisen/Hölzl*, in *Theisen/Wenz*, S. 247, 257 ff.; *Schnyder*, in FS *Druey*, S. 569, 573 f.; *Brandt/Scheifele*, DStR 2002, 547 ff.; *Hommelhoff*, in FS Ulmer, 267 ff.; *Teichmann*, ZGR 2002, 383, 394 ff.; *Caspar*, in FS Ulmer, S. 51; *Grunewald*, S. 309.

5.1.1 Wahlrecht der inneren Organisationsform

Gemäß Art. 43 Abs. 4 SE-VO können Mitgliedsstaaten Vorschriften für eine monistische Struktur erlassen, wenn ihre Rechtssysteme eine solche nicht vorsehen. Diese Vorschrift bedeutet allerdings nicht, dass dem nationalen Gesetzgeber ein Wahlrecht zukommt, festschreiben zu können, ob dort zu gründende SEs monistisch oder dualistisch ausgestaltet sind.[6] Ein solches Wahlrecht liegt gemäß Art. 38(b) SE-VO in Verbindung mit der Normenhierarchie der SE-VO nach Art. 9 SE-VO einzig beim Satzungsgeber.[7] Dieser kann für die Form der Binnenorganisation frei zwischen der monistischen und dualistischen Struktur wählen, was eine Abkehr von der Rechtslage nach dem SE-VOV 1991 darstellt, die dieses Recht dem nationalen Gesetzgeber zusprach.[8]

Der deutsche Gesetzgeber hat in §§ 20 ff. RegE-SEEG Regelungen für die Ausgestaltung des monistischen Systems vorgesehen, die den §§ 76 bis 116 AktG vorgehen.

5.1.2 Geschäftsführung, Zusammensetzung sowie Sitzungsfrequenz und Vorsitz des Verwaltungrats

Gemäß § 21 RegE-SEEG leitet der Verwaltungsrat die Gesellschaft, bestimmt die Grundlinien ihrer Tätigkeit und überwacht deren Umsetzung. Diese Vorschrift folgt den Vorgaben des Art 43 Abs. 1 SE-VO, wonach der Verwaltungsrat die Geschäfte der Gesellschaft entsprechend den Voraussetzungen, wie sie für nationale Aktiengesellschaften gelten, führt. Dabei kann er zur Erfüllung dieser Aufgabe einen oder mehrere Geschäftsführer bestellen.[9] Die Zahl der Mitglieder des Verwaltungsrats wird in der Satzung festgelegt. Allerdings ist die Dispositionsfreiheit des Satzungsgebers durch § 23 Abs. 1 Satz 2 RegE-SEEG eingeschränkt, wonach ab einem Grundkapital von mehr als Euro 1.500.000 der Verwaltungsrat aus mindestens drei Mitgliedern bestehen muss. Eine weitere Einschränkung enthält § 23 Abs. 2 RegE-SEEG für den Fall der Arbeitnehmerbeteiligung nach dem SE-Beteiligungsgesetz.[10] Dies entspricht Art. 43 Abs. 2 SE-VO, der auf die Anwendbarkeit der Richtlinie 2001/86/EG verweist. Die Bestellung der Mitglieder des Verwaltungsrats richtet sich gemäß § 28 RegE-SEEG nach der SE-VO, d.h. gemäß

---

6 *Theisen/Hölzl*, in *Theisen/Wenz*, S. 247, 258; *Teichmann*, ZGR 2002, 383, 442; *Bungert/Beier*, EWS 2002, 3 ff.; *Caspar*, in FS Ulmer, S. 51; *Schindler*, S. 57 f. und 67 f. für Österreich.

7 *Bungert/Beier*, EWS 2002, 3 ff.; *Schwarz*, ZIP 2001, 1847, 1854; *Schindler*, S. 57 f.; *Teichmann*, ZGR 2002, 383, 442; *Hommelhoff*, AG 2002, 279, 283, der dieses Wahlrecht ausdrücklich begrüßt, mit den Argumenten, dass nun eine Einbringung der Mitbestimmung in das monistische System erfolgen kann sowie der Vermeidung innepolitischer Kontroversen im Falle eines Staatenwahlrechts. Zur Normenhierarchie *Brandt/Scheifele*, DStR 2002, 547 ff.; *Theisen/Hölzl*, in *Theisen/Wenz*, S. 247, 258; *Hommelhoff/Teichmann*, SZW/RSDA 2002, 1, 3 f.

8 *Theisen/Hölzl*, in *Theisen/Wenz*, S. 247, 258; *Schwarz*, ZIP 2001, 1847, 1854; *ders.*, Europäisches Gesellschaftsrecht, Rn. 985 ff.; *Bungert/Beier*, EWS 2002, 1, 3 ff.; *Schindler*, S. 57 f. und 67 f.; unzutreffend insoweit *Sanna*, ELR 2002, 1, 8.

9 Siehe dazu *infra* Abschnitt 6.2.1.4.

10 *Heinze*, ZGR 2002, 66, 88 ff.; *Jaeger*, S. 120 f.

Art. 43 Abs. 3 SE-VO werden die Mitglieder durch die Hauptversammlung gewählt, wobei davon Vereinbarungen über die Zusammensetzung aufgrund Arbeitnehmermitbestimmung unberührt bleiben.[11]

In Art. 44 SE-VO hat der Europäische Gesetzgeber schließlich die Verpflichtung des Verwaltungsrats niedergelegt, mindestens im Abstand von drei Monaten zusammenzukommen, wobei dies nur eine Mindestvorgabe ist. Dem nationalen Gesetzgeber steht es frei, auch eine höhere Sitzungsfrequenz festzulegen,[12] wovon der deutsche Gesetzgeber keinen Gebrauch gemacht.

Der Vorsitzende des Verwaltungsrats wird gemäß § 38 Abs. 1 RegE-SEEG aus der Mitte des Verwaltungsrats gewählt. Dabei ist zu beachten, dass in mitbestimmten Gesellschaften der Vorsitzende gemäß Art. 45 SE-VO den Reihen der Anteilseignervertreter zu entstammen hat.

5.2 Unterschiedliche Rahmenbedingungen auf europäischer und nationaler Ebene

Neben unterschiedlicher gesetzlicher Ausgestaltung, können sich Unterschiede zwischen der Rechtslage in Deutschland und den Vereinigten Staaten, aber auch aufgrund der unterschiedlichen Bedeutung des Kapitalmarktes, der Art der Regelungstechnik sowie der Aktionärsstruktur, ergeben.[13]

5.2.1 Geringere Bedeutung des Kapitalmarktes für die Unternehmenskontrolle

Anders als in den Vereinigten Staaten ist die Bedeutung des Kapitalmarkts in Deutschland verhältnismäßig gering.[14] Im Gesamtvergleich ist lediglich ein geringer Anteil der deutschen Kapitalgesellschaften börsennotiert. Die Mehrheit ist entweder in der Rechtsform der GmbH organisiert oder eben nicht an einer Börse notiert.[15] Mitursächlich dafür ist, dass deutsche Gesellschaften sich häufiger über Bankkredite als den Kapitalmarkt finanzieren.[16]

Der deutsche Kapitalmarkt gilt zusätzlich als Markt mit einer hohen Konzentration des Anteilsbesitzes und weist im langfristigen Vergleich einen hohen Kursaufschlag für Stamm- gegenüber stimmrechtslosen

---

11 *Heinze*, ZGR 2002, 66, 88 ff.; *Jaeger*, S. 120 f.

12 *Jaeger*, S. 120 f.; *Artmann*, wbl 2002, 189, 193; *Schindler*, S. 67 f.

13 *Beyer*, ZfB, Ergänzungsheft 3/96, 80 ff.; *Schmidt*, S. 33 ff.; *Berrar*, S. 38 ff.; *Merkt*, Die Rolle des Kapitalmarktrechts, S. 5 ff.; *Breuer*, in *Hopt/Kanda/Roe/Wymeersch/Prigge*, S. 537 ff.

14 *Erhardt/Nowak*, AG 2002, S. 336, 337; *Berrar*, S. 38 ff.; *Nowak*, Recent Developments in German Capital Markets and Corporate Governance, Journal of Applied Corporate Finance (JACF), 2001, S. 35 ff.; *Teichmann*, Corporate Governance in Europa, ZGR 2001, 645, 659 f.

15 *Birk*, in *Pinto/Visentini*, S. 53, 54 ff.; *Schmidt*, S. 242; *Hansen*, GmbHR 2003, 22 ff.; *ders.*, 148 ff. zum damaligen Zeitpunkt betrug die Anzahl der GmbHs ca. 850.000.

16 *Hopt*, in *Hopt/Wymeersch*, S. 11; *Mülbert*, in *Hopt/Kanda/Roe/Wymeersch/Prigge*, S. 445 ff.; *Schmidt*, S. 364 f.; *Boehmer*, in *McCahery/Moreland/Raaijmakers/Renneboog*, S. 268ff.; *Wymersch*, in *McCahery/Moreland/Raaijmakers/Renneboog*, S. 230, 232.

Vorzugsaktien auf.[17] Letzteres gilt als Ausdruck der erheblichen Asymmetrie zwischen den Stellungen kontrollierender Groß- im Verhältnis zu Kleinaktionären zu Lasten der Letzteren.[18] Dementsprechend spielen Privatanleger als Investoren lediglich eine untergeordnete Rolle.

Das Fehlen eines den amerikanischen Verhältnissen entsprechenden Kapitalmarktes wirkt sich, nach verbreiteter Auffassung auch auf der Möglichkeit der Kapitalbeschaffung für neue, risikoreiche Unternehmungen aus.[19] So wird argumentiert, dass Unternehmen in Deutschland für solche Geschäfte auf eine Finanzierung durch Banken angewiesen sind, diese sich risikoträchtigen Unternehmungen gegenüber jedoch, aufgrund der geringeren Verdienstmöglichkeit, sehr zurückhaltend verhalten.[20] Banken würden solche Geschäfte üblicherweise über Kredite finanzieren, weswegen sie bei erfolgreichen Unternehmungen auch nur den Kreditzins als Gewinn verbuchen können, während private Investoren höhere Gewinne über die Beteiligung an diesen Unternehmen erzielen könnten.[21]

Das Fehlen eines entwickelten Kapitalmarktes zeigt sich nach Ansicht Außenstehender auch im deutschen Konzernrecht.[22] Dessen Existenz sei nur deswegen erforderlich, weil Kleinaktionäre mangels eines ausreichend entwickelten Aktienmarktes keine ausreichenden Alternativen für anderweitige Investitionen hätten.[23]

Dies hat auch zur Konsequenz, dass die Umsetzung der *supra* diskutierten Vorschlägen aus den USA durch entsprechende Regelungen in Deutschland nur in geringerem Maße über Börsenvorschriften realisiert werden können.[24] Insoweit bedarf es eines anderen Regelungsinstruments.

---

17 *Becht/Böhmer*, Transparency of Ownership and Control in Germany, Preliminary Report to the European Commission, 1997; *La Porta/Lopez de Silanes/Shleifer/Vishny*, Corporate Ownership around the World, Journal of Finance(JF), 1999, S. 471 ff.; *Hopt*, ZGR 2000, 779, 802 ff.; *Schmidt*, S. 242 ff.

18 *Erhardt/Nowak*, AG 2002, 336, 337; *Wymersch*, in *McCahery/Moreland/Raaijmakers/Renneboog*, S. 230, 232; *Pellens/Hillebrandt*, AG 2001, 57 ff.; *Schmidt*, S. 244 ff. mit einem Vergleich zu der Situation in den USA.

19 *Krawinkel*, S. 74; *Potthoff*, BfuP 1996, 253, 257 ff.; *Boehmer*, in *McCahery/Moreland/Raaijmakers/Renneboog*, S. 268, 273 f.

20 *Schmidt*, S. 364 ff.; *Hopt*, ZGR 2000, 779, 803 ff.; *Potthoff*, BfuP 1996, 253, 257 ff.

21 *Hopt*, ZGR 2000, 779, 804 f.; *Boehmer*, in *McCahery/Moreland/Raaijmakers/Renneboog*, S. 268, 273 f.*Gerke*, in *Hopt/Kanda/Roe/Wymeersch/Prigge*, S. 607 ff.

22 *Hopt*, ZGR 2000, 779, 804 f.

23 *Schmidt*, S. 244 ff.; *Hopt*, ZGR 2000, 779, 807 ff.; *Birk*, in *Pinto/Visentini*, S. 53,54 f.; *Wymersch*, in *McCahery/Moreland/Raaijmakers/Renneboog*, S. 230, 234 f.

24 *Merkt*, Die Rolle des Kapitalmarkrechts, S. 5 ff.; *Schwarz/Holland*, ZIP 2002, 1661 ff.; siehe insoweit auch zum Einfluß der Banken *Albers*, S. 132 f.; *Boehmer*, in *McCahery/Moreland/Raaijmakers/Renneboog*, S. 268, 273 f.

5.2.2 Keine ausschließliche Ausrichtung der Gesellschaft am Aktionärsinteresse

Als weiterer Unterschied zwischen den USA und Deutschland wird die unterschiedliche Vorgabe hinsichtlich Unternehmensausrichtung angesehen. Während in den USA gefordert wird, Gesellschaften aufgrund der Verwendung fremden Kapitals ausschließlich auf die Steigerung des Unternehmenswerts zum Wohl der Aktionäre auszurichten, sind im deutschen Gesellschaftsrecht auch darüber hinausgehende Interessen zu berücksichtigen.[25]

Im deutschen Recht spielt neben dem, in der Mitbestimmung verankerten Arbeitnehmerinteresse auch die Anerkennung im jeweiligen sozialen Umfeld des Unternehmens eine wichtige Rolle.[26]

Umstritten ist, ob daneben auch eine Gemeinwohlverpflichtung für Gesellschaften gilt. Anders als noch das Aktiengesetz 1937, welches eine entsprechende Klausel enthielt, hat der Gesetzgeber diese im Aktiengesetz 1965 nicht wiederholt.[27] Unbestritten ist zumindest, dass Gesellschaften zumindest der verfassungsrechtlichen Sozialbindung nach den Art. 2, 12, 14 und 20 GG unterliegen, welche eine einseitige Ausrichtung an Aktionärs- oder Arbeitnehmerinteressen verbietet.[28] Ebenfalls anerkannt ist, dass bei der Entscheidungsfindung des Vorstands sowohl die Interessen der Aktionäre, der Arbeitnehmer als auch des Allgemeinwohls zu berücksichtigen sind.[29] Da eine Hierarchie der zu berücksichtigen Interessen nicht besteht, hat der Vorstand das Recht aber auch die Pflicht, eine Abwägung zwischen diesen widerstreitenden Interessen vorzunehmen.[30] Diese darf nicht einseitig zu Lasten einer Interessengruppe erfolgen, was sich in dem Gebot, für den dauerhaften Bestand des Unternehmens und der dauerhaften Rentabilität Sorge zu tragen, zeigt.[31] Insofern besteht eine entsprechende Verpflichtung gegenüber den Aktionären als

---

25 Für die amerikanische Auffassung: *Dodge v. Ford Motors Co.*, 170 NW. 668 (204 Mich. 459) aus dem Jahr 1919, *Allen*, Our Schizophrenic Conception of the Business Corporation, 14 Cardozo L. Rev. 261, 264 ff.; *Fischel*, The Corporate Governance Movement, 35 Vand. L. Rev. 1259, 1268 ff.; *Hamilton*, Corporations, S. 603ff; dagegen allerdings *ALI*, Principles of Corporate Governance, § 2.01(b), die auch soziale Verantwortung fordern.

26 *Raiser*, Kapitalgesellschaften § 14 Rn. 13 f.; *Hopt*, ZGR 1993, 534, 536 ff.; *Hüffer*, ZHR 1997, 214, 217; *Mülbert*, ZGR 1997, 129 f.; *Roe*, in *Hopt/Kanda/Roe/Wymeersch/Prigge*, S. 361 ff.

27 *Wiedemann*, ZGR 1980, 147, 161 ff.; *Rittner*, in FS Geßler, S. 139 ff.; *Raiser*, Kapitalgesellschaften, § 13 Rn. 1.

28 *Mertens*, in Kölner Kommentar AktG, § 76 Rn. 32 ff.; *Wiedemann*, ZGR 1980, 147, 161 ff.; *Rittner*, in FS Geßler, S. 139 ff.

29 *Hüffer*, AktG, § 76 Rn. 12; *Hefermehl*, in Geßler/Herfermehl, § 76 Rn. 19; *Mertens*, in Kölner Kommentar AKtG, § 76 Rn. 16.

30 *Hopt*, ZGR 1996, 534, 536; *Mülbert*, ZGR 1997, 129, 156 ff.; *v.Werder*, ZGR 1998, 69, 77 ff.; *Hüffer*, AktG, 1999, § 76 Rn. 12; *Rittner*, in FS Geßler, 1971, S. 139, 142; *Mertens*, in Kölner Kommentar AktG, § 76 Rn. 16.

31 *Semler*, Leitung und Überwachung der Aktiengesellschaft, S. 27 ff.; *Mertens*, in Kölner Kommentar AktG, § 76 Rn. 17 u. 22; *Hüffer*, AktG, § 76 Rn. 13; *Jürgenmeyer*, Das Unternehmensinteresse, S. 103 f.

Kapitalgebern der Gesellschaft.[32] Gleichzeitig ist ein solches Handeln aber auch im Interesse der Arbeitnehmer, da es der Sicherung von Arbeitsplätzen dient und somit auch der Allgemeinheit.

5.2.3 Traditionell unterschiedliche Zusammensetzung der Unternehmensleitung

Das Gebot der Berücksichtigung anderer, über den "*sharholder value*" hinausgehende Interessen schlägt sich insbesondere in der Zusammensetzung und Form der Unternehmensleitung nieder. Aufgrund der Mitbestimmungsregeln, die im Aufsichtsrat ansetzen, ist die dualistischen Struktur für deutsche Aktiengesellschaften üblich, mit der Aufteilung der Funktionen von Geschäftsführung und Kontrolle in Vorstand und Aufsichtsrat. Darüber hinaus weicht aber auch die deutsche Struktur des Vorstands von dem amerikanischen "*CEO*-Modell“ ab, da der Vorstand in der Regel als Kollegialorgan ausgestaltet ist.

5.2.3.1 Kollegiale Struktur des Vorstands

Während der "*CEO*" einer amerikanischen Aktiengesellschaft die letzte Entscheidungskompetenz darstellt ("Führerprinzip") hat sich der deutsche Gesetzgeber bewusst gegen eine solche Machtkonzentration ausgesprochen.[33] Die im Aktiengesetz 1937 eingeführte Regelung, dass der Vorstandsvorsitzende Meinungsverschiedenheiten im Vorstand auch gegen die Mehrheit der Vorstandsmitglieder entscheiden können soll, ist mit der Aktienrechtsreform von 1965 bewusst aufgegeben worden.[34] Der Vorstand ist als Kollegialorgan ausgestaltet, dessen Entscheidungen im Konfliktfall durch einen Mehrheitsbeschluss der Mitglieder getroffen werden.[35] Es wurde bewusst darauf verzichtet, gesetzlich einen Vorsitzenden zuzulassen, dessen Stimme letztentscheidend ist.[36] Gesellschaften steht es zwar frei, einen Vorstandsvorsitzenden zu ernennen, diesem kommt nach dem gesetzgeberischen Leitgedanken jedoch nur die Aufgabe der Koordinierung der Sitzungsarbeit zu.[37] Er soll die Rolle eines "*primus inter pares*" innehaben, nicht eine tatsächliche Führungsfunktion. Ob ihm daneben auch ein Recht zum Stichentscheid oder ein Vetorecht

---

[32] *Hüffer*, AktG,§ 76 Rn. 12; *Mertens*, in Kölner Kommentar AktG, § 76 Rn. 23; *Hefermehl*, in Geßler/Herfermehl, § 76 Rn. 19.

[33] *K.Schmidt*, S. 820; *Krieger*, S. 247; *Peltzer/ v. Werder*, AG 2001, 1, 3; *Hofmann*, DB 1990, 2333, 2335.

[34] *Baums*(Hrsg.), Regierungskommission Corporate Governance, Rn. 36; *Schnorr*, S. 74 ff.

[35] *Hoffman-Becking*, ZGR 1998, 497, 517 f.; *Hüffer*, AktG, § 84 Rn. 22; *Mertens*, in Kölner Kommentar AktG, § 84 Rn. 17 ff.

[36] *Hoffman-Becking*, MünchnHdb. AktG, § 1 Rn. 12 f.; *Hofmann*, DB 1990, 2333, 2335; *Hein*, RIW 2002, 501, 502.

[37] *Krieger*, S. 247; *Hüffer*, AktG, § 84 Rn. 21; *Bezzenberger*, ZGR 1996, 661, 662 ff.

in Abstimmungen zukommen kann, ist umstritten.[38] Zumindest für mitbestimmte Gesellschaften ist dies aber wohl zu verneinen.[39]

Die amerikanische Praxis steht einem solchen Aufbau eher ablehnend gegenüber, da in ihren Augen die Gefahr des Fehlens einer klaren Führung besteht. Dies birgt die Gefahr des Unterbleibens notwendiger Entscheidungen zugunsten einfacher Kompromisse aus Opportunitätsgründen.[40] Zusätzlich wird als positiver Aspekt des Zuschnitts auf einen "*CEO*" die Identifikationswirkung mit einer starken Persönlichkeit für die Gesellschaft betont.[41] Außenstehende Personen würden die Gesellschaft durch eine solche Führungsperson leichter wiedererkennen.

Zwar wird auch in Deutschland zunehmend eine entsprechende Angleichung an die angloamerikanische Praxis gefordert[42], um klare Führungsstrukturen zu kreieren, doch scheinen solche Vorschläge, die gerade in Praktikerkreisen Zustimmung finden, derzeit nicht mehrheitsfähig.[43]

Ein weiterer Bereich, in dem sich die Beteiligung der Arbeitnehmer widerspiegelt und sich auf die Struktur der Organisation der Geschäftsführung auswirkt ist der nach §§ 13, 33 MitbestG und § 13 MontanMitbestG zu bestellende Arbeitsdirektor.[44] Dieser gehört dem Vorstand als gleichberechtigtes Mitglied an und hat einen Kernbereich von Zuständigkeiten in Personal- und Sozialfragen, der ihm auch durch die Geschäftsordnung des Vorstands nicht entzogen werden kann.[45] Zwar ist es keine Voraussetzung für den Posten des Arbeitsdirektors, dass dieser das besondere Vertrauen der Arbeitnehmer genießt, jedoch zeigt sich deren Einfluss zumindest im MontanMitbstG, als er dort nicht gegen die Stimmen der Mehrheit der Arbeitnehmervertreter im Aufsichtsrat bestellt und abberufen werden kann.[46] Seine Ernennung erfolgt dagegen nach den, üblicherweise für den Vorstand geltenden Regeln, durch den Aufsichtsrat.[47]

---

38 Zustimmend *Hüffer*, AktG, § 84 Rn. 21. Dagegen *Bezzenberger*, ZGR 1996, 661, 662 ff. und auch BGHZ 89, 48, 59 für Fälle der Mitbestimmung.

39 *Bezzenberger*, ZGR 1996, 661, 662 ff. und auch BGHZ 89, 48, 59 für Fälle der Mitbestimmung.

40 *Eisenberg*, The Legal Structure of the Corporation, S. 144 ff.; Hein, ZHR 2002, 464 ff.

41 *Hein*, RIW 2002, 501, 502; *Eisenberg*, The Legal Structure of the Corporation, S. 144 ff.

42 *R. Berger*, Der Chief Executive ist in Deutschland überfällig, FAZ vom 26.11.2001; *Hein*, RIW 2002, 501, 502 Fn. 3.

43 *Baums* (Hrsg.), Regierungskommission Corporate Governance, Rn. 36.

44 Zum Arbeitsdirektor siehe *Mertens*, in Kölner Kommentar AktG, Anh. zu § 117 B § 33 MitbestG Rn. 1 ff.; *Oetker*, in Großkomm. AktG, § 33 Rn. 1 ff.

45 *Wiesner*, in MünchnHdb.AktG, S. 190; *Hüffer*, AktG, § 76, Rn. 24; *Lutter/Krieger*, S. 180 ff.; *Mertens*, in Kölner Kommentar AktG, Anh. zu § 117 B § 33 MitbestG Rn. 1 ff.; *Oetker*, in Großkomm. AktG, § 33 Rn. 1 ff.

46 *Wiesner*, in MünchnHdb.AktG, S. 190; *Lutter/Krieger*, S. 180 ff.; *Hüffer*, AktG, § 76 Rn.24; *Mertens*, in Kölner Kommentar AktG, § 76 Rn. 93 ff.

47 *Mertens*, in Kölner Kommentar AktG, § 76 Rn. 93 ff.; *Oetker*, in Großkomm. AktG, § 33 Rn. 1 ff.; *Wiesner*, in MünchnHdbAktG, S. 190; *Lutter/Krieger*, S. 180 ff.

5.2.3.2 Arbeitnehmervertreter im Aufsichtsrat

Der offensichtlichste Unterschied, der bei der Betrachtung des deutschen Systems der Unternehmensleitung ins Auge sticht, ist die im Aufsichtsrat ansetzende Beteiligung der Arbeitnehmer.[48] Diese kann, abhängig von den einschlägigen Normen des BetrVG oder MitbestG, zu einer Drittelbeteiligung oder sogar paritätischen Repräsentation der Arbeitnehmer im Aufsichtsrat führen.[49]

In Fällen, in denen eine Aktiengesellschaft weniger als 2000 Arbeitnehmer aufweist, richtet sich die Zusammensetzung des Aufsichtsrats nach §§ 96 Abs. 1 AktG, 76 Abs. 5 BetrVG 1952. Der Aufsichtsrat einer solchen Gesellschaft setzt sich dann zu einem Drittel aus Vertretern der Arbeitnehmer zusammen.[50] Eine Ausnahme besteht nur für Familienunternehmen mit weniger als 500 Arbeitnehmern sowie Tendenzunternehmen.[51] Bei diesen setzt sich der Aufsichtsrat lediglich aus Vertretern der Anteilseigner zusammen.[52]

Beschäftigt die Gesellschaft mehr als 2000 Arbeitnehmer, fällt sie in den Anwendungsbereich des Mitbestimmungsgesetzes von 1976 (MitbestG 1976). Die Zusammensetzung richtet sich nach §§ 96 Abs. 1 S. 1 AktG, 1 ff MitbestG 1976. Der Aufsichtsrat setzt sich in diesen Fällen paritätisch aus Vertretern der Aktionäre und der Arbeitnehmer zusammen. Im Rahmen der Vertreter der Arbeitnehmer müssen sich dabei zusätzlich gemäß § 7 Abs. 2 MitbestG 1976 zwei oder drei Vertreter von Gewerkschaften befinden, abhängig von der Gesamtmitgliederzahl des Aufsichtsrats.[53]

Wenn die Gesellschaft in den Anwendungsbereich des Montanmitbestimmungsgesetzes fällt, setzt sich der Aufsichtsrat paritätisch aus Vertretern der Aktionäre, der Arbeitnehmer sowie einem neutralen Mitglied zusammensetzen. Dieses wird von dem gesamten Aufsichtsrat der Hauptversammlung vorgeschlagen und von dieser gewählt nach §§ 96 Abs. 1 AktG, 5 ff. MontanMitbestG.[54]

Anders als im amerikanischen "*board of directors*" kennt daher das deutsche Aktienrecht, sieht man von der engen Ausnahme der Montanunternehmen ab, keine unabhängigen Aufsichtsratsmitglieder. Die Mitglieder

---

48 *Birk*, in *Pinto/Visentini*, S. 53, 54 ff.; *Roe*, in *Hopt/Kanda/Roe/Wymeersch/Prigge*, S. 361 ff.; *Schmidt*, S. 109.

49 *Lutter/Krieger*, S. 3; *Schmidt*, S. 109; *Birk*, in *Pinto/Visentini*, S. 53, 54 ff.; *Roe*, in *Hopt/Kanda/Roe/Wymeersch/Prigge*, S. 361 ff.

50 *Hüffer*, AktG, § 96, Rn. 11, *Hoffmann-Becking*, in MünchHdb. AktG, § 28 Rn. 2 ff.; *Mertens*, in Kölner Kommentar AktG, § 96 Rn. 3 ff. m.w.N.

51 Zur Einordnung als Tendenzunternehmen siehe *Mertens*, in Kölner Kommentar AktG, Anh. § 117 B, § 1 MitbestG Rn. 5 ff. m.w.N.

52 *Lutter/Krieger*, S. 3; *Hoffmann-Becking*, MünchHdb. AktG § 28 Rn. 2 ff. m.w.N.

53 *Hüffer*, AktG, § 96, Rn. 5 m.w.N.

54 *Lutter/Krieger*, S. 3, siehe dort auch Fn. 12.; *Hüffer*, AktG, § 96, Rn. 7.

sind entweder Arbeitnehmer- oder Aktionärsvertreter, wobei letztere regelmäßig Repräsentanten von Großaktionären oder Kreditinstituten sind. Dementsprechend ist zu überlegen ob, angesichts der im amerikanischen Recht aufgezeigten Bedeutung unabhängiger "*board*"-Mitglieder bei der Erarbeitung eines Gesetzesentwurfs für eine monistisch geführte Gesellschaft an die bisherige Praxis anzuknüpfen ist oder man versuchen sollte, eine Änderung zu Gunsten unabhängiger Mitglieder anzustreben.[55]

5.2.3.3 Repräsentation von Banken, Beratern und Geschäftskunden im Aufsichtsrat

Betrachtet man die von den Aktionären gewählten Mitglieder des Aufsichtsrats, findet man regelmäßig einen beachtlichen Anteil von Personen, welche nach amerikanischem Verständnis als der Gesellschaft nahestehend anzusehen sind.[56] Typischerweise setzen sich die Aufsichtsräte großer Publikumsgesellschaften neben den Arbeitnehmervertretern aus Vertretern von Banken, Geschäftspartnern der Gesellschaft oder der Gesellschaft nahestehenden Beratern zusammen.[57] Ebenfalls weit verbreitet ist die Praxis, ausscheidenden Vorstandsvorsitzenden einen Platz im Aufsichtsrat oder sogar dessen Vorsitz einzuräumen.[58]

Durch eine solche Verknüpfung, gerade mit Banken werden deutsche Gesellschaften im Gegensatz zu amerikanischen unabhängiger von den Finanzmärkten, da sie zur Refinanzierung nicht ausschließlich auf diese angewiesen sind.[59]

Insofern spielt auch die, in der angloamerikanischen Praxis unbekannte Hausbank vieler Gesellschaften eine wichtige Rolle.[60] Typischerweise unterhalten deutsche Gesellschaften enge Kontakte zu einem ihnen nahestehenden Kreditinstitut, über welches sie nicht nur die laufenden Geschäfte abwickeln, sondern auch Kredite aufnehmen oder größere Transaktionen abwickeln.[61] Regelmäßig hält ein solches Kreditinstitut dann

---

55 Dafür auch *Baums* (Hrsg.), Regierungskommission Corporate Governance, Rn. 55. Siehe dazu näher *infra* Abschnitt 5.2.4.

56 *Schiessl*, AG 2002, 593, 597 ff.; *Baums*, (*Hrsg.*), Regierungskommission Corporate Governance, Rn. 55; *Hopt*, ZGR 2000, 779, 802 ff.; *Teichmann*, Corporate Governance in Europa, ZGR 2001, 645, 659; *Baums*, AG 1996, 11 ff.; *Holl*, S. 136; *Wenger/Kaserer*, in *Hopt/Kanda/Roe/ Wymeersch/Prigge*, S. 499ff.; *Mülbert*, Gutachten zum 61. DJT, E-39 ff. u. E-87 ff.; *Wagner*, Aufsichtsratsgremien, S. 30 ff.; *Raiser*, Kapitalgesellschaften, § 15 Rn. 48; *Steindl*, S. 156, Visentini, 23 Brooklyn J. Int. L. 833, 837; *Vogel*, Aktienrecht und Aktienwirklichkeit, S. 50 f.

57 *Schiessl*, AG 2002, 593, 597 ff.; *Baums*, Regierungskommission Corporate Governance, Rn. 55; *Kübler*, 57 Brookl. L. Rev. 97 ff.; *Hopt*, ZGR 2000, 779, 802 ff.

58 *Kim*, 26 Law & Pol'y Int'l Bus. 371, 378 ff.; *Kübler*, 57 Brookl. L. Rev. 97 ff.; *Schiessl*, AG 2002, 593, 597 ff.; *Wenger/Kaserer*, in *Hopt/Kanda/Roe/Wymeersch/Prigge*, S. 499ff.

59 *Kübler*, 57 Brookl. L. Rev. 97 ff.; *Hackelmacher*, Wpg. 1991, 104ff.; *Hopt*, ZGR 2000, 779, 802 ff.; *Schmidt*, S. 364 ff.; *Krawinkel*, S. 74.

60 Siehe dazu *Breuer*, in *Hopt/Kanda/Roe/Wymeersch/Prigge*, S. 537 ff.; *Hopt*, ZGR 2000, 779, 802 ff; *Kübler*, 57 Brookl. L. Rev. 97 ff.

61 *Kübler*, 57 Brookl. L. Rev. 97 ff.; *Hopt*, ZGR 2000, 779, 802 ff.; *Schmidt*, S. 364 ff.

auch einen bedeutenden Block an Anteilen an der Gesellschaft.[62] Neben der Abschirmung von den Schwankungen des Kapitalmarkts garantiert eine solche Zusammensetzung längerfristige Stabilität, da das Vorhandensein einiger Großaktionäre, die in laufendem Geschäftskontakt mit der Gesellschaft stehen, eine Absicherung vor feindlicher Einflussnahme mit sich bringt.[63] Feindliche Übernahmen sind im deutschen Recht dementsprechend selten, da sie, um erfolgreich zu sein, die Zustimmung der Großaktionäre bedürften. Gerade Banken hätten aber meist kein Interesse daran.[64]

Der Einfluss der Banken beruht auch auf deren Möglichkeit sowohl als Investment- als auch Geschäftsbank tätig zu werden. Eine solche umfassende Betreuung von Gesellschaften ist in den USA aufgrund des "*Glass-Stegall Act*" verboten, der eine Trennung dieser Geschäftsbereiche fordert.[65]

Die Einflussmöglichkeit der Banken in deutschen Aktiengesellschaften manifestiert sich aber auch in der Ausübung des Stimmrechts durch die Bank, nicht nur für eigene Aktien sondern auch für die der Kleinaktionäre.[66] Üblicherweise lassen Kleinaktionäre ihre Aktien in Verwahrung durch Banken halten. Diese üben dann auch das Stimmrecht für die von ihnen verwahrten Aktien aus, wenn der Aktionär keine anderweitige Absicht kundtut.[67] Banken müssen zwar eine entsprechende Anzeige an den Aktionär versenden, in welcher sie ihn von der Ausübung des Stimmrechts unterrichten und um Anweisung zur Ausübung bitten. Gleichzeitig haben sie anzukündigen, dass sie, im Falle des Unterbleibens einer Anweisung, das Stimmrecht selbst ausüben werden. Unterbleibt, wie es häufig vorkommt, eine Anweisung, üben sie es entsprechend ihrer Vorschläge aus. Zwar sind sie dabei an das Aktionärsinteresse gebunden, doch erfolgt in der Praxis mehrheitlich eine Abstimmung entsprechend den Vorschlägen der Gesellschaft.[68]

---

62 *Hopt*, in *Hopt/Wymeersch*, S. 11; *Kübler*, 57 Brookl. L. Rev. 97 ff.; *Teichmann*, Corporate Governance in Europa, ZGR 2001, 645, 659.

63 *Hopt*, in *Hopt/Wymeersch*, S. 11; *Hopt*, in *Feddersen/Hommelhoff/Schneider*, S. 243 f.; *Wenger/Kaserer*, in *Hopt/Kanda/Roe/Wymeersch/Prigge*, S. 499 ff.

64 So die überwiegende Ansicht in der angloamerikanischen Literatur. Siehe auch *Mayer*, in *Hopt/Kanda/Roe/Wymeersch/Prigge*, S. 641 ff. Dagegen *Hopt*, Corporate Governance, ZGR 2000, 779, 802 ff. mit Verweis auf Thyssen und Krupp.

65 *Hopt*, in *Feddersen/Hommelhoff/Schneider*, S. 243, 244; *Hackelmacher*, Wpg. 1991, 104 ff.; *Krawinkel*, S. 73 f.

66 *Hopt*, in *Feddersen/Hommelhoff/Schneider*, S. 243, 246 ff.; *Baums*, in *Hopt/Kanda/Roe/ Wymeersch/Prigge*, S. 565 ff.

67 *Semler*, in MünchHdb. AktG, § 38 Rn. 42; *Hopt*, in *Feddersen/Hommelhoff/ Schneider*, S. 243, 247 ff.

68 Zu den Vor- und Nachteilen siehe auch *Semler*, in MünchnHdb. AktG, § 38 Rn. 42; *Hopt*, Corporate Governance, ZGR 2000, 779, 802 ff.; *Hopt*, in *Feddersen/Hommelhoff/ Schneider*, S. 243, 247 ff.

Durch den Wechsel des ausscheidenden Vorstandsvorsitzenden in den Aufsichtsrat kann ebenfalls eine längerfristige Perspektive in der Unternehmensausrichtung gewahrt werden, da er durch seine fortbestehende Einflussmöglichkeit Kontinuität garantieren kann. Nichtsdestotrotz ist diese Praxis kritisch zu betrachten, da eine solche Verflechtung aufgrund fehlender Marktbeeinflussung notwendige Reformen verspäten kann. Dementsprechend besteht die Forderung, eine Limitierung der Anzahl ehemaliger Vorstandsmitglieder im Aufsichtsrat vorzuschreiben.[69] Insbesondere in den Vereinigten Staaten stößt diese Praxis auf heftige Kritik, da man die Gefahr sieht, dass ein ausscheidender "*CEO*" regelmäßig an der Auswahl seines Nachfolgers beteiligt war und damit Einfluss auf seinen Nachfolger ausüben kann, zum anderen aber auch notwendige Veränderungen, zu welchen das "*board of directors*" Anstoß geben müsste, nicht erkennt.[70]

5.2.4 Das Fehlen von "independent directors" zur Überwachung der Gesellschaft

Einer der augenscheinlichsten Unterschiede, der bei einer Umsetzung der Erfahrungen der Vereinigten Staaten zu beachten ist, ist das Fehlen von "*independent directors*" zur Übernahme von Überwachungstätigkeiten in einem monistischen Verwaltungsrat nach deutschem Recht. In der amerikanischen Gesellschaftsrechtspraxis kommt dieser Personengruppe mittlerweile in der Ausfüllung der Überwachungstätigkeit eine herausragende Bedeutung zu.[71] Dementsprechend befürworten gerade amerikanische Kreise die Einführung vergleichbarer Personengruppen zur Übernahme von Überwachungsaufgaben auch in Deutschland, wie es sich zuletzt während den Erörterungen zum Entwurf des Regierungsberichts zum deutschen Corporate Govenance Kodex zeigte.[72] Die Regierungskommission hat sich diesbezüglich gegen eine gesetzliche Regelung und für eine Aufnahme entsprechender Empfehlungen in einen "*Code of Best Practice*" ausgesprochen, die auch bereits Niederschlag in verschiedenen Gesellschaften gefunden haben.[73] Gleichzeitig wurde betont, dass aufgrund der formellen Trennung von Geschäftsleitung und Überwachung diesem Bereich in Deutschland eine deutlich geringere Bedeutung zu-

---

69 *Baums*(Hrsg.), Regierungskommission Corporate Governance, Rn. 55; *Schiessl*, AG 2002, 593, 598; Deutscher Corporate Governance Kodex, 5.4.2, welcher eine Limitierung auf nicht mehr als zwei ehemalige Vorstandsmitglieder fordert.

70 *Eisenberg*, The Legal Structure of the Corporation, S. 87; *Mace*, S. 68 ff., *Monks/Minow*, Corporate Governance, S. 141 f.

71 Siehe beispielsweise die Regelungen der *NYSE* vom 16.08.2002. Siehe auch; *ABA*, Corporate Director's Guidebook, 56 Bus. Law. 1571, 1581; *Cox*, 61 Geo. Wash. L. Rev. 1233, 1258; *ALI*, Principles of Corporate Governance, § 2.01; *Lipton/Lorsch*, 48 Bus. Law. 59, 70; *Monks/Minow*, Corporate Governance, S. 179 ff.; *Tobin*, 49 Bus. Law. 1707, 1723.

72 *Baums (Hrsg.)*, Regierungskommission Corporate Governance, 2001, Rn. 55; Schiessl, AG 2002, 593, 598.

73 Siehe z.B. den Corporate Governance Kodex der *SAP AG*, abrufbar unter www.sap.de.

kommt, da diese Trennung bereits formal zu einer unabhängigeren Stellung der Aufsichtsräte führt.[74]

In der bisherigen Praxis zum Aufsichtsrat setzte sich dieser entweder aus Arbeitnehmer- oder Anteilseignervertretern zusammen, sieht man von der an Bedeutung verlierenden Regelung zur Zusammensetzung nach dem MontanMitbestG ab.[75]

An dieser Zusammensetzung, wie sie derzeit für mitbestimmte Aufsichtsräte gilt, wird es auch in einem Ausführungsgesetz zu einer deutschen SE keine Änderungen geben, da die Richtlinie zur Arbeitnehmerbeteiligung, welche gemeinsam mit der SE-VO umzusetzen ist, eine Sicherung der bestehenden Arbeitnehmerrechte vorschreibt.[76] Zwar mag es Differenzierungen im Anteil der Arbeitnehmervertreter im Verwaltungsrat geben, da es den Gesellschaften frei gestellt ist, im Wege der Verhandlung die Beteiligung zu variieren, doch ändert dies nichts an der Tatsache der Arbeitnehmerbeteiligung, weswegen auch Anteilseignervertreter kaum auf eine Repräsentanz im Verwaltungsrat, zu Gunsten unabhängiger Experten verzichten werden.[77]

5.2.4.1 Arbeitnehmervertreter als "outside directors"?

Betrachtet man nun die Arbeitnehmervertreter im Aufsichtsrat einer deutschen Aktiengesellschaft im Lichte der unterschiedlichen Definitionen des amerikanischen Rechts lässt sich unschwer feststellen, dass diese in keiner Weise den Ansprüchen an unabhängige "*board*"-Mitglieder genügen.[78] Arbeitnehmervertreter sind in der Regel Angestellte der Gesellschaft und damit selbst nach der weitgehendsten Definition als "*inside directors*" anzusehen.[79] Zwar könnte man dagegen anführen, dass die einschlägigen Definitionen im amerikanischen Recht primär Personen in den Führungsgremien erfasst und nicht einfache Angestellte, doch finden sich im Aufsichtsrat ebenso Vertreter leitender Angestellter.[80] Außerdem ändert die Frage, ob der Arbeitnehmervertreter sich aus den Reihen der leitenden Angestellten rekrutiert oder aber einfacher Arbeitnehmer ist nichts an der unterschiedlichen Interessensausrichtung im Verhältnis

---

74 *Baums (Hrsg.)*, Regierungskommission Corporate Governance, Rn. 55.

75 Dort wird das 11., 15. oder 21. Mitglied von den Aktionärs- und Arbeitnehmervertretern gemeinsam gewählt. *Hoffmann-Becking*, in MünchHdb AktG, § 28 Rn. 32; *Hüffer*, AktG, § 96 Rn. 7 m.w.N.; *Lutter/Krieger*, S. 3; *Raiser*, Kapitalgesellschaften, § 15 Rn. 43.

76 Erwägungsgrund 21 der Präambel der SE-VO. Siehe auch *Köstner*, S. 21 ff.

77 *Bungert/Beier*, EWS 2002, 1, 8 f.; *Hentze*, ZGR 2002, 66, 80 ff.; *Hommelhoff*, AG 2001, 279, 282 f.; *Hommelhoff/Teichmann*, SZW/RSDA 2002, 1, 6; *Sanna*, ELR 2002, 2, 8; *Schwarz*, Europäisches Gesellschaftsrecht, Rn. 1209; *Teichmann*, ZIP 2002, 1109, 114.

78 Zu den unterschiedlichen Definitionen siehe *supra* Abschnitt 3.3.4.

79 Siehe supra 3.3.4. Außerdem, *Kindler*, S. 106; *Monks/Minow*, Watching the Watchers, S. 193 ff.; *Steindl*, S. 80 ff. Nach dem MitbestG sowie dem MontanMitbestG befinden sich auch Gewerkschaftsvertreter unter den Mitglieder.

80 Siehe dazu die einschlägigen Bestimmungen zur Zusammensetzung des Aufsichtsrats, *Raiser*, Kapitalgesellschaften, § 15 Rn. 40 ff. m.w.N.

zum Aktionär. Ebenso wie ein "*inside director*" im amerikanischen Recht besteht bei ihm die Gefahr, dass sein wesentliches Ziel der Erhalt seines Arbeitsplatzes ist und nicht die Steigerung des Unternehmenswerts zum Wohl der Aktionäre.[81]

Nicht überzeugen kann der von verschiedenen Seiten angeführte Einwand, dass die Interessensausrichtung der Arbeitnehmer letztlich sich nur auf das Wohl der Gesellschaft beziehe, da nur insoweit die Sicherung des Arbeitsplatzes gewährleistet wird und damit ein Gleichlauf mit den Aktionären vorliege.[82] Dieses Argument gilt uneingeschränkt wohl nur in Krisensituationen. Betrachtet man den normalen Geschäftsverlauf, wird das Interesse der Aktionären sich primär auf eine hohe Dividendenzahlung erstrecken. Arbeitnehmer dagegen werden Wert auf steigende Löhne legen.[83]

Daher scheiden unter dem Gesichtspunkt der Aufgabenverteilung Arbeitnehmervertreter als Unternehmenskontrolleure nach amerikanischem Verständnis aus. Aufgrund ihrer Interessenslage sind sie gerade nicht geeignet, die Interessen der Aktionäre gegenüber der Geschäftsführung wahrzunehmen.

5.2.4.2 Aktionärsvertreter als "outside directors"?

Zu einem ähnlichen Ergebnis gelangt man aber auch, wenn man nach amerikanischem Maßstab für "*outside directors*", die Aktionärsvertreter deutscher Aufsichtsräte betrachtet. Wie *supra* dargestellt, ist es in Deutschland Praxis, Vertreter von Banken, Kunden, Beratern der Gesellschaft oder ehemalige Vorstände in die Aufsichtsräte zu wählen.[84] Diese Personen sind aber ebenso wenig frei von Eigeninteresse bei der Ausübung ihrer Tätigkeit wie Arbeitnehmervertreter. Sie müssen als ebenso ungeeignet angesehen werden, ihre Tätigkeit als unabhängige Kontrolleure im Interesse der Aktionäre durchzuführen.[85]

Gegen die Repräsentanz der Banken in einem Verwaltungsrat können die gleichen Argumente wie gegen ihre Repräsentanz in Aufsichtsräten angeführt werden. Es wird wiederholt geltend gemacht, dass eine solche Repräsentanz die Gefahr birgt, dass sie ihren Einfluss zum Nachteil der

---

81 Zum amerikanischen siehe *Mace*, S. 114 ff.; *Eisenberg*, The Legal Structure of the Corporation, S. 139 ff.

82 *Geßler*, in *Geßler/Hefermehl*, § 76 Rn. 18 ff.; *Hüffer*, AktG, § 76 Rn. 9 ff.; *Mertens*, in Kölner Kommentar AktG, § 76 Rn. 3 ff.; *Lutter/Krieger*, S. 178 ff.; *Lutter*, ZHR 1981, S. 224, 231; *Hoffmann-Becking*, in MünchHdb AktG, § 29 Rn. 25 f.; *J. Semler*, Überwachungsaufgabe, S. 58 ff.

83 *Raiser*, Kapitalgesellschaften, § 13 Rn. 2.

84 *Baums (Hrsg.)*, Regierungskommission Corporeate Governance, Rn. 55; *ders.* AG 1996, 11 ff.; *Clemm*, BFuP 1996, 272 ff.; *Hansen*, AG-Report 1994, R. 79; *Hoffmann*, DB 1990, 2337 ff.; *Holl*, S. 136 ff.; *Malik*, S. 173; *Wagner*, Aufsichtsratsgremien, S. 31.

85 *Holl*, S. 32 ff. zu den Fällen Metallgesellschaft, Bremer Vulkan und Balsam.

Gesellschaft geltend machen können.[86] Als Beispiel dieser Gefahr wird die Möglichkeit genannt, dass ein Vertreter einer kreditgewährenden Bank ein wesentliches Interesse an der einer Geschäftspolitik hat, die eine ausreichende Sicherheit für bestehende Kredite gewährt.[87]

Auch die Repräsentanz von Beratern der Gesellschaft, wie z. B. Anwälten oder Wirtschaftsprüfern im Aufsichtsrat der Gesellschaft ist in Deutschland häufig anzutreffen.[88] Auch dieser Personenkreis kann die Voraussetzungen, um als unabhängiges Mitglied des Verwaltungsrats angesehen zu werden, nicht erfüllen. Es stellt sich, ebenso wie bei Vertretern der Banken die Gefahr, dass sie sich in ihrer Tätigkeit von eigenen Geschäftsinteressen leiten lassen.[89]

5.2.4.3 Verzichtbarkeit auf "independent directors" aufgrund bestehender Interessendivergenz

Betrachtet man die Zusammensetzung deutscher Aufsichtsräte und überträgt dies als potentielle Konstellation auf eine zukünftige SE, erscheint es möglich, dass die Gewährleistung guter Unternehmensüberwachung in Deutschland auch ohne die Existenz von "*outside directors*" nach amerikanischem Vorbild möglich ist, zumindest jedoch ein geringeres Missbrauchspotential birgt.

5.2.4.3.1 Kompensation der Defizite aufgrund Mitbestimmung

Sinn und Zweck der Betonung von "*outside directors*" ist die Durchbrechung der Dominanz des Managements sowohl in Geschäftsführung als auch der Überwachung in Gesellschaften.[90] "*Boards*" in den USA setzten sich in der Vergangenheit überwiegend aus Mitgliedern des Spitzenmanagements zusammen, welche ihren Posten regelmäßig dem "*CEO*" verdankten.[91] Dagegen sollten die geforderten "*independent directors*" sich neben ihren Fachkenntnissen auch dadurch auszeichnen, dass sie diese Verbindung nicht aufweisen und somit als objektive Kontrolleure infrage kommen.

Einem solchen potentiellen Konflikt, dass die Mitglieder des "*boards*" ihre Stellung dem Geschäftsführer zu verdanken haben, könnte man je-

---

86 *Baums*, AG 1996, 11 ff.; *Holl*, S. 136; *Mülbert*, Gutachten zum 61. DJT, E-39 ff. u. E-87 ff.; *Wagner*, Aufsichtsratsgremien, S. 30 ff.; *Raiser*, Kapitalgesellschaften, § 15 Rn. 48; *Steindl*, S. 156, Visentini, 23 Brooklyn J. Int. L. 833, 837; *Vogel*, Aktienrecht und Aktienwirklichkeit, S. 50 f.; *Hopt*, Corporate Governance, ZGR 2000, 779, 802 ff.; *Teichmann*, Corporate Governance in Europa, ZGR 2001, 645, 659.

87 Begründung des Entwurfs Rheinland-Pfalz zu § 100 AktG, BR-Drucks. 561/97Anlage S. 19; noch zum KonTraG; *Holl*, S. 136; *Hopt*, in *Feddersen/Hommelhoff/Schneider*, S. 243, 246 ff.; *Lutter*, RdW 1987, 314 ff.

88 *Schiessl*, AG 2002, 593, 597 f.

89 Siehe dazu die parallel gelagerten Probleme der Abschlussprüfer ENRONS. Auch hier ergab sich die Gefahr des Verlust lukrativer Beraterauftrāge bei einem allzu kritischen Verhalten gegenüber der Geschäftsleitung.

90 Siehe dazu *Steindl*, S. 156 ff.

91 Siehe *supra* Abschnitt 3.2.

doch in Deutschland bereits gesetzgeberisch entgegenwirken, in dem man bei der Umsetzung der SE-VO den Einfluss eines deutschen "*CEO*" in diesen Punkten beschränkt, vgl. *infra*[92]. Zugleich kann sich auch die Mitbestimmung auswirken, da die Bestellung von Arbeitnehmervertreter insofern dem Einfluss der Geschäftsführung vollständig entzogen ist.

Wenn es aber gelingt, den Mitgliedern des Verwaltungsrats eine starke Stellung zu gewähren, welche ihnen Unabhängigkeit von der Geschäftsführung ermöglicht, ist es fraglich ob es einer der "*outside directors*" vergleichbaren Personengruppe in Deutschland bedarf.[93]

Aber auch unter dem Gesichtspunkt des Interessengleichlaufs stellt sich bei einem deutschen Verwaltungsrat nicht die gleiche Gefahr, wie sie sich bei amerikanischen "*inside directors*" ergibt.[94] Anders als "*inside directors*" rekrutieren sich Arbeitnehmervertreter nicht ausschließlich aus dem Spitzenmanagement, sodass eine völlige Interessenkonvergenz nicht existiert.[95] Zusätzlich hat ein deutscher Geschäftsführer aber auch nicht die gleichen Einflussmöglichkeiten in der Auswahl der Mitglieder wie sein amerikanischer Konterpart.[96]

Arbeitnehmervertreter in der SE werden von der Hauptversammlung aufgrund bindender Vorschläge der Arbeitnehmer gewählt.[97] Die Unabhängigkeit setzt sich fort, betrachtet man die Abberufungsmöglichkeiten aus dem Verwaltungsrat der SE. Anders als in amerikanischen "*boards*" ist ein Verwaltungsrat einer SE nicht in der Position, Mitglieder aus den eigenen Reihen zu entlassen.[98] Wie *infra* zu zeigen ist, bedarf es gemäß Art. 29 Abs. 1 RegE-SEEG, dazu eines Hauptversammlungsbeschlusses oder eines gerichtlichen Beschlusses, § 29 Abs. 3 RegE-SEEG.

Zusätzlich stellt sich in Anbetracht der Zusammensetzung des zukünftigen Verwaltungsrats der SE auch nicht die identische Gefahr eines konvergierenden Interesses zwischen dem Geschäftsführer und den Arbeitnehmervertretern. Da auf diesem Wege aber eine größere Vielschichtigkeit gewährleistet ist, stellt sich die Gefahr einer einseitigen Be-

---

92 Siehe dazu *infra* Abschnitt 6.3.1.1.

93 So auch *Steindl S. 156 ff.* für den Aufsichtsrat in Österreich. Zutreffenderweise argumentiert er, dass diese Betonung der "*independent directors*" die Konsequenz eines übermächtigen "*CEO*" sind.

94 Siehe zu diesem Ansatz im amerikanischen Recht auch *Brudney*, 95 Harv. L. Rev. 597 f.

95 Zur Zusammensetzung des Aufsichtsrats, die sich auch in einem Verwaltungsorgan einer SE widerspiegeln wird vgl. MünchHdb. AG/ *Hoffmann-Becking* § 28 Rn. 32; *Raiser*, Kapitalgesellschaften, § 15 Rn. 40 ff. jeweils mit weiteren Nachweisen.

96 Siehe *Mace*, S. 80 sowie *Elsing/van Alstine*, Rn. 599 zu der faktischen Möglichkeit unliebsame Mitglieder aus dem "*board*" zu entfernen, so ein solches Recht in der Satzung vorgesehen ist.

97 Siehe insofern die bisherige Praxis sowie § 28 Abs. 1 RegE-SEEG i.V.m. Art. 43 Abs. 3 S. 1 SE-VO.

98 Zumindest kann eine solche Befugnis in der Satzung vorgesehen werden. Siehe *Henn/Alexander*, S. 559.

trachtung anfallender Punkte nicht in gleichem Maße wie in der amerikanischen Gesellschaftsrechtspraxis.[99]

5.2.4.3.2 Aktionärsvertreter als wirksame Kontrolleure trotz fehlender Unabhängigkeit

Aber auch die Zusammensetzung der Aktionärsvertreter rechtfertigt es, sieht man sie in Verbindung mit den Arbeitnehmervertretern, das Erfordernis von "*outside directors*" nicht als unabdingbar zu erachten. Die Gefahr, die in den USA in einer solchen Zusammensetzung gesehen wird, ist die fehlende Distanz der Vertreter von Banken oder Rechtsanwaltskanzleien zum Management aufgrund bestehender Geschäftsbeziehungen.[100] Man befürchtet die Beeinträchtigung ihre Überwachungstätigkeit, wenn sie bei kritischem Verhalten gegenüber dem "*CEO*" um den Fortbestand ihrer Geschäftsbeziehungen fürchten müssen.[101] Dieser Aspekt setzt wiederum bei der Dominanz des "*CEO*" an und der Reichweite seines Einflusses, was sich auch auf anderem Wege vermeiden lässt, ohne auf die Sachkenntnis dieses Personenkreises verzichten zu müssen.

Andererseits wird von den Kritikern der bestehenden Praxis angeführt, dass Banken ihre Stellung im Aufsichtsrat ausnutzen könnten, um sich Geschäftsvorteile zu sichern.[102] Auch dieser Vorbehalt ist wohl mehrheitlich als unbegründet anzusehen.[103] Empirische Untersuchungen haben ergeben, dass es die Gesellschaften sind, welche die Repräsentanz der Banken in ihren Organen anstreben, nicht umgekehrt.[104]

Banken in Deutschland verfügen zusätzlich, anders als den USA, regelmäßig über nicht unerhebliche Aktienpakete an Gesellschaften, wodurch ihre Position ebenso gestärkt wird. Des Weiteren haben sie theoretisch mit der verbreiteten Praxis des Depotstimmrechts ein Instrument zur Verfügung, durch welches ihre Position gegenüber dem Management weiter gestärkt wird. Die Gefahr einer Abhängigkeit von der Geschäftsführung ist deshalb als gering zu erachten.[105]

---

99 Dazu *supra* Abschnitt 3.3.

100 *Hopt*, ZGR 2000, S. 803; *Visentini*, 23 Brooklyn J. Int. L. 833, 837.

101 Enron bediente sich eines solcher Druckmittel. Siehe Bericht des "*Special Investigation Committee*" unter Vorsitz von *William C. Powers* vom 05.02.2002.Abrufbar unter: http://energycommerce.house.gov/107/hearings/02052002Hearing481/hearing.htm.

102 *Holl*, S. 136; *Mülbert*, Gutachten zum 61. DJT, E-39 ff. u. E-87 ff.; *Wagner*, Aufsichtsratsgremien, S. 30 ff.; *Raiser*, Kapitalgesellschaften, § 15 Rn. 48; *Steindl*, S. 156.

103 Stellungnahmen von *Adams* und *Baums* im Rahmen einer Anhörung im Bundestag, abgedruckt in ZBB 1994, S. 83 und 89; *Hopt*, ZGR 2000, S. 803; *Mülbert*, Gutachten zum 61. DJT, E-39 ff. u. E-87 ff.

104 Stellungnahmen von *Adams* und *Baums* im Rahmen einer Anhörung im Bundestag, abgedruckt in ZBB 1994, S. 83 und 89. Außerdem Studie von *Schreyögg/Papenheim-Tockhorn*, ZfB 1995, S. 222 ff.

105 Siehe dazu Hopt, in Feddersen/Hommelhoff/Schneider, S. 243 ff.; *Breuer*, in *Hopt/Kanda/Roe/Wymeersch/Prigge*, S. 537 ff.

Aber auch unter dem Gesichtspunkt einer Interessenskollision in der Ausübung ihrer Mandate scheint ein Handlungsbedarf nicht geboten. Ein der neueren amerikanischen Praxis entsprechendes Ergebnis lässt sich auch über die Aufnahme restriktiver Regelungen zu Interessenskonflikten und deren Durchsetzbarkeit erzielen.[106]

5.2.4.3.3 Zwischenergebnis

In Anbetracht dieser Überlegungen ist zum jetzigen Zeitpunkt eine vorbehaltslose Übernahme dieser amerikanischen Praxis nicht geboten. Die Besonderheiten des deutschen Rechts erscheinen ausreichend, um eine effektive Kontrolle zu gewährleisten. Allerdings könnte es sich im Interesse der Attraktivität des Standorts Deutschland für ausländische Kapitalanleger als angebracht erweisen, den im Rahmen der Erörterungen zum "Corporate Governance-Kodex" eingeschlagenen Weg, die Unabhängigkeit von Aufsichtsrats-, hier dann Verwaltungsratmitgliedern weiterzuverfolgen.[107]

Sollte sich die bestehende Praxis jedoch als unzureichend erweisen, sollte zukünftig überlegt werden, entsprechende Vorgaben nicht in einen Corporate Governance-Kodex aufzunehmen, sondern dies über gesetzliche Vorschriften verbindlich festzuschreiben. Denkbar wäre es, dabei beispielsweise eine Mindestzahl unabhängiger Mitglieder vorzuschreiben, welche dann bestimmte wichtige Funktionen übernehmen könnte.[108]

5.3 Unterschiedliche Regelungsmethodik im deutschen und amerikanischen Recht

Ein rechtlich bedeutender Unterschied ist die traditionell unterschiedliche Regelungsmethodik des Gesetzgebers in Fragen der Unternehmensüberwachung.

5.3.1 Externe und Interne Corporate Governance

Die Vereinigten Staaten vertrauen zur Regelung von Fragen der internen Unternehmenskontrolle wesentlich auf externe Mechanismen, insbesondere den Kapitalmarkt.[109] Demgegenüber ist in Deutschland eine interne Corporate Governance üblich, welche gesetzlich fixierte Regelungen verwendet (§ 23 Abs. 5 AktG), die nicht satzungsdispositiv sind.[110] Beispiele dafür in Deutschland zeigen sich in dem Verbot der gleichzeitigen Angehörigkeit von Vorstand und Aufsichtsrat (§ 105 Abs. 1 AktG) oder auch die zwingende Einrichtung eines Aufsichtsrats zur Wahrung der

---

106 Siehe *Krebs*, S. 10 ff. für den Aufsichtsrat.

107 *Baums (Hrsg.)*, Regierungskommission Corpoate Governance, Rn. 55; *Schiessl*, AG 2002, 593, 597 f.

108 Zu denken wäre hier primär an einen dem "*audit committee*" entsprechenden Ausschuss.

109 *Schwarz/Holland*, ZIP 2002, 1661, 1664; *Hess*, in *Feddersen/Hommelehoff/Schneider*, S. 9 ff.; *Merkt*, Die Rolle des Kapitalmarktrechts, S. 5 ff.; *ders.*, AG 2003, 126, 128ff.; *Schmidt*, S. 29 ff.

110 *Teichmann*, Corporate Governance in Europa, ZGR 2001, 645, 647; *Schwarz/Holland*, ZIP 2002, 1661, 1664; *Merkt*, Die Rolle des Kapitalmarktrechts, S. 5 ff.; *ders.*, AG 2003, 126, 128ff.

Aktionärsinteressen.[111] Einer der Hauptgründe dieses unterschiedlichen Ansatzes ist in der historisch unterschiedlichen Entwicklung in Europa und den USA zu sehen.[112] Anders als in den kontinentaleuropäischen Staaten liegt in den USA die Gesetzgebungskompetenz für den Bereich des Gesellschaftsrechts bei den Einzelstaaten. Diese waren jedoch bereit aufgrund des zwischenstaatlichen Wettbewerbs gesellschaftsrechtsinterne Kontrollmechanismen zu Gunsten der Attraktivität für neue Gesellschaften zu opfern.[113] Der Bundesgesetzgeber konnte daher nur über das Kapitalmarktrecht regulierend eingreifen.[114] Zugleich stellt der Kapitalmarkt den zwingenden Rahmen unverhandelbarer Mindestanforderungen dar, dessen Ausfüllung durch die Teilnehmer, also insbesondere die Gesellschaften und die Anleger als Kapitalgeber aufgrund privatautonomer Ausgestaltung erfolgt.[115] Wichtigster Schutzmechanismus ist, entsprechend der Philosophie der privatautonomen Ausgestaltung, der Zwang zur Veröffentlichung wichtiger Unternehmensdaten.

5.3.2 Unterschiedliche Bedeutung der Gerichte

Daran anknüpfend ergeben sich auch Unterschiede aus der Regelungssystematik des amerikanischen "*common law*"- und des deutschen "*civil law*"-Systems, welche sich insbesondere in der Durchsetzung dieser Regeln zeigen. Aufgrund der geringen gesetzlichen Kodifizierung verbindlicher Schutzvorschriften kommt der richterlichen Rechtskontrolle in Konfliktsituationen eine deutlich stärkere Bedeutung zu.[116] Amerikanische Gerichte können dabei eine "*ex post*" Betrachtung anwenden und aufgrund der geringeren Vorgaben mangels Kodifizierung eine ergebnisorientierte Rechtsprechung betreiben.[117] Diese Möglichkeit wird zusätzlich durch die angelsächsische Rechtstradition verstärkt, die ihre Grundlagen in den Gedanken der Treuepflichten und Fairness hat.[118] Aber auch höhere Schadensersatzsummen tragen zu einer Unternehmenskontrolle bei.[119]

Als Folge der Möglichkeit einer "*ex post*" Betrachtung relevanter Sachverhalte, hat der Regelgeber damit leichter die Möglichkeit anfallende Vorhaben durch die Verwendung sogenannter "*soft laws*", also bloßer

---

111 *Teichmann*, Corporate Governance in Europa, ZGR 2001, 645, 647; *Krawinkel*, S. 71 ff.

112 *Andrews*, 1982 Harv. Bus. Rev. 4, 9; *Merkt*, Die Rolle des Kapitalmarktrechts, S. 5 ff.; *Assmann*, FS Kümpel, im Erscheinen.

113 *Merkt*, Die Rolle des Kapitalmarktrechts, S. 5 f.; *ders.*, RabelsZ 1995, 545, 549 ff.; *ders.*, AG 2003, 126, 128ff.

114 *Merkt*, Die Rolle des Kapitalmarktrechts, S. 5 ff.; *Andrews*, 1982 Harv. Bus. Rev. 4, 9; *Assmann*, FS Kümpel, S. im Erscheinen.

115 *Merkt*, Die Rolle des Kapitalmarktrechts, S. 5 ff.; *ders.*, AG 2003, 126, 128ff. ; *Krawinkel*, S. 71 ff.; *Assmann*, FS Kümpel, S. im Erscheinen.

116 *Hughes*, in Fundamentals of American Law, S. 9, 14; *Erhardt/Nowak*, AG 2002, 336, 337.

117 *Erhardt/Nowak*, AG 2002, 336, 337; *Merkt*, AG 2003, 126, 128ff.

118 *Hughes*, in Fundamentals of American Law, S. 9, 11; *Blumenwitz*, S. 23.

119 Vgl. supra Abschnitt 2.2.4.6.1. Siehe auch *Hess*, in *Feddersen/Hommelhoff/Schneider*, S. 9, 24.

Empfehlungen, die durch Selbstverpflichtung umgesetzt werden sollen, zu regeln. Die Regelungen enthalten keine zwingenden Vorschriften, Gesellschaften müssen jedoch, so sie von ihnen abweichen, die Gründe dafür den Anlegern erklären (*comply or explain*). Typischerweise werden solche Maßnahmen daher von Aufklärungspflichten begleitet, welche die grundsätzlich bestehende Informationsasymmetrie zwischen den Marktteilnehmern beseitigen sollen.[120] Da zusätzlich der Kapitalmarkt ganz erheblichen Einfluss auf Corporate Governance-Fragen nehmen kann, vgl. *supra*, existiert ein wirkungsvoller Kontrollmechanismus.[121]

Im deutschen Recht dagegen ist aufgrund des umfassend kodifizierten Rechts nur eine eingeschränkte ergebnisorientierte richterliche Überprüfung möglich.[122] Aktionärsschutz durch die Gerichte setzt zuvor die Verletzung einer vom Gesetzgeber verabschiedeten konkreten Norm voraus. Dementsprechend fehlt es an einer flexiblen Handhabungsmöglichkeit, was nach amerikanischer Ansicht zu einem unterentwickelten Schutz von Kleinaktionären führt.[123]

5.4 Ablehnung eines Wettlaufs der Gesetzgeber

Anders als im amerikanischen Recht findet sich in der europäischen Lehre auch eine kritischere Haltung gegenüber einem möglichen Wettlauf der Gesetzgeber.[124] So werden zwar durchaus die wirtschaftlichen Vorteile eines freien Marktes für Gesellschaftsrecht erkannt, jedoch auch die Gefahren, die sich in den USA gerade in den Anfängen für Fragen des Anlegerschutzes ergeben haben, hervorgehoben.[125] Schließlich sollten aber auch die vielschichtigen Harmonisierungsbestrebungen innerhalb der europäischen Union nicht unberücksichtigt bleiben, wodurch einem möglichen Wettbewerb in vielen Punkten die Grundlage entzogen wird. So ist insbesondere auf die Richtlinie zur Arbeitnehmerbeteiligung hinzuweisen[126], welche einen der wichtigsten Ansatzpunkte eines möglichen Wettbewerbs ausräumt.

---

120 *Erhardt/Nowak*, AG 2002, 336, 342.

121 Siehe supra Abschnitt 2.2.4.6.1. Siehe *Schmidt*, S. 364 ff.; *Birk*, in *Pinto/Visentini*, S. 53, 56 ff.

122 *Erhardt/Nowak*, AG 2002, 336, 337; *La Porta/Lopez de Silanes/Shleifer/Vishny*, Investor Protection and Corporate Governance, Journal of Financial Economics (JFE), 2000, 3 ff.

123 *Kim*, 26 Law & Pol'y Int'l Bus. 371, 382 ff.; *Kuebler*, 57 Brookl. L. Rev. 97 ff.

124 *Grundmann*, ZGR 2001, 783 ff.; ablehnend *Timmermanns*, RabelsZ 1984, S. 1, 7 ff.

125 *Steindl*, S. 55; *Krawinkel*, S. 74.

126 Richtlinie 2001/86/EG des Rates vom 08.10.2002.

6 Umsetzung der Verordnung unter Berücksichtigung des deutschen Aktienrechts

Für die Umsetzung der SE-VO in das deutsche Aktienrecht in Fragen der Unternehmensleitung sowie -überwachung in einem monistischen System bieten sich zwei Möglichkeiten an. Einerseits kann ein Regelwerk einer monistischen Struktur vorgesehen werden, das sich am bestehenden System orientiert und sich nur in zwingenden Fällen von den Regelungen des AktG unterscheidet. Die Alternative wäre dagegen, Abweichungen auch dann zu überlegen, wenn sie nicht nur rechtsformbedingt erforderlich sind, sondern auch aufgrund ausländischer Erfahrungen mit dem monistischen System geboten erscheinen.

6.1 Der Verwaltungsrat einer deutschen SE

Vorgaben der SE-Verordnung zum monistischen Verwaltungsrat finden sich auf europäischer Ebene, wie *supra* dargestellt, in Art. 43 bis 51 SE-VO sowie auf nationaler Ebene in den §§ 20ff. RegE-SEEG.[1]

6.1.1 Größe des Verwaltungsrats

Gemäß § 23 RegE-SEEG, der im Wesentlichen Art. 43 Abs. 1 SE-VO entspricht, setzt sich der Verwaltungsrat aus mindestens drei Mitgliedern zusammen, wobei die Satzung abweichende Regelungen vorsehen kann. Diese Wahlmöglichkeit wird allerdings bereits in Art. 43 Abs. 2 Satz 2 SE-VO bzw. § 23 Abs. 1 und Abs. 2 RegE-SEEG wieder eingeschränkt, da der Verwaltungsrat bei mitbestimmten Gesellschaften sowie bei Gesellschaften mit einem Grundkapital von mehr als Euro 1.500.000 mindestens drei Personen umfassen muss.

6.1.1.1 Zwingende Mindestgröße des Verwaltungsrats

Art. 43 Abs. 1 SE-VO sieht vor, dass die Gesellschaft berechtigt ist, über ihre Satzung die Größe des Verwaltungsrats flexibel auszugestalten. Der nationale Gesetzgeber schränkt über § 23 Abs. 1 RegE-SEEG diese Möglichkeit wieder ein, da nur Gesellschafter mit einem Grundkapital von weniger als Euro 1.500.000 berechtigt sein sollen, die Größe des Verwaltungsrats frei zu bestimmen, vorbehaltlich etwaiger Einschränkungen durch die Arbeitnehmermitbestimmung, § 23 Abs. 2 RegE-SEEG.

Von dieser Ausnahme abgesehen, orientiert sich § 23 Abs. 1 RegE-SEEG jedoch weitgehend an § 95 AktG, was insgesamt zu einer vereinfachten Umsetzung führen dürfte.[2]

6.1.1.1.1 Kritische Würdigung

Es erscheint fraglich, ob es aus Überwachungsgesichtspunkten zwingend erforderlich ist, entsprechend § 95 Abs. 1 AktG, eine zwingende Min-

---

1 Siehe dazu *supra* Abschnitt 5.1 sowie Regierungsentwurf zum SEEG vom 26. Mai 2005.

2 *Schwarz*, ZIP 2001, 1847, 1855; *Theisen/Hölzl*, in *Theisen/Wenz*, S. 247, 279; *Teichmann*, ZIP 2002, 1109, 1114; *Neye*, ZGR 2002, 377 ff.; *Köstner*, S. 21ff.

destgröße des Verwaltungsrats vorzusehen, wie dies in § 23 Abs. 1 RegE-SEEG vorschreibt.[3] Für eine Mindestzahl von drei Mitgliedern lässt sich der Wegfall des Aufsichtsrats, also eines ausschließlich auf Kontrolle beschränkten Organs, anführen. So kann argumentiert werden, dass zur Kompensation dieses Wegfalls der Verwaltungsrat mindestens drei Mitglieder haben sollte, um in der Lage zu sein, eine ausreichende Überwachung zu gewährleisten.

Weiterhin lässt sich anführen, dass die vom VO-Geber in den Erwägungsgründen geforderte funktionale Trennung zwischen Geschäftsführung und Überwachung nicht zu realisieren ist, wenn der Verwaltungsrat keine ausreichende Größe aufweist.[4] Dieser Gedanke findet sich auch in § 40 Abs. 1 RegE-SEEG, wonach Mitglieder des Verwaltungsrats selbst nur dann zu geschäftsführenden Direktoren bestellt werden dürfen, wenn die Mehrheit des Verwaltungsrats weiterhin aus nicht geschäftsführenden Mitgliedern besteht.

Auf der anderen Seite wäre es begrüßenswert, wenn für Gesellschaften, welche nicht unter die Vorschriften der Mitbestimmung fallen, Ausnahmen zugelassen werden. Zwar kann dem entgegen gehalten werden, dass schon die praktische Relevanz solcher Ausnahmen fraglich ist, da die davon erfassten Gesellschaften, aufgrund ihrer Größe sowie ihrer unternehmerischen Ausrichtung, nicht die typischen Gesellschaften einer zukünftigen SE sein dürften.[5] Dennoch sollte nicht unberücksichtigt bleiben, dass die Rechtsform der SE auch kleineren Aktiengesellschaften oder Unternehmen in der Rechtsform der GmbH offen steht. Zwar lässt sich insoweit argumentieren, dass diese regelmäßig von § 23 Abs. 1 RegE-SEEG erfasst werden, da ihr Grundkapital Euro 1.500.000 unterschreitet, nichtsdestotrotz erscheint diese Ausnahme zu eng.[6] Grundsätzlich sollte nicht durch zwingende Größenkriterien zusätzliche Hindernisse geschaffen werden, die unter eine solche Ausnahme fallen würden.

Gegen das Festsetzen einer zwingenden Mindestgröße spricht aber auch der in der Corporate Governance-Debatte eingeschlagene Weg, Unternehmen ein ausreichendes Maß unternehmerischer Flexibilität zur Verfügung zu stellen.[7] Es ist *ex ante* schwer abzuschätzen, welche Gegebenheiten der Praxis welche unternehmerischen Gestaltungen fordern. Zusätzlich mag es sich für kleinere Gesellschaften gerade auch aus Kostengründen anbieten, lediglich einen Verwaltungsrat mit einem oder zwei

---

3 *Teichmann*, ZIP 2002, 1109, 1114; *ders.*; in *Theisen/Wenz*, S. 573 ff.; *Neye*, ZGR 2002, 377 ff. Zu § 95 AktG siehe *supra* Abschnitt 6.1.1.

4 Siehe Erwägungsgrund 14 der Präambel der SE-VO.

5 *Theisen/Hölzl*, in *Theisen/Wenz*, S. 247, 279; Köstner, S. 22.

6 Siehe insoweit Art. 2 Abs. 1 SE-VO i.V.m. Anhang 1.

7 *Baums* (Hrsg.), Regierungskommission Corporate Governance, Rn. 36 ff., *Berliner Initiativkreis*, German Code of Corporate Governance, S. 39; abrufbar unter www.gccg.de; *Holl*, S. 234 ff.

Mitgliedern zu haben.[8] Erst in Fällen, in denen ein zwingendes Interesse an einer Mindestgröße besteht, wie es der Fall beim Eingreifen der Vorschriften über die Arbeitnehmerbeteiligung ist, erscheint daher eine verbindliche Mindestgröße, wie sie § 23 Abs. 1 RegE-SEEG vorsieht, gerechtfertigt. Diesen Ansatz verfolgt auch aber auch der in der Corporate Governance Debatte verfolgte Weg, flexible Ausgestaltungen zuzulassen.[9]]

6.1.1.1.2 Folgerungen aus der amerikanischen Praxis?

In der amerikanischen Rechtspraxis ist die Ausgestaltung des Verwaltungsrats in das Ermessen der Gesellschaften gelegt. Sowohl der *MBCA* als auch das *Del. GCL* schweigen sich über eine zwingende Mitgliederzahl aus.[10] Gesellschaften steht es frei, entweder in ihrer Satzung oder aber der Geschäftsordnung des "*board of directors*" diesbezüglich Regelungen zu erlassen.[11] Auch ist es zulässig, lediglich eine Unter- und Obergrenze vorzuschreiben, innerhalb der das "*board*" selbst über seine Größe bestimmen kann.[12] Einschränkend ist nur anzumerken, dass Satzungen regelmäßig Vorschriften enthalten, die das Vermindern oder Erhöhen der Mitgliederzahl des "*board of directors*" ab Überschreiten einer bestimmten prozentualen Grenze von der Zustimmung der Hauptversammlung abhängig machen.[13]

Entsprechend der Möglichkeit der flexiblen Ausgestaltung in den USA sollte ein deutsches Ausführungsgesetz daher eine Regelung enthalten, die Gesellschaften, welche nicht unter die Regelungen der Mitbestimmung fallen, eine Ausnahme von dem Erfordernis eines Verwaltungsrats aus drei Personen anbieten, unabhängig von der Grundkapitalziffer. Aber selbst für mitbestimmte Gesellschaften sollte keine über die Vorgaben der SE-VO hinausgehende Vorschrift erlassen werden, also nicht, wie es § 95 AktG vorschreibt, die Mitgliederzahl abhängig von der Höhe des Grundkapitals staffeln. Ein solcher Schritt würde der Möglichkeit, Fragen der Mitbestimmung über die Verhandlungslösung zu regeln, Rech-

---

8 Dies kann umso relevanter werden, als den Verwaltungsorganmitgliedern in einer monistischen Gesellschaft in der Regel eine höhere Vergütung zu bezahlen ist.

9 *Teichmann*, ZIP 2002, 1109, 1114; *Baums*(Hrsg.), Regierungskommission Corporate Governance Corporate Governance, Rn. 47; *Berliner Initiativkreis*, German Code of Corporate Governance, S. 39; abrufbar unter www.gccg.de; *Holl*, S. 234 ff.

10 *Merkt*, Rn. 494. Siehe beispielsweise § 141(b) Del. GCL oder § 8.03(a) MBCA in der aktuellen Fassung, die lediglich ein Mitglied vorschreiben. Bis 1969 enthielt der MBCA noch das Erfordernis von mindestens drei Mitgliedern, siehe *Eisenberg*, Corporations and other Business Organisations, Comment zu § 8.03. In einigen Bundesstaaten gilt aber die Einschränkung, dass die Zahle der Mitglieder des Verwaltungsorgans nicht geringer sein darf, als die der Gesellschafter; siehe *Merkt*, Rn. 494, Fn. 27.

11 *Merkt*, Rn. 494 f.; *Henn/Alexander*, S. 551.

12 *Merkt*, Rn. 494 f.; *Henn/Alexander*, S. 552; *Steindl*, S. 132 f.; *Kindler*, 67 f.

13 Siehe z.B. § 8.03(c) MBCA. Vgl. *Merkt*, Rn. 494.

nung tragen.[14] Würde man Gesellschaften dagegen bereits Vorschriften über die größenmäßige Ausgestaltung machen, wäre der Anreiz einer einvernehmlichen, den Bedürfnissen der Gesellschaft entsprechenden Ausgestaltung, minimiert.

6.1.1.2 Festlegen einer Maximalgröße des Verwaltungsrats

Im Gegensatz dazu wäre allerdings zu überlegen, ob man nicht an Obergrenzen für die Größe des Verwaltungsrats, entsprechend § 95 AktG festhalten sollte, wie sie auch Gegenstand der Diskussionen der Regierungskommission Corporate Governance bezüglich des Aufsichtsrat war.[15] Diesen Weg bestreitet auch § 23 Abs. 1 S. 3 RegE-SEEG, wonach die maximale Mitgliederzahl, entsprechend der Höhe des Grundkapitals, auf 9, 15 oder 21 Personen beschränkt ist.

6.1.1.2.1 Keine Rückschlüsse aus der Praxis der USA

Während in Deutschland Aufsichtsräte von 16 bis 20 Mitgliedern keine Seltenheit darstellen, kommen amerikanische "*boards*" mit 10 bis 14 Mitgliedern aus.[16] Dies sollte, wie es § 23 Abs. 1 S. 3 RegE-SEEG vorsieht, auch für einen monistischen Verwaltungsrat gelten.

Dafür spricht, dass Aufsichtsräte in Deutschland eine reine Kontrollfunktion ausüben, während in den USA das "*board of directors*" zusätzlich auch noch geschäftsführende Funktionen übernimmt. Wenn dies aber mit einer geringeren Anzahl von Mitgliedern möglich ist, könnte dies grundsätzlich als Argument für eine geringere Größe.

Allerdings gibt es durchaus auch Gründe, die sich gegen eine Verkleinerung eines deutschen Verwaltungsrats im Verhältnis zu der bestehenden Praxis in Aufsichtsräten anführen lassen. Einerseits ist hier das deutsche System der Mitbestimmung zu beachten. Entgegen der in den USA üblichen Praxis, kann der Verwaltungsrat einer deutschen SE nicht lediglich aus den von der Gesellschaft oder den Aktionären gewünschten Personen bestehen, sondern setzt sich darüber hinaus auch aus Vertretern der Arbeitnehmer oder Gewerkschaften zusammen. Wenn daher pauschal die Größe entsprechend der amerikanischen Praxis beschränkt wird, ist damit nicht gewährleistet, dass damit auch das gewünschte Expertenwissen sich im Verwaltungsrat vereint.[17] Es wird nicht möglich sein, sicherzustellen, dass nur Arbeitnehmer- bzw. Gewerkschaftsvertreter mit besonderen Qualifikationen, in einen monistischen Verwaltungsrat entsandt werden.

---

[14] Siehe dazu *Heinze*, ZGR 2002, 67, 80 ff.; *Schnyder*, in FS *Druey*, S. 569, 579; *Bungert/Beyer*, EWS 2002, 1, 8.

[15] Zu Fragen der Größe siehe *Baums*(Hrsg.), Regierungskommission Corporate Governance, Rn. 49; *Schiessl*, AG 2002, 593, 597; *Holl*, S. 96 f.

[16] *Steindl*, S. 52 (für Österreich); *Baums*(Hrsg.), Regierungskommission Corporate Governance, Rn. 49; *Hüffer*, § 96 Rn. 5 m.w.N.; siehe auch *Seibert*, WM 1997, 1, 4 zum Vorschlag im Rahmen des KonTraG die Anzahl der Aufsichtsräte auf einheitlich 12 abzusenken.

[17] Siehe dazu auch *Schiessl*, AG 2002, 593, 596.

Andererseits ist, wie der Bericht der Regierungskommission Corporate Governance hervorhebt, der Aufsichtsrat in Deutschland typischerweise auch ein Repräsentativorgan, in welches Vertreter der unterschiedlichen Bereiche des Konzerns entsandt würden, deren besonderer Wert in der genauen Kenntnis der jeweiligen Verhältnisse vor Ort läge.[18]

Gegen eine solche Argumentation spricht jedoch, dass das monistische System von einem arbeitenden Verwaltungsrat ausgeht, welches aktiv an strategischen Entscheidungen mitwirkt und auch aktiv die Kontrolle über die Geschäftsführung ausübt.[19] Diese Aufgabe erfordert eine ausreichende Anzahl qualifizierter Mitglieder.

Das gewichtigste Argument gegen das Festschreiben von Höchstzahlen ist jedoch die Einschränkung der unternehmerischen Flexibilität. Auch in den Vereinigten Staaten sind die geringeren Mitgliederzahlen der "*board of directors*" nicht aufgrund gesetzlicher Vorschriften entstanden, sondern basieren auf Erfahrungen und ökonomischen Überlegungen.[20]

6.1.1.2.2 Umsetzung in Deutschland

Ausgehend von diesen Erwägungen, wäre es vorzuziehen, wenn der Gesetzgeber keine Regelungen zu Höchstzahlen für Mitglieder des Verwaltungsrats, wie es § 23 Abs. 1 Satz 2 RegE-SEEG vorsieht, erlauben würde, sondern sich mit den Vorgaben der SE-VO begnügen würde.

Eine flexible Ausgestaltung würde auch kein Unterlaufen der Arbeitnehmermitbeteiligung nach sich ziehen. Durch die Regelungen über die Mindestmitgliederstärke sowie die Vorschriften der Arbeitnehmerbeteiligung ist eine ausreichende Repräsentation ihrer Interessen gewährleistet. Zusätzlich ist zu berücksichtigen, dass Arbeitnehmer auch über das besondere Verhandlungsgremium, welches im Falle der Errichtung einer SE einzurichten ist, Einfluss auf die Größe nehmen können.[21]

Soweit diese zwingend zu berücksichtigenden Interessen jedoch nicht berührt sind, sollte man Fragen der Größe den Gesellschaften zur Disposition stellen. Dies gilt umso mehr, als es keine verbindlichen Größenkonzepte gibt, welche für sämtliche Gesellschaften Gültigkeit besitzen. Es bedarf vielmehr einer differenzierenden Betrachtung, abhängig von Größe und Geschäftsbereich der Gesellschaften. Einzelne Geschäftsbereiche, insbesondere wenn jeder eigene Entwicklungs-, Produktions- und Vertriebsstätten aufweist, bedürfen eines umfassenderen Beratungsauf-

---

18 *Baums*(Hrsg.), Regierungskommission Corporate Governance, Rn. 55.

19 *Eisenberg*, The Legal Structure of the Corporation, S. 139 ff.; *Millstein*, The Responsible Board, 52 Bus. Law. 407ff; *Monks/Minow*, Corporate Governance, S. 184 ff.; *Zalecki*, 24 U. Toledo L. Rev. 831 ff.

20 So gibt es Untersuchungen, dass "*board of directors*" am effizientesten Arbeiten bei einer Mitgliederzahl von 10 bis 12, während danach bei zunehmender Mitgliederzahl die Effizienz deutlich nachlässt.

21 *Heinze*, ZGR 2002, 67, 80 ff.; *Schnyder*, in FS *Druey*, S. 569, 579; *Bungert/Beyer*, EWS 2002, 1, 8.

wands als z. B. reine Vertriebsunternehmen. Im ersteren Fall kann es notwendig sein, sowohl Personen mit Erfahrung in dem spezifischen Produktbereich, als auch Finanzexperten für Finanzierungsfragen im Entwicklungsbereich oder Personen mit Marketingkenntnissen in einem Verwaltungsrat vertreten zu haben. In einem solchen Fall bedürfte es aber eines personell größeren Verwaltungsrats als im Fall eines reinen Vertriebsunternehmens.

Daran anschließend kann angedacht werden, Gesellschaften, entsprechend der *supra* erwähnten Möglichkeit in den USA die Möglichkeit einzuräumen, lediglich Ober- und Untergrenzen in der Satzung vorzusehen, deren Ausfüllung dann flexibel erfolgen kann.[22]

Gegen eine solche weitreichende Flexibilisierung könnte jedoch eingewandt werden, dass Anteilseigner oder auch das Organ selbst dann diese Flexibilisierung missbrauchen könnten, um ihnen unliebsame Arbeitnehmervertreter aus dem Verwaltungsrat zu entfernen oder fern zu halten. Dieses Argument wurde bereits im Rahmen einer ähnlichen Diskussion zur Größe des Aufsichtsrates angeführt und dürfte auch hiergegen wieder eingewandt werden.[23] Gegen die Berücksichtigung dieses Arguments spricht allerdings, dass entsprechend der Mitbestimmungsregeln Arbeitnehmer lediglich einen Anspruch auf entsprechende Berücksichtigung im Aufsichtsrat haben. Es ist aber fraglich, ob dieser auch das Recht einer bestimmten personellen Stärke umfasst, zumal die SE-VO per se von der Ausgestaltung der Mitbestimmung im Wege der Verhandlungslösung ausgeht.[24] Zusätzlich kann ein Missbrauch eingeschränkt werden, wenn man, wie es sowohl für den Aufsichtsrat als auch das amerikanische "*board of directors*" gilt, bei Überschreiten einer bestimmten prozentualen Grenze, einen Beschluss der Hauptversammlung fordert.[25] Dadurch kann zumindest ein Missbrauch durch die übrigen Mitglieder des Verwaltungsrats vermieden werden.[26] Um in Deutschland darüber hinaus auch die Interessen der Arbeitnehmer ausreichend zu berücksichtigen, müsste man einen solchen Schritt wohl auch von der Zustimmung der Arbeitnehmervertreter im Verwaltungsrat abhängig machen, welche allerdings selten zu erreichen sein wird.[27]

Aber auch praktische Überlegungen sprechen gegen die Gefahr einer missbräuchlichen Ausnutzung dieser Regelungen. Ein zu kleiner Ver-

---

22 Siehe dazu *supra*, Abschnitt 6.1.1.1.2.

23 *Hüffer*, AktG, § 95 Rn. 1; *Mertens*, in Kölner Kommentar AktG, § 95 Rn. 1; *Geßler*, in Geßler/Hefermehl AktG, § 95 Rn. 1.

24 *Heinze*, ZGR 2002, 67, 80 ff.; *Schnyder*, in FS *Druey*, S. 569, 579; *Bungert/Beyer*, EWS 2002, 1, 8.

25 Siehe dazu § 8.03(c) *MBCA*, siehe auch *Merkt*, Rn. 494; *Elsing/von Alstine*, Rn. 599. Für die USA siehe *supra*, Abschnitt 6.1.1.1.2.

26 Vgl.insoweit die Regelungen zu § 95 AktG. Siehe § 803 (c) MBCA.

27 Insoweit wirken sich wiederum die unterschiedlichen, zu berücksichtigenden Interessen aus, vgl. supra Abschnitt 5.2.2.

waltungsrat wird nicht in der Lage sein, die anfallenden Aufgaben zu erfüllen.[28] Dementsprechend ist es bereits im Interesse der Gesellschaft, eine Mindestanzahl an Organmitgliedern nicht zu unterschreiten.

Sollte der Gesetzgeber dennoch beabsichtigen, Regelungen in diesen Bereichen zu erlassen, sollten sie, entsprechend den Vorschriften des Corporate Governance-Kodex, lediglich als Empfehlungen ausgestaltet sein. Verbindliche Vorschriften scheinen insoweit ungeeignet.[29]

6.1.2 Wahl der Mitglieder des Verwaltungsrats

Abweichend von der bisher in Deutschland zum Aufsichtsrat üblichen Praxis, werden sämtliche Mitglieder des monistischen Verwaltungsrats zukünftig von der Hauptversammlung gewählt, § 23 Abs. 1 RegE-SEEG, Art. 43 Abs. 3 S. 1 SE-VO, soweit gemäß Art 43 Abs. 3 S.1 SE-VO keine Vereinbarung nach der Arbeitnehmerrichtlinie[30] getroffen wurde.

Im Gegensatz dazu sieht die aktienrechtliche Praxis in Deutschland vor, dass im Anwendungsbereich des BetriebsVG 1952 sowie des MitbestG nur die Aktionärsvertreter im Aufsichtsrat von der Hauptversammlung gewählt werden.[31] Arbeitnehmervertreter werden gemäß § 76 Abs. 2 S. 1 BetrVG 1952 bzw. §§ 8 ff. MitbestG von den Arbeitnehmern der Gesellschaft in den Aufsichtsrat gewählt, einer Entscheidung der Hauptversammlung bedarf es nicht.[32] Anders verhält es sich nur bei Gesellschaften, die unter das MontanMitbestG fallen.[33] Dort ist die Hauptversammlung auch für die Wahl der Arbeitnehmervertreter im Aufsichtsrat zuständig.[34] Diese werden von den Betriebsräten vorgeschlagen, wobei diese Vorschläge gemäß §§ 101 Abs. 1 S. 2 AktG, 6 MontanMitbestG für die Hauptversammlung bindend sind.[35]

Im Rahmen der SE wird daher in Deutschland ein der Praxis der unter der Montanmitbestimmung fallenden Gesellschaften angenähertes Sys-

---

28 *Baums*(Hrsg.), Regierungskommission Corporate Governance, Rn. 49; *ABA*, Corporate Director's Guidebook, 56 Bus. Law. 1571, 1578 ff.

29 So auch *Teichmann*, ZIP 2002, 1109, 1114; *ders.*; in *Theisen/Wenz*, S. 573, 604.

30 Richtlinie 2001/86/EG des Rates vom 08.Oktober 2001.

31 *Schwarz*, Europäisches Gesellschaftsrecht, Rn. 723; *Hüffer*, AktG, § 101 Rn.3; *Mertens*, in Kölner Kommentar AktG, § 101 Rn. 11 m.w.N.

32 *Hoffmann-Becking*, MünchHdb AktG, § 28 Rn. 15 und 23; im Anwendungsbereich des MitbestG kommen neben den Arbeitnehmervertretern auch Gewerkschaftsvertreter hinzu, welche ebenfalls von den Arbeitnehmern gewählt werden. Im Anwendungsbereich des MitbestG erfolgt die Wahl entweder als Delegiertenwahl oder als direkte Wahl durch die Arbeitnehmer. Im Anwendungsbereich des BetrVG 1952 erfolgt Wahl direkt durch Arbeitnehmer.

33 *Raiser*, Kapitalgesellschaftsrecht, § 15 Rn. 43; *Hüffer*, AktG, § 101 Rn. 4; *Geßler*, in *Geßler/Hefermehl* AktG, § 101, Rn. 8; *Hoffmann-Becking*, in MünchHdb. AktG, § 30 Rn. 14.

34 *Hoffmann-Becking*, in MünchHdb. AktG, § 30 Rn. 14; *Hüffer*, AktG, § 96 Rn.7; *Lutter/Krieger*, S. 4 f.; *Schwarz*, Europäisches Gesellschaftsrecht, Rn. 723.

35 *Geßler*, in *Geßler/Hefermehl* AktG, § 101, Rn. 8; *Hoffmann-Becking*, in MünchHdb. AktG, § 30 Rn. 14; *Hüffer*, AktG, § 96 Rn.7; *Lutter/Krieger*, S. 4. Im Anwendungsbereich des MontanMitbestErgG erfolgt alternativ eine Delegierten- oder unmittelbare Wahl.

tem erforderlich sein. Sämtliche Verwaltungsratsmitglieder werden von der Hauptversammlung gewählt werden, wobei diese aber für die Arbeitnehmervertreter an Wahlvorschläge der Betriebsräte gebunden sein wird.[36]

6.1.3 Amtszeit der Verwaltungsratsmitglieder

Für die Amtszeit der Mitglieder des monistischen Verwaltungsrats sieht Art. 43 Abs. 1 SE-VO vor, dass ihre Amtszeit maximal sechs Jahre betragen darf, wobei eine Wiederwahl möglich ist. Die bisher in Deutschland übliche Praxis sieht für Aufsichtsratsmitglieder eine Amtszeit von maximal fünf Jahren vor, § 102 Abs. 1 AktG. Eine Wiederwahl ist auch hier möglich.[37] Der RegE-SEEG schweigt zu dieser Frage.

6.1.3.1 Erfahrungen der Vereinigten Staaten

Anders verhält es sich in den USA. Die einzelstaatlichen Gesetze sehen mehrheitlich eine jährliche Wahl der Mitglieder des "*board of directors*" vor, da die jährliche Wahl einen Bestandteil tatsächlicher Aktionärsdemokratie darstellen soll.[38] Gesellschaften steht es aber frei, davon abweichende Regelungen in ihrer Satzung oder Geschäftsordnung vorzusehen.[39]

Allerdings wird diese Praxis zunehmend kritisiert, wie *supra* festzustellen war.[40] Unstreitig trägt eine jährliche Wiederwahl zu einem größeren Unternehmenseinfluss der Aktionäre bei, gleichzeitig kann es aber auch ein Hindernis für die erforderliche Kontinuität sein. Dementsprechend sehen die Satzungen amerikanischer Unternehmen regelmäßig Amtszeiten von zwei bis drei Jahren vor.

Zusätzlich hat die amerikanische Praxis gezeigt, dass auch bei jährlichen Wahlen zum "*board of directors*" der Einfluss der Aktionäre gering bleibt. Es fehlen ihnen einerseits die Mittel, andererseits die Informationen für eine tatsächliche Einflussnahme.[41] Nichts anderes würde für deutsche Aktionäre gelten, sieht man, von Großaktionären ab, welche wohl einzig in der Lage wären, auf diese Weise tatsächlich Einfluss zu nehmen.[42]

---

36 *Bungert/Beier*, EWS 2002, 1, 7; *Schwarz*, ZIP 2001, 1847, 1855

37 *Hüffer*,AktG, § 102 Rn.6; *Hoffmann-Becking*, MünchnHdb AktG, § 30 Rn. 27; *Mertens*, in *Kölner Kommentar* AktG, § 102 Rn. 3 ff.; *Geßler*, in *Geßler/Hefermehl* AktG, § 102, Rn.3 ff.

38 Vgl.; *Henn/Alexander*, S. 511 ff.; *Hamilton*, Corporations in a Nutshell, S. 263 f.

39 *Hamilton*, Corporations in a Nutshell, S. 263 f.; *Henn/Alexander*, S. 511 ff.; *Elsing/van Alstine*, Rn. 611. Die jährliche Wahl stellt einen Baustein der Aktionärsdemokratie dar, durch die Aktionäre Einfluss auf die Geschäftsleitung nehmen können.

40 Siehe *supra* Abschnitt 4.3.5.

41 *Cox*, 61 Geo. Wash. L. Rev. 1233, 1253 ff.; *Lorsch/McIver*, Pawns and Potentates, S. 64 ff.; *Monks/Minow*, Corporate Governance, S. 174 f.

42 Siehe *Schmidt*, S. 242 f.; *Mülbert*, in *Hopt/Kanda/Roe/Wymeersch/Prigge*, S. 445, 447 ff.

Wie *supra* angesprochen[43], sehen viele der Reformvorschläge, vgl. nur *Martin Lipton*[44], die jährliche Wahl zum "*board of directors*" als eine der Ursachen der Probleme des amerikanischen Systems. "*Board of directors*" können keine langfristige Strategie einschlagen, wenn diese die Gefahr anfänglicher Verluste birgt, da dies eine Wiederwahl der Mitglieder erheblich erschwert. Damit trägt eine jährliche Wiederwahl zu einer stärkeren kurzfristigen Gesellschaftsausrichtung bei, was, wie *supra* dargestellt, als Mitursache der zahlreichen Unternehmensskandale der Jahre 2001/2002 angesehen wird, da Gesellschaften sich primär an einer kurzfristigen Gewinnmaximierung orientieren.[45]

6.1.3.2 Umsetzung in Deutschland

Betrachtet man daher die Erfahrungen der Vereinigten Staaten sollte Deutschland an der bestehenden aktienrechtlichen Praxis festhalten oder sogar von der Ermächtigung der SE-VO zur Verlängerung der Amtszeit auf bis zu sechs Jahren Gebrauch machen.[46]

Kürzere Amtszeiten festzulegen erscheint nur auf den ersten Blick sinnvoll. Vordergründig kann dafür angeführt werden, dass durch kürzere Amtszeiten Aktionäre einen größeren Einfluss auf die Gesellschaft nehmen können, was eine erhöhte Aktionärsdemokratie mit sich brächte. Durch eine Wiederwahl in kürzeren Zeitabständen haben die Aktionäre öfter die Möglichkeit, ihnen unliebsame Personen aus dem Verwaltungsrat zu entfernen, indem sie deren Wahl verweigern.

Dafür spricht auch, dass durch den Wegfall des Aufsichtsrats als Kontrollorgan durch die zeitlich kürzere Wahl der Verwaltungsratsmitglieder ein Mechanismus geschaffen werden kann, der diesen Wegfall eines Kontrollorgans teilweise kompensieren könnte. Es könnte ein größerer Anreiz zu einer gewissenhaften Pflichterfüllung geschaffen werden, da ansonsten das Versagen bei der Wiederwahl droht.

Die Erfahrungen der USA zeigen jedoch, dass sich auch durch eine jährliche Wiederwahl der Einfluss der Aktionäre *de facto* nicht erhöht. Es bleibt bei der Dominanz der Geschäftsführung. Der entscheidende Aspekt ist regelmäßig nicht die Wahl, sondern die Kandidatenbenennung, welche jedoch in der Regel bei der Geschäftsführung liegt.[47]

Aber auch Gründe der Arbeitnehmermitbestimmung sprechen gegen eine jährliche Wiederwahl. Um dieses Konzept konsequent umzusetzen, bedürfte es einer jährlichen Wiederwahl sowohl der Aktionärs- als auch der Arbeitnehmervertreter. Dies würde jedoch zu unverhältnismäßig hohen Kosten für die Wiederwahl der Arbeitnehmervertreter führen, da diese

---

43 Vgl. *supra* Abschnitt 4.3.5.

44 *Lipton/Rosenblum*, 58 U. Chi. L. Rev. 187 ff.

45 *Schwarz/Holland*, ZIP 2002, 1661, 1667; *Hopt*, ZGR 2000, 779, 802 ff.

46 Siehe Art. 46 Abs. 1 SE-VO.

47 Vgl. *supra* Abschnitt 3.5.2.3.

zuvor erst durch das jeweils einschlägige Wahlverfahren bestimmt werden müssten, bevor sie der Hauptversammlung der SE vorgeschlagen werden könnten.[48] Ein solches Vorgehen ist aber sowohl zeitintensiv als auch kostspielig und daher für Gesellschaften nicht praktikabel.

Dem entgegenzuwirken, indem lediglich die Aktionärsvertreter sich einer jährlichen Wiederwahl stellen müssen, ist ebenso wenig praktikabel. Zwar würde eine solche Praxis Kosten sparen und entspräche auch dem tatsächlichen Einflussbereich der Aktionäre, der sich nur auf die Aktionärsvertreter im Verwaltungsrat bezieht. Es wäre jedoch zu erwarten, dass Aktionärsvertreter einer solchen Praxis widersprechen, da sie eine Beschneidung ihres Einflusses befürchten müssten. Für den Aufsichtsrat ist erwiesen, dass es durch die Mitbestimmung zu einer Blockbildung zwischen Aktionärs- und Arbeitnehmervertretern in diesem Gremium kommt.[49] Dementsprechend sähen sich Aktionärsvertreter, welche u. U. jährlich ausgetauscht werden und daher keine Erfahrungen in der spezifischen Gesellschaft haben, Arbeitnehmervertretern mit mehrjähriger Erfahrung in diesem Organ gegenüber.

Zusätzlich ginge ein solches Vorgehen zu Lasten einer effektiven Arbeit, da neu hinzukommende Personen sich erst in die vorhandene Struktur einarbeiten müssten.

6.2 Aufbau der Geschäftsführung in einer monistischen SE

Für den Aufbau der Geschäftsführung eines monistischen Verwaltungsrats sind insbesondere die Fragen der Arbeitnehmerbeteiligung sowie der Sicherstellung einer wirksamen internen Kontrolle beachtet werden.[50] Letzteres soll nach verbreiteter Überzeugung durch eine funktionale Trennung innerhalb des Verwaltungsrats ermöglicht werden.[51] Dementsprechend ist der Gedanke, welcher hinter der Aufteilung von Vorstand und Aufsichtsrat steckt, auf ein monistisches System zu übertragen.[52] Aber auch für die Implementierung der Mitbestimmung in einem monistischen Verwaltungsrat ist eine interne Untergliederung erforderlich, da es politisch weder durchsetzbar noch erstrebenswert sein wird, Ar-

---

48 Siehe insoweit §§ 9ff MitbestG, 6 MontanmitbestG, 76 BetrVG 1952, sowie 7ff MontanmitbestErgG. Siehe auch *Hüffer*, AktG, § 101 Rn.3 m.w.N.

49 *Hopt*, ZGR 2000, 779 ff. m.w.N. Siehe auch *Schiessl*, AG 2002, 593, 597.

50 *Habersack*, Rn. 400; *Hommelhoff/Teichmann*, SZW/RDSA 2002, 1, 6; *Teichmann*, ZIP 2002, 1109, 1114; ders.; ZGR 2002, 383, 451; *Schwarz*, Europäisches Gesellschaftsrecht, Rn. 755; *Schwarz/Lösler*, NotBZ 2001, 117, 122, noch auf den Entwurf von 1991 beziehend; *Maul*, S. 126 ff. Siehe auch Erwägungsgrund 14 der SE-VO.

51 *Habersack*, Rn. 400; *Artmann*, wbl 2002, 189, 194; *Hommelhoff/Teichmann*, SZW/RDSA 2002, 1, 6; *Schwarz*, Rn. 1159 mit Verweis auf Erwägungsgrund 13 der Präambel des SE-VOV 1991; *Teichmann*, ZGR 2001, 645, 663; ders., ZGR 2002, 383, 451; *Maul*, S. 126 ff.; *Steindl*, S. 247 f.; *Theisen/Hölzl*, in *Theisen/Wenz*, S. 247, 277.

52 *Theisen/Hölzl*, in *Theisen/Wenz*, S. 247, 277; *Habersack*, Rn. 400; *Hommelhoff/Teichmann*, SZW/RSDA 2002, 1, 5; *Artmann*, wbl 2002, 189, 194; *Teichmann*, ZIP 2002, 1109, 1114; *ders.*, Corporate Governance in Europa, ZGR 2001, 645, 663 f.; ders., ZGR 2002, 383, 451; *Schwarz*, Europäisches Gesellschaftsrecht, Rn. 755.

beitnehmervertretern die volle Geschäftsführungsbefugnis zukommen zu lassen. Bei der Umsetzung eines solchen Vorschlags wäre mit Widerstand der Anteilseigner zu rechnen.[53]

Die Frage der funktionalen Unterteilung kann sich neben der Gewährleistung ordnungsgemäßer Geschäftsführung auch auf die Ausgestaltung der Haftung auswirken. Diese wird *infra* näher besprochen, da zumindest in den USA Fragen der Haftung auch zur Sicherstellung ordnungsgemäßer Corporate Governance herangezogen werden.[54] Wie *Teichmann* mit Verweis auf die belgische und französische Rechtspraxis zutreffend ausführt, kann gerade auch die Frage der Haftung eine funktionale Trennung gebieten, da es problematisch erscheint für einen Arbeitnehmervertreter einen identischen Sorgfaltsmaßstab wie für einen Vorstandsvorsitzenden anzuwenden.[55]

6.2.1 Strukturelle und personelle Untergliederung der Geschäftsführung

Entsprechend der in der Literatur geäußerten Forderung nach einer funktionalen Trennung zwischen geschäftsführenden und überwachenden Mitgliedern des Verwaltungsrats bietet es sich an, diese sowohl hinsichtlich der konkreten Zuständigkeitsbereiche als auch des damit befassten Personenkreis umzusetzen.

Insofern kann eine Anlehnung an die Handhabe in den Vereinigten Staaten erfolgen, welche, wie *supra* ausgeführt, zum einen zwischen Fragen der laufenden Geschäftsführung und solchen von grundsätzlicher Bedeutung differenziert. Diese Unterteilung schlägt sich dann sich auch in der jeweiligen Zuständigkeit nieder.[56]

Die strukturelle Untergliederung zeigt sich in der Unterteilung zwischen Geschäften des laufenden Geschäftsbetriebs und solchen von grundsätzlicher Bedeutung in der amerikanischen Gesellschaftsrechtspraxis. Während erstere in der Regel in der ausschließlichen Zuständigkeit des "*CEO*" sowie weiterer "*officers*" fallen, ist für letztere das gesamte "*board of directors*" zuständig. Insofern kann durchaus eine Parallele zu der Unterscheidung zwischen Vorstand und Aufsichtsrat im deutschen Aktienrecht gezogen werden.[57] Dabei sind jedoch anders als im deutschen Aktienrecht zur Zuständigkeit des Aufsichtsrats auch Fragen der Unternehmensausrichtung und der langfristigen Strategie von der Zuständigkeit des Ver-

---

[53] *Teichmann*, ZGR 2002, 385, 450 ff.; *Schindler*, S. 66 f.; *Lutter*, BB 2002, 1, 4; *Artmann*, wbl 2002, 189, 194. Dagegen spricht auch, dass die Mitbestimmung im Aufsichtrat, als dem Kontrollorgan ansetzt, nicht bei der Geschäftsführung.

[54] Siehe *infra* Abschnitt 6.5.

[55] *Schwarz*, Europäisches Gesellschaftsrecht, Rn. 1166 sich noch auf den SE-VOV 1991 beziehend; *Teichmann*, ZGR 2002, 383, 455; *Maul*, S. 130 f.

[56] Vgl. *supra* Abschnitt 2.2.2 und 2.3.

[57] Vgl. *Windbichler*, ZGR 1985, 50 ff.; *Buxbaum*, in *Feddersen/Hommelhoff/Schneider*, S. 65, 68 f.

waltungsrats erfasst.[58] Diese liegen in Deutschland derzeit in der ausschließlichen Zuständigkeit des Vorstands, da sie zu den Fragen der Geschäftsführung zählen.[59]

6.2.1.1 Strukturelle Untergliederung der Zuständigkeitsbereiche

Ausgehend von diesen Überlegungen sowie auch den Vorgaben der SE-VO erscheint daher eine Untergliederung der Geschäftsführung in Fragen der laufenden Geschäftsführung sowie solchen von grundsätzlicher Bedeutung für die Gesellschaft, unumgänglich.[60] Gemäß Art. 44 Abs. 1 SE-VO, der gemäß § 1 RegE-SEEG auch für eine deutsche SE gelten wird, wird der Verwaltungsrat verpflichtet sein, lediglich im Abstand von drei Monaten zusammen zu kommen. Zwar ist der jeweilige Satzungsgeber gemäß Art. 43 Abs. 1 SE-VO frei, eine höhere Sitzungsfrequenz vorzusehen, doch zeigen diese Vorschriften die grundsätzliche Auffassung, dass der Verwaltungsrat nicht als geschäftsführendes Organ konzipiert ist. Es lässt im Gegenteil erkennen, dass, ebenso wie im Aufsichtsrat, die Mitgliedschaft im Verwaltungsrat ein reines Nebenamt darstellt.[61]

Unter diesen Voraussetzungen ist der Verwaltungsrat daher ebenso wenig wie ein Aufsichtsrat oder ein "*board of directors*" geeignet, Fragen der laufenden Geschäftsführung zu behandeln.[62] Dafür wäre es unerlässlich, dass die zur Entscheidung berufenen Personen laufend über den Gang der Geschäfte informiert sind. Würde daher auch die laufende Geschäftsführung beim Verwaltungsrat liegen, wäre es erforderlich, dass dieser in kurzen Zeitabständen, wenn nicht sogar täglich zusammenkommt, um dringliche Fragen entscheiden zu können. Dies wäre aber nicht mit dem Gedanken des Nebenamtes vereinbar. Da außerdem viele der auftretenden Alltagsangelegenheiten ohne grundsätzliche Bedeutung sind, wäre es überflüssig diese durch das Plenum mit drei bis zwanzig Mitgliedern entscheiden zu lassen.[63]

Über Alltagsgeschäfte hinausgehende Geschäftsführungsfragen sollten dann, entsprechend der Handhabe der USA, der Zuständigkeit des gesamten Verwaltungsrats zugesprochen werden. Neben dem Ausnutzen

---

58 *Teichmann*, ZGR 2002, S. 383, 444 f.

59 *Raiser*, Kapitalgesellschaften, § 14 Rn. 13; *Hüffer*, AktG, §76 Rn. 8, *Mertens*, in Kölner Kommentar AktG, § 76 Rn. 5; *Semler*, Leitung und Überwachung, S. 10; *Meyer-Landrut*, Großkomm. AktG, § 76 Rn. 2; *Wiesner*, in Münch.Hdb. AktG, § 19 Rn. 10.

60 *Gutsche*, S. 159 ff.; *Reinkensmeier*, S. 113 ff.

61 *Krebs*, S. 11 ff.; Lutter/Krieger, S. 5 f. zu den vielfältigen Problemen, welche sich für den Aufsichtsrat aus der Ausgestaltung als Nebenamt ergeben.

62 Zur Ungeeignetheit des "*board of director*" siehe *supra* Abschnitt 3.1.

63 Art 43 Abs. 2 Absatz 2 SE-VO schreibt vor, dass das Verwaltungsorgan aus mindestens drei Mitglieder bestehen muss, wenn es unter die Regelungen zur Mitbestimmung fällt. Die Zusammensetzung mit zwanzig Personen entspräche beispielsweise der Größe des Aufsichtsrats einer großen mitbestimmten Gesellschaft in Deutschland.

der in einem Plenum versammelten Expertise, gebietet dies auch die Verantwortung gegenüber den Aktionären.

Anders als bei einem deutschen Aufsichtsrat würde sich die Zuständigkeit des Verwaltungsrats allerdings nicht lediglich auf Zustimmungsvorbehalte erstrecken, sondern eine aktive Teilnahme an der Geschäftsführung erlauben.[64] Dem Gesamtorgan wäre beispielsweise aufgetragen, die *supra* erwähnten Strategie- und Planungsentscheidungen der Gesellschaft zu treffen. Diese können nicht mehr als Bestandteil der laufenden Geschäftsführung erachtet werden und damit Geschäftsführern übertragen werden. Im dualistischen Modell sind solche Fragen dagegen nach h. M. noch von der Geschäftsführungsbefugnis des Vorstands erfasst.[65]

Darauf aufbauend stellt sich die Frage, in welcher Form die Abgrenzung der beiden Bereiche erfolgen soll, um Kompetenzkonflikte zu vermeiden. Ausgehend von Art. 48 Abs. 1 SE-VO hat die Gesellschaft in ihrer Satzung Arten von Geschäften aufzunehmen, welche zwingend einer Zustimmung des Gesamtorgans bedürfen. Darunter wären dann sämtliche Geschäfte festzuschreiben, die unter der derzeitigen Rechtslage einer Zustimmung des Aufsichtsrats bedürfen.[66] Für Angelegenheiten, welche bis jetzt einer gesetzlichen Normierung entbehren, kann dann auf die bisherige Praxis im Rahmen des § 111 AktG zurückgegriffen werden.[67] Danach wären beispielsweise Grundstücksgeschäfte, Geschäftskredite ab einem bestimmten Volumen oder auch Personalentscheidungen in der Führungsebene von der Zustimmung des Gesamtorgans abhängig.[68]

Ob darüber hinaus Angelegenheiten zwingend der Kompetenz des Gesamtorgans zuzuschreiben sind, wie es der Wortlaut des Art. 48 Abs. 2 SE-VO zulässt, erscheint fraglich. Ein solches Vorgehen würde auf Kosten der Flexibilität gehen.[69] Aus diesem Grund verweist z. B. *Hoffmann-Becking* auf die Praxis deutscher Aktiengesellschaften, entsprechende Vorbehalte und Zuständigkeiten nicht in der Satzung oder dem Gesetz zu regeln, sondern sie in die Geschäftsordnung des Vorstands aufzuneh-

---

64 Für die amerikanische Praxis *Monks/Minow*, Watching the Watchers, S. 167 ff.; *Schnorr*, S. 166; *Steindl*, S. 67. Für die bisherige Situation in Deutschland siehe Raiser, Kapitalgesellschaften, § 15 Rn. 7; Hüffer, AktG, § 111 Rn. 16; *Mertens*, in Kölner Komm. AktG, § 111 Rn. 76; *Hoffmann-Becking*, Münch. Hdb., AktG, § 29 Rn. 38; *Götz*, ZGR 1990, S. 633 ff.; *Meyer-Landrut*, Großkomm. AktG, § 111 Rn. 13 ff.

65 Hüffer, AktG § 76 Rn. 8; *Mertens*, in Kölner Kommentar AktG, § 76 Rn. 5; *Geßler*, in *Geßler/Hefermehl*, § 76, Rn. 3 ff.; *Semler*, Leitung und Überwachung der AG, S. 9 f.; *Schiessl*, ZGR 1992, S. 64, 67 f.; *Wiesner*, in MünchHdb AktG, § 19 Rn. 10.

66 *K. Schmidt*, S. 825 ff.; *Mertens*, in Kölner Kommentar AktG, § 111 Rn. 61; *Lutter/Krieger*, S. 41 ff.; *Hüffer*, AktG, § 111 Rn. 11 ff.; *Raiser*, Kapitalgesellschaften, § 15 Rn. 7 ff.; *Hoffmann-Becking*, in MünchHdb AG, § 29 Rn. 35 ff.; *Geßler*, *Geßler/Herfermehl*, § 111 Rn. 66 f.; *Meyer-Landrut*, in Großkomm. AktG, § 111 Rn. 14 f.

67 *Raiser*, Kapitalgesellschaften, § 15 Rn. 9 f.; *Lutter/Krieger*, S. 41 ff.; *Hüffer*, AktG, § 111 Rn. 5 ff.; *Hoffmann-Becking*, in MünchHdb AG, § 29 Rn. 35 ff.; *Mertens*, in Kölner Kommentar AktG, § 111 Rn. 61; *Geßler*, *Geßler/Herfermehl*, § 111 Rn. 66.

68 *Raiser*, Kapitalgesellschaften, § 15 Rn. 10 f.; *Lutter/Krieger*, S. 42 f.

69 *Raiser*, in FS L. Raiser, S. 355, 373 f.; ders., Kapitalgesellschaften, § 15 Rn. 11.

men.[70] Diese Möglichkeit sieht auch § 34 Abs. 2 RegE-SEEG vor. Dies entspricht auch den Vorschlägen der Regierungskommission Corporate Governance, die sich gegen einen zwingenden Katalog verpflichtender Geschäfte im Aktiengesetz ausgesprochen hat.[71]

Eine Regelung in der Geschäftsordnung bringt den Vorteil, dass diese leichter geändert werden kann als ein Satzung und somit etwaigen Zustimmungsvorbehalte flexibler angepasst werden können. Der Nachteil ist jedoch die fehlende Transparenz. Geschäftsordnungen werden in der Regel nicht publiziert, sodass Anleger, die Wert auf gute Corporate Governance legen, das Fehlen allgemein erkennbarer Regelungen bemängeln könnten.[72]

Nichtsdestotrotz erscheint die Regelung etwaiger Zustimmungsvorbehalte in der Geschäftsordnung gegenüber entsprechenden Satzungsregeln vorzugswürdig, da sie eine flexiblere Handhabe bietet.[73] Änderungen erfordern nicht erst einen satzungsändernden Beschluss der Hauptversammlung und sind daher schneller umsetzbar.

Um allerdings eine umfassende Kontrolle sicherzustellen, sollte eine gesetzliche Klarstellung erfolgen, dass das Gesamtorgan auch für den Fall einer Delegation der Geschäftsführung oder der Verteilung auf einzelne Mitglieder jederzeit die Möglichkeit hat, eine Entscheidung an sich zu ziehen.[74] Rechtlich hätte ein solcher Satz lediglich deklaratorische Wirkung, da sich in einem monistischen Modell die geschäftsführenden Mitglieder nicht auf eine dem § 76 AktG entsprechende Vorschrift berufen können. Aus der Natur der Sache ergibt sich, dass die Geschäftsführung beim Gesamtorgan liegt, sodass dieses auch diesbezügliche Fragen jederzeit für sich in Anspruch nehmen kann.[75] Eine solche Vorschrift sieht der Regierungsentwurf zur SE RegE-SEEG gegenwärtig nicht vor.

Um für Dritte die Unterteilung der Befugnisse ausreichend transparent zu machen, ist zusätzlich, wie für § 40 Abs. 1 RegE-SEEG der Fall, vorzusehen, dass im Handelsregister die Namen der geschäftsführenden

---

70 *Hoffmann-Becking*, in MünchHdb AktG, § 29 Rn. 36 f.

71 *Baums*(Hrsg.), Regierungskommission Corporate Governance, Rn. 34.

72 *Hoffmann-Becking*, in MünchHdb AktG, § 29 Rn. 36 f., dort Fußnote 29; *Hüffer*, AktG, § 111 Rn. 5 ff.; *Mertens*, in Kölner Kommen. AG, § 111 Rn. 61; *Geßler*, in *Geßler/Herfermehl*, § 111 Rn. 66.

73 Siehe dazu die Nachweise zu § 111 AktG in *Hüffer*, AktG, § 111 Rn. 5 ff.; *Hoffmann-Becking*, in MünchHdb AktG, § 29 Rn. 35 ff.; *Mertens*, in Kölner Kommentar AktG, § 111 Rn. 61; *Geßler*, in *Geßler/Herfermehl*, § 111 Rn. 66.

74 Zu denken wäre hier an eine Gesetzesformulierung, die ähnlich der amerikanischen Rechtslage es dem Verwaltungsorgan freistellt, Fragen der Geschäftsführung selbst auszuführen oder durch bestellte Personen ausführen zu lassen. Siehe auch *Theisen/Hölzle*, in *Theisen/Wenz*, S. 243, 284. Diese würde dann dem bestehenden § 111 Abs. 4 S. 2 AktG entsprechen.

75 So auch *Maul*, S. 132 die zu Recht von einem Weisungscharakter ausgeht, da die SE-VO keine dem § 111 AktG entsprechende Vorschrift enthält. Zwar bezieht sie sich noch auf SE-VOV 1991, doch kann dem auch in der aktuellen Fassung gefolgt werden.

Mitglieder eingetragen werden müssen.[76] Aus Gründen des Schutzes des Geschäftsverkehrs muss die Gesellschaft bekannt machen, welche Personengruppen welche Aufgaben übernommen haben. In diesem Zusammenhang ist durchaus zu begrüßen, dass § 40 Abs. 1 Satz 3 RegE-SEEG anders als noch § 24 Abs. 1 Satz 3 des Diskussionsentwurfs DiskE vom 28. Februar 2003 vorsieht, dass die Bestellung geschäftsführender Verwaltungsratsmitglieder nicht erst mit ihrer Eintragung in das Handelsregister wirksam wird.

6.2.1.2 Personelle Untergliederung der Geschäftsführungsbereiche

Gemäß der Praxis der USA und dem *supra* Ausgeführten, sollten die unterschiedlichen Bereiche der Geschäftsführung außerdem auf verschiedene Personen übertragen werden.[77] Diese Aufteilung, in der Regel nach unterschiedlichen Sparten, findet sich auch in der deutschen Aktienrechtspraxis wieder.[78] Gerade in Konzerngesellschaften wird die Arbeit des Vorstands in dieser Form organisiert.[79]

Durch eine solche Unterteilung wäre gewährleistet, dass einerseits der Verwaltungsrat selbst sich auf die wesentlichen Fragen der Unternehmensausrichtung konzentrieren kann, andererseits aber auch eine klare Abgrenzung der Zuständigkeitsbereiche erfolgt. Damit können dem Gesamtorgan für die einzelnen Teilbereiche klare Ansprechpartner zugeordnet werden.

Allerdings ist eine solche Untergliederung angesichts der Vielzahl vorzunehmender Aufgaben nur möglich, wenn es dem Gesamtorgan gestattet ist, Aufgaben auch auf Personen, welche kein Organmitglied sind, zu delegieren. Typischerweise haben große Aktiengesellschaften heutzutage mindestens fünf bis sieben Vorstände, die die unterschiedlichen Bereiche innehaben.[80] Überträgt man diese Zahl dann auf einen monistischen Verwaltungsrat, besteht die Gefahr, dass ein zu großer Anteil der Mitglieder mit der Geschäftsführung betraut sind, sodass die Anzahl der kontrollierenden Personen im Verhältnis zur Gesamtzahl zu klein erscheint. Diese Gefahr wird umso deutlicher, sollte man mit dem *supra* und in auch der Corporate Governance-Diskussion aufgekommenen Gedanken nach verkleinerten Gremien Rechnung tragen.[81]

---

76 *Teichmann*, ZGR 2002, 383, 453.

77 Vgl. dazu *Steindl*, S. 77ff; Kindler, S. 38 oder *ALI*, Principles of Corporate Governance, 1994, § 3.02; *ABA*, Corporate Director's Guidebook, 54 Bus. Law. 1571, 1584 ff. Vgl. *supra* Abschnitt 3.3 zur Unterscheidung von Inside- und Outside Directors.

78 *Hein*, ZHR 2002, 464, 484 ff.; *Semler*, in *FS Lutter*, S. 722 ff.

79 *Hüffer*, AktG, § 76 Rn. 3 und § 77 Rn. 14; *Mertens*, Kölner Kommentar AktG; § 77 Rn. 4; *Hein*, ZHR 2002, 464, 484 ff.; *Semler*, in *FS Lutter*, S. 722 ff.

80 *Hein*, ZHR 2002, 464, 484 ff.; *Semler*, in *FS Lutter*, S. 722 ff.

81 Siehe dazu supra, 6.1.1. Zur Diskussion im Rahmend der Vorbereitung des Corpoarte Governance Kodex *Baums* (Hrsg.), Regierungskommission Corporate Governance, Rn. 55; *Schiessl*, AG 2002, 593, 595; *Schmidt*, S. 79; *Holl*, S. 236.

Daher ist die Regelung in § 40 Abs. 1 RegE-SEEG, wonach zu geschäftsführenden Direktoren sowohl Mitglieder des Verwaltungsrats als auch Dritte bestellt werden können, durchaus zu begrüßen. Dies war trotz des Wortlauts des Art. 43 Abs. 1 Satz 2 SE-VO nicht unproblematisch, ist mit Blick auf die amerikanische Praxis jedoch wünschenswert. Dort steht es dem "*board of directors*" frei, jederzeit Aufgaben auf bestellte Geschäftsführer zu übertragen. Bestellte Geschäftsführer können jederzeit entlassen werden. Ist die geschäftsführende Person jedoch Mitglied des Verwaltungsrats, ist sie, wie *infra* zu erörtern ist, nur durch einen Beschluß der Hauptversammlung oder ein Gericht abrufbar.

6.2.1.3 Flexibilität contra zwingendes Schutzinteresse

Für die Ausgestaltung der Geschäftsführung ist es empfehlenswert, wie es auch die amerikanische Praxis demonstriert, Gesellschaften einen Gestaltungsspielraum einzuräumen, soweit dadurch keine zwingende Schutzinteressen der Aktionäre oder auch Mitbestimmungsrechte der Arbeitnehmer beeinträchtigt werden.[82] Denkbar wäre beispielsweise ein System abgestufter Regelungen, deren Eingreifen von dem Umfang der möglichen Beeinträchtigung Dritter abhängig gemacht wird. Denkbare Kriterien wären dafür z.B. die Anzahl der Arbeitnehmer oder auch die Kapitalisierung der Gesellschaft. Während ersteres bereits im Rahmen der Mitbestimmung üblich ist[83], finden sich für letzteres Vorschriften im HGB, in denen zwischen kleinen, mittleren und großen Aktiengesellschaften unterschieden wird.[84] Legt man die Prämisse zugrunde, dass mit einer höheren Marktkapitalisierung auch ein größerer Personenkreis potentiell betroffen ist, konnte man eine solche Abstufung als Anknüpfungspunkt für die Intensität gesetzlicher Regelungen machen. Um jedoch gleichzeitig hochkapitalisierten GmbHs nicht zu viele Vorschriften für die Ausgestaltung der Geschäftsführung vorzugeben, könnte als zusätzliches Kriterium beispielsweise auch die Anzahl der Aktionäre bzw. Gesellschafter herangezogen werden. Eine solche Differenzierungstechnik findet sich in den Vorschriften des "*Securities Exchange Act of 1934*" wieder.

Diese Abgrenzung könnte man auch für die Frage der funktionalen Trennung innerhalb des Gesamtorgans oder für eine kollegiale Ausgestaltung der Geschäftsführung heranziehen.[85] Je weniger Aktionäre eine Gesellschaft aufweist, desto geringer ist auch die Notwendigkeit einer zwingenden Unterteilung zu bewerten. Solchen Gesellschaften dann jedoch zwingend eine funktionale Trennung zwischen geschäftsführenden und überwachenden Mitgliedern vorzuschreiben, erscheint nicht gerechtfer-

---

82 Siehe dazu supra Abschnitt 5.3. Siehe außerdem *Merkt*, Rn. 494 ff.; *Henn/Alexander*, S. 551 ff.; *Schmidt*, S. 48 ff.

83 Vgl. *supra* Abschnitt 5.2.3.2.

84 Siehe § 267 HGB.

85 Zu diesen Punkten siehe *infra* Abschnitt 6.2.1.4 und 6.2.1.4.2.1. Siehe auch *Henssler*, in FS Ulmer, S. 192, 203.

tigt.[86] Gleiches gilt für die Frage der kollegialen Ausgestaltung der Geschäftsführung. Diese sollte nur als Auffangregelung vorgeschrieben werden, wenn bei Vorliegen der Notwendigkeit eines Arbeitsdirektors keine Regelung auf Verhandlungsbasis gefunden wird.[87] Auf diesem Wege wird ein ausreichend flexibler Gestaltungsspielraum geschaffen, ohne dass es zu einem völligen Verlust zwingender Kontrolle kommt.

6.2.1.4 Laufende Geschäftsführung

6.2.1.4.1 Geschäftsführung durch das Gesamtorgan

Wenngleich rechtlich zulässig, sollte von einer Übertragung der laufenden Geschäftsführung auf den gesamten Verwaltungsrat abgesehen werden. Einerseits würde dadurch die geforderte funktionale Untergliederung des Verwaltungsrats nicht mehr gewährleistet werden können, anderseits entspräche diese auch nicht dem Willen des Verordnungsgebers, wie sich beispielsweise aus den Vorschriften zur Sitzungsfrequenz des Verwaltungsrats ableiten läßt.[88] Aber auch praktische Erwägungen sprechen gegen die Geschäftsführung durch das Gesamtorgan. So wird es in mitbestimmten Gesellschaften nicht durchsetzbar sein, dass Arbeitnehmervertreter an der laufenden Geschäftsführung beteiligt sind.

Allerdings ist es gleichzeitig unter dem Gesichtspunkt der Steigerung der unternehmerischen Flexibilität abzulehnen, Gesellschaften diese Möglichkeit vollständig vorzuenthalten. Ähnlich wie in den USA könnte es sich für kleinere Gesellschaften, welche nur eine beschränkte Anzahl von Aktionären bzw. Gesellschaftern aufweisen und mit weniger als 500 Arbeitnehmern nicht von den Vorschriften der Mitbestimmung erfaßt werden, anbieten, sich in dieser Form zu organisieren. Hier ist vor allem an Gesellschaften zu denken, in denen der tatsächliche Eigentümer selbst noch aktiv an der Geschäftsführung beteiligt ist, es also an der von *Berle* und *Means* beschriebenen Trennung von Geschäftsführung und Eigentum in der Gesellschaft fehlt.[89] Gleiches gilt auch für Gesellschaften, die aufgrund des Nichtgreifens der Mitbestimmung nur ein Verwaltungsrat aus einem oder zwei Mitgliedern bilden können. In diesen Fällen würde eine verpflichtende funktionale Trennung wenig sinnvoll erscheinen und lediglich Kosten verursachen.

Zwar lässt sich dagegen zu Recht einwenden, dass es aufgrund der Gründungsvoraussetzungen der SE und ihrer konkreten Zielgruppe fraglich erscheint, ob sich in Deutschland mitbestimmungsfreie Gesellschaften für diese Gesellschaftsform entscheiden werden, doch sollte der Ge-

---

86 Diesen Ansatz verfolgt beispielsweise auch das dänische Aktienrecht.

87 Dazu siehe *infra* Abschnitt 6.2.1.4.2. Siehe auch *Henssler*, in FS Ulmer, 193 ff.; *Heinze*, ZGR 2002, 66 ff.

88 Vgl. dazu Erwägungsgrund 14 der Präambel der SE-VO. Sie außerdem *Schwarz*, Europäisches Unternehmensrecht, Rn. 1158; *Teichmann*, ZGR 2002, 383, 450 ff.; *ders./Hommelhoff*, SZW/RSDA 2002, 1, 6; *Artmann*, wbl 2002, 189, 194; *Schindler*, S. 65 ff.

89 Siehe dazu *supra* Abschnitt 3.2.

setzgeber diese Option zumindest offen halten, um diesen den Weg in die SE nicht durch hohe Verwaltungskosten aufgrund zwingender struktureller Untergliederung des Verwaltungsrats zu erschweren.

In den übrigen Fällen, also bei Eingreifen der Mitbestimmungsregeln dürfte diese Form der Geschäftsführung dagegen kaum Anwendung finden, da es zu einer unmittelbaren Beteiligung der Arbeitnehmer an der Geschäftsführung führt. Dies dürfte politisch kaum durchsetzbar sein.

Allerdings sollte muss auch insoweit das Gebot der Möglichkeit der flexiblen Gestaltung berücksichtigt werden, so dass diese Variante den Gesellschaften zumindest nicht verbaut werden sollte. Richtlinie 2002/86/EG zur Arbeitnehmermitbestimmung geht von der Prämisse der Verhandlungslösung aus.[90] Es steht daher den Vertretern von Arbeitnehmern und Anteilseignern frei, sich für ein für ihre Gesellschaft passendes Modell der Mitbestimmung zu entscheiden, welches nicht zwingend zu einem Ansatz der Mitbestimmung im Verwaltungsrat führen muss.[91] Es kann daher nicht von vornherein ausgeschlossen werden, dass diese Form der Geschäftsführung für Gesellschaften praktikabel ist. Dementsprechend sollte der nationale Gesetzgeber diese Möglichkeit auch bereit halten.

6.2.1.4.2 Geschäftsführung durch funktionale Trennung innerhalb des Gesamtorgans

Als Alternative zu der Übertragung der Geschäftsführung auf sämtliche Mitglieder des Verwaltungsrats bietet sich die Verteilung der Geschäftsführungsbefugnisse auf einzelne Mitglieder an. Auch dabei lassen sich wiederum zwei Möglichkeiten unterscheiden, nämlich die Übertragung der laufenden Geschäftsführung auf Mitglieder des Verwaltungsrats oder die Verlagerung der laufenden Geschäftsführung auf bestellte Geschäftsführer, die nicht gleichzeitig auch Mitglieder des Verwaltungsrats sind. Wie *supra* erörtert sind aus rechtlicher Sicht beide Alternativen zulässig.[92]

Zusätzlich sollte unabhängig von der konkreten Aufteilung der Geschäftsführung angedacht werden, Gesellschaften die Möglichkeit zu eröffnen, die Geschäftsführung hierarchisch oder kollegial aufzubauen.[93] In der Umsetzung würde dies keine Unterschiede nach sich ziehen. Allerdings könnte der Gesetzgeber durch das Eröffnen der Möglichkeit einer hierarchisch gegliederten Geschäftsführung nach angloamerikani-

---

90 *Henssler*, in FS Ulmer, S. 192, 203; *Heinze*, ZGR 2002, 66 ff.

91 *Teichmann*, in *Theisen/Wenz*, S. 573, 603 f.; *Heinze*, ZGR 2002, 66, 84; *Henssler*, in FS Ulmer, S. 192, 203.

92 Siehe supra Abschnitt 6.2.1.4.4.

93 Zu der konkreten Ausgestaltung des hierarchischen Aufbaus siehe *Hein*, RIW 2002, 501, 503; *ders.*; ZHR 2002, 464, 493; *Theisen/Hölzl*, in *Theisen/Wenz*, S. 273, 278; *v. Werder*, RIW 1997, 304 ff.

schem Vorbild einer schon lange bestehenden Forderungen aus Kreisen der Wirtschaft Gehör schenken.[94]

Insoweit auf die Praxis und Erfahrungen der Vereinigten Staaten zurückzugreifen, ist nur bedingt möglich, da sich ab einer bestimmten Arbeitnehmerzahl in Deutschland die Vorschriften der Mitbestimmung auswirken. Sobald Gesellschaften verpflichtet sind einen Arbeitsdirektor zu haben, dürfte es nicht mehr möglich sein, eine, hierarchisch aufgebaute, dem "*CEO*"-Prinzip entsprechende Geschäftsführung zu unterhalten.[95]

6.2.1.4.2.1 Kollegiale oder hierarchische Struktur der Geschäftsführung

Die Geschäftsführung als Kollegialorgan durch die Ernennung von mindestens zwei Geschäftsführern zu konstruieren, bietet sich aufgrund der Erfahrungen im deutschen Aktienrecht seit 1965 an.[96] Damals hat der Gesetzgeber bewusst §§ 76 Abs. 2 S. 1, 77 Abs. 1 AktG dahingehend formuliert, dass ab einer Größe der Aktiengesellschaft von einem Grundkapital von mehr als Euro drei Millionen die Geschäftsführung kollegial auszugestalten ist. Allerdings darf in dem vorliegenden Kontext die Entscheidung des Gesetzgebers von 1965 für die kollegiale Struktur nicht überbewertet werden, da sie einzig unter dem Blickwinkel einer dualistisch gegliederten AG erfolgt ist. Die monistische Struktur stand damals in keiner Weise zur Diskussion.[97]

Der Vorteil des Aufbaus der Geschäftsführung als Kollegialorgan mit mindestens zwei oder mehr gleichberechtigten Geschäftsführern oder Organmitgliedern liegt in der gegenseitigen Kontrollmöglichkeit der Geschäftsführer.[98] Gegen das Abstellen auf gegenseitige Kontrolle lässt sich jedoch anführen, dass in einer Vielzahl von Wirtschaftsordnungen der Zuschnitt auf einen zentralen Geschäftsführer möglich ist, ohne dass dies allein zu mangelnder interner Kontrolle führt. Für die Verteilung der Befugnisse auf zwei oder mehr Personen spricht jedoch auch, die Möglichkeit, die Aufgabenbereiche klar zu untergliedern.[99] Damit können sich die einzelnen Personen intensiver auf den ihnen zugewiesenen Teilbereich konzentrieren. Zusätzlich sind deutsche Gesellschaften mit einer

---

94 Zuletzt *J. Ackermann*, FAZ v. 26.11.2001; *R. Berger*, FAZ v. 1.02.2002, S. 17; *Hein*, RIW 2002, 501 ff.; *ders.*, ZHR 2002, 464, 494 ff., der darauf hinweist, dass eine solche Regelung der verbreiteten Praxis Rechnung tragen würde. Ablehnend, zumindest für das bestehende AktG *Baums* (Hrsg.), Regierungskommission Corporate Governance, Rn. 36.

95 Siehe dazu *infra* Abschnitt 6.2.1.4.2.2.

96 Zu der Ausgestaltung als Kollegialorgan siehe *Meyer-Landrut*, in Großkommentar AktG, § 76 Rn. 1 ff.; *Mertens*, Kölner Kommentar AktG, § 76 Rn. 2 ff., *Geßler*, in *Geßler/Hefermehl*, § 76 Rn. 1 ff. jeweils m.w.W.

97 Einzig in der Zeit nach der Weltwirtschaftskrise wurde die Einführung einer monistischen Struktur ernsthaft angedacht. Hintergrund war die Hoffnung amerikanische Investitionen anziehen zu können. Vgl. Schnorr, S. 47 ff.

98 *Wenz*, S. 73; *Schindler*, S. 65; *Hein*, ZHR 2002, 464, 476.

99 *Hein*, ZGR 2002, 464, 484 ff.

solchen Struktur vertraut, sodass geringere Anlaufschwierigkeiten zu erwarten wären.

Letzteres Argument ist aber nur bedingt schlüssig. Aufgrund der Besonderheit der SE als europäische Gesellschaftsform setzt die Gründung die Beteiligung von Gesellschaften aus zwei unterschiedlichen Mitgliedsstaaten voraus. Dort ist aber eine hierarchisch strukturierte Geschäftsführung nicht ungewöhnlich, sodass eine deutschen SE ausreichend Personen zur Verfügung hätten, die mit einem solchen Aufbau vertraut wären.

Für eine dem amerikanischen "*CEO*"-Prinzip nachempfundene Struktur spricht das wiederholte Verlangen deutscher Unternehmen nach einer solchen Möglichkeit.[100] Als einer der größten Vorteile wird angeführt, dass der oftmals kritisierte Zwang zum Kompromiss vermieden werden könnte, den ausländische Beobachter dem deutschen System immer wieder vorwerfen.[101] Auch würde man schneller zu einer abschließenden Entscheidung gelangen, hätte man einen leitenden Geschäftsführer als abschließende Instanz.[102] Gesellschaftsfremden Personen könnte zugleich eine zentrale Leitfigur präsentiert werden, durch welche auch eine Identifikation mit dem Unternehmen erleichtert wird.[103]

Ob letztere Überlegung jedoch tatsächlich einen Vorteil der hierarchischen Gliederung darstellt, ist zweifelhaft. Auch unter der kollegialen Organisation deutscher Vorstände wird die Gesellschaft typischerweise mit seinem Vorstandssprecher identifiziert.[104] Daher lässt sich insofern ein identisches Resultat auch in einem kollegialen Organ erzielen. Entscheidend ist lediglich, dass eine Person als zentraler Ansprechpartner fungiert.

Als weiteres Argument wird die vereinfachte Gewinnung ausländischer Investoren angeführt. Diese würden ihnen vertraute Strukturen vorfinden.[105] Des weiteren kann für die Möglichkeit der Ausgestaltung der Geschäftsführung nach dem "*CEO*"-Prinzip angeführt werden, dass der Gesetzgeber somit auf die bestehende Rechtswirklichkeit reagieren würde,

---

100 *J. Ackermann*, FAZ v. 26.11.2001; *R. Berger*, FAZ v. 1.02.2002, S. 17; siehe aber auch die ablehnende Stellungnahme der Regierungskommission Corporate Governance, *Baums* (Hrsg.), Regierungskommission Corporate Governance, Rn. 38.

101 *Hein*, RIW 501, 502 Fn. 8; *Eisenberg*, The Legal Structure of the Corporation, S. 177 ff.; *Wenz*, S. 73; *Dallas*, 54 Wash. & Lee L. Rev. 91, 105 ff.

102 *Eisenberg*, The Legal Structure of the Corporation, S. 177 ff.

103 *Hein*, RIW 501, 502 Fn. 8; *Eisenberg*, The Legal Structure of the Corporation, S. 177 ff.; *Wenz*, S. 73; *Dallas*, 54 Wash. & Lee L. Rev. 91, 105 ff.

104 Zu der deutschen Praxis mit einem Vorstandssprecher siehe *Hein*, ZHR 2002, 464, 478 ff.; *Hoffmann-Becking*, ZGR 1998, 497 ff.

105 *Schnorr*, 47 ff. Ein ähnlicher Gedanke prägte bereits die Diskussion in den dreißiger Jahren, siehe *Hein*, ZHR 2002, 464, 472 ff.

wie sie sich, wie *von Hein* ausführt, bereits in zahlreichen deutschen Gesellschaften wiederfindet.[106]

Letztlich sollte jedoch der nationale Gesetzgeber, unter Berücksichtigung der Tendenz in der Corporate Governance-Diskussion, flexible Gestaltungsmöglichkeiten für Gesellschaften zu schaffen, diesen die Ausgestaltung der Geschäftsführung insoweit freistellen.[107]

6.2.1.4.2.2 Kollegiales Modell bei Vorhandensein eines Arbeitsdirektors

Zumindest für Gesellschaften, welche aufgrund der Anzahl der Arbeitnehmer nach bestehendem Recht bereits in den Anwendungsbereich des MitbestG oder des MontanMitbestG fallen, scheint jedoch das kollegiale Modell der Geschäftsführung faktisch geboten zu sein. Nur in diesem Fall dürfte sich das Rechtsinstitut des Arbeitsdirektors in eine monistische Gesellschaft entsprechend transferieren lassen.[108] Dieses fordert in der bestehenden Form, dass die davon betroffenen Gesellschaften zwingend ein Vorstandsmitglied aufweisen, welchem die ausschließliche Zuständigkeit in Personal- und Sozialfragen zukommt, §§ 33 MitBestG, 13 MontanMitbestG sowie 13 MitbestErgG.[109]

Dieses ist gleichberechtigtes Mitglied des Vorstandes, jedoch mit der zwingenden Kompetenz in Personal- und Sozialfragen.[110] Er kann nur mit der Mehrheit der Stimmen der Arbeitnehmervertreter im Aufsichtsrat bestellt oder abgerufen werden.[111] Im Anwendungsbereich dieser Vorschriften schreibt das Gesetz daher zwingend eine kollegiale Struktur der Geschäftsführung vor.

Möchte man daher in einer monistischen Aktiengesellschaft dieses Rechtsinstitut fortführen, was unter der Prämisse einer gleichwertigen Arbeitnehmerbeteiligung zu erfolgen hätte, bleibt auf den ersten Blick nur eine kollegiale Ausgestaltung übrig.[112]

---

106 *Hein*, ZHR 2002, 464, 484 ff.

107 *Baums* (Hrsg.), Regierungskommission Corporate Governance, Rn. 15 ff., *Berliner Initiativkreis*, German Code of Corporate Governance, S. 38, welche generell eine stärkere Möglichkeit der flexibleren Ausgestaltung fordern.

108 *Henssler*, in FS Ulmer, S. 193 ff.

109 Zum Arbeitsdirektor siehe *Wiesner*, MünchHdb AktG, § 24 Rn. 9 ff.; *Krieger*, S. 253f; *Lutter/Krieger*, S. 53 f.; *Raiser*, Kapitalgesellschaften, § 14 Rn. 15; *Mertens*, in Kölner Kommentar AktG, § 76 Rn. 93; *Hüffer*, AktG, § 76 Rn. 24.

110 *Hüffer*, AktG, § 76 Rn. 24; *Geßler*, in *Geßler/Hefermehl*, § 76 Rn. 31 ff.; *Mertens*, in Kölner Kommentar AktG, § 76 Rn. 93 jeweils m.w.N.

111 *Hüffer*, AktG, § 77 Rn. 23; *Raiser*, Kapitalgesellschaften, § 13 Rn. 21; *Lutter/Krieger*, S. 178 f.; *Geßler*, in *Geßler/Hefermehl*, § 76 Rn. 31 ff.; *Mertens*, in Kölner Kommentar AktG, § 76 Rn. 93; *Wiesner*, MünchnHdb. AktG, § 19 Rn. 24.

112 Siehe insofern Erwägungsgrund 21 der Präambel der SE-VO. Siehe aber *Henssler*, in FS Ulmer, S. 193 ff.

Allerdings schreiben die Vorschriften zur Arbeitnehmermitbestimmung nicht zwingend eine identische Übernahme des Rechtsinstitutes vor. Erforderlich ist lediglich die Sicherstellung einer gleichwertigen Arbeitnehmerbeteiligung.[113] Zugleich können auch hier aufgrund der Prämisse der Verhandlungslösung abweichende Vereinbarungen getroffen werden, die auch in einer hierarchisch aufgebauten Geschäftsführung eine entsprechende Umsetzung des Arbeitsdirektors ermöglichen.[114] Denkbar wäre hier beispielsweise, ein Mitglied der Geschäftsführung zwingend mit diesem Kompetenzbereich auszustatten. Ähnlich einem "*officer*" einer amerikanischen "*corporation*" wäre er zwar hierarchisch unter dem "*CEO*" angesiedelt, jedoch könnte man einen ausreichenden Schutz erreichen, indem Personalfragen nicht seinem Bereich entzogen werden können.

Zusätzlich könnte man seine Position stärken, als seine Ernennung und Abberufung, wie unter der bestehenden Rechtslage, nicht gegen die Mehrheit der Arbeitnehmervertreter im Verwaltungsrat erfolgen darf.

Alternativ wäre denkbar, Gesellschaften zu verpflichten, einen diesbezüglichen Ausschuss einzurichten. Problematisch an einem solchen Ansatz ist jedoch, dass nach der derzeitigen Gesetzeslage die Regeln der Mitbestimmung die Ernennung zum gleichberechtigten Mitglied des zur Vertretung berufenen Organs vorschreiben, §§ 13 Abs. 2 S. 1 Montan-MitbestG, 33 Abs. 1 S. 1 MitbestG. Zwar kann argumentiert werden, dass der Zwang zur Gleichbehandlung lediglich das Resultat des § 78 AktG ist und sich daher beim Wegfall dieser Norm erledige.

Andererseits scheint dies aufgrund des derzeitigen Wortlauts der mitbestimmungsrechtlichen Vorschriften nicht unproblematisch, da diese eben ein gleichberechtigtes Mitglied im gesetzlichen Vertretungsorgan fordern.[115]

Letztlich sollte man aber auch diese Frage zur Disposition der Parteien stellen, um eine angemessene Lösung zu ermöglichen. Unter der Prämisse einer gleichwertigen Umsetzung bestehender Arbeitnehmerrechte sind aufgrund der Verhandlungslösung eine Vielzahl von Alternativen denkbar, sodass es falsch wäre, Gesellschaften eine bestimmte Variante vorzuschreiben. Dies umso mehr, als damit unter Umständen auch die Wahlmöglichkeit zwischen kollegialer und hierarchischer Struktur beeinträchtigt wird.

Nur für den Fall des Scheiterns etwaiger Verhandlungen bedarf es dann einer Kompromisslösung. Diese müsste dann jedoch, ausgehend von der bisher üblichen Praxis, eine kollegiale Geschäftsführungsstruktur vorschlagen, da diese beim Eingreifen mitbestimmungsrechtlicher Vor-

---

[113] Siehe insofern Erwägungsgrund 21 der Präambel der SE-VO; siehe auch *Heinze*, ZGR 2002, 66, 84 ff. sowie *Teichmann*, in *Theisen/Wenz*, S. 573, 603; *Henssler*, in FS Ulmer, S. 193 ff.

[114] Zur Verhandlungslösung siehe *Teichmann*, in *Theisen/Wenz*, S. 573, 603; *Heinze*, ZGR 2002, 66, 84 ff.; *Henssler*, in FS Ulmer, S. 193 ff.

[115] *Henssler*, in FS Ulmer, S. 192, 203; *Heinze*, ZGR 2002, 66 ff.

schriften die geringsten Zweifel zur Gleichwertigkeit der Umsetzung nach sich zieht.

6.2.1.4.2.3 Geschäftsführung durch Mitglieder des Verwaltungsorgans

Eine der in der Literatur vertretene Varianten des Aufbaus der Geschäftsführung ist die Übertragung der laufende Geschäftsführung auf einen oder mehrere Mitglieder des Verwaltungsrats.[116] Danach wäre der Verwaltungsrat selbst in zwei Personengruppen unterteilt, deren eine für die Geschäftsführung verantwortlich wäre, während der anderen die Überwachung der Geschäftsführung obläge.[117] Geschäftsführende Mitglieder müssten dann ihr Amt hauptamtlich ausüben. Sie wären dann ähnlich wie der "*CEO*" einer amerikanischen Gesellschaft sowohl hauptberuflich Geschäftsführer der Gesellschaft als auch Mitglieder des Verwaltungsrats. Sie würden somit an sämtlichen Beratungen des Gesamtorgans teilnehmen können und hätten auch ein Stimmrecht bei sämtlichen Entscheidungen.

Diese Möglichkeit entspräche somit dem typischen Modell einer monistischen Gesellschaft, mit der Verbindung von Geschäftsführung und Überwachung in einem Organ jedoch zugleich einer funktionalen Trennung innerhalb des Organs.[118]

Allerdings ist dieser Aufbau der Geschäftsführung unter dem Gesichtspunkt der Personalkompetenz des Verwaltungsrats nicht unproblematisch. Das Recht Personalentscheidungen zu treffen, insbesondere Geschäftsführer einzusetzen oder zu entlassen ist sowohl nach der amerikanischen Gesellschaftsrechtsliteratur als auch im Verhältnis Vorstand zu Aufsichtsrat eine der wesentlichsten Befugnisse des Verwaltungsrats.[119] Wird die Geschäftsführung daher Mitgliedern des Verwaltungsrats übertragen, ist es dem Gesamtorgan unmöglich, diese wieder abzuberufen, ohne dass die betreffenden Personen zumindest Mitglied des Gesamtorgans bleiben.[120]

Eine Entlassung aus dem Verwaltungsrat durch seine übrigen Mitglieder scheidet in Deutschland angesichts der Regelungen der SE-VO bw. § 29 Abs. 1 RegE-SEEG aus. Gemäß § 29 Abs. 1 RegE-SEEG können die Mitglieder des Verwaltungsrats, die durch die Hauptversammlung gewählt werden, vor Ablauf ihrer Amtszeit auch nur durch die Hauptver-

---

116 *Teichmann*, ZGR 2002, 383, 450 ff.; *ders./Hommelhoff*, SZW/RSDA 2002, 1, 6; *Maul*, S. 126 ff.; *Bungert/Beier*, EWS 2002, 1, 7; ebenso *Schwarz*, Europäisches Gesellschaftrecht, Rn. 1158 ff. noch für SE-VOV 1991.

117 *Henssler*, in FS Ulmer, S. 192, 203.

118 *Teichmann*, ZGR 2002, 383, 450 ff.; *ders./Hommelhoff*, SZW/RSDA 2002, 1, 6; *Henssler*, in FS Ulmer, S. 192, 203.

119 Für die amerikanische Literatur siehe statt vieler: *Henn/Alexander*, S. 556 ff.; *Eisenberg*, The Legal Structure of the Corporation, S. 162 ff.; *ALI*, Principles of Corporate Governance, § 3.02.

120 *Theisen/Hölzl*, in *Theisen/Wenz*, S. 243, 273.

sammlung wieder abberufen werden.[121] Ein entsprechender Beschluss bedarf gemäß § 29 Abs. 1 S. 2 RegE-SEEG einer Dreiviertelmehrheit der anwesenden Aktionäre, welche jedoch durch Satzungsbestimmung auf eine einfache Mehrheit abgesenkt werden kann, § 29 Abs. 1 S. 3 RegE-SEEG. Dies entspricht der gegenwärtigen Rechtslage unter dem AktG.[122] Ein Entzug der Zuständigkeit der Hauptversammlung scheidet jedoch aus. Der Verwaltungsrat hat daher bei Vertrauensverlust in die Geschäftsführer lediglich die Möglichkeit den geschäftsführenden Mitgliedern die Geschäftsführungsbefugnis zu entziehen, sie bleiben jedoch Mitglied des Verwaltungsrats.

Will der Verwaltungsrat diese ganz aus seiner Mitte entfernen, ist entweder das Abhalten einer Hauptversammlung erforderlich, was sich als zeit- und kostenintensiv darstellen dürfte und damit nicht praktikabel erscheint oder der Verwaltungsrat hat ein gerichtliches Urteil zu erlangen.

Bleiben die betroffenen Personen dagegen Mitglieder des Gesamtorgans ist es fraglich, ob dieses weiterhin zu einer vertrauensvollen Zusammenarbeit in der Lage ist oder ob nicht aufgrund des Entzugs der Geschäftsführungsbefugnis das gegenseitige Vertrauen irreparabel gestört ist.

Ein weiteres Problem ergibt sich aus der Frage, ob sich im Falle eines Entzugs der Geschäftsführungsbefugnis eines Mitglieds unter den verbleibenden Mitgliedern ausreichend Personen befinden, welche diese Aufgabe übernehmen können. Typischerweise werden Verwaltungsratsmitglieder diese Aufgabe nebenberuflich ausüben, ähnlich einem Aufsichtsratsmandat.[123] Dies zeigen auch die Erfahrungen der Vereinigten Staaten, wo sich wiederholt Zeitprobleme offenbarten. Das "*board of directors*" setzt sich typischerweise aus leitenden Angestellten anderer Unternehmen zusammen, die dort Vollzeit tätig sind. Solche Personen werden aber nicht in der Lage sein, zusätzlich die laufende Geschäftsführung in einer anderen Gesellschaft zu übernehmen. Auch wird es fraglich sein, ob die Gesellschaft über ausreichend qualifizierte Mitglieder im Verwaltungsrat verfügt, die in der Lage wären die Geschäftsführung zu übernehmen.

Aber auch unter dem Gedanken der Mitbestimmung lassen sich Bedenken gegen eine solche Form der Geschäftsführung anbringen. Anders als in den USA, wo sich das "*board of directors*" zunehmend aus "*independent directors*" zusammensetzt, kennt das deutsche Aktienrecht keine derartigen Personen.[124] Geschäftsführende Mitglieder würden daher von den

---

[121] Zur Abberufung von Mitgliedern im monistischen Modell siehe *Schwarz*, *Europäisches Gesellschaftsrecht*, Rn. 1157, *Rasner*, ZGR 1992, 314, 322; *Jaeger*, S. 142.

[122] *Hüffer*, AktG, § 103 Rn. 4 f.; *Mertens*, in Kölner Kommentar AktG, § 103, Rn. 13 f.; *Geßler*, in *Geßler/Hefermehl*, § 103, Rn. 11; *Hoffmann-Becking*, in MünchHdb. AktG, § 30 Rn. 51.

[123] Für die USA siehe *Mace*, S. 87 ff.; siehe auch *supra* Abschnitt 3.1.

[124] Wenngleich sie zunehmend als wünschenswert angesehen werden, wie die Corporate Governance Diskussion feststellt. *Schiessl*, AG 2002, 593, 595 ff.; *Baums* (Hrsg.), Regierungskommission Corporate Governance, Rn. 55; vgl. auch supra Abschnitt 5.2.4.

Vertretern der Anteilseigner gestellt werden. Es ist jedoch zu befürchten, dass dies zu Spannungen in der Zusammenarbeit der Mitglieder führen könnte. Verbreitete Praxis ist es, dass sich Anteilseigner- und Arbeitnehmervertreter vor Aufsichtsratssitzungen gesondert treffen. Wenn aber der Geschäftsführer zugleich Anteilseignervertreter ist, könnte dies zu einem Informationsvorsprung dieser Fraktion führen.

6.2.1.4.3 Laufende Geschäftsführung durch Delegation auf Nicht-Organmitglieder

Alternativ zu der Unterteilung des Gesamtorgans kann die laufende Geschäftsführung durch bestellte Geschäftsführer ausgeübt werden.[125] Dies bietet den Vorteil, dass das Gesamtorgan nicht in seiner Personalkompetenz eingeschränkt ist, sondern die Geschäftsführer bei Vertrauensverlust jederzeit abberufen kann. Da sie nicht nach Art.43 Abs. 2 SE-VO bzw. § 29 Abs. 1 RegE-SEEG von der Hauptversammlung gewählt sind, bedarf es zu ihrer Abberufung auch nicht eines Beschlusses derselben. Sie blieben auch kein Verwaltungsratmitglied nach ihrer Abberufung. Zusätzlich würde den Bedenken gegen die Beteiligung von Arbeitnehmervertretern an der laufenden Geschäftsführung entgegengewirkt.[126]

Als Nachteil wäre zu werten, dass dies eine starke Angleichung an die dualistische Struktur bedeutet. Der als Vorteil gepriesene Aspekt, dass Geschäftsführung und Überwachung von einem Organ ausgehen, wäre nicht mehr gewährleistet. Zwar bleibt es unbenommen, etwaige bestellte Geschäftsführer jederzeit an Sitzungen des Gesamtorgans teilhaben zu lassen, doch mehr als ein Teilnahme- und Beratungsrecht könnte ihnen nicht eingeräumt werden. Ein Stimmrecht bei der Entscheidungsfindung im Verwaltungsorgan kann ihnen jedoch gewährt werden, da sie nicht gemäß Art. 43 Abs. 2 SE-VO durch die Hauptversammlung legitimiert sind.

Als Vorteil des monistischen Systems wird jedoch gerade angesehen, dass der Verwaltungsrat auch diejenigen Personen enthält, welche die laufende Geschäftsführung innehaben. Auf diesem Wege würde eine schnellere und bessere Informationsversorgung des gesamten Verwaltungsrats sichergestellt.[127] Gerade für Deutschland wird kritisiert, dass es aufgrund der formalen Trennung der Mehrheit der Aufsichtsratsmitglieder am notwendigen Verständnis für unternehmerische Fragen fehle.[128] Insofern ist zu überlegen, ob diese Vorteile nicht auch abgeschöpft werden können, ohne dass einem Geschäftsführer notwendigerweise auch ein Stimmrecht zukommen muss. Es könnte ausreichen, ihm beratende Funktion zukommen zu lassen und die bloße Anwesenheit bei Sitzungen zu gestatten.

---

125 *Gutsche*, S. 159 ff.; *Reinkensmeier*, S. 113 ff.; *Theissen/Hölzl*, in *Theissen/wenz*, S. 246, 276.

126 *Gutsche*, S. 159 ff.; *Reinkensmeier*, S. 113 ff.

127 Siehe *Davies*, ZGR 2001, 269, 284 f.; *Schiessl*, AG 2002, 593, 595 ff.

128 *Hopt*, in Hopt/Wymeersch, S. 252; *Davies*, ZGR 2001, 269, 284.

Insgesamt erinnert eine solche Aufteilung jedoch stark an die dualistische Struktur, wenngleich mit weitreichenderen Kompetenzen für das Gesamtorgan. Zwar spricht für die Übertragung auf Geschäftsführer, welche nicht Mitglieder des Verwaltungsrats sind, dass somit die funktionale Trennung von Geschäftsführung und Kontrolle konsequent umgesetzt ist, doch erscheint eine solche formale Trennung unter dem Gesichtspunkt des monistischen Systems zu weitgehend.[129]

6.2.1.4.4 Zwischenergebnis

Wichtigste Überlegung für Deutschland ist, Gesellschaften in der Ausgestaltung der Geschäftsführung einen ausreichenden Gestaltungsspielraum zu eröffnen. Dementsprechend wäre es zu begrüßen, wenn der Gesetzgeber auch keine zwingende Regelung bezüglich der Frage, ob die Geschäftsführung durch Organmitglieder oder durch bestellte Geschäftsführer erfolgt, vorschreibt, sondern beide Möglichkeiten eröffnet. Beide Ansätze bieten, wie *supra* ausgeführt Vor- und Nachteile. Der ganz klare Vorteil einer Gestaltung, in der sich der Geschäftsführer aus den Reihen des Verwaltungsrats rekrutiert, ist die engere Zusammenarbeit zwischen Überwachung und Geschäftsführung. Die oft beklagten Informationsdefizite des dualistischen Systems ließen sich vermeiden, wenn die überwachenden Personen an den geschäftsführenden Entscheidungen beteiligt wären.[130] Nachteilig kann sich jedoch die Einschränkung der Personalkompetenz auswirken. Wenn ein geschäftsführendes Mitglied trotz seiner Abberufung als Geschäftsführer weiterhin im Verwaltungsrat vertreten ist, kann dies zu einer erheblichen Beeinträchtigung der Zusammenarbeit führen. Eine sofortige Entlassung, wie sie beispielsweise beim Vorstand unter den bestehenden Voraussetzungen möglich ist, kann nicht erfolgen. Allein deswegen jedoch die Ausgestaltung über den Weg eines bestellten Geschäftsführers vorzuziehen ist ebenfalls zu kurz gegriffen. Eine solche Struktur führt zu einer äußerst starken Annäherung an das existierende dualistische Modell. Damit kann es aber nur bedingt den Erwartungen, die an eine monistische Unternehmensleitung gestellt werden, gerecht werden.

Betrachtet man die eben aufgezeigten Alternativen, erscheint es in der Praxis günstiger, Fragen der laufenden Geschäftsführung nicht auf Mitglieder des Verwaltungsrats zu verteilen, sondern diese Ressourcen für Entscheidungen in Grundsatzfragen sowie die Überwachung zu nutzen. Zwar bringt dies den Nachteil mit sich, dass ein solcher Geschäftsführer dann, anders als ein amerikanischer "*CEO*", lediglich beratende Funktion innerhalb des Verwaltungsrats hat, doch erscheint dies angesichts der einfacheren Möglichkeit seiner Entlassung vorziehenswert. Zusätzlich wird aber auch eine faktische Trennung in Fragen der laufenden Ge-

---

129 Zur funktionale Trennung siehe Erwägungsgrund 14 der SE-VO, sowie *Schwarz*, Europäisches Gesellschaftsrecht, Rn. 1158, *Teichmann*, ZGR 2002, 383, 450; Maul, S. 126.

130 Zu den Informationsdefiziten siehe *Davies*, ZGR 2001, 268, 284f; *Kropff*, DBW 1986, 523, 524; *Hopt*, in *Hopt/Kanda/Roe/Wymeersch/Prigge*, S. 227, 244 ff.

schäftsführung von der Überwachung erzielt. Auf diesem Wege kann zusätzlich vermieden werden, dass ein Geschäftsführer sich eine derart dominante Stellung erarbeitet, wie es in den USA bezüglich des "CEO" häufig kritisiert wurde.[131] Wenn er selbst nicht Mitglied des Verwaltungsrats ist und gleichzeitig von diesem bezüglich des Erhalts seiner Anstellung abhängig ist, hat das Gesamtorgan ein wirksames Instrument für die Kontrolle der Geschäftsführung zur Verfügung.

Andererseits bietet die Aufteilung der Geschäftsführung auf einzelne Mitglieder des Verwaltungsrats den Vorteil einer direkten Beteiligung dieser an der Geschäftsführung. Der oft zitierte Vorteil des monistischen Systems die Kumulation der Geschäftsführung in einem Organ würde gewahrt werden. Zusätzlich würde die Informationsversorgung des Verwaltungsrats verbessert, da es stärker an Entscheidungen beteiligt ist.[132]

6.2.1.5 Zuständigkeit für Grundsatzfragen

Die Entscheidungskompetenz in Grundsatzfragen sollte dagegen beim gesamten Verwaltungsrat liegen. In derartigen Entscheidungen kann sich seine Zusammensetzung aus Personen mit unterschiedlicher Erfahrung auszahlen. Aber auch aus rechtlicher Sicht ist eine solche Praxis geboten. Die Aktionärsversammlung wählt gemäß § 28 Abs. 1 RegE-SEEG i.V.m. Art. 43 Abs. 3 S. 1 SE-VO die Mitglieder des Verwaltungsrats, damit diese die Führung der Gesellschaft übernehmen. Dementsprechend können die Aktionäre auch verlangen, dass die von ihnen gewählten Personen persönlich sich auch mit solchen Fragen befassen, welche für die Gesellschaft von grundsätzlicher Bedeutung sind.

Bedenken an der Geschäftsführungsbefugnis des Gesamtorgans für Grundsatzfragen könnten sich unter dem Gesichtspunkt der Beteiligung der Arbeitnehmer an solchen Entscheidungen ergeben. Allerdings kann diesem Argument nur bedingt zugestimmt werden, da viele Grundsatzentscheidungen, die über die laufende Geschäftsführung hinausgehen auch derzeit bereits der Zustimmung der Arbeitnehmervertreter bedürfen.[133] In sämtlichen Fällen, in denen nach der derzeitigen Rechtslage eine Zustimmung des Aufsichtsrats zu erfolgen hat, sind Arbeitnehmervertreter beteiligt.[134] Als wesentlicher Unterschied wird die Beteiligung an der Festlegung der Unternehmensstrategie und Unternehmensplanung

---

131 *Mace*, S. 72, *Monks/Minow*, Corporate Governance, S. 142 ff.; *Hein*, RIW 2002, 501, 503 ff.; *Schwarz/Holland*, ZIP 2002, 1661, 1664.

132 *Hopt*, in *Hopt/Wymeersch*, S. 252; *Davies*, ZGR 2001, 269, 284; *Eisenberg*, The Legal Structure of the Corporation, S. 149 ff.

133 *Steindl*, S. 154 f. für Österreich; für Deutschland siehe *Kübler*, S. 405 ff.; *Schissl*, AG 2002, 593, 596 ff.; *Baums* (Hrsg.), Regierungskommission Corporate Governance, Rn. 55.

134 Siehe *Holl*, S. 84 f.; *Hüffer*, AktG, § 111 Rn. 4 und 18; *Hoffmann-Becking*, in MünchHdb. AktG, § 29 Rn. 39; *Mertens*, in Kölner Kommentar AktG, § 111 Rn. 65; *Geßler*, in *Geßler/Hefermehl*, § 111 Rn. 65; *Semler*, Leitung und Überwachung, S. 22; Lutter/*Krieger*, S. 17 ff.; *Birk*, in *Pinto/Visentini*, S. 53, 59.

neu hinzukommen, welche nach bisherigem Recht der Zuständigkeit des Vorstands vorbehalten ist.[135]

Sämtliche andere Bereiche, welche in die Zuständigkeit des Gesamtorgans fallen, stellen keine wesentliche Änderung zu der bestehenden Rechtslage dar. Insofern können Bedenken gegen eine Geschäftsführung in wesentlichen Unternehmensentscheidungen nicht zugestimmt werden, da in der SE es lediglich zu einer Fortführung der bestehenden Praxis des Aktienrechts kommt.[136]

6.2.1.6 Ergebnis

Zusammenfassend lässt sich feststellen, dass die amerikanische Praxis in der Ausgestaltung der Geschäftsführung nur teilweise als Vorbild für eine deutsche SE dienen kann. Übernehmenswert ist die Möglichkeit der flexiblen Ausgestaltung, dass also Gesellschaften wenig Vorgaben über die innere Organisation der Geschäftsführung gemacht werden. Es muss ihnen frei stehen, diese entweder als Kollegialorgan oder dem "*CEO*"-Prinzip entsprechend auszugestalten. Dies sollte trotz Einwirkens von Mitbestimmungsregeln, wie sie z. B. in der derzeitigen Form durch das Institut des Arbeitsdirektors erfolgt, möglich sein. Dies gilt umso mehr, als Gesellschaften durch die Verhandlungslösung eine individuelle Ausgestaltung der Mitbestimmung vereinbaren können.

Nicht übernommen werden kann dagegen, dass ein bestellter Geschäftsführer, unabhängig davon, ob er von der Hauptversammlung gewählt wurde, in das "*board of directors*" aufgenommen wird. Wenngleich die Übertragung der Geschäftsführung auf Nicht-Organmitglieder zulässig ist, können diese wegen des Wortlauts des Art. 43 Abs. 3 SE-VO nur dann zum Mitglied des Verwaltungsrats gemacht werden, wenn sie von der Hauptversammlung bestellt werden. Insofern ist eine Ausgestaltung wie in den USA, wo der "*CEO*" zugleich zum "*Chairman of the Board*" ernannt werden kann, nicht möglich.[137]

Ebenfalls übernommen werden sollte die Unterteilung der Geschäftsführung nach Angelegenheiten der laufenden Geschäftsführung und solchen von grundsätzlicher Bedeutung. Dies gebietet sich bereits aus der in der SE-VO vorgesehenen Ausgestaltung des Verwaltungsrats.[138]

---

135 Zu der bisherigen Situation siehe *Hüffer*, AktG, § 76 Rn. 8; *Mertens*, in Kölner Kommentar AktG, § 76 Rn. 5; *Semler*, in Leitung und Überwachung, S. 10; *Geßler*, in *Geßler/Hefermehl*, § 76 Rn. 10. Zu der insoweit erweiterten Kompetenz siehe *Artmann*, wbl 2002, 189, 194; *Schindler*, S. 68; *Theissen/Hölzl*, in *Theissen/Wenz*, S. 246, 276 f.; *Gutsche*, S. 155.

136 *Schindler*, S. 68; *Theissen/Hölzl*, in *Theissen/Wenz*, S. 246, 276 f.; *Gutsche*, S. 159 ff.; *Reinkensmeier*, S. 113 ff.

137 Siehe dazu *Schwarz/Holland*, ZIP 2002, 1661, 1662 f.; siehe auch *supra* Abschnitt 3.3.2.

138 Siehe *supra* Abschnitt 6.2.1.1.

6.3 Aufbau der Überwachung in einer monistischen SE durch den Verwaltungsrat

In der Vergangenheit war einer der größten Kritikpunkte der monistischen Gesellschaftsverfassung die Frage der Ausgestaltung der Überwachung. Es wurde als bedenklich angesehen, dass in einem monistischen System gerade keine strikte Trennung zwischen Geschäftsführung und Überwachung erfolgt. Nicht verwunderlich ist daher auch die Betonung dieses Elements in Erwägungsgrund 13 der Präambel der SE-VO.

6.3.1 Generelle Zuständigkeit

Die generelle Zuständigkeit für die Überwachung der Geschäftsführung sollte, abhängig von der Ausgestaltung derselben, entweder beim Gesamtorgan oder einzelnen Mitgliedern des Verwaltungsrats liegen.[139]

Erstere Variante bietet sich an, soweit die Geschäftsführung auf Nichtorganmitglieder übertragen wurde, während letztere dann vorzuziehen wäre, wenn die Geschäftsführung bei Mitgliedern des Verwaltungsrats liegt. In diesem Fall kommen nur die nicht geschäftsführenden Mitglieder für die Überwachungsaufgabe infrage, da von einer Person nicht erwartet werden kann, seine eigenen Entscheidungen kritisch zu hinterfragen, die er zuvor als im besten Interesse der Gesellschaft gefällt hat. Diese Unterteilung darf allerdings nicht zu einer vollständigen Trennung beider Bereiche führen. Es sollte nur klargestellt werden, dass den überwachend tätigen Personen ein Kontrollrecht zukommen muss, um Entscheidungen der geschäftsführenden Personen kritisch hinterfragen zu können.

Der Ansatz zur Trennung der Personengruppen innerhalb des Gesamtorgans ist insoweit nicht neu. Bereits im SE-Entwurf von 1989 sah Art. 66 Abs. 2 SE-89 vor, dass die Geschäftsführung an einen oder mehrere Mitglieder des Verwaltungsrats übertragen wird.[140] Nach S. 2 musste dabei die Anzahl der überwachenden Mitglieder größer sein als die der geschäftsführenden.[141] In der deutschen Literatur wurde diese Aufteilung als nicht weitgehend genug kritisiert. Es wurde gefordert, dass im SE-Statut ausdrücklich die Überwachungsaufgabe der nicht-geschäftsführenden Mitglieder festgeschrieben werde und auch einer Publizitätspflicht unterliege.[142] Der europäische Gesetzgeber ist dieser Kritik nicht gefolgt, sondern hat im Gegenteil bereits im SE-Entwurf von 1991 die zwingende Aufteilung in Geschäftsführung und Überwachung aufgehoben und Art. 66 Abs. 2 SE-91 als Kann-Vorschrift formuliert. Gesellschaften können somit einen oder mehrere Mitglieder als Ge-

---

[139] Siehe *supra* Abschnitt 6.2.1, abhängig wie die Geschäftsführung der Gesellschaft ausgestaltet ist.

[140] *Abeltshauser*, AG 1990, 289, 291; *Kolvenbach*, DB 1989, 1957, 1959 f.; *Hommelhoff*, AG 1990, 422, 427 ff.; *Gutsche*, S. 156.

[141] *Gutsche*, S. 156; *Hauschka*, EuZW 1990, 181, 183; *Abeltshauser*, AG 1990, 289, 291; *Kolvenbach*, DB 1989, 1957, 1959 f.; *Hommelhoff*, AG 1990, 422, 427 ff.

[142] *Hommelhoff*, AG 1990, 422, 427 ff.; *Abeltshauser*, EWS 1990, 58, 62.

schäftsführer bestellen, müssen aber nicht.[143] Sie haben auch die Möglichkeit Geschäftsführung und Überwachung durch das Gesamtorgan auszuüben. Dieses Konzept wurde in der SE-VO beibehalten und spiegelt sich auch in § 40 Abs. 1 RegE-SEEG wieder. Dieser Ansatz ist aus Sicht der amerikanischen Praxis zu begrüßen, da es Gesellschaften den erforderlichen gestalterischen Spielraum einräumt, sich die optimale Struktur auszusuchen.[144] Einschränkend ist insoweit nur auf Erwägungsgrund 13 der Präambel der SE-VO hinzuweisen, der eine klare Abgrenzung der Bereiche Geschäftsführung und Überwachung als wünschenswert bezeichnet.

Unter dem Aspekt, dass es erwägenswert erscheint, im Rahmen der SE die oftmals von der Praxis geforderte Verkleinerung des zuständigen Organs zu ermöglichen, es also kleiner als den typischen Aufsichtsrat auszugestalten, spricht Vieles dafür, die Überwachung durch den Verwaltungsrat auszuüben und die Geschäftsführung auf Nicht-Organmitglieder zu delegieren.[145] Dies bietet zum einen die Möglichkeit kleinerer Verwaltungsräte, zum anderen ermöglicht es aber auch eine klare Abgrenzung der Zuständigkeitsbereiche. Je mehr Mitglieder mit der laufenden Geschäftsführung befasst sind, desto weniger stehen für die Übernahme der Überwachungsfunktion zur Verfügung.

In der Praxis wird wiederholt vorgebracht, dass gerade deutsche Aufsichtsräte zu groß und damit zu schwerfällig seien.[146] Effizienter wäre eine Besetzung mit lediglich 12 bis 14 Personen.[147] Wollte man dem folgen und zugleich eine effektivere Erfüllung der Überwachungsaufgabe sicherstellen, sollte die Anzahl der geschäftsführenden Mitglieder gering gehalten werden. Für dieses Ergebnis sprechen auch Erfahrungen der USA, die gezeigt haben, dass Personen, welche selbst die Geschäftsführung ausüben, nicht in der Lage sind, sich selbst zu überwachen.[148] Andererseits muss aber auch bedacht werden, dass die Größe des Verwaltungsrats alleine noch keine zuverlässige Gewährung einer effizienten Pflichterfüllung des Verwaltungsrats nach sich zieht. Auch in einem Verwaltungsrat, welches die als ideal angesehene Personenzahl übersteigt, steht es den Mitgliedern frei, ihre Arbeit durch Verteilung auf unterschiedliche Ausschüsse zu koordinieren und effizienter zu gestalten.[149]

---

143 *Gutsche*, S. 158.

144 Siehe *supra* Abschnitt 5.3. Zur Frage der flexiblen Ausgestaltung siehe auch *Merkt*, Rn. 494 f.; *Elsing/van Alstine*, Rn. 599.

145 Zur Frage der Größe des Verwaltungsorgans *Baums* (Hrsg.), Regierungskommission Corporate Governance, Rn. 55; *Berrar*, S. 210; *Schiessl*, AG 2002, 593, 595 f.; *Holl*, S. 96.

146 Vgl. supra Abschnitt 6.1.1.Siehe auch die Erörterungen im Rahmen des KonTraG sowie *Baums* (Hrsg.), Regierungskommission Corporate Governance, Rn. 55; *Berrar*, S. 210; *Schiessl*, AG 2002, 593, 595 f.; *Holl*, S. 96.

147 *Kindler*, S. 124 ff.; *Bleicher/Leberl/Paul*, S. 79; *Berrar*, S. 211.

148 *Schwarz/Holland*, ZIP 2002, 1661, 1664 f.; *Böckli*, FS Reist, S. 3, 8.

149 *Holl*, S. 97 f.

Zusätzlich darf bei der Frage der Größe des Verwaltungsrats nicht verkannt werden, dass diese in Deutschland, ebenso wie bei den bestehenden Aufsichtsräten, auch durch die Arbeitnehmerbeteiligung bedingt ist. Insoweit wird sich auch für die SE die Schwierigkeit stellen, unter Berücksichtigung der Arbeitnehmerbeteiligung einerseits eine ausreichende Zahl von Personen mit notwendigen Spezialkenntnissen zu Mitgliedern des Verwaltungsrats zu machen, andererseits aber auch dessen Größe zu beschränken.[150]

Der Nachteil der Übertragung der Geschäftsführung auf Nicht-Verwaltungsratsmitglieder und die Überwachung durch den gesamten Verwaltungsrat ist dann jedoch, dass eine starke Annäherung an das dualistische System erfolgt, die über die üblicherweise zu beobachtende Angleichung beider Systeme hinausgeht.[151]

6.3.1.1 Vorsitz im Verwaltungsrat

Art. 45 SE-VO bzw. § 34 Abs. 1 RegE-SEEG schreiben vor, dass der Verwaltungsrat aus seiner Mitte einen Vorsitzenden wählt. In Fällen der paritätischen Besetzung mit Vertretern der Arbeitnehmerschaft darf dieser sich jedoch nur aus den Reihen der Anteilseignervertreter rekrutieren, Art. 45 SE-VO.

Fraglich ist, ob darüber hinaus noch eine weitere Einschränkung erfolgen sollte, die auch die geschäftsführenden Mitglieder des Verwaltungsrats von diesem Posten ausschließt. Dafür spricht insbesondere die amerikanische Corporate Governance-Literatur, welche eine Trennung der Ämter des "*CEO*" und des "*Chairman of the Board*" fordert.[152] Dem Vorsitzenden des Managements soll daher nicht das Recht zukommen, auch den Vorsitz der überwachenden Verwaltungsratsmitglieder innezuhaben. Dies ist zwar nicht gesetzlich geregelt, wird jedoch in verschiedenen "*Codes of Best Practice*" empfohlen. Fraglich ist, ob man eine entsprechende Regelung auch in Deutschland vorsehen sollte und in welcher Form dies erfolgen sollte.

Für die Trennung dieser beiden Mandate spricht insbesondere die Gefahr der übermäßigen Machtkonzentration.[153] In der amerikanischen Literatur wird als ein Problem der Verwaltungsräte die Machtkonzentration in der Person des "*CEO*" angesehen. Dies könnte in Deutschland jedoch vermieden werden, wenn man von Anfang an eine strikte Trennung beider Positionen vorschreibt. Es besteht die Gefahr, dass ansonsten die Über-

---

150 Zur Qualifikation der Mitglieder des "*board*" in den USA siehe Sec. 407 *Sarbanes-Oxley Act of 2002*; *Hommelhoff*, ZGR 2001, 238, 254 f.

151 Zur Angleichung der Systeme *Windbichler*, ZGR 1985, 50 ff.; *Davies*, ZGR 2001, 268, 284 f.; *Buxbaum*, in *Feddersen/Hommelhoff/Schneider*, S. 65, 66 ff.

152 Vgl. supra Abschnitt 4.3.2. Siehe auch *Schwarz/Holland*, ZIP 2002, 1661, 1664 m.w.N.

153 Auch Frankreich hat sich beispielsweise in einer Gesetzesnovelle aus dem Jahr 2001 ausdrücklich dafür entschieden, dass Gesellschaften die Positionen des geschäftführenden Mitglieds und des Vorsitzenden des Verwaltungsorgans trennen können. Siehe *Teichmann*, ZGR 2002, S. 385, 449, dort insbesondere Fn. 235.

wachung der Gesellschaft durch das Gesamtorgan faktisch unmöglich wird, wenn das Management auch den Vorsitz im Verwaltungsrat hat.[154]

Aber auch folgende Überlegung spricht für eine klare Trennung: Folgt man dem in der Literatur vertretenen arbeitsteiligen Modell des Verwaltungsrats, liegt dem der Gedanke zugrunde, dass die nicht geschäftsführenden Verwaltungsratsmitglieder die geschäftsführenden überwachen.[155] Es erscheint dann aber widersinnig, wenn ein geschäftsführendes Mitglied den Übrigen als Vorsitzender dient. Der zu Überwachende selbst wäre damit der Vorsitzende der Überwachenden. Selbst wenn man ihm nur die Stellung eines "*primus inter pares*" einräumen würde, käme ihm dennoch aufgrund seiner Position ein erheblicher Einfluss zu, z. B. in der Vorbereitung der Tagesordnung der Verwaltungsratssitzungen. Dies verträgt sich nicht mit dem dahinterstehenden Überwachungsgedanken.[156]

Schließlich sprechen auch psychologische Gründe für eine gesetzlich vorgegebene Trennung beider Ämter. Würde es den Gesellschaften frei stehen, ob sie den Vorsitz im Verwaltungsrat einem geschäftsführenden Organmitglied übertragen oder nicht, könnte dies einen psychologischen Druck erzeugen, sich für ein geschäftsführendes Mitglied als Vorsitzenden zu entscheiden.[157] Würde sich die Gesellschaft dagegen entscheiden, könnte dies von als Misstrauen oder Zweifel an seinen Fähigkeiten aufgefasst werden. Bereits durch das Aufkommen derartiger Diskussionspunkte wird jedoch die Harmonie und damit die Zusammenarbeit im Organ ganz erheblich gestört. Dies kann jedoch von Anfang an vermieden werden, wenn gesetzlich klargestellt wird, dass beide Positionen zu trennen sind.

Gegen eine strikte Trennung spricht andererseits die grundsätzliche Überlegung, dass jede eindeutige Regelung die unternehmerische Freiheit einschränkt.

Auch kann sich der Vorsitz durch ein geschäftsführendes Organmitglied durchaus positiv auswirken, da dieser eine bessere Kenntnis des Unternehmens und somit auch potentieller Probleme hat. Aufgrund seiner Tätigkeit als Geschäftsführer setzt er sich laufend intensiv mit dem Unternehmen auseinander, anders als es bei nicht-geschäftsführenden Personen der Fall wäre, der derartige Einblicke fehlen. Es ist zu erwarten, dass er hauptberuflich diese Aufgabe ausübt, während überwachend tätige Personen ihre Aufgabe als Nebenamt erfüllen.

---

154 Vgl. *supra* 4.3.2 zu den Erfahrungen der USA. Siehe auch *Böckli*, in FS Reist, 3, 8; *Kindler*, S. 54 f.; *Steindl*, S. 226 ff.; *Schwarz/Holland*, ZIP 2002, 1661, 1664; *Windbichler*, ZGR 1985, S. 50, 56; *Berrar*, S. 127; *Kraakman*, in *Feddersen/Hommelhoff/Schneider*, S. 121, 136.

155 *Maul*, S. 126 ff.; *Schwarz*, Europäisches Gesellschaftsrecht, Rn. 1158 ff. noch für den SE-VOV 1991, *Teichmann*, ZGR 2002, 383, 451 ff.; *ders.*, ZGR 2001, 645, 663 ff.; *Hommelhoff/Teichmann*, SZW/RDSA 2002, 1, 6.

156 *Böckli*, in FS Reist, 3, 8; *Schiessl*, AG 2002, 593, 598 zum dualistischen System.

157 *Mace*, S. 72 ff.

Ein geschäftsführendes Verwaltungsratsmitglied ist daher besser geeignet, dem Verwaltungsrat sich abzeichnende Probleme frühzeitig aufzuzeigen und dessen Rat einzuholen. Zusätzlich fällt es ihm leichter, den Verwaltungsrat mit internen Informationen zu versorgen, da er über die Strukturen des Unternehmens einen besseren Überblick besitzt.

Trotz der Probleme und der Kritik, die die Kombination beider Positionen in den Vereinigten Staaten mit sich gebracht hat, erscheint es unangebracht, Gesellschaften eine verbindliche Trennung beider Positionen vorzuschreiben.[158] Zu überlegen wäre jedoch, im Wege eines "*Codes of Best Practice*" eine Trennung zu empfehlen. Gesellschaften könnten dann immer noch davon abweichen und eine geschäftsführende Person zum Vorsitzenden des Verwaltungsrats machen. Allerdings wären sie gezwungen offen zu legen, aus welchen Erwägungen sie die Vereinigung auf eine Person bevorzugen. Es wäre dann Aufgabe der Anleger zu entscheiden, ob sie sich mit einer solchen Erklärung zufrieden geben oder nicht.

Gesellschaften sollten allerdings auch gezwungen sein, den Vorsitzenden des Verwaltungsrats durch Eintragung in das Handelsregister offen zu legen.

Weniger praktikabel für die deutsche Praxis erscheint der in den USA alternativ diskutierte Ansatz des Bestellens eines "*independent lead directors*".[159] Seine Funktion ist unter den gegebenen Umständen für eine deutsche SE nicht umsetzbar, da das Institut der "*independent directors*" schlicht nicht existiert.[160] Aber auch die zu erwartende unterschiedliche Struktur des Verwaltungsrats mit der klaren Abgrenzung zwischen geschäftsführenden und überwachenden Mitgliedern, wie es Erwägungsgrund 13 der Präambel der SE-VO fordert, sprechen gegen die Praktikabilität. Es ist zu erwarten, dass der Verwaltungsrat selbst überwiegend überwachend tätig ist, sodass es sinnvoller erscheint, den Vorsitz in diesem Organ einem Repräsentanten der Mehrheit zuzuweisen.

6.3.1.2 Teilnahme der Arbeitnehmer an der Unternehmensüberwachung

Im Gegensatz zu der oben genannten Geschäftsführungsbefugnis kann für die Frage der Überwachungsaufgabe keine Differenzierung zwischen Arbeitnehmer- und Anteilseignervertretern erfolgen. Diesbezüglich kann nichts anderes gelten als für einen mitbestimmten Aufsichtsrat.[161] Auch dort haben nach der bestehenden Gesetzeslage Arbeitnehmervertreter identische Rechte, was sich aus der Formulierung des § 111 Abs. 1 AktG ableiten lässt, der von der Überwachung der Geschäftsführung durch den

---

158 Zu der Situation in den USA siehe *supra* Abschnitt 4.3.2. Siehe auch *Berrar*, S. 127 m.w.N.

159 Siehe dazu supra Abschnitt 4.3.2.2. Siehe auch Berrar, S. 127 m.w.N.; *Kraakman*, in *Feddersen/Hommelhoff/Schneider*, S. 121, 136.

160 Vgl. *supra* Abschnitt 5.2.4. Siehe auch *Schiessl*, AG 2002, 593, 597.

161 *Henssler*, in FS Ulmer, S. 192, 203.

"*Aufsichtsrat*" spricht.[162] Aber auch Art. 44 Abs. 2 SE-VO trägt einer Gleichbehandlung Rechnung, indem er festlegt, dass jedes Mitglied des Verwaltungsrats von allen Informationen Kenntnis nehmen darf, die ihm übermittelt werden. Insofern sieht der VO-Geber keine Differenzierung bezüglich der Mitglieder vor. Dieser Ansatz findet sich auch in § 22 Re-gE-SEEG wieder, der bei der Aufgabenerfüllung insoweit auch nur von dem „Verwaltungsrat" spricht.

Auch unter dem Gesichtspunkt der Haftung für Fehler in der Erfüllung der Überwachungsaufgabe kann es keine Differenzierung zwischen den Personengruppen geben. Es muss hier das Gleiche wie für einen mitbestimmten Aufsichtsrat gelten, in dem den Arbeitnehmervertretern ebenfalls die gleichen Rechte und Pflichten zukommen.[163]

6.3.2 Gewährleistung der Information des Gesamtorgans

Unabdingbare Voraussetzung einer wirksamen Überwachung der Geschäftsführung ist die Gewährleistung ausreichender Information des überwachenden Organs, hier also des Verwaltungsrats oder der nichtgeschäftsführenden Mitglieder.

6.3.2.1 Keine formale Trennung zwischen Geschäftsführung und Überwachung

Gerade die Erfahrungen der USA haben gezeigt, dass Defizite in der Überwachungstätigkeit regelmäßig auf unzureichende Information des "*board of directors*" zurückzuführen sind.[164]

Allerdings ist dies nicht ausschließlich ein Problem amerikanischer Gesellschaften oder des monistischem Systems. Auch in den Unternehmensskandalen der vergangenen Jahre in Deutschland, wie z.B. dem Niedergang des Bremer Vulkan Verbundes oder der Balsam AG lagen erhebliche Informationsdefizite der Aufsichtsräte vor. Es bestand auch hier eine vollständige Informationsasymmetrie zwischen Vorstand und Aufsichtsrat.

Um einer solchen Gefahr im Rahmen des monistischen Systems entgegenzuwirken, sollte der Gesetzgeber bei der Umsetzung des monistischen Systems deshalb versuchen, einen ausreichenden Informationsfluss sicherzustellen.

In Theorie sollte dies in einer monistischen Gesellschaft leichter zu verwirklichen sein, da es keine formale Trennung von Geschäftsführung und Kontrolle gibt. Die überwachend tätigen Mitglieder sind stärker als bei einer dualistisch organisierten Gesellschaft an den geschäftsführen-

---

162 *Hüffer*, AktG, § 111 Rn. 1 ff.; *Geßler*, in *Geßler/Hefermehl*, § 111 Rn. 19 ff.; *Mertens*, in Kölner Kommentar AktG, § 111 Rn. 10; *Hoffmann-Becking*, MünchHdb. AktG, § 29 Rn. 1 ff.; *Holl*, S. 243 ff.; *Kübler*, S. 189 ff.

163 *Henssler*, in FS Ulmer, S. 192, 203.

164 Vgl. *supra* Abschnitt 3.4. Siehe auch *Schwarz/Holland*, ZIP 2002, 1661, 1664 ff.; *Bavly*, S. 82, Fn. 3 sowie *Monks/Minow*, Corporate Governance, S. 181.

den Entscheidungen beteiligt. Somit haben sie auch einen tieferen Einblick in Fragen der Geschäftsführung.[165] Damit dürfte dann auch einem der wesentlichen Kritikpunkte des deutschen Systems mit Vorstand und Aufsichtsrat, nämlich fehlende Kenntnis des Unternehmens und seines wettbewerblichen Umfelds sowie unzureichende fachliche Qualifikation, um unternehmenstragende Aufgaben erfüllen zu können, entgegengewirkt werden.[166]

Im monistischen System kann dies gerade leichter vermieden werden. Durch die Teilnahme der Mitglieder des Verwaltungsrats an den strategischen Entscheidungen des Unternehmens, insbesondere der Unternehmensplanung, wird eine größere Nähe zur Geschäftsführung gewährleistet.[167] Damit können auch die überwachend tätigen Mitglieder des Verwaltungsrats einen engeren Bezug zum wirtschaftlichen Umfeld der Gesellschaft aufbauen und ihre Kenntnisse des Wirtschaftsumfeldes der Gesellschaft verbessern.

Allerdings zeigen die Erfahrungen der USA, dass diese Vorteile theoretisch bleiben, wenn sie nicht durch die Gesellschaft umgesetzt und durch flankierenden Maßnahmen unterstützt werden.[168] Einer der wichtigsten Schritte muss dabei sein, dass die überwachenden Mitglieder Informationen nicht nur von den geschäftsführenden Mitgliedern erhalten, sondern zusätzliche Informationsmöglichkeiten haben, um sich ein eigenes Bild machen zu können.[169] Gleichzeitig muss verhindert werden, dass die geschäftsführenden Personen zu dominant werden, wozu die *supra* vorgeschlagene Trennung von Geschäftsführung und Vorsitz im Verwaltungsrat beitragen kann.[170] Auch muss trotz aller Einbindung der überwachenden Mitglieder in die Geschäftsführung dennoch eine ausreichende funktionale Trennung bestehen, um einerseits eine „Betriebsblindheit" der überwachenden Personen zu vermeiden, andererseits aber auch zu verhindern, dass sich eine zu starke Kameraderie entwickelt aufgrund zu enger Einbindung in die Geschäftsführung.[171]

Daher ist ein Mittelweg zu finden, der einerseits eine intensive Information ermöglicht, andererseits aber auch ausreichend Distanz zur Ausübung der Überwachung lässt. Potenzielle Optionen dies sicherzustellen sind eine Arbeitsunterstützung des Gesamtorgans durch Ausschüsse, uneingeschränkter Zugang der Mitglieder des Verwaltungsrats zu Mitarbei-

---

165 *Theisen/Hölzl*, in *Theisen/Wenz*, S. 281; *Davies*, ZGR 2001, 290 ff.

166 *Potthoff*, BFuP 1996, 253, 260, *Lutter*, in Scheffler, S. 11, 18 f.

167 *Theisen/Hölzl*, in *Theisen/Wenz*, S. 281; *Davies*, ZGR 2001, 290 ff.; *Potthoff*, BFuP 1996, 253, 260, *Lutter*, in Scheffler, S. 11, 18 f.

168 Siehe *supra* Abschnitt 3.4 sowie 4.4.4.

169 Siehe insofern die Probleme und Vorschläge im amerikanischen Recht *supra* Abschnitt 4.4.4, 4.4.5 sowie 4.4.6.

170 Siehe *supra* Abschnitt 6.3.1.1.

171 *Potthoff*, BFuP 1996, 253, 259; *Mace*, S. 94; *Schwarz/Holland*, ZIP 2002, 1661, 1668.

tern der Gesellschaft sowie die Möglichkeit des Hinzuziehens externer Experten.

6.3.2.2 Aufteilung der Überwachung in Ausschüsse

Eine Möglichkeit eine ausreichende Informationsversorgung zu gewährleisten ist zum einen, die *infra* näher zu erörternde Aufteilung der Tätigkeit des Verwaltungsrats in Ausschüsse, die dem Gesamtorgan unterstützend zur Seite stehen.[172]

Die Ausschussarbeit ermöglicht das Bilden kleinerer Gremien, die das erforderliche Fachwissen in sich vereinigen und sich intensiv mit ausgewählten Aspekten befassen können.[173] Werden diese mit der Pflicht belegt, regelmäßig dem Gesamtorgan zu berichten, sichert die zugleich solcher Mechanismus eine umfassendere und präzisere Informationsversorgung. In der Ausschussarbeit können aus der u. U. vorhandenen Fülle von eingehenden Informationen die für das Gesamtorgan relevanten herausgefiltert werden, und nur diese dem Gesamtorgan vorgelegt werden. Dies kann auch zur Effizienzsteigerung der Arbeit des Verwaltungsrats führen. [174]

Voraussetzung ist allerdings, dass diese Ausschüsse selbst ausreichend informiert sind. Dies könnte über eine laufende Informationspflicht der Geschäftsführung erreicht werden oder auch durch einen unbeschränkten Zugang zu externen Beratern der Gesellschaft. In den USA werden insofern beide Wege kombiniert. Gleichzeitig wird einigen Ausschüssen auch die alleinige Zuständigkeit in ihrem Aufgabenbereich sowie die alleinige Zusammenarbeit mit den dafür maßgeblichen Beratern zugewiesen. Dies sichert in den davon betroffenen Bereichen eine ausreichende Information des Ausschusses und über diesen des Verwaltungsrats.[175]

Zusätzlich sollte eine Informationspflicht der Geschäftsführung als Ergänzung zu Art. 44 Abs. 2 SE-VO in ein deutsches Ausführungsgesetz aufgenommen werden. Dabei sollte nicht nur das Recht zur Einsichtnahme erhaltener Information oder der Bücher, wie es § 22 Abs. 3 RegE-SEEG vorschreibt, verankert werden, sondern auch eine Pflicht der Geschäftsführung Informationen weiterzugeben. Die Informationsweitergabe sollte an die jeweiligen Ausschussmitglieder, sofern solche bestehen, ansonsten an den Vorsitzenden des Verwaltungsrats erfolgen. Daneben sollte auch Vorsorge getroffen werden, dass Ausschüsse oder der Verwaltungsrat Anfragen an die Geschäftsführung stellen können

---

172 *Potthoff*, BFuP 1996, 253, 259; *Schiessl*, AG 2002, 593, 599; *Holl*, S. 234; *Berliner Initiativkreis*, German Code of Corporate Governance, S. 25; *Dreher*, in *Feddersen/Hommelhoff/Schneider*, S. 33, 45; *Hüffer*, AktG, § 107 Rn. 16 ff.; *Lutter/Krieger*, S. 17 ff. m.w.N.

173 *Holl*, S. 234; *Schiessl*, AG 2002, 593, 599; *Dreher*, in *Feddersen/Hommelhoff/Schneider*, S. 33, 45. Siehe aber auch die, nach den "*NYSE listing rules*" vorgeschriebenen Ausschüsse, Sec. 301 der *Listing Rules*, stand 16.08.2002, abrufbar unter www.nyse.com.

174 *Holl*, S. 234; *Potthoff/Trescher*, S. 151; *Dreher*, in *Feddersen/Hommelhoff/Schneider*, S. 31, 45; *Hommelhoff*, in *Picot*, S. 4; *Hommelhoff*, AG 2000, 290; *Semler*, in *Picot*, S: 39.

175 Siehe *supra* Abschnitt 4.4.1.

und eine zeitnahe Antwort erhalten. Ein solcher Schritt erscheint deshalb geboten, da der Geschäftsführung ansonsten faktisch ein Ermessen zukommen würde, welche Informationen sie weiterleitet und in welcher Form sie weitergeleitet werden. Dies verträgt sich aber nicht mit einer unabhängigen Kontrolle.

Auf der anderen Seite kann aber auch nicht erwartet werden, dass die Geschäftsführung alles weiterzuleiten hat, da dies aufgrund der Fülle der zu erwartenden Informationen zum Verlust jeglichen Überblicks führen würde.

Einzelfragen der Ausgestaltung der Informationsversorgung sollten entsprechend der amerikanischen Praxis über einen "*Code of Best Practice*" geregelt werden.[176] Verbindliche Regelungen können in diesem Bereich keinen Nutzen bieten, da es keine allgemeingültige Ausgestaltung gibt. Gesellschaften müssen in der Lage sein, diese Punkte flexibel zu handhaben. Jeder Verwaltungsrat muss selbst die notwendige Balance zwischen der Informationsversorgung durch die Geschäftsführung und eigenes aktives Nachforschen finden.

Zusätzlich bietet die Regelung über einen "Corporate Governance-Kodex", den ein Verwaltungsrat für sich als verbindlich ansieht, den Vorteil der Selbstverpflichtung der Mitglieder.[177] Es kann psychologisch eine größere Wirkung auf Menschen haben, wenn sie sich zu einer bestimmten Praxis bewusst selbst verpflichtet haben, als wenn sie lediglich gesetzliche Vorgaben befolgen.

6.3.2.3 Zugang zu den Mitgliedern der Geschäftsführung sowie den Betriebsstätten der Gesellschaft

Weiterhin ist zum Zweck ausreichender Information des Verwaltungsrats an einen unbeschränkten Zugang sämtlicher Mitglieder des Verwaltungsrats zu der Geschäftsführung zu denken. Dabei sollte Geschäftsführung nicht nur die obersten Geschäftsführungsorgane umfassen, sondern auch Personen der mittleren Hierarchieebene.

Durch eine entsprechende Regelung könnte vermieden werden, dass die Informationen, die dem Verwaltungsrat zugehen, einzig auf der Spitzengeschäftsführung als Quelle beruhen. Um sich einen detaillierten Überblick zu verschaffen, müssen die Mitglieder des Verwaltungsrats auch auf Mitarbeiter der Gesellschaft zurückgreifen dürfen, die "vor Ort" tätig sind. Zwar sollte dieses Recht *per se* dem Verwaltungsrat aufgrund seiner Stellung zustehen, jedoch sollte dies zur Klarstellung noch einmal ausdrücklich hervorgehoben werden.

Auch in den Vereinigten Staaten wird dem "*board of directors*" ein solches Recht grundsätzlich zugesprochen, alleine seine Ausübung scheiterte in

---

[176] Siehe z. B. *ABA*, Corporate Director's Guidebook, 56 Bus. Law. 1571, 1589 ff.

[177] *Holl*, S. 153 ff. m.w.N.

der Regel an der Dominanz des Managements im Verwaltungsrat.[178] Durch eine ausdrückliche Klarstellung eines solchen Rechts, verbunden mit der Pflicht der Mitglieder des Verwaltungsrats beim Auftreten von Unklarheiten sich auch auf diesem Wege zu informieren, kann zu einer umfassenden Information des Verwaltungsrats beigetragen werden.

Allerdings birgt eine solche Praxis auch die Gefahr des Missbrauchs. So besteht die theoretische Möglichkeit, dass einzelne Organmitglieder ein solches Recht zu querulatorischen Anfragen missbrauchen, welche den Lauf der Geschäftsführung behindern können. Ebenfalls zu befürchten ist, dass sich in Fällen, in denen die Geschäftsführung auf einzelne Mitglieder übertragen ist, die übrigen Mitglieder durch ein umfassendes Informationsrecht *de facto* in die Geschäftsführung einmischen. Zwar ist dies rechtlich durchaus zulässig, da gerade keine strikte Trennung der Bereiche Geschäftsführung und Überwachung existiert, doch könnte eine ständige Intervention unpraktisch und auch hemmend wirken. Bei der Abwägung zwischen diesen Vor- und Nachteilen kann eine solche Missbrauchsgefahr jedoch nicht die zu erwartenden Vorteile, die sich für die Tätigkeit des Verwaltungsrats bei ausreichender Information ergeben, überwiegen.

Ein solches Recht zur Informationserlangung kann nicht ohne weiteres aus der SE-VO abgeleitet werden. Art. 44 Abs. 2 SE-VO regelt nur die Kenntnisnahme der Mitglieder von Dokumenten, welche dem Gesamtorgan übermittelt werden. Dies beinhaltet aber nicht auch ein Recht aktiv Informationen zu ersuchen. Dementsprechend bedürfte es einer entsprechenden Regelung, gestützt auf Art. 43 Abs. 4 SE-VO. Diese müßte wohl auch über den Wortlaut des § 22 Abs. 3 RegE-SEEG hinausgehen, da auch hier nur das Recht zur Einsichtnahme geregelt ist, nicht jedoch des aktiven Einforderns von Informationen.

Alternativ wäre zu überlegen, ein solches aktives Informationsrecht entweder nur dem Gesamtorgan, den jeweiligen Ausschüssen oder mindestens einer Gruppe von Mitgliedern zuzusprechen. Erstere Alternative ist abzulehnen, da es die Informationserlangung zu schwerfällig machen würde. Müssten Mitglieder, welche bestimmte Informationen seitens der Geschäftsführung erlangen möchten, zuerst einen Beschluss des Gesamtorgans herbeiführen, würde dies eine zeitnahe Überwachung unmöglich machen. Das Gesamtorgan ist gesetzlich nur zu Sitzungen alle drei Monate verpflichtet. Damit würde ein entsprechender Beschluss entweder bis zu diesem Zeitpunkt aufgeschoben werden oder aber es bedürfte einer vorherigen, z. B. fernmündlichen Kontaktaufnahme sämtlicher Mitglieder des Verwaltungsrats.

Eine andere Möglichkeit wäre, das Frage- und Informationsrecht den jeweiligen Ausschüssen zu gestatten. Diesen könnte dann in ihren Zuständigkeitsbereichen ein umfassendes Informationsrecht gewährleistet

---

178 Siehe *supra* Abschnitt 3.4.

werden. Über eine Verpflichtung zur Weitergabe wichtiger Informationen würde man dann eine Information des Gesamtorgans sicherstellen. Der Vorteil einer solchen Praxis wäre, das Vermeiden einer ständigen Einmischung in die Geschäftsführung durch einzelne Mitglieder des Organs. Zugleich wäre durch die Bindung an zuständige Ausschüsse sichergestellt, dass die zuständigen Personen die jeweiligen Informationen erhalten und sie effizient in ihre Arbeit einbringen können. Ergänzend können Ausschüsse mit wenigen Mitgliedern eine höhere Sitzungsfrequenz haben, sodass zeitnah relevante Informationen angefordert werden können. Durch das zeitnahe Informationsbegehren ließe sich u. U. auch der Eingriff in die Geschäftsführung minimieren, da die entsprechenden Personen noch aktuell mit den Dingen befasst sind.

Der Nachteil ist jedoch wiederum eine Formalisierung der Informationsversorgung, da es zuerst des Tätigwerdens eines Ausschusses bedarf. Zusätzlich stellen sich aber auch Zuständigkeitsfragen. Es ist oftmals nur schwer möglich einzelne Bereiche eindeutig einem Ausschuss zuzuordnen. Daher erscheint eine solche Handhabe ebenfalls wenig praktikabel.

Schließlich wäre noch zu überlegen, ein Informationsrecht einer Personengruppe von beispielsweise zwei Mitgliedern zuzuweisen. Damit wäre zum einen der Möglichkeit eines missbräuchlichen Informationsbegehrens einzelner Schranken gesetzt, zum anderen aber auch die Schwerfälligkeit des Tätigwerdens des Gesamtorgans oder eines Ausschusses vermieden. Doch auch hiergegen lassen sich Bedenken anführen. Gerade in kleineren Verwaltungsräten kann es wenig praktikabel sein, ein Informationsersuchen an das Begehren von zwei Personen anzuknüpfen. Daher müsste dann eine Differenzierung nach der Größe des Verwaltungsrats erfolgen oder eben doch ein entsprechendes Recht sämtlichen Personen einzeln zugesprochen werden. Zur Sicherstellung einer effektiven Informationsversorgung ist letzterer Möglichkeit der Vorzug zu geben, da somit eine schnellere Information gewährleistet wird.

Zusätzlich zu der Frage der Informationserlangung müsste dann aber auch das oder die beantragenden Mitglieder verpflichtet sein, die erlangten Auskünfte an das Gesamtorgan weiterzuleiten. Dies kann beispielsweise durch Übermittlung an den Vorsitzenden erfolgen, welcher sie dann weiterleitet. Eine Pflicht zur Weiterleitung würde verhindern, dass es zu einem zu großen Informationsgefälle innerhalb des Verwaltungsrats kommt.[179] Zusätzlich entsteht durch die Übermittlung der erhaltenen Auskünfte an sämtliche Mitglieder die Möglichkeit der Selbstkontrolle. Wenn einzelne Personen ständig Auskünfte fordern, welche von den übrigen als unnötig erachtet werden, könnten diese u. U. regulierend eingreifen. Gleichzeitig würde aber auch Art. 44 Abs. 2 SE-VO Rechnung

---

[179] Eine solche wird z.B. im Verhältnis Aufsitsratvorsitzender und restliche Mitglieder gesehen, da der Vorstand i.d.R. nur an diesen laufend berichtet. *Hopt*, in *Hopt/Kanda/Roe/Wymersch/Prigge*, S. 227, 244; *Endres*, ZHR 1999, 441, 455; *Davies*, ZGR 2001, 268, 284 f.

getragen, der vorschreibt, dass sämtliche Mitglieder von allen Informationen Kenntnis nehmen dürfen, die dem Organ übermittelt werden.

Von einem solchen Informationsrecht sollte neben dem Erhalt von Auskünften auch das Recht zur Besichtigung von Betriebsstätten der Gesellschaft umfasst werden, damit sich die Mitglieder ein Bild der Gegebenheiten vor Ort machen können.[180] Dies kann z. B. für die Frage von Investitionen, Änderungen in der Fertigung oder Betriebsstillegungen relevant sein. Gleichzeitig dient es aber auch generell der verbesserten Information und des besseren Verständnisses der Mitglieder des Verwaltungsrats vom Betrieb.

Probleme an einer solchen Praxis könnten sich jedoch unter dem Gesichtspunkt des Bekanntwerdens von Betriebsgeheimnissen ergeben.[181] Dem kann allerdings durch Erlass entsprechender Vorschriften abgeholfen werden. Zu denken ist hier einerseits an Art. 49 SE-VO, welcher die Weitergabe vertraulicher Informationen verbietet, zum anderen an Regelungen über die Handhabe von Mandaten in Konkurrenzunternehmen. Zu letzterem hat bereits der Gesetzgeber im Rahmen des KonTraG Maßnahmen ergriffen und mit § 125 Abs. 1 S. 3 AktG eine erweiterte Offenlegungspflicht in das Gesetz aufgenommen. Der RegE-SEEG enthält in § 39 RegE-SEEG einen Verweis auf § 93 AktG, so dass die dort geltenden Grundsätze Anwendung finden würden.

Zusätzlich könnte der Verwaltungsrat selbst noch Regelungen erlassen, beispielsweise in einer Geschäftsordnung oder einem Corporate Governance-Kodex.[182]

6.3.2.4 Zugang zu unabhängigen Beratern sowie Erteilung von Aufträgen

Ebenfalls erforderlich ist es, dem Verwaltungsrat Zugang zu den unabhängigen Beratern der Gesellschaft wie z. B. Rechtsanwälten oder Abschlussprüfern zu ermöglichen, um in der Lage zu sein, unabhängig von der Geschäftsführung Expertenwissen in Anspruch zu nehmen.[183]

In den USA wird eine solche Möglichkeit als wichtiger Baustein der "*board*"-Arbeit angesehen und ist dementsprechend Gegenstand sämtlicher wichtiger Corporate Governance-Kodizes.[184] Diese Praxis kann jedoch nur bedingt Aussagekraft für Regelungen in Deutschland haben, da das Haftungsrisiko in den Vereinigten Staaten höher ist. Aufgrund der dortigen Haftungsregeln sowie der Höhe von Schadensersatzansprüchen, ist ein "*board of directors*" viel stärker auch zur eigenen Absicherung auf unabhängige Experten angewiesen.

---

180 Diese Punkte werden auch in den Vereinigten Staaten zusehends gefordert.

181 *Schiessl*, AG 2002, 593, 595.

182 Zu den Möglichkeiten eines Corporate Governance Kodex siehe *Holl*, S. 176 f.

183 Eine entsprechende Praxis hat sich auch in den USA eingebürgert. Siehe supra Abschnitt 4.4.5.

184 Vgl. z. B. *ABA*, Corporate Director's Guidebook, 56 Bus. Law. 1571, 1576 ff.

Allerdings sollte insofern differenziert werden, ob es sich um eine bloße Auskunft zu bestehenden Mandaten handelt oder eine Anfrage sich auf die Erteilung eines neuen Beratungsauftrags bezieht. Abhängig davon sollten die Anforderungen differenziert werden. Während man für ersteres entsprechend dem *supra* Erwogenen ein Recht des einzelnen Mitglieds annehmen sollte, sollte für die Erteilung von Beratungsaufträgen die Zustimmung mehrerer Mitglieder des Verwaltungsrats erforderlich sein. Zwar sollte vorgesehen sein, dass der Verwaltungsrat zur Erfüllung seiner Aufgaben auf unabhängige Berater auf Kosten der Gesellschaft zurückgreifen kann, jedoch bedarf eine solche Regelung der Missbrauchskontrolle. Da eine Inanspruchnahme unabhängiger Berater regelmäßig mit nicht unerheblichen Kosten verbunden ist, sollte dem Verwaltungsrat zwar das Recht eingeräumt werden, auf unabhängige Berater zurückzugreifen, doch sollte dieses Recht an einen Beschluss des Gesamtorgans oder zumindest eines Ausschusses geknüpft werden.

Würde man ein solches Recht auch dem einzelnen Mitglied zusprechen, kann dies zu nicht mehr kontrollierbaren Kosten führen, welche sich schädlich für die Gesellschaft auswirken können.

6.3.3 Strukturierung der Überwachungsaufgaben in Ausschüssen und Besetzung derselben

Zu überlegen ist weiterhin, die Überwachungsfunktion durch die Einrichtung von Ausschüssen, entsprechend der amerikanische Praxis auszugestalten. Der Vorteil einer solchen Unterteilung wäre, dass auf diesem Wege kleinere Gremien entstehen, welche effizienter arbeiten könnten.[185] Zwar spricht die Gefahr eines Informationsgefälles innerhalb des Verwaltungsrats generell gegen eine Aufgliederung der Zuständigkeit in verschiedene Ausschüsse, doch wird dieses durch die Vorteile der Arbeitsteilung aufgewogen.[186] Zusätzlich ist zu überlegen, Ausschüssen mehrheitlich nur eine vorbereitende Funktion zuzuweisen, sodass die Informationsasymmetrie durch die Erörterung im Gesamtorgan wieder entfiele.[187]

Durch die Verteilung der Überwachung auf Ausschüsse können die Mitglieder des Verwaltungsrats entsprechend ihren besonderen Fähigkeiten und Kenntnissen eingesetzt werden.[188] Es wäre beispielsweise möglich sich die Spezialkenntnisse von Bankvertretern oder Rechtsanwälten zu

---

[185] Für die AG *Theisen*, Überwachung, S. 240 u. 265; *ders.* AG 1995, S. 200; *Berliner Initiativkreis*, German Code of Corporate Governance, S. 25; *Holl*, S. 234 m.w.N. Siehe auch *supra* Fußnote 174.

[186] *Deckert*, ZIP 1997, 987; *Holl*, S. 97; *Potthoff/Trescher*, S. 151; *Sünner*, AG 2000, 946; *Dreher*, in *Feddersen/Hommelhoff/Schneider*, S. 31, 45.

[187] *Dose*, ZGR 1973, 311 f.; *Lutter/Krieger*, S. 242 ff.; *Rellermeyer*, S. 207 ff.; *Semler*, AG 1988, 641 f.

[188] *Lutter/Krieger*, S. 242; *Schiessl*, AG 2002, 593, 599; siehe aber auch Sec. 307 *Sarbanes-Oxley Act of 2002*, der zumindest für ein Mitglied des "*audit committee*" buchhalterische Kenntnisse vorschreibt.

Nutzen zu machen.[189] Zugleich birgt diese Praxis auch organisatorische Vorteile. Es ist einfacher, Treffen kleiner Personengruppen zu arrangieren, als sämtliche Mitglieder des Verwaltungsrats zusammenzubringen.

Eine solche Aufgabenverteilung kann sich auch positiv auf das Verantwortungsgefühl der Mitglieder eines solchen Komitees auswirken. Das Verantwortungsgefühl gegenüber der Gesellschaft dürfte als Mitglied eines Ausschusses, bestehend aus zwei oder drei Personen, stärker angesprochen werden, als es für den Fall der bloßen Mitgliedschaft im Gesamtorgan, bestehend aus 16 oder mehr Personen, angesprochen sein dürfte.[190]

Die Frage der Besetzung von Ausschüssen wirft die Frage auf, ob es erforderlich ist, Ausschüsse entsprechend der Zusammensetzung des Verwaltungsrats, also im Verhältnis von Arbeitnehmer- zu Anteilseignervertreter zu besetzen.

Betrachtet man die Vorschriften der SE-VO bzw. auch des RegE-SEEG, lassen sich weder Anhaltspunkte für noch gegen eine solche Verpflichtung erkennen. Auch die amerikanische Praxis bietet dafür keine Hilfe, da sie das Institut der Arbeitnehmervertreter nicht kennt.

Erwägungsgrund 21 der Präambel der SE-VO weist darauf hin, dass durch die Arbeitnehmerrichtlinie eine Beteiligung der Arbeitnehmer an den Geschäftsverlauf der SE betreffenden Fragen sichergestellt werden soll. Dort wird in Erwägungsgrund 18 der Richtlinie 2001/86/EG des Rates ausgeführt, dass die bestehenden Rechte der Arbeitnehmer durch die Einführung der SE unberührt bleiben (Vorher-Nachher-Prinzip). Insofern kann für die Frage der Zusammensetzung der Ausschüsse im Verhältnis Arbeitnehmer- zu Anteilseignervertretern auf die bisherige Praxis zum Aufsichtsrat zurückgegriffen werden. Dabei ergibt sich, dass eine Verteilung der Sitze entsprechend dem Verhältnis Arbeitnehmer zu Anteilseigner nicht erforderlich ist.

Nach *Lutter/Krieger*[191] gebietet das Aktiengesetz keine zwingende paritätische Besetzung von Aufsichtsratsausschüssen. Zwar gehen die Regeln der Mitbestimmung von zwei gleichwertigen Gruppen von Mitgliedern aus, jedoch geht dies nicht so weit, dass sich die Gleichwertigkeit in jedem Ausschuss widerspiegeln muss.[192] Demzufolge ist der vermittelnden Ansicht, die den völligen Ausschluss einer Mitgliedergruppe von einzelnen Ausschüssen nicht *per se* als rechtswidrig ansieht, sondern darüber

---

189 *Feddersen*, AG 2000, 390 ff., *Hommelhoff*, in *Picot*, S. 4; *ders.* ZHR 1979, 298; *Möllers*, ZIP 1995, 1730 ff.; *Holl*, S. 234 f.

190 *Holl*, S. 234 f.; *Lutter/Krieger*, S. 242 ff.

191 *Lutter/Krieger*, S. 242 ff. m.w.N.; *Rellermeyer*, Aufsichtsratsausschüsse, S. 120 ff.

192 *Lutter/Krieger*, S. 244 f. m.w.N.

hinaus das Vorliegen eines sachlichen Grundes zur Rechtmäßigkeit fordert, zu folgen.[193]

Den Gegenmeinungen, die einerseits zwingend eine paritätische Besetzung fordern bzw. die Besetzung einzig in das Ermessen des Aufsichtsrates legen wollen, kann in ihrer absoluten Form nicht gefolgt werden.[194]

Gleiches soll dementsprechend für einen monistischen Verwaltungsrat angenommen werden. Dort ist zusätzlich zu beachten, dass aufgrund der Möglichkeit einer individuell ausgehandelten Form der Mitbestimmung vielfältige Gestaltungsmöglichkeiten denkbar sind. Eine paritätische Besetzung ist daher nicht zwingend erforderlich. Auch hier ist dann konsequenterweise keine paritätische Besetzung oder prozentuale Beteiligung an sämtlichen Ausschüssen erforderlich. Unzulässig wäre jedoch der Ausschluss aus sämtlichen Gremien.[195] Maßgebliches Kriterium sollte einzig die persönliche Eignung der Mitglieder für die auf sie zukommende Aufgabe sein.[196]

Gerade letzteres Kriterium sollte für die Zusammensetzung von Ausschüssen eines monistischen Organs stärker in den Vordergrund treten. Anders als bei einem dualistischen Aufsichtsrat geht man bei einem monistischen "*board of directors*" von einer intensiveren Mitarbeit seiner Mitglieder aus.[197] Ihm kommt eine aktivere Rolle zu als einem Aufsichtsrat. Daher sollte auch für die Zusammensetzung seiner Ausschüsse das primäre Augenmerk auf die Qualifikation der Mitglieder gelegt werden.

6.3.3.1 Größe der Ausschüsse

Zu überlegen ist weiterhin, ob Gesellschaften Vorschriften über die Größe von Ausschüssen gemacht werden sollten. Geht man von der Situation in den Vereinigten Staaten aus, ist dies zu verneinen. Dort ist es mehrheitlich in das Ermessen der jeweiligen Gesellschaft gestellt, aus wie vielen Personen sich ein Ausschuss zusammensetzt. Lediglich wenige Bundesstaaten schreiben eine Mindestzahl von zwei Personen vor.[198]

---

193 *Lutter/Krieger*, S. 243 Fn. 1 m.w.N.; *Hoffman-Becking*, MünchHdB AktG, § 32 Rn. 20; wohl auch BGH in BGHZ 83, 144, 146 f.; *Rellermeyer*, Aufsichtsratsausschüsse, S. 120 ff.

194 *Geitner*, AG 1976, 210 ff.; *Martens*, AG 1976, 113 Fn. 1; *Lutter*, ZGR 1977, 306, 314; *Schaub*, ZGR 1977, 293, 302. Siehe auch *Rellermeyer*, Aufsichtsratsausschüsse, S. 98 ff. sowie *Lutter/Krieger*, S. 242 f. jeweils m.w.N.

195 *Meyer-Landrut*, in Großkommentar AktG, § 107 Rn. 13, *Hoffman-Becking*, in MünchHdb. AktG, § 32 Rn. 20; *Hüffer*, AktG, § 107 Rn. 16 ff.; *Mertens*, in Kölner Kommentar AktG, § 107 Rn. 89 ff.; *Geßler*, in *Geßler/Hefermehl*, § 107, Rn. 60 ff.

196 *Lutter/Krieger*, S. 204; *Paefgen*, Aufsichtsratsverfassung, S. 332 f. m.w.N.

197 *Davies*, ZGR 2001, 268, 291 f.; *ALI*, Corporate Director's Guidebook, 56 Bus. Law. 1571, 1576 ff.; siehe auch *supra* Abschnitt 2.2.3.

198 Vgl. *supra* Abschnitt 2.2.3.2. Siehe auch *Merkt*, Rn. 502; *Hamilton*, Corporations in a Nutshell, S. 87 ff. Anders dagegen für den deutschen Aufsichtsrat, siehe z.B. *Hüffer*, AktG, § 107 Rn. 17; *Mertens*, in Köner Kommentar AktG, § 107, Rn. 102 ff.; *Geßler*, in *Geßler/Hefermehl*, § 107 Rn. 67.

Bei der Umsetzung wird insoweit nach der Größe des Verwaltungsrats und der Reichweite der konkreten Aufgabenzuweisung differenziert werden müssen. Wollte man in kleinen Gesellschaften, welche nicht der Mitbestimmung unterliegen und daher Verwaltungsräte mit lediglich zwei Mitgliedern auch Ausschüsse einrichten dürfen, muss auch das Recht vorgesehen werden, Ausschüsse lediglich mit einer Person zu besetzen. Allerdings dürfte diese Situation die Ausnahme darstellen.

Richtigerweise ist wohl dahingehend zu differenzieren, in welchem Maß ein Ausschuss eine Aufgabe autonom ausübt oder nicht. Weist man einem Ausschuss die Entscheidungsbefugnis in einem Bereich oder auch die abschließende Überwachungsbefugnis zu, so ist er als vollwertiger Repräsentant des Verwaltungsrats anzusehen. Dementsprechend sollte er in seiner Zusammensetzung auch dem Mindestgrößenerfordernis des Verwaltungsrats entsprechen.[199] Im Falle eines mitbestimmten Verwaltungsrats bedeutet dies mindestens drei Mitglieder, Art. 43 Abs. 2 SE-VO, § 23 Abs. 1 RegE-SEEG.

Bei nicht der Mitbestimmung unterfallenden Gesellschaften sowie lediglich vorbereitend tätigen Ausschüssen sollte dagegen auch eine Besetzung mit lediglich einer oder zwei Personen möglich sein.

6.3.3.2 Verteilung der konkreten Ausschusssitze

Fraglich ist dabei noch, in welcher Art und Weise die Verteilung der Aufsichtsratsmitglieder auf die unterschiedlichen Ausschüsse erfolgt. In den USA war dies in der Vergangenheit mehrheitlich Aufgabe des "*chairman of the board*", also des Vorsitzenden des Verwaltungsrats, was zu erheblichen Konflikten führen konnte, wenn diese Position zugleich mit dem jeweiligen "*CEO*" besetzt war.[200]

Mittlerweile setzt es sich mehr und mehr durch, diese Aufgabe auf ein "*nomination committee*", also einen Personalausschuss zu übertragen, um eine Einflussnahme des Managements auf Fragen der Ausschussbesetzung zu vermeiden.[201] Aufgrund dieser Erfahrungen sollte in einer deutschen SE eine solche Entscheidung dem gesamten Plenum, entsprechend der bestehenden Praxis zum Aufsichtsrat[202], vorbehalten bleiben. Alternativ wäre an eine Übernahme der neueren amerikanischen Praxis zu denken und diese Aufgabe ebenfalls einem speziellen Ausschuss zuzuwei-

---

199 Siehe zu diesem Ansatz für den Aufsichtsrat *Lutter/Krieger*, S. 242 sowie *BGH*, in BGHZ 65, 190; *BGH*, ZIP 1991, 869; *Mertens*, Kölner Kommentar AktG, § 107 Rn. 103; *Hoffman-Becking*, MünchHdb. AktG, § 32 Rn. 16 ; *Geßler*, in *Geßler/Hefermehl*, § 107 Rn. 67; *Hüffer*, AktG, § 107 Rn. 17 m.w.N.

200 Vgl. *supra* Abschnitt 3.2.

201 Vgl. *supra* Abschnitt 2.2.4.3; siehe auch Sec. 303 A der "*Listing Rules* der *NYSE*" v. 16.06.2002, abrufbar unter www.nyse.com. Zum "*nomination committee*" nach bestehendem Aktienrecht *Schiessl*, AG 2002, 593, 599.

202 *Lutter/Krieger*, S. 204; *Hoffman-Becking*, in MünchHdb. AktG, § 32 Rn. 20; *Rellermeyer*, S. 124 f.; *Hüffer*, AktG, § 107 Rn. 16 m.w.N.

sen. Dieser hat sich dann jedoch bei mitbestimmten Gesellschaften aus Vertretern beider Seiten zusammenzusetzen.

Die Besetzung der Entscheidung des Vorsitzenden zu überlassen, dürfte sich nicht als praktikabel erweisen. Es besteht die Gefahr, dass es zu Spannungen zwischen den Vertretern der verschiedenen Interessengruppen kommt, welche die Zusammenarbeit beeinträchtigen können, wenn eine Gruppe sich unzureichend repräsentiert fühlt. Auch widerspricht es dem bestehenden Prinzip der Kooperation zwischen den Vertretern der Interessengruppen, diese Entscheidung einer Person zu überlassen. Zugleich ist die Missbrauchsgefahr geringer, wenn eine Entscheidung durch mehrere Personen erfolgt. Dieser Weg trägt außerdem zu höherer Transparenz der Arbeitsverteilung innerhalb des Verwaltungsrats bei.

6.3.3.3 Teilnahme von Nicht-Ausschussmitgliedern an Ausschusssitzungen

Weiterhin ist zu klären, ob Nicht-Ausschussmitgliedern ein Teilnahmerecht an Sitzungen des jeweiligen Ausschuss eingeräumt werden sollte.

Diesbezüglich bietet sich gemäß den Erfahrungen der USA eine Differenzierung zwischen geschäftsführenden und überwachenden Mitgliedern an.[203] Die Teilnahme geschäftsführender Mitglieder, insbesondere wenn man sich für die entsprechende Einteilung des Gesamtorgans entscheidet, sollte grundsätzlich verboten sein. Eine Ausnahme ist nur dann zuzulassen, wenn der Ausschuss ausdrücklich dem entsprechenden Mitglied die Anwesenheit oder Teilnahme gestattet.

Durch eine solche Abgrenzung kann leichter die Unabhängigkeit des Ausschusses gewährleistet werden. In Fällen eines dominanten Geschäftsführers besteht die Gefahr, dass dieser auch die Ausschussarbeit dominiert, da niemand wagt ihm die Teilnahme zu untersagen. Zugleich könnte er es als Zurückweisung und Ausdruck des Misstrauens empfinden, wenn ihm die Teilnahme nach entsprechender Anfrage untersagt wird. Ist dagegen die Gesetzeslage dahingehend, dass seine Anwesenheit grundsätzlich verboten ist und ihm nur ausnahmsweise die Anwesenheit gestattet ist, hat dies eine andere psychologische Wirkung.

Dagegen sollte die Anwesenheit anderer Organmitglieder bei Ausschusssitzungen grundsätzlich gestattet sein. Allerdings sollte dem Ausschuss selbst das Recht zukommen, Nicht-Ausschussmitglieder von einer Teilnahme auszuschließen. Ein solches Vorgehen kann sich aus Gründen der Vertraulichkeit aber auch der Unabhängigkeit anbieten. Weist man z. B. einem Ausschuss die Aufgabe zu, die Arbeit der anderen Organmitglieder zu evaluieren oder Vorschläge für neue Organmitglieder zu unterbreiten, kann es notwendig sein, den übrigen Mitgliedern eine Teilnahme zu untersagen, um eine unbefangene Diskussion nicht zu gefährden.

---

[203] Vgl. *ABA*, Corporate Director's Guidebook, 56 Bus. Law. 1571, 1579 ff.; siehe auch Sec. 301 *Sarbanes-Oxley Act of 2002*.

Eine solche Regelung, wie sie auch § 36 Abs. 2 RegE-SEEG vorsieht, würde eine Abkehr von der Praxis unter dem Aufsichtsrat darstellen. Danach ist lediglich der Vorsitzende des Aufsichtsrats zu Ausschluss anderer Aufsichtsratsmitglieder von Ausschusssitzungen befugt.[204]

Die Umsetzung sollte durch den Erlass konkreter Vorschriften, nicht auf dem Wege einer Empfehlung im Rahmen eines Corporate Governance-Kodex. Ein grundsätzliches Verbot der Teilnahme geschäftsführender Mitglieder an Ausschusssitzungen stellt einen wichtigen Baustein zur Sicherung der unabhängigen Überwachungstätigkeit dar. Daher sollte Gesellschaften diesbezüglich keine Gestaltungsfreiheit eingeräumt werden.

6.3.4 Arten der Ausschüsse, Besetzung sowie Umsetzung

Gesellschaften in den USA ist mittlerweile die Einrichtung eines "*audit committees*", welches zur Überwachung der finanziellen Informationen der Gesellschaft verantwortlich ist, zwingend vorgeschrieben.[205] Gleichzeitig obliegt diesem sowohl die Zusammenarbeit mit den unabhängigen Wirtschaftsprüfern der Gesellschaft, als auch die Überwachung oder der Aufbau wirksamer interner Kontrollmechanismen.[206]

Zusätzlich hat sich bei größeren Gesellschaften, wie *supra* aufgeführt, die Einrichtung von Personal-, Gehalts-, Corporate Governance- und bei Bedarf Prozessausschüssen eingebürgert.[207] Für letzteren ist, wie *infra* erörtert wird, kein Bedarf in einer deutschen SE, da insoweit eine andere Ausgangslage existiert.

6.3.4.1 Einrichtung eines "audit committee" (Bilanz- und Prüfungsausschuss)

Empfehlenswert ist, entsprechend der angloamerikanischen Praxis, die Einrichtung eines Finanz- und Prüfungsausschusses. Diesem würde dann die gleichen Aufgaben wie einem amerikanischen "audit committee" zukommen, nämlich die Zusammenarbeit mit den unabhängigen Wirtschaftsprüfern der Gesellschaft, das Überprüfen der finanziellen Dokumente der Geschäftsführung sowie der Aufbau und die Kontrolle einer wirksamen internen Revision.[208]

---

204 *Lutter/Krieger*, S. 245; *Rellermeyer*, S. 230; *Mertens*, Kölner Kommentar AktG. § 109 Rn. 24; *Geßler*, in *Geßler/Hefermehl*, § 107 Rn. 60 ff. jeweils m.w.N.

205 Vgl. *supra* Abschnitt 2.2.4.1. Siehe auch *Schwarz/Holland*, ZIP 2002, 1661, 1667; *Schiessl*, AG 2002, 593, 599. Siehe auch Sec. 303A der "*Listing Rules der NYSE*" v. 16.08.2002, abrufbar unter www.nyse.com.

206 Siehe Sec. 401 *Sarbanes-Oxley Acts of 2002*. Siehe auch *supra* Abschnitt 2.2.4.1 sowie 4.4.1.2.

207 Vgl. supra Abshnitt 2.2.4.

208 Vgl. insoweit die Ausführungen *supra* 4.4.1.2. Siehe auch *Schiessl*, AG 2002, 593, 599. Siehe in Deutschland auch *Baums* (Hrsg.), Regierungskommission Corporate Governance, Rn. 312 ff.; *Berliner Initiativkreis*, German Code of Corporante Governance, S. 25 f.

Aufgrund der geringeren Personenzahl als dem Gesamtorgan kann ein intensiverer Gedankenaustausch stattfinden. Dies wiederum wirkt sich auch positiv für die Arbeit des Gesamtorgans aus, da dessen Mitglieder durch regelmäßige Informationen des Ausschusses ebenfalls ein detailliertes Bild der finanziellen Daten erhalten können.[209] Eine kontinuierliche Information des Gesamtorgans ist jedoch von elementarer Bedeutung, um eine schnelle Reaktion auf sich abzeichnende Krisensituationen zu ermöglichen.[210]

Ebenso wie in den Vereinigten Staaten treffen Anleger ihre Investitionsentscheidungen im Wesentlichen aufgrund der finanziellen Informationen der Gesellschaften. Stellen sich diese jedoch als gefälscht oder auch bloß unzutreffend heraus, schädigt es, wie die Erfahrungen der USA im Zusammenhang mit *ENRON* oder *WorldCom* zeigen, das Vertrauen der Anleger in die Gesellschaft und führt zu erheblichen Kurseinbrüchen.[211] Um dies zu verhindern, bedarf es einer laufenden Information sämtlicher Mitglieder des Verwaltungsrats, damit diese im Krisenfall eingreifen können.

Weiterhin ist zu überlegen, wie ein solcher Ausschuss zu besetzen ist. Hierbei sollte aufgrund der besonderen Bedeutung dieses Ausschusses primär auf eine Besetzung mit ausreichend qualifizierten Mitgliedern Wert gelegt werden, unabhängig von ihrer Zurechenbarkeit zu den Vertretern der Arbeitnehmer oder Anteilseigner. In den Vereinigten Staaten, die aufgrund der unterschiedlichen Zusammensetzung des "*board of directors*" keinen abschließenden Vergleich erlauben, schreiben die Vorschriften der SEC seit dem Jahr 2002 vor, dass mindestens eines der Mitglieder dieses Ausschusses über Kenntnisse in der Buchführung und Bilanzprüfung verfügen muss.[212] Entsprechendes sollte auch für eine deutsche SE gelten. Zu erwarten wäre von den Mitgliedern dementsprechend ausreichende betriebswirtschaftliche und bilanzbuchhalterische Kenntnisse.

Was die Repräsentanz von Arbeitnehmervertretern in einem solchen Ausschuss betrifft, ergeben sich dagegen keine Einwände, wenn sie die erforderlichen Qualifikationen besitzen. Ein pauschaler Ausschluss oder Zwang zur Aufnahme sollte unterbleiben, sondern nur auf die Eignung für die konkrete Aufgabe abgestellt werden.

Der Frage der Qualifikation sollte auch aufgrund einer potentiellen Haftung der Ausschussmitglieder wesentliche Bedeutung zugemessen werden.[213] Art. 51 SE-VO schreibt vor, dass die Mitglieder eines Verwal-

---

209 *Bleicher/Paul*, DBW 1986, 263 ff.; *Girnghuber*, S. 193; *Langenbucher/Blaum*, DB 1986, 263 ff., alle für den Aufsichtsrat.

210 *Holl*, S. 243 ff.; *Baums* (Hrsg.), Regierungskommission Corporate Governance, Rn. 312 ff.; *Berliner Initiativkreis*, German Code of Corporante Governance, S. 25 f.

211 *Schwarz/Holland*, ZIP 2002, 1661 ff.

212 Vgl. supra Abschnitt 4.4.1.2. Siehe auch Sec. 401 *Sarbanes-Oxley Act of 2002*.

213 Zu Fragen der Haftung siehe *infra* 6.5.

tungsrats gemäß den in dem jeweiligen Sitzstaat einschlägigen Normen für Verletzungen haften, die sich aus gesetzlichen, satzungsmäßigen oder sonstigen Pflichten ergeben.[214] Dies schlägt sich in der Regelung des § 39 RegE-SEEG wieder, der auf § 93 AktG verweist. Von Mitgliedern eines Bilanz- und Prüfungsausschusses muss aber erwartet werden, dass sie über die zur Gewährleistung ihrer Aufgabe notwendigen Qualifikationen verfügen, da ansonsten die Erfüllung der besonderen Überwachungsfunktion leer läuft. Unter dem Gesichtspunkt einer Haftungsgefahr zeigt sich hier ein weiterer Vorteil der Einrichtung spezialisierter Ausschüsse.[215] Es ergibt sich die Möglichkeit, das Haftungsrisiko des Gesamtorgans zu minimieren.

Eine weitere Frage, die sich auch bereits für die Aufgabenverteilung innerhalb von Aufsichtsräten stellte, ist die Frage, ob einem Ausschuss lediglich beratende oder auch entscheidende Funktion eingeräumt werden sollte. In den USA wird das "*audit committee*" als Hilfsorgan des gesamten "*board of directors*" angesehen.[216] Es soll also primär diesem in seiner Pflichterfüllung behilflich sein, ohne selbst Entscheidungsinstanz zu sein. Seine besondere Bedeutung liegt in der Informationsversorgung des Gesamtorgans über regelmäßige Berichte sowie dem Ausspruch von Empfehlungen.[217] Gleichzeitig ist ihm jedoch die ausschließliche Zusammenarbeit mit den unabhängigen Wirtschaftsprüfern zugewiesen.[218]

Ob diese Praxis auch in Deutschland in dieser Form durchgeführt werden sollte, erscheint fraglich. Dagegen spricht auf den ersten Blick, dass durch eine lediglich beratende Funktion dieses Ausschusses viele der anfallenden Problem doppelt behandelt werden. Dies erscheint insofern bedenklich, als man damit die an sich bereits knapp angesetzten Sitzungen des Gesamtorgans unnötigerweise mit Tagungspunkten belastet[219], die bereits zuvor von einem Fachgremium erörtert worden sind. Daher wäre es ausreichend, wenn eine ausreichende Informationsversorgung gewährleistet wird, ohne den Verwaltungsrat mit diesbezüglichen Entscheidungen zu belasten.

Dagegen spricht aber, dass die Idee der Einrichtung verschiedener Ausschüsse primär der besseren Aufgabenerfüllung durch den Verwaltungsrat dient.[220] Diese ist grundsätzlich das Organ der Gesellschaft, welchem die wesentlichen Unternehmensentscheidungen obliegt. Dem Plenum soll es durch diese Arbeitsteilung ermöglicht werden, anfallende Entscheidungen mit dem nötigen Sach- und Hintergrundwissen zu treffen.

---

214 Siehe auch *Bungert/Beier*, EWS 2002, 1, 7; *Schwarz*, ZIP 2001, 1847, 1856.

215 *Teichmann*, ZGR 2002, 383, 452.

216 *Girnghuber*, S. 50 ff.

217 *Girnghuber*, S. 57 ff.

218 Sec. 401 *Sarbanes-Oxley Act of 2002*. *Schwarz/Holland*, ZIP 2002, 1661, 1671.

219 vgl. supra, Ziffer 5.1.2.

220 *Holl*, S. 234 ff.; *Dreher*, in *Feddersen/Hommelhoff/Schneider*, S. 31, 45; siehe auch *supra* Abschnitt 4.4.1.1 sowie 6.3.2.2.

Es soll aber nicht dazu dienen, es jeglicher Kompetenz zu berauben. Gerade die hier wichtigen bilanziellen Informationen sind aber für Kapitalgesellschaften von elementarer Bedeutung, sodass es dem Plenum als oberstem Verwaltungs- und Kontrollorgan obliegen muss anfallende Entscheidungen zu treffen. Insbesondere können die dabei erlangten Informationen wichtige Grundlage auch für andere Entscheidungen sein, wie z. B. die Zusammenarbeit mit den konkreten Abschlussprüfern, die Änderung der Geschäftsstrategie oder das Abberufen der Geschäftsführung. Daher sollte man die Beschlussfassung beim Gesamtorgan belassen, um zu gewährleisten, dass diese tatsächlich auch auf dem notwendigen Kenntnisstand ist.

6.3.4.1.1 Ausgestaltung der konkreten Befugnisse und Rechte eines solchen Ausschusses

Den Mitgliedern des Bilanz- und Prüfungsausschusses einer deutschen SE sollten die gleichen Rechte und Pflichten wie seinem amerikanischen Konterpart eingeräumt werden.[221]

Insbesondere sollten sie in der Lage sein, jederzeit unbeschränkten Zugang zu der internen Buchführung zu haben, um notwendige Informationen anfordern zu können oder sich ergebende Fragen abzuklären. Dabei sollten sie nicht nur auf die Einsicht und Überprüfung der Bücher beschränkt sein, wie dies § 22 Abs. 3 RegE-SEEG vorsieht, sondern, sonder insbesondere auch berechtigt sein, unmittelbar Anfragen direkt an Mitarbeiter der Buchhaltung richten zu können und nicht den Umweg über die Geschäftsführung nehmen zu müssen. Dies mag zwar auf den ersten Blick eine Gefahr für den innerbetrieblichen Frieden mit sich bringen, ist aber aus Gründen einer effektiven Kontrolle unverzichtbar. Für Informationen, welche unmittelbar von den zuständigen Abteilungen erlangt werden, besteht die geringste Gefahr einer Verfälschung. Auch unter dem Gesichtspunkt des Aufbaus einer wirksamen internen Kontrolle gebietet sich der unmittelbare Zugang zu den Angestellten. Diese sind aufgrund der täglichen Arbeit in der jeweiligen Abteilung schneller in der Lage, mögliche Schwachstellen zu erkennen. Zusätzlich dürfte für einfache Angestellte ein geringeres Interesse haben einen perfekten Schein zu wahren, da etwaige Fehler sich nicht unmittelbar auf ihre Reputation niederschlagen. Dies verhält sich jedoch anders für einen Geschäftsführer, welchem die Leitung des gesamten Finanzbereichs obliegt.

Auch unter dem Gesichtspunkt des Anlegervertrauens können sich solche Grundsätze positiv auswirken. Die Erfahrungen der USA zeigen, dass gerade institutionelle Anleger zunehmend Wert auf effektive Überwachungsmechanismen legen, wenn sie eine Investitionsentscheidung treffen.

---

221 Zu Inhalt und Reichweite der Rechte und Pflichten siehe erläuterungen zu Sec. 303A der "*Listing Rules der NYSE*", abrufbar unter www.nyse.com sowie *ABA*, Corporate Director's Guidrbook, 56 Bus. Law. 1571, 1584 ff.; *ALI*, Principles of Corporate Governanve, § 3A.02.

Entsprechend der Situation in den Vereinigten Staaten sollte für die Zusammenarbeit mit den Abschlussprüfern ebenfalls die ausschließliche Kompetenz bei einem solchen Ausschuss liegen. Dieser sollte sowohl für die Auswahl der Prüfer als auch die konkrete Eingrenzung des Prüfungsauftrags zuständig sein. Die Entscheidung über die Erteilung des Prüfungsauftrags sollte dagegen entweder bei der Hauptversammlung angesiedelt werden, was die klogische Fortsetzung der bisherigen Rechtslage nach § 119 Abs. 1 Nr. 4 AktG darstellen würde oder aber dem Verwaltungsrat selbst zustehen, wie es derzeit § 22 Abs. 3 RegE-SEEG vorsieht..[222]

Wichtig wäre es, gesellschaftsintern Regelungen anzuregen, die den Finanzausschuss zum ausschließlichen Ansprechpartner für die jeweiligen Abschlussprüfer machen. Nur auf diesem Wege kann sichergestellt werden, dass die prüfende Gesellschaft nicht auch zugleich in erheblichem Maße Beratungsaufträge für die Geschäftsführung ausführt, welche zu Interessenskonflikten mit ihrer prüfenden Tätigkeit führen.[223] Eine solche Konstellation führt, wie der Fall *ENRON* in den USA zeigt, ansonsten zu der Gefahr der zu großen Nähe der Prüfer zum Management.[224]

6.3.4.1.2 Art der Umsetzung

Des Weiteren ist zu klären, in welcher Form diese Vorschläge umzusetzen sind. Dafür erscheint eine Differenzierung angebracht.

Generell sollten Gesellschaften entsprechend der Rechtslage in den Vereinigten Staaten verpflichtet sein, einen Prüfungsausschuss einzurichten. Ergänzend sollte sich diese Verpflichtung nicht lediglich auf börsennotierte Gesellschaften beziehen, sondern sollte für sämtliche Gesellschaften mit monistischer Struktur gelten.[225] Eine solche Ausdehnung ist notwendig, da anders als in den Vereinigten Staaten die Anzahl der börsennotierten Gesellschaften geringer ist und daher im Gesamtverhältnis weniger Gesellschaften davon erfasst würden. Sinnvoll erscheint dagegen, wie *supra* angesprochen, eine Differenzierung nach der Größe der Gesellschaft. Ab einer bestimmten Größe sollten Gesellschaften zur Einrichtung eines solchen Ausschusses verpflichtet sein.

Abweichend von der bisherigen Praxis zum Aufsichtsrat in § 107 Abs. 3 S. 1 AktG sollten Gesellschaften ab einer bestimmten Größe dementsprechend verpflichtet sein, einen Bilanz- und Prüfungsausschuss zu bilden, welcher vorbereitend für das Gesamtorgan die bilanziellen Informationen der Gesellschaft bearbeitet.

---

222 *Schiessl*, AG 2002, 593, 600 ff.

223 Vgl. *supra* Abschnitt 2.2.4.1. Siehe auch *Schwarz/Holland*, ZIP 2002, 1601 ff.

224 *Schwarz/Holland*, ZIP 2002, 1661 ff. m.w.N.

225 Siehe Sec. 401 *Sarbanes-Oxley Act of 2002* oder auch Sec. 303A "*Listing Rules der NYSE*" v. 16.08.2002, abrufbar unter www.nyse.com.

Fragen der Ausgestaltung der Arbeit diese Ausschusses sowie seiner Befugnis sollten dagegen in einen Corporate Governance-Kodex aufgenommen werden. Eine solche Regelung muss allerdings, um wirksam zu sein, über die Form einer unverbindlichen Empfehlung hinausgehen, sodass Gesellschaften gezwungen sind, offen zu legen, wie weit sie den Vorgaben folgen oder warum sie von diesen abweichen. Es sollte daher dem Beispiel des § 161 AktG in diesem Aspekt gefolgt werden.

Die Praxis der USA hat gezeigt, dass dieser Bereich zu den sensibelsten im monistischen System gehört, weswegen der ansonsten wünschenswerte unternehmerische Gestaltungsspielraum nicht in vollem Maße einzuräumen ist.

6.3.4.2 Einrichtung eines "executive committee" (Geschäftsführungsausschuss)

6.3.4.2.1 Aufgabenbereich und Ausgestaltung

Ein traditionell bedeutender Ausschuss stellt das "*executive committee*" dar, wenngleich seine Bedeutung in den letzten Jahren zusehends rückläufig war.[226]

In der Corporate Governance-Diskussion nimmt dieser eine Zwitterstellung ein, da er sowohl überwachende als auch geschäftsführende Aufgaben ausübt. Einerseits delegierte das "*board of directors*" in den Grenzen des Zulässigen einige oder auch fast alle Aufgaben der Geschäftsführung auf diesen Ausschuss, andererseits obliegt es ihm regelmäßig auch die Geschäftsführung der Gesellschaft zu überwachen. Dies erfolgt durch die Überprüfung der Pläne des Managements sowie der Beratung des "*CEO*".[227] Ein solches "*committee*" diente zugleich als ständiger Ansprechpartner des "*CEO*" in den Zeiträumen zwischen den Sitzungen des gesamten "*board*".

In Deutschland würde sich die Einrichtung eines entsprechenden Ausschusses dann anbieten, wenn man die Geschäftsführung auf einen oder mehrere Geschäftsführer überträgt. Diesen könnte man dann einen Geschäftsführungsausschuss zur Seite stellen, in welchem einzelne Mitglieder des Verwaltungsrats ihnen als Ansprechpartner für die Entscheidungsfindung zur Seite stehen. Denkbar wäre beispielsweise, dass zwei Repräsentanten des Gesamtorgans dann mit Mitgliedern der Geschäftsführung anstehende Probleme besprechen könnten. Dies könnte eine zusätzliche Informationsquelle für die Geschäftsführung darstellen, da sie ergänzende Sichtweisen zu anstehenden Fragen kennen lernen. Zusätzlich würde es auch die Informationsversorgung des Gesamtorgans verbessern, da dann Mitglieder des Verwaltungsrats stärker in die Geschäftsführungsprozesse eingebunden sind. Sie erhalten somit einen tie-

---

226 *Steindl*, S. 100; *ABA*, Corporate Director's Guidebook, 49 Bus. Law. 1247 ff., in der Neuauflage von 1994, 56 Bus. Law. 1571 ff. nimmt die Bearbeitung dieses Ausschusses nur noch eine untergeordnete Rolle ein, was ebenfalls auf seine schwindende Bedeutung schließen lässt.

227 *Steindl*, S. 100 f.; *ABA*, Corporate Director's Guidebook, 49 Bus. Law. 1247 ff.

feren Einblick in die anstehenden Entscheidungen, was die Überwachung erleichtert.

Problematisch an einer Umsetzung ist jedoch das erhöhte Zeiterfordernis, welches sich für Mitglieder eines solchen Ausschusses stellt. Will man die bestehende Praxis beibehalten und dessen Mitglieder ihre Aufgabe lediglich nebenamtlich ausüben lassen, stellt sich die Gefahr von Zeitkonflikten. Um tatsächlich an einem Geschäftsführungsausschuss aktiv mitarbeiten zu können, bedarf es einer hauptberuflichen Amtsausübung. Daher kann ein solcher Ausschuss wohl nur sinnvoll in der Praxis angewandt werden, wenn man neben bestellten Geschäftsführern auch Mitglieder des Gesamtorgans festlegt, welche hauptberuflich eine solche Aufgabe übernehmen.[228]

Einen Geschäftsführungsausschuss einzurichten, welchem lediglich die periodische Überprüfung der Geschäftsführung unterliegt, erscheint wenig sinnvoll. Diese Aufgabe sollte gerade vom Gesamtorgan wahrgenommen werden und nicht einem Ausschuss übertragen sein, da es ansonsten zu erheblichen Informationsdefiziten mancher Mitglieder kommt.

6.3.4.2.2 Umsetzung

Vertritt man die Auffassung, dass die Einsetzung eines solchen Geschäftsführungsausschusses sinnvoll ist, ist zu überlegen, ob er verbindlich vorzuschreiben ist, entsprechend der hier vertretenen Auffassung zu einem deutschen "*audit committee*" oder lediglich als Empfehlung in einem "*Code of Best Practice*" aufzunehmen ist.[229]

Es erscheint vorzugswürdigletztere Alternative zu wählen, da seine Notwendigkeit und Nützlichkeit stark von der konkreten Ausgestaltung der Geschäftsführung abhängt, welche jedoch im Ermessen der Gesellschaft stehen sollte. Eine verbindliche Vorschrift könnte sich daher im Einzelfall als ungeeignet erweisen und sollte vermieden werden.

Aber auch im Rahmen der Empfehlung in einem Corporate Governance-Kodex bedarf eine wirksame Überwachung nicht der Einbeziehung in die Reichweite einer dem § 161 AktG entsprechenden Vorschrift. Die Bedeutung eines solchen Ausschusses erscheint gering, sodass er Gesellschaften lediglich zu empfehlen ist. Dafür spricht auch die Praxis der Vereinigten Staaten, die die Einrichtung eines solchen Ausschusses vollständig in das Ermessen der Gesellschaften stellt.

---

228 Für hauptamtliche Aufsichtsräte z.B. *Schiessl*, AG 2002, 593, 599, *von Rosen*, abrufbar unter www.dai.de.

229 Zu einem deutschen "*audit committee*" siehe *supra* Abschnitt 6.3.4.1.2.

6.3.4.3 Einrichtung eines "compensation committee" (Gehaltsausschuss)

6.3.4.3.1 Aufgabenbereich und Zusammensetzung

Der Aufgabenbereich eines Gehaltsausschusses einer deutschen SE erstreckt sich darauf, entsprechend seinem amerikanischen Konterpart, eine angemessene Vergütung der Geschäftsführung sowie der Mitglieder des Verwaltungsrats zu ermitteln und entsprechende Vorschläge dem Gesamtorgan zu unterbreiten. Dies erscheint umso notwendiger, als die konkrete Ausgestaltung der Vergütung in den letzten Jahren zunehmend vielschichtiger geworden ist.[230]

Insbesondere für Fragen der Zuteilung von Aktienoptionen könnte sich ein solches Gremium als hilfreich erweisen, da es durch Hinzuziehen externer Experten sich ein umfassendes Bild möglicher Varianten erarbeiten kann.

Die Vergütung in Aktien oder Aktienoptionen wird gerade in den USA auch für die Mitglieder des "*board of directors*" gefordert bzw. praktiziert, um eine Gleichschaltung mit den Interessen der Aktionäre zu erreichen. Eine solche Praxis birgt jedoch auch ein erhebliches Missbrauchspotential.[231] In Verbindung mit den Unternehmenszusammenbrüchen des letzten Jahres wurde wiederholt geäußert, dass ein solches Entlohnungssystem gerade auch einen Anreiz zur Manipulation biete. Die Mitglieder des "*board of directors*" und des Managements hätten in diesen Fällen ein hohes Interesse kurzfristige Kurssteigerungen herbeizuführen, um ihre Aktienoptionen oder auch Aktien selbst gewinnbringend zu realisieren.[232]

Für die Zusammensetzung eines solchen Ausschusses würde es sich anbieten, Arbeitnehmervertreter als Mitglieder zu beteiligen, da dies in Zeiten steigender Spitzengehälter zu einer höheren Akzeptanz entsprechender Summen zumindest unter den Arbeitnehmern des Unternehmens beitragen könnte.[233] Allerdings sollte dies eine unternehmensinterne Überlegung bleiben und nicht Gegenstand regulatorischer Vorgaben sein. Es gilt hier unverändert das *supra* erwähnte, dass die Zusammensetzung eines solchen Ausschusses sich primär nach der Eignung der Mitglieder für die konkrete Tätigkeit richten sollte und nicht nach der Zugehörigkeit zum Lager der Arbeitnehmer oder Arbeitgeber.

Beschäftigt man sich mit der Frage der konkreten Reichweite der Befugnisse eines solchen Ausschusses scheint es angebracht, diesen lediglich beratend bzw. vorbereitend tätig werden zu lassen. Die endgültige Ent-

---

230 Aktienoptionen, Renten, Boni etc.

231 Vgl. *supra* Abschnitt 4.5.2. Siehe auch *Schwarz/Holland*, ZIP 2002, 1661, 1666; *Holl*, S. 181 ff.; *Berrar*, S. 206 ff.

232 *Schwarz/Holland*, ZIP 2002, 1661, 1665 m.w.N.

233 Zu denken wäre hier an die Medienberichte zu den Bezügen des Vorstands der deutschen Telekom.

scheidung in Vergütungsfragen sollte dagegen beim Gesamtorgan oder sogar bei der Hauptversammlung liegen.

Betrachtet man die bisherige Praxis im dualistischen System, so findet sich eine Differenzierung zwischen der Vergütung von Vorstand und Aufsichtsrat. Während über die Vergütung der Vorstandsmitglieder der Aufsichtsrat entscheidet, § 87 Abs. 1 AktG, bedarf die Gewährung einer Vergütung an den Aufsichtrat entweder der Verankerung in der Satzung oder der Zustimmung Hauptversammlung, § 113 Abs. 1 S. 2 AktG.[234] In den Vereinigten Staaten dagegen liegt die Entscheidung über die Vergütung des "*board of directors*" bei diesem selbst. Diese Form der Umsetzung erscheint für eine deutsche SE nicht übernehmenswert, da leicht der Verdacht bloßer Selbstbedienung entstehen würde. Anders als in Deutschland derzeit üblich, unterliegen Aktiengesellschaften in den USA restriktiveren Veröffentlichungspflichten, die sich auch auf die Vergütung des "*board of directors*" und der "*officers*" erstrecken.[235] Insofern wird das Manko des möglicherweise bestehenden Interessenkonflikts zumindest teilweise kompensiert.

Beabsichtigt man eine Verwirklichung des monistischen Systems, die dem bestehenden dualistischen nahe kommt, bietet sich auch für die SE eine angestufte Regelung an, wie sie die §§ 87 Abs. 1 und 113 Abs. 1 S. 2 AktG vorgeben. Während für die geschäftsführenden Mitglieder des Verwaltungsrats die Festsetzung der Bezüge durch die übrigen Mitglieder erfolgen könnte, hat die der überwachenden Mitglieder durch die Hauptversammlung zu erfolgen.

Gegen seine solche Handhabe könnte sprechen, dass es u. U. schwerer als bisher werden wird, die Zustimmung der Hauptversammlung zu der geplanten Vergütung zu erhalten. Die Mitglieder eines Verwaltungsrats, selbst wenn sie lediglich überwachende Funktion ausüben, übernehmen eine größere Verantwortung, als es bisher für Aufsichtsräte der Fall war. Ihnen obliegt beispielsweise auch die Festlegung der strategischen Ausrichtung der Gesellschaft. Dementsprechend müssen sie auch angemessen entlohnt werden, was steigende Bezüge erwarten lässt. Gleiches gilt aber auch aufgrund der internationalen Ausrichtung der SE. Mitglieder der Geschäftsleitung werden dort üblicherweise höher vergütet.

Es besteht dann aber die Gefahr, dass enttäuschte Aktionäre häufiger gegen die Genehmigung von Bezügen der Verwaltungsratsmitglieder stimmen, da ihnen diese zu hoch erscheinen.

---

[234] *Semler*, in Arbeitshandbuch für Aufsichtsratsmitglieder, S. 10 f.; *Theisen/Hölzl*, in *Theisen/Wenz*, S. 247, 261; *Hüffer*, AktG, § 113, Rn. 3 ff.; *Geßler*, in *Geßler/Hefermehl*, § 113 Rn. 60; *Mertens*, in Kölner Kommentar, § 113 Rn. 30; *Hoffmann-Becking*, MünchHdb. AktG, § 33 Rn. 15.

[235] In Deutschland müssen lediglich die Gesamtbezüge des Aufsichtsrats bzw. Vorstands angegeben werden, wobei davon abgesehen werden kann, wenn sich aus dem Gesamtbetrag die Höhe der Vergütung einzelner Personen errechnen läßt, vgl. §§ 285 Nr. 9, 286 Abs. 4 HGB.

Letztlich muss diese Möglichkeit jedoch in Kauf genommen werden, um die Bezüge der Organmitglieder transparent zu halten. Auch würde es wider jeglicher Grundsätze einer effektiven Überwachung laufen, wenn die Beteiligten selbst über ihre Bezüge entscheiden dürfen.

Die Bezüge der geschäftsführenden Mitglieder sind dagegen, entsprechend den Vorstandsbezügen vom Aufsichtsrat, von den überwachenden Mitgliedern des Verwaltungsrats festzusetzen und zu genehmigen. Würden diese auch durch die Hauptversammlung genehmigt, bestünde die Gefahr der Zustimmungsverweigerung für den fall des schlechten Abschneidens der Gesellschaft an den Kapitalmärkten, was es wiederum erschweren würde, ausreichend qualifizierte Personen zu gewinnen. Zugleich könnte es aufgrund der heutzutage üblichen Beträge zu Unruhe unter den Kleinaktionären kommen. Insofern ist an den Fall des ehemaligen Vorstands der Deutschen Telekom zu denken.[236] Nach Bekannt werden der massiven Verluste im Geschäftsjahr 2002 wurde von vielen Seiten Druck auf die Geschäftsführung aufgrund der Höhe der Vorstandsbezüge ausgeübt, der schließlich zu einem teilweisen Verzicht des Vorstands auf seine Bezüge führte.

6.3.4.3.2 Umsetzung

Für die Frage, ob entsprechende Maßnahmen in einem Ausführungsgesetz oder lediglich in einem Corporate Governance-Kodex zu verankern sind, scheinen die besseren Argumente für Letzteres zu sprechen. Die Einrichtung eines solchen Ausschusses ist aus Gründen einer effektiven Überwachung nicht zwingend erforderlich, sondern lediglich wünschenswert, um Interessenskonflikte bei Gehaltsentscheidungen zu vermeiden. Gleichzeitig kann durch die Einrichtung eines entsprechenden Ausschusses die Informationsversorgung des Verwaltungsrats über die Vergütungsstruktur konkurrierender Gesellschaften erhöht und damit auch die Wettbewerbsfähigkeit gesteigert werden.

Anders verhält es sich jedoch in der Frage der Zustimmung bzw. Zuständigkeit für die Entscheidung über die Vergütung der Verwaltungsratsmitglieder. Diese Punkte sollten entsprechend §§ 87 Abs. 1 und 113 Abs. 1 S. 1 AktG verbindlich in einem Ausführungsgesetz vorgeschrieben werden, da sie Bestandteil einer wirksamen Kontrolle der Geschäftsführung sind. Sie können dazu beitragen, dass eine Selbstbereicherung der Organmitglieder in Form der "Selbstbedienung" verhindert wird.

Die hierbei vertretene Abweichung von der amerikanischen Praxis, welche die Entscheidung über die Bezüge der Mitglieder des "*board of directors*" und auch der "*officers*" bei dem "*board*" selbst ansiedelt, ergibt sich aus den insoweit unterschiedlichen Bedingungen in Deutschland sowie den Vorgaben durch das bestehende Aktiengesetz. Aufgrund der bestehenden Rechtslage, die die Zuständigkeit für Vergütungsentscheidungen

---

236 Siehe dazu *supra* Fußnote 233.

des Aufsichtsrats bei der Hauptversammlung ansiedelt, wäre es politisch kaum durchsetzbar, diese in einer SE dem Verwaltungsrat selbst zuzuweisen. Zusätzlich kann sich hier auch wiederum die Mitgliedschaft von Arbeitnehmern im Verwaltungsrat auswirken. Für diese kann, wenn das Verwaltungsrat selbst die Höhe der Vergütung festlegt, in schlechten Zeiten der Gesellschaft ein erheblicher Rechtfertigungsbedarf gegenüber den übrigen Arbeitnehmern entstehen. Dies wird durch das Festlegen durch die Hauptversammlung vermieden.

6.3.4.4 Einrichtung eines "nomination committee" (Nominierungsausschuss)

6.3.4.4.1 Vorteile und Probleme einer solchen Praxis

Ein Ausschuss, welchem gerade in jüngerer Zeit zunehmende Bedeutung in den Vereinigten Staaten zur Sicherstellung wirksamer Corporate Governance zukommt, ist das "*nomination committee*". Dieses hat die Aufgabe, die Personalplanung des "*board of directors*" sicherzustellen sowie potentielle Nachfolger für das Spitzenmanagement vorzuschlagen.[237]

In Zeiten zunehmender Betonung der Unabhängigkeit der Mitglieder des "*board*" soll es sicherstellen, dass ausscheidende Mitglieder nicht durch dem Management nahestehende Personen ersetzt werden, wenngleich dieses berechtigt ist, Vorschläge zu unterbreiten.[238]

Ob es in Deutschland unter dem Gesichtspunkt der Mitbestimmung tatsächlich eines solchen Ausschusses bedarf, erscheint fraglich. Im Anwendungsbereich der Vorschriften der Arbeitnehmerbeteiligung setzen sich Aufsichtsräte zu einem Drittel bis zur Hälfte aus Arbeitnehmervertretern zusammen, auf deren Auswahl die Geschäftsführung keinen Einfluss nehmen kann. Es besteht somit lediglich für die verbleibenden Personen, welche von den Aktionären gewählt werden, die Möglichkeit, dass sie eine zu große Nähe zur Geschäftsführung aufweisen und somit nicht in der Lage sind, diese zu kontrollieren. Rechtsvergleichende Studien kamen insoweit zu dem Ergebnis, dass dies in Deutschland für eine beträchtliche Anzahl von Aufsichtsratsmitgliedern zuträfe.[239]

Um dies zukünftig zu vermeiden, scheint es daher angebracht, entsprechend der amerikanischen Praxis auch in Deutschland die Einführung eines solchen Ausschusses vorzuschlagen, wenngleich seine Bedeutung gering sein dürfte, da er nur Vorschläge zu Anteilseignervertretern machen könnte. Zugleich ist hier aber auch die bestehende Praxis deutscher Aktiengesellschaften zu berücksichtigen, Bank-, Kunden- sowie Beratervertreter zum Mitglied des Aufsichtsrats zu machen. Da fraglich ist, ob sich an dieser Praxis auf absehbare Zeit etwas ändern wird, kann ein Personalausschuss nur wirksam sein, wenn er zugleich eine strukturelle

---

237 Siehe *supra* Abschnitt 2.2.4.3.

238 *Mace*, S. 94; *Monks/Minow*, Corporate Governance, S. 142 ff.; *Schiessl*, AG 2002, 593, 599; siehe auch *supra* Abschnitt 3.2.

239 *Gerum*, Corporate Governance; S. 7.

Veränderung hin zu mehr unabhängigen Mitgliedern des Verwaltungsrats mit sich bringt.[240]

Zu überlegen ist jedoch, ob ein solcher Ausschuss nicht einen Beitrag zur Gewährleistung erforderlicher Qualifikationen der Mitglieder des Verwaltungsrats leisten könnte. Gegen die bestehende Praxis in Aufsichtsräten wird immer wieder vorgebracht, dass gerade Arbeitnehmer meist nicht über die erforderlichen Fachkenntnisse verfügen, um beispielsweise den Anforderungen an die Mitgliedschaft eines Bilanzausschusses zu erfüllen. In einem solchen Gremium könnten dann gezielt auch potentielle Arbeitnehmervertreter mit Spezialkenntnissen ausgesucht werden, welche dann den Arbeitnehmern entsprechend des einschlägigen Verfahrens zur Wahl vorgeschlagen würden.

Allerdings stellt sich die Frage, inwiefern erwartet werden sollte, dass Arbeitnehmervertreter über Fachkenntnisse in sämtlichen Bereichen verfügen. Ihre besondere Bedeutung liegt gerade in Fragen im Zusammenhang mit der Arbeitnehmerschaft.[241] Dagegen muss jedoch berücksichtigt werden, dass das monistische System stärker als das dualistische von einem aktiv mitarbeitenden Verwaltungsrat ausgeht. Dieses ist jedoch schwer zu verwirklichen, wenn eine Personengruppe lediglich Fachkenntnis in einem einzigen Bereich vorweisen kann.[242]

Vorteilhaft wäre ein "*nomination committee*" auch unter dem Gesichtspunkt der generellen Forderung eines verkleinerten Verwaltungsrats im Verhältnis zu den bestehenden Aufsichtsräten.[243] Dies ließe sich leichter verwirklichen, wenn sämtliche Mitglieder über besondere Fachkenntnisse in Teilbereichen verfügen, welche sie zur Mitarbeit in einzelnen Ausschüssen befähigt. Andererseits sollte das Postulat der Verkleinerung nicht überbewertet werden, da die existierende Handhabe sich zumindest für den innerbetrieblichen Frieden positiv ausgewirkt hat.

6.3.4.4.2 Umsetzung

In der Umsetzung dieser Aspekte sollte eine Regelung in einen Corporate Governance-Kodex aufgenommen werden. Aufgrund der Regelungen der Mitbestimmung sind die Auswirkungen eines solchen Ausschusses zu gering, um erheblichen Einfluss ausüben zu können. Dementsprechend würde es nur zu einer unnötigen Einschränkung unternehmerischer Gestaltungsfreiheit führen, einen solchen Ausschuss gesetzlich verpflichtend vorzuschreiben.

---

240 *Baums* (Hrsg.), Regierungskommission Corporate Governance, Rn. 55; *Schiessl*, AG 2002, 593, 599.

241 *Baums* (Hrsg.), Regierungskommission Corporate Governance, Rn. 55; *Gerum/Wagner*, in *Hopt/Kanda/Roe/Wymeersch/Prigge*, S. 343 ff.

242 Siehebzu den kritischen Stimmen im Rahmen der Corporate Governance Diskussion, *Ulmer*, ZHR 2002, 261 ff.; *Zöllner*, AG 2003, 2, 10; *Roe*, in *Hopt/Kanda/Roe/Wymeersch/Prigge*, S. 361 ff.; *Kübler*, in FS *Döser*, 237 ff.

243 Siehe dazu *Baums* (*Hrsg.*), Regierungskommission Corporate Governance, Rn. 55. Siehe auch *supra* Abschnitt 6.1.1.2.2.

Eine solche Umsetzung stellt eine Abweichung von der Handhabe in den Vereinigten Staaten dar, welche sich jedoch aus der hier geschilderten Besonderheit der Mitbestimmung sowie der generellen Zusammensetzung der Verwaltungsräte ergibt. In den USA sind börsennotierte Gesellschaften seit den Änderungen der "*listing rules*" der "*New York Stock Exchange*" vom 16.08.2002 verpflichtet, ein "*nomination committee*" zu unterhalten, welches sich aus "*independent directors*" zusammensetzen muss.[244] Überträgt man diese Regelung auf Deutschland, ist sie, aufgrund der Bedeutung der Börsen in den USA und insbesondere der "*NYSE*" mit einer gesetzlichen Norm zu vergleichen.[245] Allerdings rechtfertigt sich die Betonung eines solchen Ausschusses auch aus der größeren Einflussmöglichkeit aufgrund des Fehlens der Mitbestimmung.

6.3.4.5 Corporate governance committee

6.3.4.5.1 Aufgabenbereich und Tätigkeit

Ebenfalls zunehmend verbreitet ist die Einrichtung eines "*corporate governance committee*", welches sich mit dem Aufbau bzw. der Verbesserung interner Kontrollmechanismen befasst. Ihm obliegt beispielsweise die Überprüfung oder Verbesserung des Informationsflusses zwischen Management und "*board*" oder das Erarbeiten eines Katalogs von Geschäften, welche der Zustimmung des gesamten "*board*" bedürfen.[246]

Für die Notwendigkeit der Umsetzung eines entsprechenden Ausschusses in einer deutschen SE stellt sich die Frage, wie weit gehende Vorschriften der Gesetzgeber zur Regelung von Geschäftsführung und Überwachung erlässt. Da im amerikanischen Recht die Ausgestaltung der internen Verhältnisse der Gesellschaft in hohem Maße dem Ermessen der Gesellschaft unterliegen, macht es Sinn einen entsprechenden Ausschuss einzusetzen, der die Gewährleistung einer effektiven Kontrolle sicherstellen soll.

Ausgehend von der Regelungspraxis zum Aufsichtsrat besteht in Deutschland grundsätzlich eine höhere Dichte verbindlicher Normen, welche der Gewährleistung der Kontrolle dienen. Ein solcher Ausschuss kann dann nur in geringerem Maße Einfluss nehmen. Andererseits sehen Art. 48 Abs. 1 und 2 SE-VO vor, dass die Gesellschaft in der Satzung Arten von Geschäften vorsehen kann, welche der Zustimmung des Gesamtorgans bedürfen. Zusätzlich kann die Satzung vorsehen, dass das Verwaltungsrat selbst Arten von Geschäften seiner Zustimmung unterwerfen darf. Gerade von letzterer Ermächtigung sollte der deutsche Gesetzgeber Gebrauch machen, da es eine flexible Ausgestaltung der Überwachungsaufgabe ermöglicht. Damit könnte dann auch einem Corporate Governance-Ausschuss ein ausreichender Arbeitsspielraum eröffnet werden.

---

244 Vgl. Sec. 303A(4) der "*listing rules*" der "*NYSE*" v. 16.08.2002, abrufbar unter www.nyse.com.

245 Siehe dazu *supra* Abschnitt 5.2.1.

246 Zu den weiteren Aufgaben siehe supra Abschnitt 2.2.4.5.

Wichtigste Aufgabe eines entsprechenden Ausschusses wäre die Sicherstellung einer ausreichenden Informationsversorgung des Gesamtorgans. Er könnte Prinzipien erstellen, die die ausreichende und zeitnahe Weiterleitung der Informationen von der Geschäftsführung an das Gesamtorgan gewährleisten oder auch die Zusammenarbeit mit den Großaktionären der Gesellschaft sicherstellen. Zu denken wäre auch an die Entwicklung einer Geschäftsordnung sowohl für die Geschäftsführung als auch der Verwaltungsrat.

6.3.4.5.2 Umsetzung

Die Einführung eines Corporate Governance-Ausschusses sollte dem Ermessen der Gesellschaften überlassen werden, da dessen Notwendigkeit und Effizienz in hohem Maße von der konkreten Zusammensetzung des Verwaltungsrats, der Zusammenarbeit mit dem Management und dem jeweiligen Betätigungsumfeld der Gesellschaft abhängt. Würde man Gesellschaften daher verpflichten, einen solchen Ausschuss einzuführen, hätte dies für einzelne Gesellschaften lediglich zusätzlichen Kosten- und Arbeitsaufwand ohne konkreten Nutzen zur Folge. Es sollte daher den Gesellschaften überlassen bleiben, entsprechende Schritte zu unternehmen. Insbesondere ist zu erwarten, dass in Zeiten auftretender Probleme Gesellschaften von selbst entsprechende Schritte einleiten werden, wenn sich ein dahingehender Druck der Aktionäre oder institutionellen Anleger ergibt.

Auch hier ergibt sich insofern eine Abweichung von der amerikanischen Praxis. Die *supra* dargestellten Vorschriften der NYSE schreiben einen solchen Ausschuss verpflichtend vor, wenngleich er dort in Kombination mit dem "*nomination committee*" genannt wird.[247] Diese unterschiedliche Gewichtung beruht ebenfalls auf den traditionellen Unterschieden in Deutschland und den Vereinigten Staaten. Aufgrund der höheren Regelungsdichte in Fragen der Leitung und Überwachung von Gesellschaften kommt diesem Bereich in Deutschland eine geringere Bedeutung zu, da Anleger aufgrund der gesetzlichen Vorgaben eine gewisse Mindeststruktur vorfinden können.

6.3.4.6 Sonstige Ausschüsse

In den USA hat sich unter dem Gesichtspunkt der Arbeitsteilung die Einrichtung einer Vielzahl weiterer Ausschüsse eingebürgert, deren Bedeutung jedoch mehrheitlich gering ist und deren Einrichtung von der jeweiligen Gesellschaft abhängt.[248] Dementsprechend sollen diese vorliegend nicht Gegenstand der Erörterung sein. Eine Ausnahme gebietet lediglich das sogenannte "*litigation committee*", welches *infra* im Kontext einer Haftung der Mitglieder des Verwaltungsrats besprochen werden soll.[249]

---

247 Siehe Sec. 303A(4) der "*listing rules*" der "*NYSE*", abrufbar unter www.nyse.com. Siehe auch *supra* Abschnitt 6.3.4.4.2.

248 Zu den sonstige Ausschüssen siehe supra 2.2.4. Siehe auch *Steindl*, S. 56.

249 Siehe infra Abschnitt 6.5.

Ebenfalls unbearbeitet bleiben soll vorliegend die Frage nach der Fortführung der typischerweise in Deutschland existierenden Arbeits- und Sozialausschüsse, da es regelmäßig keine Entsprechung im amerikanischen Recht dazu gibt.

Dieser Ausschuss hat in Deutschland eine gewisse Tradition aufgrund der institutionalisierten Mitbestimmung im Aufsichtsrat. Da sich an dieser *de facto* nichts ändern wird, ist mit der Fortführung dieses Ausschusses in einer monistischen SE zu rechnen.

6.3.5 Zusammenfassung

Für die Sicherstellung einer effektiven Überwachung der Geschäftsführung ist es unabdingbar, den damit befassten Personen eine starke Stellung gegenüber der Geschäftsführung einzuräumen. Sie müssen in der Lage sein, Informationen auch unabhängig von den jeweiligen Geschäftsführern zu erlangen, was durch unbeschränkten Zugang zu den Mitarbeitern, Rechtsanwälten oder sonstigen Beratern erreicht werden kann. Diesen Grundsätzen wird auch in den USA ganz erhebliche Bedeutung zugewiesen, wie sich aus den Vorschlägen des "*Corporate Director's Guidebook*" ablesen lässt.[250]

Zugleich bedarf es einer im Verhältnis zum dualistischen System verstärkten Arbeitsteilung, um anfallende Probleme zeitnah und mit den erforderlichen Fachkenntnissen behandeln zu können. Dazu bietet sich der Einsatz von Ausschüssen an, welcher in Teilbereichen verbindlich vorgeschrieben werden sollte. Insbesondere die Einrichtung eines dem "*audit committee*" entsprechenden Finanz- und Prüfungsausschusses ist empfehlenswert. Einerseits ergibt sich die Notwendigkeit einer intensiven Kontrolle aus der Bedeutung dieser Informationen für die Anleger, zum anderen zeigen die Erfahrungen der USA, wie wichtig es ist, dass Gesellschaften in der Lage sind die Zusammenarbeit zwischen Wirtschaftsprüfern und Geschäftsführung zu überwachen.[251]

Allerdings sollte grundsätzlich versucht werden, Gesellschaften nicht durch das Einzwängen in ein steifes Korsett von Vorschriften in ihrem Gestaltungsspielraum zu beeinträchtigen. Die Anforderungen des Wirtschaftslebens fordern flexible Gestaltungsmöglichkeiten. Lediglich in Bereichen, welche für eine effektive Kontrolle wesentlich sind, sollten verbindliche Vorschriften vorgesehen werden. Dementsprechend ist zu überlegen, auch hier an die bestehenden Differenzierungsvorschriften des HGB anzuknüpfen und eine Steigerung der Standards abhängig von der Größe der Aktiengesellschaft vorzusehen.[252] So könnte man für kleine Gesellschaften, welche lediglich über eine beschränkte Anzahl von

---

250 *ABA*, Corporate Director's Guidebook, 56 Bus. Law. 1571, 1574.

251 Siehe für die USA Bericht des "*Special Investigation Committee*" unter Vorsitz von *William C. Powers* vom 05.02.2002.Abrufbar unter: http://energycommerce.house.gov/107/hearings/02052002Hearing481/hearing.htm. Siehe auch *Schwarz/Holland*, ZIP 2002, 1661 ff.

252 Siehe § 267 HGB.

Aktionären verfügen, Ausnahmen von der zwingenden Notwendigkeit eines "Finanz- und Prüfungsausschusses" vorsehen, da das Einrichten eines solchen Ausschusses auch mit Kosten verbunden ist. Eine Gesellschaft bedarf zumindest einer größerer Anzahl Mitglieder im Verwaltungsrat, um eine solche Arbeitsteilung zu bewerkstelligen.

Nicht zur Disposition gestellt werden sollten dagegen die Informationsrechte der Mitglieder. Einerseits greift hier bereits Art. 44 Abs.2 SE-VO bzw. § 22 Abs. 3 RegE-SEEG, welcher identische Informationsrechte für sämtliche Mitglieder des Verwaltungsrats festlegt, zum anderen ist dies auch Grundlage jeder Überwachung. Daher könnte es sogar empfehlenswert sein, zusätzliche Informationsrechte verbindlich festzuschreiben.

Betrachtet man diese Überlegungen zusammenfassend unter dem Gesichtspunkt der *supra* beschriebenen Erfahrungen amerikanischer Gesellschaften, lassen sich diese nur bedingt auf eine deutsche SE übertragen. Unbedingt zu übernehmen ist die verbindliche Einführung eines "*audit committee*" in der deutschen SE. Sowohl unter dem Gesichtspunkt der Bedeutung finanzieller und bilanzieller Aspekte als auch der Unabhängigkeit der Wirtschaftsprüfer kann ein solcher Ausschuss einen Beitrag leisten. Anders als dort kann dies aber nicht auf dem Weg einer Börsenzulassungsvorschrift erfolgen, sondern hat in Form einer gesetzlichen Norm zu geschehen, da aufgrund der im Verhältnis geringeren Anzahl börsennotierter Unternehmen zu viele Gesellschaften nicht erreicht würden.[253] Nicht von gleicher Notwendigkeit ist die Einrichtung von "*compensation*, *nomination* und *corporate governance committees*" in Deutschland. Wenngleich diese für amerikanische Gesellschaften durch die Aufnahme in die "*listing rules*" der großen Börsen mittlerweile verpflichtend sind, sollte der deutsche Gesetzgeber sie deutschen SEs nicht verpflichtend vorschreiben, sondern ihre Einrichtung lediglich unter dem allgemeinen Gesichtspunkt der Arbeitsteilung empfehlen, da ihre Bedeutung in Deutschland geringer sein dürfte. Ein "*nomination committee*" kann in Deutschland nicht eine identische Funktion ausüben, da zum einen nur die Anteilseignervertreter in seine Zuständigkeit fallen würden, zum anderen deutsche Gesellschaften nur in geringerem Maß das Institut der "*independent directors*" kennen. Deren Auswahl sowie Sicherstellung ihrer Unabhängigkeit und ausreichenden Qualifikation ist aber gerade eine der Hauptaufgaben dieses Ausschusses.

Was die Einrichtung eines "corporate governance committee" angeht, spielt die unterschiedliche Regelungssystematik eine Rolle. Aufgrund der üblicherweise höheren Regelungsdichte im deutschen Gesellschaftsrecht würde einem solchen Ausschuss eine geringere Bedeutung zu kommen. Anders verhält es sich nur, wenn der Gesetzgeber für die SE einen größeren Gestaltungsspielraum zur Verfügung stellt. Zusätzlich lässt der zunehmende Marktdruck, der durch die multinationale Struktur

---

[253] Siehe dazu *supra* Abschnitt 5.2.1.

der SE zu erwarten ist, annehmen, dass sich Gesellschaften freiwillig zur Einrichtung eines solchen Ausschusses verpflichten.

Bezüglich des "compensation committee", welches in den Vereinigten Staaten ebenfalls verbindlich vorgeschrieben ist[254], ist eine zwingende Regelung in Deutschland aufgrund der unterschiedlichen Zuständigkeit ebenso entbehrlich. Da die Vergütungsentscheidung des Verwaltungsrats in Deutschland zum Teil durch die Hauptversammlung erfolgen wird, existiert eine Form der externen Kontrolle. In den USA bedarf es dazu eines Ausschusses, da die Entscheidung selbst beim "*board of directors*" angesiedelt ist. Insofern kann die amerikanische Praxis in vielen Bereichen gerade nicht als Beispiel für die Umsetzung in Deutschland herangezogen werden.

6.3.6 Umsetzung sonstiger Vorschläge zur Sicherstellung der Überwachung in einer SE entsprechend den Ideen der amerikanischen Literatur

6.3.6.1 Erhöhung der Vergütung sowie überwiegende Vergütung in Aktienoptionen

Ein weiterer Ansatz, wie *supra* erörtert[255], ist in den USA die Mitglieder des "*board of directors*" durch höhere Vergütung sowie überwiegende Vergütung in Aktienoptionen zu einer besseren Pflichterfüllung zu motivieren. Allerdings haben die jüngsten Unternehmenszusammenbrüche wie *ENRON*, *WorldCom* oder *Adalphia* auch die Schattenseiten dieses Ansatzes aufgezeigt. Vielfach wird die Ansicht vertreten, dass gerade aufgrund von Aktienoptionen den Mitgliedern des "*board of directors*" ein Anreiz gesetzt wird, lediglich kurzfristige Gewinne anzustreben, um ihre Optionen möglichst gewinnbringend realisieren zu können.[256] Somit würden durch Aktienoptionen die Mitglieder des "*board*" letztlich die gleichen Interessen haben wie die Geschäftsführung, was zu Lasten ihrer Kontrollaufgabe ginge.[257]

Generell ist dem Gedanken der Vergütung in Aktien oder Aktienoptionen durchaus zuzustimmen, da er zu einer Gleichschaltung der Interessen der Mitglieder des Verwaltungsrats mit denen der Aktionäre führt. Gleichzeitig stellt sich jedoch die Frage, ob es nicht dem Grundsatz einer effektiven Überwachung zuwider läuft, wenn die Interessen der Überwacher mit denen der zu Überwachenden gleichlaufen.

---

[254] Siehe Sec. 303A "*Listing Rules der NYSE*" v. 16.08.2002, abrufbar unter www.nyse.com.

[255] Siehe *supra* Abschnitt 4.5.2. Siehe auch *Berrar*, S. 208; *Holl*, S. 177 ff.; *Elson*, Director Compensation, 50 SMU L. Rev. 127 ff.

[256] *Schwarz/Holland*, ZIP 2002, 1661 ff.

[257] Siehe zum Thema Aufsichtsratsvergütung z.B. die Corporate Governance Grunsätze von SAP, abrufbar unter www.sap.de. Dort wird eine Vergütung in Aktien bewusst abgelehnt, da es auch eine Gleichschaltung mit dem Interesse des Managements bedeutet. Siehe auch *Baums* (Hrsg.), Regierungskommission Corporate Governance, Rn. 64; *Berliner Initiativkreis*, German Code of Corporate Governance, S. 30.

Der Gedanke, allgemein eine höhere Vergütung für Organmitglieder einzuführen, sollte dagegen in der SE seinen Niederschlag finden. Es wird vielfach argumentiert, dass die Vergütung von Mitgliedern des Aufsichtsrats im Verhältnis zu ihrer Verantwortung zu gering sei.[258] Dies würde umso mehr in einem monistischen Verwaltungsrat gelten, als nach allgemeiner Ansicht dessen Mitglieder eine gesteigerte Verantwortung tragen und auch einen höheren Arbeits- und Zeitaufwand erbringen müssen.[259] Zusätzlich werden Gesellschaften in verstärktem Maße auch ausländische Mitglieder für den Verwaltungsrat zu gewinnen versuchen, da sie *supra*national tätig sind. Dafür ist es aber unerlässlich, eine den internationalen Maßstäben entsprechende Vergütung zu gewähren. Insoweit ist zumindest unter dem Gesichtspunkt der angemessenen Vergütung die amerikanische Praxis vergleichend heranzuziehen.

6.3.6.2 Einführung von Aktionärskomitees (shareholder committees)

Wiederholt diskutiert wird in der amerikanischen Literatur die Einrichtung von Aktionärskomitees, in denen Großaktionären der Gesellschaft das Recht eingeräumt wird, regelmäßig mit dem Verwaltungsrat zusammenzutreffen, um Kritik oder Anregungen vorbringen zu können.[260] Dem "*board of directors*" soll auf diesem Weg eine zusätzliche Informationsquelle eröffnet werden sowie über die Anliegen der Aktionäre informiert werden.[261]

In Deutschland erscheint eine Umsetzung eines solchen Ansatzes nicht geboten, da unterschiedliche Grundvoraussetzungen bestehen. Anders als in den USA befinden sich regelmäßig Vertreter der Großaktionäre in den Aufsichtsräten.[262] An dieser Praxis wird sich auch im Verwaltungsrat der SE nichts ändern, sodass die gewünschte Information und Einflussnahme in Deutschland bereits auf anderem Wege erfolgt. Die Einrichtung eines solchen Komitees bietet sich daher nur an, wenn die Gesellschaft überwiegend unabhängige Mitglieder im Verwaltungsrat aufweist.

Aber auch unter dem Schlagwort der Gleichbehandlung der Aktionäre ist es fraglich, ob eine solche Praxis in Deutschland zulässig ist. Sie könnte sich als nicht gerechtfertigte Benachteiligung von Kleinaktionären darstellen. Gemäß § 53a AktG sind Gesellschaften verpflichtet, sämtliche Aktionäre gleich zu behandeln.[263] Eine Ungleichbehandlung ist nur zu-

---

258 *Berrar*, S. 208; *Holl*, S. 177 ff.; *Berliner Initiativkreis*, German Code of Corporate Governance, S. 29.

259 Vgl. *supra* Abschnitt 3.1.

260 Siehe dazu *supra* Abschnitt 4.3.6.2.

261 Vgl. *supra* Abschnitt 4.3.6.2.

262 Siehe dazu *supra* Abschnitt 5.2.3. Siehe auch *Schmidt*, S. 84 ff.; *Hopt*, in *Hopt/Kanda/Roe/Wymeersch/Prigge*, S. 227 ff.; *Semler*, in *dens.*, S. 267 ff.

263 *Wiesner*, in MünchHdb. AktG, § 17 Rn. 9; *Hüffer*, AktG, § 53a Rn. 3 ff.; *Zöller*, in Kölner Kommentar AktG, § 243 Rn. 150; *Raiser*, Kapitalgesellschaften, § 12 Rn. 55 ff.; *K. Schmidt*, S. 468 ff.

lässig, wenn sie sachlich gerechtfertigt ist.[264] Davon kann jedoch im Fall von Aktionärsgremien nicht zwingend ausgegangen werden. Es ist nur bedingt ersichtlich, warum Großaktionäre besser geeignet sein sollen, an derartigen Treffen mit der Geschäftsführung teilzunehmen. Zwar lässt sich argumentieren, dass Großaktionäre, in der Regel institutionelle Anleger, über eine größere Sachkenntnis verfügen, jedoch ist dies nicht zwingend der Fall. Zugleich haben sie über ihre Vertretung im Aufsichtsrat bereits eine Einflussmöglichkeit zur Verfügung.

6.3.6.3 Einführung hauptberuflicher Verwaltungsratsmitglieder ("professional directors")

Ein anderer Ansatz in den USA sieht die Einführung hauptberuflicher Mitglieder des "*board of directors*" vor.[265] Auf diesem Wege könnte einerseits eine ausreichende Qualifikation der Mitglieder gewährleistet werden, andererseits aber auch Zeitprobleme ausgeschlossen werden.[266]

Eine Umsetzung sollte in Deutschland jedoch unterbleiben, da sich vielfältige Probleme ergeben können.[267] So ist beispielsweise fraglich, wer diese Personen selbst kontrollieren soll. Eine Kontrolle durch die Hauptversammlung ist impraktikabel, da diese, trotz der hohen Anteilskonzentration immer noch zu vielfältig ist, um eine gemeinsame Linie zu verfolgen.

Aber auch unter dem Gesichtspunkt der Beratung der Gesellschaft scheint die Einführung professioneller Organmitglieder wenig hilfreich zu sein. Die Stärke der nebenberuflichen Amtsausübung liegt in den ergänzenden Kenntnissen und Erfahrungen, die die Personen mit sich bringen. Durch ihre anderweitige Tätigkeit können sie einen vielschichtigeren Blickwinkel für anfallende Probleme erhalten. Durch den Einsatz hauptberuflicher Unternehmenskontrolleure besteht die Gefahr, dass versucht wird, einen Lösungsansatz für alle Gesellschaften anzuwenden, wenngleich im Einzelfall eine Differenzierung notwendig wäre.

Da dieser Vorschlag sich auch in den USA für das "*board of directors*" nicht hat durchsetzen können, sollte er auch für die Umsetzung einer deutschen SE keinen Niederschlag finden.

---

264 *K. Schmidt*, S. 468.

265 Siehe supra Abschnitt 4.3.6.3. Siehe auch *Gilson/Kraakman*, 43 Stan. L. Rev. 863, 884, *Meier-Schatz*, 13 J. Corp. L. 431, 471 f.; Gevurtz, S. 240; *Cox*, 61 Geo. Wash. L. Rev. 1233, 1260. Siehe auch *Kraakman*, in *Feddersen/Hommelhoff/Schneider*, S. 129, 142; *Schiessl*, AG 2002, 593, 599.

266 Zur näheren Ausgestaltung dieses Ansatzes supra 4.3.6.3.

267 Wenngleich zumindest für den Aufsichtsrat entsprechende Forderungen existieren. Siehe *Schiessl*, AG 2002, 593, 599.

6.3.6.4 Mitgliedern des Verwaltungsrats eigenes Personal zur Verfügung stellen

In eine ähnliche Richtung zielt der in der amerikanischen Corporate Governance-Literatur vertretene Ansatz, Mitgliedern des "*board of directors*" eigenes Personal zur Verfügung zu stellen. Der offensichtliche Vorteil wäre, dass "*directors*" durch ständiges Zuarbeiten des Personals in der Lage wären, trotz nebenberuflichen Ausübens ihrer Tätigkeit die anfallenden Aufgaben umfassend zu bearbeiten. Zugleich könnte ihre Informationsversorgung verbessert werden.[268]

Dieser Vorschlag sollte ebenso wie sein Pendant für den Aufsichtsrat als impraktikabel abgelehnt werden. Es können dafür die gleichen Argumente wie zu der amerikanischen Literatur herangezogen werden. Zwar ließe sich u. U. die Arbeit des Verwaltungsrats effizienter gestalten und die Information seiner Mitglieder verbessern, doch werden diese Vorteile durch die sich ergebenden Nachteile aufgehoben. Entsprechende Mitarbeiter müssten für eine effektive Aufgabenerfüllung ständig in die Arbeitsprozesse in der Gesellschaft einbezogen sein. Damit ergeben sich aber zwei Gefahren. Einerseits könnten diese Personen als Fremdkörper in der Gesellschaft empfunden werden und dadurch sowohl die Betriebsabläufe stören als auch von den übrigen Mitarbeitern gemieden werden, wodurch eine Informationserlangung schwierig wird. Andererseits könnten sie aber auch aufgrund der ständigen Zusammenarbeit mit der Geschäftsführung zu einem "Quasi-Verbündeten" derselben werden. Auch dann sind sie zur Erfüllung ihrer Überwachungsaufgabe ungeeignet.

Es besteht zusätzlich die Gefahr, dass eine Kontrollinstanz geschaffen wird, die sämtliche Maßnahmen der Geschäftsführung erneut beurteilt. Aber auch unter Kostengesichtspunkten ist ein solcher Ansatz wenig brauchbar, da es für Gesellschaften eine zusätzliche Belastung darstellt, solches Personal zu finanzieren.

6.4 Überwachungstätigkeit der Hauptversammlung

6.4.1 Erfahrungen der USA

Der Hauptversammlung kommt in den Vereinigten Staaten in Fragen der Unternehmensüberwachung nur eine beschränkte Rolle zu. Wie auch in Deutschland stehen ihr nur geringe Einflussmöglichkeiten zur Verfügung. Zu nennen ist insofern die Zustimmungspflicht zu grundsätzlichen Unternehmensgeschäften wie Fusionen, Akquisitionen oder dem Verkauf von Unternehmensteilen.[269] Andere Einflussmöglichkeiten stellen die Wahl bzw. Abberufung der Mitglieder des "*board of directors*" dar, welche theoretisch die bedeutendste Teilnahme der Aktionäre am Geschäftsleben der Gesellschaft ausmacht.

---

[268] Zur Erörterung der weiteren Vorteile siehe supra 4.4.6. Siehe auch *Kraakman*, in *Feddersen/Hommelhoff/ Schneider*, S. 129, 135 ff.

[269] Siehe dazu supra Abschnitt 2.1. Siehe auch *Hamilton*, Corporations in a Nutshell, S. 256 ff.

Faktisch ist jedoch in den überwiegenden Fällen auch hier das Einflussrecht beschränkt. Aufgrund der großen Bedeutung des Verwaltungsstimmrechts im System des "*proxy voting*" findet eine tatsächliche Einflussnahme nicht statt.[270]

6.4.2 Entscheidungskompetenzen der Hauptversammlung einer deutschen SE

Für die Frage, ob und welche Geschäfte im Rahmen der SE der Zustimmung der Hauptversammlung vorbehalten bleiben sollen, verweist Art. 52 SE-VO auf die Vorschriften des nationalen Rechts, soweit sich weder aus der Verordnung noch der Richtlinie über die Arbeitnehmermitbestimmung etwas anderes ergibt. Für das deutsche Recht kann daher die bisherige Praxis zum Aktienrecht fortgeführt werden.[271] Es ergeben sich keine wesentlichen Unterschiede aus der Implementierung der SE-VO.

Eine wichtige Einschränkung wäre lediglich im Bereich der Vergütung der Organmitglieder anzudenken, vgl. *supra*.[272] Nach der derzeitigen Rechtslage entscheidet über die Vergütung des Vorstands der Aufsichtsrat, über die des Aufsichtsrats jedoch die Hauptversammlung. In einem monistischen Modell ist zu überlegen, ob die diesbezügliche Entscheidung durch den Verwaltungsrat selbst, z. B. durch einen entsprechenden Ausschuss oder die Hauptversammlung erfolgen sollte.[273]

Ebenfalls zu überlegen ist, ob man die Wahl der Abschlussprüfer bei der Hauptversammlung belässt, dem Gesamtorgan zuweist oder sie dem *supra* erörterten "Bilanz- und Prüfungsausschuss" überträgt.[274] Während dies in der amerikanischen Praxis Aufgabe des Verwaltungsrats bzw. nun des "*audit committee*" ist, wählt in einer deutschen Aktiengesellschaft gemäß §§ 119 Abs. 1 Nr. 4 AktG, 318 Abs. 1 HGB die Hauptversammlung die Abschlussprüfer der Gesellschaft.[275] Diese Praxis sollte man jedoch beibehalten und nicht einem verbindlich zu errichtenden Bilanz- und Prüfungsausschuss übertragen. Finanzielle Informationen sind für die Aktionäre von elementarer Bedeutung, da sie maßgeblich für das Halten oder Verkaufen der Aktien der Gesellschaft sind. Dementsprechend sollte man ihnen auch ein Mitspracherecht in der Wahl der Prüfer derselben geben. Einem einzurichtenden Bilanz- und Prüfungsausschuss käme

---

270 Siehe *supra* Abschnitt 3.5.2.1 sowie 3.5.2.2.

271 Vgl. *Raiser*, Kapitalgesellschaften, § 16 Rn. 1 ff.; *Prigge*, in *Hopt/Kanda/Roe/Wymeersch/Prigge*, S. 943 ff.; *von Rosen*, in *Feddersen/Hommelhoff/Schneider*, S: 289 ff.; *Hüffer*, AktG, § 119 Rn. 2 ff.; *Eckhardt*, in *Geßler/Hefermehl*, § 119 Rn. 7 ff.; *Semler*, in MünchHdb. AktG, § 34 Rn. 9 ff. jeweils m.w.N.

272 Vgl. *supra* Abschnitt 6.3.4.3.1.

273 Vgl. *supra* Abschnitt 6.3.4.3.1.

274 Zur Situation in Deutschland siehe *Raiser*, Kapitalgesellschaften, § 16 Rn. 8; *Hüffer*, AktG, § 119, Rn. 4 ff. m.w.N. Siehe auch *supra* Abschnitt 6.3.4.1.

275 Zu Ausnahmen dazu siehe *Hüffer*, AktG, § 119 Rn. 5 ff.; *Semler*, in MünchHdb. AktG, 34 Rn. 10 ff.

dann die ausschließliche Befugnis zu, der Hauptversammlung einen Abschlussprüfer vorzuschlagen. Der Beibehalt dieser Zuständigkeit gebietet sich aber auch unter dem Gesichtspunkt einer der bestehenden Praxis entsprechenden Umsetzung der SE-VO.[276]

In den übrigen Punkten, die nach bisherigem Recht in die Zuständigkeit der Hauptversammlung fallen, sei es aufgrund gesetzlicher Regelungen des AktG oder UmwG oder aber ungeschriebener Kompetenzen, wie sie der BGH im bekannten *Holzmüller*-Urteil festgelegt hat, kann auf die bisherige Praxis zurückgegriffen werden.[277] In diesen Bereichen gebietet sich aufgrund der amerikanischen Praxis im monistischen System keine Änderung der bestehenden Handhabung.

6.4.3 Wahl und Abberufung der Mitglieder des Verwaltungsrats

Als wichtigstes Recht der Hauptversammlung ist die Wahl und Abberufung der Mitglieder des Verwaltungsrats anzusehen. In der amerikanischen Rechtslehre wird darin das entscheidende Ventil zur Einflussnahme der Gesellschafter gesehen.[278]

6.4.3.1 Wahl der Mitglieder des Verwaltungsrats

Wie bereits *supra* ausgeführt, erfolgt die Wahl der Mitglieder des Verwaltungsrats durch die Aktionäre, vgl. Art. 43 Abs. 3 SE-VO, § 28 Abs. 1 RegE-SEEG.

Als wesentlicher Aspekt einer verbesserten Corporate Governance gilt in den USA die Einführung von Gestaltungen, durch welche Aktionären eine vereinfachte Möglichkeit eingeräumt wird, selbst Kandidaten zur Wahl in das "*board of directors*" vorzuschlagen. Aufgrund der Vorschriften der *SEC* zum "*proxy voting*" und dem daraus resultierenden Kosten- und Zeitaufwand ist es Aktionären kaum möglich tatsächlich Einfluss zu nehmen.[279]

Dementsprechend ist es vorzugswürdig, insoweit auf die bestehenden Vorschriften des deutschen Aktienrechts zurückzugreifen. Nach diesen kann jeder Aktionär in der Hauptversammlung Gegenvorschläge zu denen der Gesellschaft selbst stellen.[280] Es obliegt dann dem pflichtgemäßen Ermessen des Versammlungsleiters, über welche Vorschläge er zuerst abstimmen lässt. Hat ein Aktionär bereits zuvor der Gesellschaft einen Gegenantrag gemäß §§ 126, 127 AktG übersandt, kann gemäß § 137 AktG eine Aktionärsminderheit von 10 % des vertretenen Grundkapitals

---

276 Siehe zu dieser Vorgabe *Teichmann*, in *Theisen/Wenz*, S. 573 ff.; *ders.*, ZIP 2002, 1109 ff.

277 Siehe dazu *Hüffer*, AktG, § 119 Rn. 5 ff.; *Semler*, in MünchHdb. AktG, § 34 Rn. 9 ff.; *Raiser*, Kapitalgesellschaften, § 16 Rn. 1 ff.; *Mülbert*, Großkommentar AktG, § 119 Rn. 3 ff. jeweils m.w.N.

278 *Merkt*, Rn. 490 ff.; *Hamilton*, Corporations in a Nutshell, S. 245 ff.; *Henn/Alexander*, S. 555; *Elsing/van Alstine*, Rn. 567 ff.

279 Vgl. insoweit *supra* Abschnitt 4.5.1. Siehe auch *Steindl*, S. 42 f.

280 *Hoffmann-Becking*, in MünchnerHdb. AktG, § 30 Rn. 17 m.w.N.

die vorrangige Abstimmung über diesen Vorschlag verlangen. In diesen Fällen existiert kein Ermessen des Versammlungsleiters.[281]

6.4.3.2 Abberufung der Mitglieder des Verwaltungsrats

In den USA sieht die Mehrheit der einzelstaatlichen Aktiengesetze vor, dass die Mitglieder des "*board of directors*" jederzeit von der Hauptversammlung abberufen werden können, unabhängig vom Vorliegen eines Grundes.[282] Eine Ausnahme gilt lediglich in Fällen, in denen die Gesellschaft in ihrer Satzung eine anders lautende Vereinbarung getroffen hat. Eine solche kann beispielsweise das Festsetzen gestaffelter Amtszeiten ("*staggered terms*") darstellen, wodurch es zur Abberufung eines wichtigen Grundes bedarf.[283] Einige wenige Rechtsordnungen geben auch den übrigen Mitgliedern des "*board of directors*" das Recht andere Mitglieder zu entlassen.[284]

Da die Regelungen in der SE-VO keine Bestimmungen für die Abberufung der Organmitglieder enthalten, gelten insoweit die Vorschriften des nationalen Rechts. Ausgehend von der bestehenden Praxis gemäß §§ 103 AktG, 76 Abs. 5 BetrVG 1952, 23 MitbestG, 11 Abs. 1 MontanMitbestG sowie 10 Abs. 3 MitbestErgG wonach Mitglieder des Aufsichtsrats jederzeit von dem Personenkreis, welchen sie repräsentieren abberufen werden können, sieht § 29 Abs. 1 RegE-SEEG eine entsprechende Regelung vor.

Zusätzlich wurde in § 29 Abs. 3 S. 1 bzw. S. 2 RegE-SEEG, entsprechen § 103 Abs. 3 AktG vorgesehen, dass die übrigen Organmitglieder oder gemäß § 103 Abs. 3 S. 3 AktG eine Aktionärsminderheit von 10 % des Grundkapitals einen gerichtlichen Antrag auf Abberufung einzelner Mitglieder stellen. Allerdings bedarf es dann des Vorliegens eines wichtigen Grundes. Der Anwendungsbereich dieser Vorschrift erfasst Fälle, in denen ein Mitglied für die Übrigen oder die Aktionäre nicht mehr tragbar ist.[285]

Anders als in den USA würden damit deutsche Verwaltungsratsmitglieder jederzeit abberufen werden können, wenngleich sie für eine Amtszeit von bis zu sechs Jahren gewählt werden können. Nachteilig daran ist, dass im Falle einer feindlichen Übernahme, der Erwerber mit der nächsten Hauptversammlung in der Lage wäre, der Verwaltungsrat mit ihm nahestehenden Personen zu besetzen, während dies in den USA durch

---

281 *Hüffer*, AktG, § 137 Rn. 1 ff.; *Hoffmann-Becking*, in MünchHdb. AktG, § 30 Rn. 17 jeweils m.w.N.

282 *Henn/Alexander*, S. 551 ff. m.w.N.

283 Steindl, S. 64; siehe auch § 141 *Del. GCL.*

284 *Henn/Alexander*, S. 551 f.

285 *Hüffer*, AktG, § 103, Rn. 9ff; *Raiser*, Kapitalgesellschaften, § 15 Rn. 55; *Geßler*, in *Geßler/Hefermehl*, § 103 Rn. 32 m.w.N. Siehe auch OLG Hamburg, AG 1990, S. 218; OLG Zweibrücken, AG 1991, S. 70.

"*staggered terms*" verhindert werden kann.[286] Dementsprechend hätte eine deutsche SE einen geringeren Schutz im Falle einer feindlichen Übernahme. Insofern könnte angedacht werden, Gesellschaften die Befugnis einzuräumen, entsprechende Regelungen in die Satzung aufzunehmen.

6.4.4 Verändertes Wahl-/Abstimmungsverfahren ("cumulative voting")

Einer der Punkte, welchem in der laufenden Corporate Governance-Diskussion in den Vereinigten Staaten erhebliche Aufmerksamkeit zuteil geworden ist, ist die Frage nach einer Veränderung des bestehenden Wahlsystems der Aktionäre. Nach dem auch in Deutschland praktizierten Mehrheitswahlrecht haben Minderheitsaktionäre kaum eine Möglichkeit, von ihnen nominierte Kandidaten in das "*board of directors*" bzw. Verwaltungsrat zu wählen. Rechnerisch ist es möglich, dass ein Inhaber von 51 % der Aktien in der Lage ist, das gesamte "*board of directors*" zu wählen.[287]

Durch die Anwendung des Systems des "*cumulative voting*" könnte dies vermieden werden.[288] Danach hat jeder Aktionär so viele Stimmen, wie er Aktien besitzt, multipliziert mit der Anzahl der zu wählenden Kandidaten. Ein Inhaber von 10 Aktien könnte daher bei der Wahl von 6 Mitgliedern für das "*board of directors*" insgesamt 60 Stimmen ausüben. Wenn er diese dann auf einen Kandidaten konzentriert, hat er eine höhere Chance sich gegen einen Aktionär mit 50 Aktien durchzusetzen, falls dieser seine Stimmen auf mehrere Kandidaten verteilt. Im Ergebnis können Minderheitsaktionäre bei der Anwendung eines solchen Wahlverfahrens einfacher einen Kandidaten im Vertretungsorgan platzieren. Allerdings ist dieser Vorschlag insofern nicht unproblematisch, als Erfahrungen in den USA gezeigt haben, dass solche "*board*"-Mitglieder oftmals nicht unkompliziert in der Zusammenarbeit mit den übrigen Personen sind.[289]

In Deutschland dürfte ein solcher Vorschlag in der SE keine Vorteile bringen. Aufgrund der Mitbestimmungsregeln wird grundsätzlich nur ein Teil der Verwaltungsratsmitglieder, nämlich die Vertreter der Anteilseigner, durch die Hauptversammlung gewählt. Durch die damit zu erwartende geringe Anzahl von zu wählenden Personen, kann das Prinzip des "*cumulative voting*" nicht seine vollständige Wirkung entfalten, da die von Großaktionären gehaltenen Aktien immer noch ausreichen, um ihre Kandidaten durchzusetzen. Je geringer die Anzahl der zu wählenden Kandidaten, desto geringer ist die Wahrscheinlichkeit, dass Minderheits-

---

286 *Steindl*, S. 64 m.w.N.

287 *Steindl*, S. 53, *Hamilton*, Corporations in a Nutshell, S. 87 ff.; *Merkt*, Rn. 490 ff.; *Berrar*, S. 237, der auf die Gefahren in Deutschland aufgrund derMitbestimmung hinweist.

288 Zum "*cumulative voting*" siehe *Steindl*, S. 64; Hamilton, S. 126 f.; *Henn/Alexander*, 551 ff.; *Merkt*, Rn. 490 ff.; *Berrar*, S. 237.

289 *Steindl*, S. 53; *Gordon*, 94 Colum. L. Rev. 124, 127.

aktionäre einen Vorteil aus diesem Wahlverfahren ziehen können.[290] Zusätzlich ist zu bedenken, dass, wenn auch in Deutschland große Pensionsfonds weiter Fuß fassen, durch das "*cumulative voting*" sich auch die Gefahr einer Arbeitnehmerdominanz im Verwaltungsrat ergeben kann.[291] Da in Fällen der paritätischen Mitbestimmung die Arbeitnehmer bereits kraft Gesetzes 50 % der Mitglieder des Verwaltungsrats stellen, würde es dann ausreichen, wenn sie lediglich ein Mitglied in der Hauptversammlung wählen, um die Mehrheit zu haben. Dies kann politisch nicht gewollt sein.

Aber selbst wenn man Gesellschaften diese Möglichkeit zur Verfügung stellen würde, dürfte ihre Akzeptanz als gering einzuschätzen sein. Nach § 133 Abs. 2 AktG steht es Gesellschaften auch nach der - wenngleich umstrittenen - Rechtslage frei, das Verhältniswahlrecht anzuwenden.[292] Es hat aber bis jetzt keine praktische Relevanz erlangt.

6.5 Verbesserte Corporate Governance durch verschärfte Haftungsmöglichkeiten

Wie *supra* ausgeführt, wird in den USA die Möglichkeit einer persönlichen Haftung der Mitglieder des "*board of directors*" ebenfalls als Möglichkeit einer verbesserten Aufgabenerfüllung angesehen.[293] Wenngleich diese aufgrund der unzähligen Auswüchse durch die Einführung von "*D&O*"-Versicherungen sowie dem weiten Ermessen der "*litigation committees*" erheblich zurückgegangen ist, stellt sie theoretisch noch immer eine wirksame Möglichkeit dar, "*directors*" zu einer gewissenhaften Aufgabenerfüllung anzuhalten.[294]

6.5.1 Vorgaben durch die SE-VO

Die SE-VO enthält lediglich in Art.51 SE-VO Vorschriften zu der Frage der Haftung. Dieser stellt lediglich klar, dass die Mitglieder des Verwaltungsrats für Verletzungen der ihnen bei der Ausübung ihres Amtes obliegenden gesetzlichen, satzungsgemäßen oder sonstigen Pflichten haften.[295] Die konkrete Ausgestaltung dieser Haftung unterliegt jedoch dem Recht des Sitzstaates der Gesellschaft.

Nach der existierenden Gesetzeslage ist der Vorstand gemäß § 93 Abs. 2 AktG der Gesellschaft zu Ersatz des Schadens verpflichtet, welcher dieser aufgrund der Verletzung seiner Sorgfaltspflichten entsteht. Ist es aufgrund des Sachverhalts strittig, ob der Vorstand bei seinem Handeln die

---

290 *Hamilton*, Corporations in a Nutshell, S. 93 f.

291 *Berrar*, S. 217 f.

292 Gegen die Zulässigkeit siehe *Geßler*, in *Geßler/Hefermehl*, § 101 Rn. 29, *Mertens*, in Kölner Kommentar AktG, § 101 Rn. 24; *Meyer-Landrut*, in Großkommentar AktG, § 101, Rn. 4; *Hoffmann-Becking*, MünchHdb. AktG, § 30 Rn. 15. Für die Zulässigkeit siehe *Hüffer*, § 133 Rn. 33; *Semler*, in MünchHdb. AktG, § 39 Rn. 86.

293 Vgl. *supra* Abschnitt 2.2.4.6.1. Siehe auch *Hess*, in *Feddersen/Hommelhoff/Schneider*, S. 9, 22.

294 Zu "*D&O*"-Versicherungen siehe auch *Thümel*, Rn. 336 ff.

295 *Theisen/Hölzl*, in *Theisen/Wenz*, S. 247, 267 f.

Sorgfalt eines ordentlichen oder gewissenhaften Kaufmanns angewandt hat, so trifft ihn die Beweislast, § 93 Abs. 2 S. 2 AktG.[296]

Problematisch ist im deutschen Recht jedoch die mangelnde Durchsetzbarkeit etwaiger Ansprüche, wodurch es selten zu einer tatsächlichen Haftung kommt.[297] Ansprüche der Gesellschaft gegen die Mitglieder des Vorstands sind von dem Aufsichtsrat geltend zu machen. Diesem mangelt jedoch einerseits häufig die Kenntnis etwaiger Pflichtverstöße, andererseits wird ihm auch fehlendes Interesse an der Verfolgung nachgesagt. Jedes Verfahren gegen ein Vorstandsmitglied beinhaltet auch die Frage, wie es sich in der konkreten Situation mit der Überwachungsaufgabe des Aufsichtsrats verhalten hat.[298] Zusätzlich führt es zu der Beeinträchtigung der Zusammenarbeit zwischen Aufsichtsrat und Vorstand.[299]

Ansprüche gegen die Mitglieder des Aufsichtsrats richten sich nach § 116 AktG, welcher auf die Regelungen des § 93 AktG verweist.[300]

Daneben kann auch die Hauptversammlung Ansprüche wegen Verletzung der Geschäftsführungspflichten gegen Vorstand und Aufsichtsrat gemäß § 147 AktG geltend machen. Dazu bedarf es entweder eines Antrags einer Aktionärsminderheit, die 10 % des Grundkapitals der Gesellschaft umfasst oder eines Beschlusses der Hauptversammlung mit einfacher Mehrheit.[301] Aktionäre sind in dieser Angelegenheit nur antragsberechtigt, wenn sie glaubhaft machen, Inhaber der Aktien seit mindestens drei Monaten zu sein, § 147 Abs. 1 S. 2 AktG.

6.5.2 Problem der geringen Durchsetzbarkeit der Haftungsvorschriften sowie des Zuschnitts auf das dualistische System

Gegenstand der Kritik an den Haftungsmöglichkeiten im deutschen Aktienrecht sind weniger die bestehenden Normen als deren mangelnde Durchsetzbarkeit.[302] Dem hierbei einschlägigen Verfahren wird unzureichender Minderheitenschutz nachgesagt, da mögliche Ansprüche nur schwer geltend gemacht werden können.[303]

Zusätzlich stellt sich für eine monistische SE das Problem, dass Haftungsregeln im deutschen Aktienrecht auf das Vorhandensein von Vor-

---

296 Siehe z.B. *Hüffer*, AktG, § 93 Rn. 2 ff. m.w.N.

297 *Raiser*, Kapitalgesellschaften, § 14 Rn. 90, *Hopt*, Großkommentar AktG, § 93 Rn. 16; *Holl*, S. 203 ff.

298 *Holl*, S. 203 ff.; *Raiser*, Kapitalgesellschaften, § 14 Rn. 90 u. § 15 Rn. 97 f.

299 *Raiser*, Kapitalgesellschaften, § 14 Rn. 90.

300 Ausführlicher dazu siehe *K. Schmidt*, S. 832ff; *Hüffer*, AktG, § 116 Rn. 1 ff.; *Hoffmann-Becking*, in MünchHdb.AktG, § 33 Rn. 37 ff.

301 Siehe *Hüffer*, AktG, § 147 Rn. 3 ff. m.w.N.

302 *Holl*, S. 203 ff.

303 *Baums* (Hrsg.), Regierungskommission Corporate Governance, Rn. 70 ff., welche zusätzlich auf die mittlerweile übliche Praxis der Verfolgung von Schadensersatzansprüchen durch Organmitglieder hinweisen.

stand und Aufsichtsrat zugeschnitten sind,[304] es fehlt, anders als im Recht der amerikanischen Bundesstaaten, Aktionären die Möglichkeit, selbst Ansprüche der Gesellschaft gegen die Geschäftsführung geltend zu machen.[305]

Zusätzlich führt die zunehmende Praxis von "*D&O*"-Versicherungen lediglich zu einer Belastung der Versicherungskonzerne im Haftungsfall und nicht zu einem tatsächlichen Rückgriff auf die betroffene Personengruppe, sodass die drohende Wirkung einer Aktionärsklage nicht existiert.[306]

6.5.3 Zulassung vereinfachter Klagemöglichkeiten

Um diesen Kritikpunkten abzuhelfen, insbesondere auch die durch den Wegfall des dualistischen Prinzips entstehende Lücke zu schließen, wäre zu überlegen, vereinfachte Möglichkeiten zur Geltendmachung von Haftungsansprüchen vorzusehen. Ein solcher Ansatz wurde ebenfalls von der Regierungskommission Corporate Governance verfolgt, welche insofern eine Absenkung der Zulassungsschwelle in § 147 Abs. 1 AktG auf 1 % oder € 100.000,- forderte, um Minderheiten leichter die Möglichkeit zu eröffnen, Ansprüche geltend zu machen.[307] Zugleich sollte das gerichtliche Verfahren zur Durchsetzung geändert werden, um potentiellem Missbrauch entgegenzuwirken. Dafür schlägt die Regierungskommission vor, dem eigentlichen Haftungsprozess ein gerichtlichen Verfahren voranzustellen, in welchem die Kläger Umstände glaubhaft machen müssen, die den Verdacht von Unredlichkeit oder Pflichtverletzung der Organmitglieder begründen.[308]

Es stellt sich jedoch die Frage, ob eine solche Änderung ausreicht, um auch in einem monistischen System eine wirksame Haftung zu ermöglichen.

In einer dualistischen Gesellschaft existiert daneben auch die Möglichkeit, dass der Aufsichtsrat Ansprüche gegen den Vorstand geltend macht. Gerade diese Möglichkeit liegt aber in einem monistischen System nicht mehr vor, da eben nur noch ein einheitlicher Verwaltungsrat existiert. Selbst wenn man die geforderte funktionale Trennung der Mitglieder realisiert, ändert sich nichts an dem Fehlen eines separaten Organs, welches ausschließlich mit der Überwachung befasst ist. Es kann daher noch weniger als bisher erwartet werden, dass die übrigen Mitglieder des Verwaltungsrats Schadensersatzansprüche gegen einzelne Mitglieder geltend machen werden, da dies die Gefahr des Aufdeckens des eigenen

---

304 Vgl. *supra* Abschnitt 6.5.1.

305 *Hüffer*, AktG, § 93 Rn. 19; *Mertens*, in Kölner Kommentar, § 93 Rn. 169; *Geßler* in *Geßler/Hefermehl*, § 93 Rn. 90.

306 *Hess*, in *Feddersen/Hommelhoff/Schneider*, S. 9, 21.

307 *Baums* (Hrsg.), Regierungskommission Corporate Governance, Rn. 73 f.

308 *Baums* (Hrsg.), Regierungskommission Corporate Governance, Rn. 73 f. Siehe auch *Holl*, S. 203 ff.

Versagens birgt.[309] Selbst wenn der Anspruch sich nur gegen die geschäftsführenden Mitglieder richten würde, stünde in der öffentlichen Meinung das Gesamtorgan am Pranger.

Dementsprechend wäre zu überlegen, in einer monistisch strukturierten Aktiengesellschaft den Wegfall der formalen Trennung zwischen den Organen durch eine über die Vorschläge der Regierungskommission Corporate Governance hinausgehende Vereinfachung des Klagerechts der Aktionäre zu kompensieren. Zu denken wäre insoweit, entsprechend den Möglichkeiten in den USA, an das Zulassen eines individuellen Klagerechts des einzelnen Aktionärs, da selbst die Anforderung eines Aktienbesitzes von einem Prozent oder eines Marktwerts in Höhe von € 100.000,- für die Mehrzahl der Kleinaktionäre nicht zu erfüllen ist. Erforderlich wäre dafür ein kollektives Handeln einer Vielzahl von Kleinaktionären, wozu erforderlich wäre, dass diese Möglichkeiten haben, sich zu identifizieren und untereinander zu kommunizieren.

Dementsprechend könnte man daher ebenso wie in den USA jedem einzelnen Aktionär die Möglichkeit einräumen, Ansprüche der Gesellschaft gegen die Mitglieder des Verwaltungsrats geltend zu machen. Einzige Einschränkung, die geboten erscheint, um offensichtlichen Missbrauch zu verhindern, ist der Nachweis des Aktienbesitzes bereits zum Zeitpunkt des vermuteten schädigenden Ereignisses. Auf diesem Wege kann verhindert werden, dass einzelne Personen bei Aufkommen des Verdachts einer Pflichtverletzung Aktien der Gesellschaft nur zu dem Zweck erwerben, Ansprüche gegen den Verwaltungsrat geltend zu machen.

Der Nachteil einer solchen Lockerung der Voraussetzungen zur Geltendmachung von Haftungsansprüchen wäre die Gefahr einer Prozessflut gegen Mitglieder von Verwaltungsräten, wie es auch in den USA der Fall war. Gleichzeitig wäre zu befürchten, dass Aktionäre ein solches Institut nutzen würden, um jedwede unternehmerische Entscheidung von den Gerichten überprüfen zu lassen. Insbesondere die Erfahrungen in den USA haben die Gefahren eines derartig ausgedehnten Klagerechts gezeigt. Dementsprechend sind z. B. in *Delaware* für die Durchsetzung etwaiger Ansprüche hohe Hürden zu überwinden, da wie *supra* ausgeführt den Gesellschaften ein weiter Spielraum eingeräumt wird, diese zu verhindern.[310]

Daher erscheint es sinnvoller, das System der Geltendmachung von Ansprüchen restriktiv auszugestalten, um einen Missbrauch von Anfang an zu verhindern. Insofern erscheint der Vorschlag der Regierungskommission Corporate Governance, eine Schwelle in Höhe von einem Prozent einzuführen eine sinnvolle Alternative. Zusätzlich stellt dies in Deutschland für Kleinaktionäre eine geringere Hürde dar, als es in den USA der

---

309 Siehe dazu supra, Fn. 298.

310 Siehe *supra* Abschnitt 2.2.4.6.

Fall wäre, da nach der dortigen Rechtslage eine interne Kommunikation der Aktionäre nur unter erschwerten Voraussetzungen möglich ist.[311]

6.5.4 Geringere Missbrauchsgefahr im Vergleich zu den USA

Allerdings dürfen die Auswüchse in den Vereinigten Staaten für potentielle Modifikationen des bestehenden Haftungssystems in Deutschland nicht überbewertet werden. Anders als in den USA bietet das deutsche Prozessrecht weniger Anreize zu einem Missbrauch als sein amerikanisches Gegenstück. Dazu trägt insbesondere die Kostenverteilung sowie das Honorarrecht für Anwälte bei.[312]

Ausschlaggebend waren in den USA für die Vielzahl der Prozesse die Möglichkeit für Rechtsanwälte, lukrative Erfolgshonorare auszuhandeln. Gleichzeitig müssen nach dem dortigen Rechtssystem unterlegene Prozessparteien in der Regel nicht für die Kosten der obsiegenden Partei aufkommen. Dementsprechend kommt den Klägern ein deutlich geringeres Risiko zu, da sie durch Abschluss eines Erfolgshonorars selbst keinerlei finanzielles Risiko übernehmen. Selbst im Falle des Unterliegens würden etwaige Kosten von den Anwälten getragen, zumal anders als nach deutschem Recht jede Partei grundsätzlich selbst für ihre Kosten aufzukommen hat. Allerdings ist einschränkend für Deutschland, um einen Missbrauch insoweit völlig auszuschließen, ein Verbot für Stufenklagen vorzusehen, da ansonsten die Wirkung der Kostentragungsregeln unterlaufen werden könnte.

6.5.5 Zwischenergebnis

Eine Modifikation des bestehenden Haftungsrechts ist unter dem Gesichtspunkt des Wegfalls des Aufsichtsrats als Kontrollinstanz sowie der geringen Durchsetzbarkeit etwaiger Schadensersatzansprüche notwendig. Anlehnend an die amerikanische Praxis bedarf es dazu einer Stärkung des Klagerechts der Aktionäre. Allerdings sollte sich diese Änderung nur im Rahmen des von der Regierungskommission Corporate Governance Empfohlenen bewegen.[313] Eine vollständige Angleichung an die Vereinigten Staaten durch das Einräumen eines Klagerechts jedes Aktionärs ist abzulehnen. Eine solche Regelung birgt eine erhebliche Missbrauchsgefahr, da, wie es die USA gezeigt haben, eine Vielzahl querulatorischer Klagen zu befürchten sind. Wenngleich Auswüchse wie in den USA aufgrund des Kostentragungs- sowie Anwaltshonorarsystems nicht zu erwarten sind, besteht durch die Möglichkeit von Teilklagen ein hohes Missbrauchspotential.

Um dies zu vermeiden erscheint ein Quorum von einem Prozent oder Aktien mit einem Marktwert in Höhe von € 100.000,- notwendig.

---

311 Vgl. *supra* Abschnitt 4.5.1.4.

312 Vgl. supra Abschnitt 2.2.4.6.

313 Siehe dazu *Baums*(Hrsg.), Regierungskommission Corporate Governance, Rn. 70 ff.

7 Ergebnis

Zusammenfassend lässt sich feststellen, dass die amerikanische Gesellschaftsrechtspraxis nur bedingt als Vorbild für eine SE nach deutschem Recht herangezogen werden kann, da gerade in wichtigen Teilbereichen Differenzen bestehen.[1]

Solche lassen sich einerseits bei der Frage der Zusammensetzung des "*board of directors*" bzw. eines zukünftigen deutschen Verwaltungsrats feststellen. Eine deutsche SE wird der Mitbestimmung unterliegen, sodass sowohl die Anzahl der Mitglieder als auch die Zusammensetzung notwendigerweise von der amerikanischen Praxis divergieren wird. Aber auch die Regelungsmöglichkeiten sind unterschiedlich. Da in den Vereinigten Staaten das Gesellschaftsrecht Sache der Einzelstaaten ist, müssen Regelungen, um landesweit Wirkung entfalten zu können, über Vorschriften der Börsen oder des "*SEC*" erlassen werden. In Deutschland können solche Regelungen mittels Gesetz eingeführt werden, des Weges über die Kapitalmärkte bedarf es nicht. Dementsprechend sind aber auch die Regelungsmechanismen unterschiedlich, da sie im amerikanischen Recht auf die Abhängigkeit der Gesellschaften von den Finanzmärkten zur Refinanzierung zugeschnitten sind. Insofern kommen gerade Offenlegungspflichten eine große Bedeutung zu. Dem deutschen Recht sind solche Mechanismen fremd, da Gesellschaften regelmäßig engere Beziehungen zu Banken aufweisen, über die sie sich finanzieren können.

Offensichtlichster Unterschied ist jedoch die Mitbestimmung des deutschen Rechts. Während die Entwicklung in amerikanischen Gesellschaften hin zu einer verstärkten Unabhängigkeit der Mitglieder des "*board of directors*" geht, ist zu erwarten, dass dem in Deutschland die Vorschriften der Mitbestimmung entgegenstehen. Arbeitnehmervertreter können nach keinem der amerikanischen Maßstäbe als unabhängig angesehen werden. Gleichzeitig führt dies zu einer Vergrößerung eines deutschen Verwaltungsrats, da dieses eben nicht ausschließlich aus branchenbezogenen Fachleuten bestehen kann, sondern auch aus Arbeitnehmervertretern. Zwar kann diesbezüglich die unterschiedliche Gesellschaftsausrichtung herangezogen werden sowie die Möglichkeit, dass Arbeitnehmervertreter aufgrund unterschiedlicher Interessen durchaus eine wichtige Kontrollfunktion haben können, jedoch ist dies angesichts der Ereignisse im Fall Mannesmann durchaus fraglich.[2]

Für Deutschland ohne besondere Bedeutung erscheint die Hoffnung auf institutionelle Anleger in der amerikanischen Literatur. Einerseits ist dies in Deutschland durch den Einfluss der Banken bereits der Fall, zum anderen dürfte ein Erstarken von Rentenfonds rechtlich problematisch sein, da

---

[1] Siehe *supra* Abschnitt 5.2.

[2] Siehe insofern Wirtschaftswoche v. 15.02.2003 sowie Spiegel-Online v. 15.02.2003.

es unter Umständen zu einer Mehrheit von Arbeitnehmervertretern im Verwaltungsrat führen könnte.[3]

Übernehmenswert erscheint die Möglichkeit der flexiblen Ausgestaltung der inneren Organisation. Gesellschaften sollte ermöglicht werden, selbst zu entscheiden, wie sie ihre Führungsorganisation ausgestalten, solange es sich mit zwingenden Schutzinteressen vereinbaren lässt. In diesem Zusammenhang könnte es sich ähnlich den USA auszahlen, die bestehenden Offenlegungspflichten zu verschärfen bzw. auszuweiten. Insofern erscheint es sinnvoll, den im Rahmen des Corporate Governance-Kodex eingeschlagenen Weg weiterzuverfolgen.

Ebenfalls übernehmenswert erscheint auch der Versuch der Besetzung des Verwaltungsrats mit unabhängigen Mitgliedern, wenngleich einer Umsetzung in Deutschland die Vorschriften der Mitbestimmung entgegenstehen dürften. Aber auch auf der Seite der Anteilseigner besteht insofern Reformbedarf. Überträgt man die Zahl ehemaliger Vorstandsmitglieder im Aufsichtsrat auf eine monistische SE, widerspricht dies auch jeglichem Unabhängigkeitsgedanken.

Schließlich wäre durchaus zu überlegen, die Haftungsvorschriften im deutschen Recht bei Einführung einer monistischen SE zu modifizieren. Wie *supra* dargestellt geht das bestehende System von der Existenz eines Aufsichts- und Geschäftsführungsgremiums aus. Fällt eines von beiden weg, entfällt auch die Möglichkeit der Geltendmachung von Ansprüchen durch eines dieser Organe. Selbst durch die angestrebte funktionale Trennung von Geschäftsführung und Überwachung lässt sich dieses Ergebnis nicht erreichen, da die zu erwartende Verzahnung beider Organe zu groß sein dürfte. Es sollte daher angedacht werden, einzelnen Aktionären ein eigenes Klagerecht einzuräumen, soweit gleichzeitig Mechanismen zur Vermeidung eines Missbrauchs getroffen werden.[4] Ansatzpunkt muss insofern die Frage der Kostentragung sowie ein Verbot von Teilklagen sein, um gerade eine Umgehung zu verhindern.

---

[3] Siehe dazu *Berrar*, S. 240 ff.

[4] Siehe z.B. *Holl*, S. 124 ff.

Abkürzungsverzeichnis

ABA	American Bar Association
Abs.	Absatz
AG	Die Aktiengesellschaft
AG/S	Die Aktiengesellschaft/Sonderheft
AktG	Aktiengesetz
ALI	American Law Institute
ALI-ABA	American Law Institute-American Bar Association Commitee on Continuing Professional Education
AM J. Econ.& Soc.	American Journal of Economy and Sociology
Am. U. L. Rev.	American University Law Review
AN	Arbeitnehmer
Ariz. J. Int'l & Comp. L.	Arizona Journal of International & Comparative Law
Art.	Artikel
BB	Der Betriebsberater
B.C. L. Rev.	Boston College Law Review
BGH	Bundesgerichtshof
BetrVG	Betriebsverfassungsgesetz
BFuP	Betriebswirtschaftliche Forschung und Praxis
Brook. L. Rev.	Brooklyn Law Review
Brooklyn J. Int. L.	Brooklyn Journal of International Law
BRT	Business Roundtable
Bus. Law.	Business Lawyer
CEO	Chief Executive Officer
CFO	Chief Financial Officer
ca.	circa
Cal. L. Rev.	California Law Review

CalPERS	California Public Employees Retirement System
Cardozo L. Rev.	Cardozo Law Review
Cath. U. L. Rev.	Catholic University Law Review
Colum. Bus. L. Rev.	Columbia Business Law Review
Colum. L. Rev.	Columbia Law Review
Cornell L. Rev.	Cornell Law Review
Cyc.	Cyclopedia
DB	Der Betrieb
DBW	Die Betriebswirtschaft
Del. GCL	Delaware General Corporation Law
Del. J. Corp. L.	Delaware Journal of Corporate Law
dens.	denselben
DePaul Bus. L. J.	DePaul Business Law Journal
ders.	derselbe
DJT	Deutscher Juristentag
DStR	Deutsches Steuerrecht
ELR	European Law Review
EuZW	Europäische Zeitschrift für Wirtschaftsrecht
EWS	Betriebs-Berater für Europäisches Wirtschafts- & Steuerrecht
f.	folgende
FAZ	Frankfurter Allgemeine Zeitung
ff.	fortfolgende
Fn.	Fußnote
FS	Festschrift
Ga. L. Rev.	Georgia Law Review
Geo. L. J.	Georgetown Law Journal
Geo. Wash. L. Rev.	George Washington Law Review
GmbH	Gesellschaft mit beschränkter Haftung
GmbHR	GmbH Rundschau

Harv. Bus. Rev.	Harvard Business Review
Harv. L. Rev.	Harvard Law Review
HGB	Handelsgesetzbuch
Hofstra L. Review	Hofstra Law Review
Hrsg.	Herausgeber
i.V.m.	in Verbindung mit
JACF	Journal of Applied Corporate Finance
J. Corp. L.	Journal of Corporate Law
J. Fin. Econ.	Journal of Financial Economics
J. Law & Econ.	Journal of Law & Economics
J. Political Economics	Journal of Political Economics
KonTraG	Gesetz zur Kontrolle und Transparenz im Unternehmensbereich
Law & Pol'y Int'l Bus.	Law & Policy in International Business
MBCA	Model Business Corporation Act
Mich. L. Rev.	Michigan Law Review
MitbestG	Mitbestimmungsgesetz
MitbestergG	Mitbestimmungsergänzungsgesetz
MontanMitbestG	Montanmitbestimmungsgesetz
MünchHdb. AktG	Münchner Handbuch zum Gesellschaftsrecht, Band IV
m.w.N.	mit weiteren Nachweisen
NACD	National Association of Corporate Directors
NASDAQ	National Association of Securities Dealer Automated Quotations
NJW	Neue Juristische Wochenschrift
NotBZ	Zeitschrift für die notarielle Beratungs- und Beurkundungspraxis
Nos.	Numbers
Nw. U. L. Rev.	Northwestern University Law Review
NYSE	New York Stock Exchange

NZG	Neue Zeitschrift für Gesellschaftsrecht
Pepperdine L. Rev.	Pepperdine Law Review
PLI/Corp	Practising Law Institute/ Section Corporate Law
RabelsZ	Rabels Zeitschrift für ausländisches und internationales Privatrecht
RdW	Recht der Wirtschaft
RIW	Recht der internationalen Wirtschaft
RL	Richtlinie
Rn.	Randnummer
Rutgers L. Rev.	Rutgers Law Review
S.	Seite
San Diego L. Rev.	San Diego Law Review
SE	Societas Europeae
SEC	Securities Exchange Commission
Sec.	Section
Se. Reg. L. J.	Security Regulation Law Journal
SMU L. Rev.	Southern Methodist University Law Review
Stan. L. Rev.	Stanford Law Review
Stetson L. Rev.	Stetson Law Review
SZW/RSDA	Schweizer Zeitschrift für Wirtschaftsrecht/ Revue Suisse de droit des affaires
Tenn. L. Rev.	Tennessee Law Review
Tex. L. Rev.	Texas Law Review
TIAA/CREF	Teachers Insurance and Annuity Association/ College Retirement Equity Fund
Tul. L. Rev.	Tulane Law Review
U. Col. L. Rev.	University of Colorado Law Review
U. Chi. L. Rev.	University of Chicago Law Review
U. Cin. L. Rev.	University of Cincinnati Law Review
U. Detroit L. J.	University of Detroit Law Journal

U. Miami L. Rev.	University of Miami Law Review
U. Pal. L. Rev.	University of Pennsylvania Law Review
U. Pitt. L. Rev.	University of Pittsburgh Law Review
USA	United States of America
USCA	United States Code Anotated
U. Tol. L. Rev.	University of Toledo Law Review
u. U.	unter Umständen
v.	vom
Vand. L. Rev.	Vanderbilt Law Review
vgl.	vergleiche
VO	Verordnung
Vol.	Volume
wbl	Wirtschaftsrechtliche Blätter
W. New Eng. L. Rev.	Western New England Law Review
Wake Forrest L. Rev.	Wake Forrest Law Review
Wash. & Lee L. Rev.	Washington & Lee Law Review
Wash. U. L. Q.	Washington University Law Quarterly
Wis. L. Rev.	Wisconsin Law Review
WM	Wertpapierrechtliche Mitteilungen
Wpg.	Die Wirtschaftsprüfung
Yale L. Rev.	Yale Law Review
z. B.	zum Beispiel
ZfB	Zeitschrift für Betriebswirtschaft
ZfRV	Zeitschrift für Rechtsvergleichung
ZGR	Zeitschrift für Unternehmens- und Gesellschaftsrecht
ZHR	Zeitschrift für das gesamte Handels- und Wirtschaftsrecht
ZIP	Zeitschrift für Wirtschaftsrecht

Literaturverzeichnis

Abeltshauser, Thomas E., Der neue Statusvorschlag für eine Europäische Aktiengesellschaft - Formelle und materiell-rechliche Probleme, AG 1990, S. 289 ff., zitiert als: Abeltshauser;

Ackermann, Josef, Die Deutsche Bank braucht eine starke Spitze, FAZ v. 26.11.2001, zitiert als: Ackermann;

Ad Hoc Committee on Business **Courts**, Towards a More Efficient Judiciary, 52 Bus. Law. 947 ff, (Business Lawyer), 1997, zitiert als: Ad Hoc Committee on Business Courts;

Adams, Michael, Stellungnahme zur Aktienrechtsreform, AG/S 1997, S. 9 ff., zitiert als: Adams;

Albers, Marco, Corporate Governance in Aktiengesellschaften, Entscheidungsprozesse und Wirkungsanalyse zum Gesetz zur Kontrolle und Transparenz im Unternehmensbereich (KonTraG), 2001, Frankfurt a. M. u. a., Lang, zitiert als: Albers;

Allen, William T., Our Schizophrenic Conception of the Business Corporation, 54 Cardozo L. Rev. 261 ff. (Cardozo Law Review), 1992, zitiert als: Allen;

American Bar Association, Corporate Director's Guidebook - 1994 Edition, 49 Bus. Law. 1243 ff. (Business Lawyer), 1994, zitiert als: ABA, Corporate Director's Guidebook - 1994;

Ders. Model Business Corporation Act Annotated. Band II, 3. Auflage 1998, American Bar Association, Section of Business Law, zitiert als: ABA, MBCA Annotated;

Ders., The Corporate Director's Guidebook - Third Edition, 56 Bus. Law. 1571 ff. (Business Lawyer), 2001, zitiert als: ABA, Corporate Director's Guidebook;

American Law Institute, Principles of Corporate Governance: Analysis and Recommendations, Band I & II, 1994, St. Paul, Minn., American Law Institute Publishers, zitiert als: ALI, Principles of Corporate Governance;

Andrews, Kenneth R., From the Boardroom: Rigid Rules will not Make Good Boards, 1982 Harv. Bus. Rev. 4 ff. (Harvard Business Review), 1982, zitiert als: Andrews;

Artmann, Eveline, Die Organisationsverfassung der Europäischen Aktiengesellschaft, wbl 2002, S. 189 ff., zitiert als: Artmann;

Bacon, Jeremy/ Brown, James K., Corporate Directorship Practices: Role, Selection and Legal Status of the Board, 1975, New York, Conference Board, zitiert als: Bacon/Brown;

Bagley, Constance E./ Koppes, Richard H., Leader of the Pack: A Proposal for Disclosure for Board Leadership Structure, 34 San Diego L. Rev. 149 ff. (San Diego Law Review), 1997, zitiert als: Bagley/Koppes;

Bainbridge, Stephen M., Independent Directors and the ALI Corporate Governance Project, 61 Geo. Wash. L. Rev. 1034 ff. (George Washington Law Review), 1993, zitiert als: Bainbridge;

Balotti, R. Franklin/ Finkelstein, Jesse A., Delaware Law of Corporations and Business Association, Band 1, 3rd Edition 1997, New York u. a., Aspen Law & Business, zitiert als: Balotti/Finkelstein;

Ders./ Gentile, Mark J., Elimination or Limitation of Director Liability for Director Liability, 12 Del. J. Corp. L. 5 ff. (Delaware Journal of Corporate Law), 1987, zitiert als: Balotti/Gentile;

Barca, Fabrizio, Special Symposium Issues: Some Views an US Corporate Governance, 1998 Colum. Bus. L. Rev. 1 ff. (Columbia Business Law Review), 1998, zitiert als: Barca;

Barnard, Jayne W., Shareholder Access to the Proxy Revisited, 40 Catholic U. Rev. 37 ff. (Catholic University Law Review), 1990, zitiert als: Barnard;

Barthelmeß, Stephan, Der Aufsichtsrat im Spiegel des "Monitoring Model" des American Law Institutes, 1987, Dissertation, Nürnberg, zitiert als: Barthelmeß;

Baums, Theodor (Hrsg.), Bericht der Regierungskommission Corporate Governance, 2001, Köln, Otto Schmidt, zitiert als: Baums (Hrsg.), Regierungskommission Corporate Governance;

Ders., Stellungnahme zur Aktienrechtsreform, AG/S 1997, S. 26 ff., zitiert als: Baums;

Ders., Vollmachtsstimmrecht der Banken - Ja oder Nein?, AG 1996, S. 11 ff., zitiert als: Baums, AG 1996;

Bavley, Dan, Corporate Governance and Accountability: what Role for the Regulator, Director and Auditor, 1991, United States, Academic Press, zitiert als: Bavley;

Bavly, Dan A., Corporate Governance and Accountability, 1999, Westport, Connecticut u. a., Quorum Books, zitiert als: Bavly;

Bayne Jr., David C.; The Basic Rationale of Proper Subject, 34 U. Det. L. J. 575 ff. (University of Detroit Law Journal), 1995, zitiert als: Bayne;

Baysinger, Barry D./ Butler, Henry N., Revolution versus Evolution in Corporation Law: The ALI's Project and the Independent Director, 52 Geo. Wash. L. Rev. 557 ff. (George Washington Law Review), 1984, zitiert als: Baysinger/Butler;

Berger, Roland, Der Chief Executive ist in Deutschland überfällig, FAZ v. 17.01.2002, zitiert als: R. Berger;

Berle, Adolph/ Means, Gardiner, The Modern Corporation and Private Property, 2nd Edition 1968, New York u. a., Commerce Clearing House Inc., zitiert als: Berle/Means;

Berrar, Carsten, Die Entwicklung der Corporate Governance im internationalen Vergleich, 2001, Baden-Baden, Nomos, zitiert als: Berrar;

Bezzenberger, Tilmann, Der Vorstandsvorsitzende der Aktiengesellschaft, ZGR 1996, S. 661 ff., zitiert als: Bezzenberger;

Bhagat, Sanjai/ Black Bernard, The Uncertain Relationship Between Board Composition and Firm Performance, 54 Bus. Law. 921 ff. (Business Lawyer), 1999, zitiert als: Bhagat/Black;

Birk, Rolf, Germany, Pinto/Visentini (Hrsg), The Legal Basis of Corporate Governance in Publicly Held Corporation, 1998, The Hague u. a., Kluwer Law International, zitiert als: Birk, in Pinto/Visentini;

Black, Bernard S., The Value of Institutional Investor Monitoring: The Empirical Evidence, 39 UCLA L. Rev. 895 ff. (University of Los Angeles Law Review), 1992; zitiert als: Black;

Black Jr., Lewis S., Shareholder Democracy and Corporate Governance, 5 Sec. Reg. L. J. 291ff. (Security Regulation Law Journal), 1987, zitiert als: Black Jr.;

Blanquet, Francoise, Der Status der Europäischen Aktiengesellschaft (Societas Europaea "SE") - Ein Gemeinschaftsinstrument für die grenzübergreifende Zusammenarbeit im Dienste der Unternehmen, ZGR 2002, S. 20 ff., zitiert als: Blanquet;

Bleicher, Knut/ Leberl, Diethard/ Paul, Herbert, Unternehmensverfassung und Spitzenorganisation: Führung und Überwachung von Aktiengesellschaften im internationalen Vergleich, 1989, Wiesbaden, zitiert als: Bleicher/Leberl/Paul;

Block, Denis J./ Radin, Stephen A./ Maimone, Michael J.; Derivative Litigation: Current Law Versus The American Law Institute, 48 Bus. Law. 1443 (Business Lawyer), 1993, zitiert als: Block/Radin/Maimone;

Blumenwitz, Dieter, Einführung in das Angloamerikanische Recht, 6. Auflage 1998, München, Beck, zitiert als: Blumenwitz, Angloamerikanisches Recht;

Boehmer, Ekkehart, Who Controls German Corporations?, in McCahery/Moreland/Raaijmakers/Renneboog (Hrsg.), Corporate Governance Regimes, 2002, Oxford, Oxford University Press, S. 268ff., zitiert als: Boehmer, in McCahery/Moreland/ Raaijmakers/Renneboog;

Booth, James R./ Deli, Daniel N., Factors Affecting the Number of Outside Directorships held by CEO's, 1996 Journal of Financial Economics 81 ff., 1996, zitiert als: Booth/Deli;

Bowen, William G., Inside.the Boardroom - Governance by Directors and Trustees, 1994, New York u. a., John Wiley & Sons Inc., zitiert als: Bowen;

Brancato, Carolyn Kay, Institutional Investors and Corporate Governance, 1997, Chicago u. a., IRWIN Professional Publishing, zitiert als: Brancato;

Brandt, Ulrich/ Scheffele, Matthias, Die Europäische Aktiengesellschaft und das anwendbare Recht, DStR 2002, S. 547 ff., zitiert als: Brandt/Scheifele;

Bremeier, Eberhardt/ Mülder, Jürgen B./ Schillling, Florian, Praxis der Aufsichtsratstätigkeit in Deutschland: Chancen und Professionalisierung, 1994, Düsseldorf, zitiert als: Bremeier/Mülder/Schilling;

Breuer, Rolf E., The Role of Financial Intermediaries and Capital Markets, in Hopt/Kanda/Roe/Wymeersch/Prigge, Comparative Corporate Governance - The State of the Art and Emerging Research, 1998, Oxford, Clarendon Press, zitiert als Breuer in: Hopt/Kanda/Roe/Wymeersch/Prigge;

Brodsky, Edward/ Adamski, Patricia, Law of Corporate Officers and Directors, Rights, Duties and Liabilities, 2001, USA, West Group, zitiert als: Brodsky/Adamsky;

Brudney, Victor, The Independent Director - Heavenly City or Potemkin Village?, 87 Harv. L. Rev. 597 ff. (Harvard Law Review), 1982, zitiert als: Brudney;

The Role of the Board of Directors: The ALI and its Critics, 37 U. Miami L. Rev. 223 ff. (University of Miami Law Review), 1983, zitiert als: Brudney, The Role of the Board of Directors;

Bungert, Hartwin/ Beier, Constantin, Die Europäische Aktiengesellschaft, EWS 2002, S. 1 ff., zitiert als: Bungert/Beier;

Business Roundtable, Statement of Business Roundtable, 33 Bus. Law. 2085 ff. (Business Lawyer), 1987, zitiert als: Business Roundtable;

Butler, Susan-Jacqueline, Models of Modern Corporations: A Comparative Analysis of German and U.S. Corporate Structures, 17 Ariz. J. Int.'l & Comp. L. 555 ff. (Arizona Journal of International & Comparative Law), 2000, zitiert als: Butler;

Buxbaum, Richard M., Die Leitung von Gesellschaften - Strukturelle Reformen im amerikanischen und deutschen Gesellschaftsrecht, in: Feddersen/Hommelhoff/Schneider, Corporate Governance Optimierung der Unternehmensführung und Unternehmenskontrolle im deutschen und amerikanischen Aktienrecht, 1996, Köln, Otto Schmidt, zitiert als: Buxbaum in: Feddersen/Hommelhoff/ Schneider;

Ders., The Internal Division of Power in Corporate Governance, 73 Cal. L. Rev. 1671 ff. (California Law Review), 1985, zitiert als: Buxbaum;

Cary, William, Federalism and Corporate Law: Reflections upon Delaware, 83 Yale L. J. 663 ff. (Yale Law Journal), 1974, zitiert als: Cary;

Caspar, Matthias, Der Lückenschluß im Statut der Europäischen Aktiengesellschaft, in: Habersack/ Hommelhoff/ Hüffer/ Schmidt (Hrsg.), Festschrift für Peter Ulmer zum 70. Geburtstag am 2. Januar 2003, 2003, Berlin, de Gruyter, zitiert als: Caspar, in FS Ulmer;

Chandler III, William B., On the Instructiveness of Insiders, Independents, and Institutional Investors, 67 U. Cin. L. Rev. 1083 ff. (University of Cincinnati Law Review), 1999, zitiert als: Chandler;

Claussen, Carsten P., Aktienrechtsreform 1997, AG 1996, S. 481, zitiert als: Claussen;

Coffee Jr., John C., Liquidity versus Control: The Institutional Investor as Corporate Monitor, 91 Columbia L. Rev. 1277 ff. (Columbia Law Review), 1991, zitiert als: Coffee;

Ders./ Schwartz, Donald, The Survival of the Derivative Suit: An Evaluation and Proposal for Legislative Reform, 81 Columbia L. Rev. 261 ff., (Columbia Law Review), 1981, zitiert als: Coffee/Schwartz;

Cohen, Avery S., The Outside Director - Selection, Responsibility and Contribution to the Public Corporation; 34 Wash. & Lee L. Rev. 837 ff. (Washington & Lee Law Review), 1977, zitiert als: Cohen;

Conrad, Alfred E., An Overview of the Law of Corporations, 71 Mich. L. Rev. 621 ff. (Michigan Law Review), 1973, zitiert als: Conrad, Overview of the Law of Corporation;

Ders., Die Überwachung des Unternehmensmanagements - Ein Vergleich der Entwicklungen im Recht der Europäischen Gemeinschaft und der Vereinigten Staaten, ZGR 1987, zitiert als: Conrad;

Ders., The Supervision of Corporate Management: A Comparison of Developments in the European Community and the United States, 82 Mich. L. Rev. 1459 ff. (Michigan Law Review), 1984, zitiert als: Conrad, Supervision of Corporate Management;

Ders., Corporations in Perspective, 1979, Mineola, NY, The Foundation Press, zitiert als: Conrad, Corporations in Perspective;

Cotter, James E./ Shivdasani, Anil/ Zenner, Marc, Do Independent Directors Enhance Target Shareholder Wealth During Tender Offers?, 43 Journal of Finance and Economics S. 195 ff., 1997, zitiert als: Cotter/Shivdasani/Zenner;

Cox, James D., The ALI, Institutionalization, and Disclosure: The Quest for the Outside Director's Spine, 61 Geo. Wash. L. Rev. 1233 ff. (George Washington Law Review), 1993, zitiert als: Cox;

Ders. / Hazen, Thomas Lee/ O'Neal, F. Hodge, Corporations, Vol. I + II, 1995, Gaithersburg u. a., Aspen Law & Business, zitiert als: Cox/Hazen/O'Neal;

Davies, Paul, Struktur der Unternehmensführung in Großbritannien und Deutschland: Konvergenz und Fortbestehende Divergenz, ZGR 2001, S. 268 ff., zitiert als Davies;

Davis Jr., Kenneth B., Approval by Disinterested Directors, 20 J. Corp. L. 215 ff. (Journal of Corporate Law), 1995, zitiert als: Davies;

Deckert, Martina, Effektive Überwachung der AG-Geschäftsführung durch Ausschüsse des Aufsichtsrats, ZIP 1996, zitiert als: Deckert;

Dent, George W., Toward Unifying Ownership and Control in the Public Corporation, 1989 Wis. L. Rev. 881 ff. (Wisconsin Law Review), 1989, zitiert als: Dent;

Dent, Robert W., The Power of Directors to Terminate Shareholder Litigation: The death of the Derivative Suite?, 75 NW U. L. Rev. 96 ff. (Northwestern University Law Review), 1980, zitiert als: Dent, Powers of Directors;

Dobrezynski, Judith H., Jack and John: 2 for the Road at G.M, New York Times v. 11.07.1995; zitiert als: Dobrezynski;

Dörner, Dietrich/ Oser, Peter, Erfüllen Aufsichtsrat und Wirtschaftsprüfer ihre Aufgaben, DB 1995, S. 1085 ff., zitiert als: Dörner/Oser;

Dose, Stefan, Zivilrechtliche Haftung und Aufgabendelegation auf Ausschüsse im Aufsichtsrat, ZGR 1997, S. 301 ff., zitiert als: Dose;

Douglas, Elizabeth/ Granelli, James, Business Reports Detail Big Payments by Global Crossing Telecom: Creditors will Comb Statements for Signs of Inappropriate Disbursements made before Chapter 11, 17.06.2002, Los Angeles, zitiert als: Douglas/Granelli;

Dreher, Meinhard, Die Organisation der Überwachung, in: Feddersen/Hommelhoff/Schneider, Corporate Governance Optimierung der Unternehmensführung und Unternehmenskontrolle im deutschen und amerikanischen Aktienrecht,1996, Köln,Otto Schmidt, zitiert als: Dreher in: Feddersen/Hommelhoff/Schneider;

Easterbrook, Frank H.; Managers' Discretion and Investors Welfare: Theories and Evidence, 9 Del. J. Corp. L. 540 ff. (Delaware Journal of Corporate Law), 1984, zitiert als: Easterbrook;

Ebke, Werner F., Neue Chancen für eine Europäisierung des Gesellschafts- und Unternehmensrechts ?, RIW 2001, S. 1, zitiert als: Ebke;

Eisenberg, Melvin A., Corporations and other Business Organizations, Statutes, Rules, Materials, and Forms, 2001, New York, Foundation Press, zitiert als: Eisenberg, Corporations and other Business Organizations;

Ders., Legal Models of Management Structure in the Modern Corporation: Officers, Directors, and Accountants, 43 Cal. L. Rev. 375 ff. (California Law Review), 1975, zitiert als: Eisenberg, Legal Models of Management Structure;

Ders., New Modes of Discourse in the Corporate Law Literature, 52 Geo. Wash. L. Rev. 452 ff. (George Washington Law Review), 1993, zitiert als: Eisenberg, New Modes of Discourse;

Ders., The Board of Directors and Internal Control, 19 Cardozo L. Rev. 237 ff. (Cardozo Law Review), 1997, zitiert als: Eisenberg;

Ders., The Modernization of Corporate Law: An Essay for Bill Cary, 37 U. Miami L. Rev. 187 ff. (University of Miami Law Review), 1983, zitiert als: Eisenberg, Modernization of Corporate Law;

Ders., The Objective and Conduct of the Corporation and Corporate Structure, C 973 ALI-ABA 1 ff. (American Law Institute - American Bar Association Continuing Legal Education ALI-ABA Course of Studies), 1994, zitiert als: Eisenberg;

Ders., The Structure of the Corporation - A Legal Analysis, 1976, Boston u. a., Little, Brown and Company, zitiert als: Eisenberg, Corporations in Perspective;

Elsing, Siegfried H./ van Alstine, Michael P., US-amerikanisches Handels und Wirtschaftsrecht, 2. Auflage 1999, Heidelberg, Verlag Recht und Wirtschaft, zitiert als: Elsing/van Alstine;

Elson, Charles M., Director Compensation and the Management Captured Board - The History of a Symptom and a Cure, 50 SMU L. Rev. 127 ff. (Southern Methodist University Law Review), 1996, zitiert als: Elson, Director Compensation;

Ders., Executive Overcompensation - A Board Based Solution, 34 B.C.L. Rev. 937 ff. (Boston College Law Review), 1993, zitiert als: Elson, Executive Overcompensation;

Erhardt, Olaf/ Nowak, Eric, Die Durchsetzung von Corporate-Governance-Regeln, AG 2002, S. 336 ff., zitiert als: Erhardt/Nowak;

Fama, Eugene F., Agency Problems and the Theory of the Firm, 88 Journal of Political Economics 288 ff., 1980, zitiert als: Fama;

Ders./ Jensen, Michael C., Separation of Ownership and Control, 1983 Journal of Law and Economics 459 ff., 1983, zitiert als: Fama/Jensen;

Ferrara, Ralph C./ Abikoff, Kevin T./ Gansler, Laura L., Shareholder Derivative Litigation - Besieging the Board, 1998, New York, Law Journal Seminars Press, zitiert als: Ferrara/Abikoff/Gansler;

Fisch, Jill E., From Legitimacy to Logic: Reconstructing Proxy Regulation, 46 Vand. L. Rev. 1129 ff. (Vanderbilt Law Review), 1993, zitiert als: Fisch, From Legitimacy to Logic;

Ders., Teaching Corporate Governance through Shareholder Litigation, 34 Ga. L. Rev. 745 ff. (Georgia Law Review), 2000, zitiert als: Fisch, Corporate Governance;

Fischel, Daniel L., Efficient Capital Market Theory, The Market for Corporate Control, and the Regulation of Cash Tender Offers, 57 Tex. L. Rev. 1 ff. (Texas Law Review), 1978, zitiert als: Fischel;

Ders., The Corporate Governance Movement, 35 Vand. L. Rev. 1259 ff. (Vanderbilt Law Review), 1982, zitiert als: Fischel;

Fletcher Cyclopedia of the Law of Private Corporations, bearbeitet von Braucher, Victoria A./ Evans, Thomas/ O'Gradney, Gail A., Band 2, Permanent Edition, 1998, St. Paul, Minn., West Group, zitiert als: Fletcher Cyc. Corp.;

Flom, Joseph H., Opinions Differ Widely on Institutions' Role in Corporate Governance, 4 Corporate Counsel Weekly 8 ff., 1989, zitiert als: Flom;

Frenchman, Robert S., The Recent Revisions of Federal Proxy Regulations: Lifting the Ban of Shareholder Communications, 68 Tul. L. Rev. 161 ff. (Tulane Law Review), 1993, zitiert als: Frenchman;

Fuchs, Gudrun, Aktionär und Kontrolle. Die Derivative Suite als Mittel der Corporate Control im Aktienrecht der USA, 1981, Dissertation, Karlsruhe, zitiert als Fuchs;

Garten, Helen, Institutional Investors and the New Financial Order, 44 Rutgers L. Rev. 585 ff. (Rutgers Law Review), 1993, zitiert als: Garten;

Gerum, Elmar, Mitbestimmung und Corporate Governance: Bestandsaufnahme und Perspektiven der Mitbestimmung in Unternehmen und Konzern, 1998, Expertise für das Projekt "Mitbestimmung und neue Unternehmenskulturen" der Bertelsmann-Stiftung und der Hans-Böckler-Stiftung, Gütersloh: Verl. Bertelsmann-Stiftung, zitiert als: Gerum, Corporate Governance;

Ders., Organisation der Unternehmensführung im internationalen Vergleich, 1998, Marburg, Universität Marburg, zitiert als: Gerum;

Ders./ Wagner, Helmut, Economics of Labor Co-Determination in View of Corporate Governance, in Hopt/Kanda/Roe/ Wymeersch/Prigge, Comparative Corporate Governanace - The State of the Art and Emerging Research, 1998, Oxford, Clarendon Press, zitiert als Gerum/Wagner in: Hopt/Kanda/Roe/ Wymeersch/Prigge;

Geßler, Ernst/ Hefermehl, Wolfgang/ Eckardt, Ulrich/ Kroppf, Bruno, Aktiengesetz, Kommentar, 1. Auflage 1973, München, Vahlen, zitiert als: Bearbeiter, in Geßler/Hefermehl;

Gevurtz, Franklin A., Corporation Law, 2000, St. Paul, Minn., West Group, zitiert als: Gevurtz;

Gilson, Ronald/ Kraakman, Reiner, Reinventing the Outside Director: An agenda for Institutional Investors, 43 Stan. L. Rev. 863 ff. (Stanford Law Review), 1991, zitiert als: Gilson/Kraakman;

Girnghuber, Gudrun, Das US-amerikanische Audit Committee als Instrument zur Vermeidung von Defiziten bei der Überwachungstätigkeiten der deutschen Aufsichtsräte, 1993, Berlin u.a., Peter Lang, zitiert als: Girnghuber;

Goerdeler, Reinhard, Das Audit Commitee in den USA, ZGR 1987, S. 219 ff., zitiert als: Goerdeler;

Goforth, Carol, Proxy Reform as a Mean of Increasing Shareholder Participation in Corporate Governance: Too Little, But not too late, 43 Am. U.L. Rev. 379 ff. (American University Law Review), 1994, zitiert als: Goforth;

Gordon, Jeffrey N., Institutions as Relational Investors: A New Look at Cumulative Voting, 94 Colum. L. Rev. 124 (Columbia Law Review), 1994, zitiert als: Gordon;

Grienenberger, Warren F., Institutional Shareholders and Corporate Governance, 834 PLI/Corp 685 (Practising Law Institute Corporate Law and Course Handbook Series), 1994, zitiert als: Grienenberger;

Großkommentar: Barz/Brönner/Klug/Meyer-Landrut, Großkommentar zum Aktiengesetz, 4. Auflage 1970 ff., Berlin u. a., de Gruyter, zitiert als: Bearbeiter, in Großkommentar zum AktG;

Grote, Ralf, Das neue Statut der Europäschen Aktiengesellschaft zwischen nationalem und Europäischem Recht, 1990, Göttingen, zitiert als: Grote;

Grundmann, Stefan, Wettbewerb der Regelgeber im Europäischen Gesellschaftsrecht - jedes Marktsegment hat seine Struktur, ZGR 2002, S. 783 ff., zitiert als: Grundmann;

Grunewald, Barbara, Gesellschaftsrecht, 5. Auflage 2002, Tübingen, Mohr-Siebert, zitiert als: Grunewald;

Gutsche, Robert, Die Eignung der Europäischen Aktiengesellschaft für kleine und mittlere Unternehmen in Deutschland, 1994, Baden-Baden, Nomos, zitiert als: Gutsche;

Habersack, Matthias, Europäisches Gesellschaftsrecht: Einführung für Studium und Praxis, 1999, München, Beck, zitiert als: Habersack;

Hadden, Tom, Corporate Governance by Institutional Investors? Some Problems from an International Perspective, in Baums/Buxbaum/ Hopt (Hrsg.), Institutional Investors and Corporate Governance, 1993, Berlin u. a., de Gruyter, S. 91 ff., zitiert als: Hadden, in Baums/Buxbaum/Hopt;

Hakelmacher, Sebastian, Der Aufsichtsrat - ein sensibles Organ, Wpg 1991, S. 104, zitiert als: Hakelmacher;

Hamilton, Robert W., Corporate Governance in America 1950-2000: Major Changes but Uncertain Benefits, 25 J. Corp. L. 349 ff. (Journal of Corporate Law), 1999, zitiert als: Hamilton, Corporate Governance in America;

Ders., Corporations Including Partnerships and Limited Liability Companies, 7th Edition 2001, St. Paul, Minn., West Group, zitiert als: Hamilton, Corporations;

Ders., Reliance and Liability Standards for Outside Directors, 24 Wake Forrest L. Rev. 5 ff. (Wake Forrest Law Review), 1989, zitiert als: Hamilton, Reliance and Liability;

Ders., The Law of Corporations in a Nutshell, 5th. Edition 2000, St. Paul, Minn., West Group, zitiert als: Hamilton, Corporations in Nutshell;

Hansen, Herbert, Das Gewicht der Banken in den Aufsichtsräten deutscher Aktiengesellschaften, AG-Report 1994, R 76 ff., zitiert als: Hansen;

Ders., Die Rechtsformen deutscher Unternehmen und ihr wirtschaftliches Gewicht Die GmbH ist nach wie vor die umsatzstärkste Unternehmensform, GmbHR 2003, S. 22, zitiert als Hansen;

Hauschka, Christoph E., Kontinuität und Wandel im Statut für die Europäische Aktiengesellschaft (SE) 1989, EuZW 1990, S. 181 ff., zitiert als: Hauschka;

Hay, Peter, US-amerikanisches Recht, 2000, München, C.H. Beck, zitiert als: Hay;

Heinze, Meinhard, Die Europäischen Aktiengesellschaft, ZGR 2002, S. 66 ff., zitiert als: Heinze;

Henn, Harry G., Corporations, 1961, St. Paul, Minn., West, zitiert als: Henn;

Ders./ Alexander, John R., Laws of Corporations and Other Business Enterprises, 3rd Edition 1983, St. Paul, Minn., West Publishing, zitiert als: Henn/Alexander;

Henssler, Martin, Unternehmerische Mitbestimmung in der Societas Europeae - Neue Denkanstöße für die "Corporate Governance"-Diskussion, in: Habersack/ Hommelhoff/ Hüffer/ Schmidt (Hrsg.), Festschrift für Peter Ulmer zum 70. Geburtstag am 2. Januar 2003, 2003, Berlin, de Gruyter, zitiert als: Henssler, in FS Ulmer;

Hess, Glen E., Corporate Govemance - zum Stand der Diskussion in den Vereinigten Staaten, in: Feddersen/Hommelhoff/Schneider, Corporate Governance Optimierung der Unternehmensführung und Unternehmenskontrolle im deutschen und amerikanischen Aktienrecht, 1996, Köln, Otto Schmidt, zitiert als: Hess in: Feddersen/Hornmelhoff/Schneider;

Hirte, Heribert, Die Europäische Aktiengesellschaft, NZG 2002, S. 1 ff., zitiert als: Hirte;

Hoffmann-Becking, Michael (Hrsg.), Münchner Handbuch zum Gesellschaftsrecht, Band 4, Aktiengesellschaft, 2. Auflage München 1999, Beck, zitiert als: Bearbeiter, in MünchHdb. AktG;

Ders., Zur rechtlichen Organisation der Zusammenarbeit im Vorstand der AG, ZGR 1998, S. 497 ff., zitiert als: Hoffmann-Becking;

Hofmann, Rolf, Intensität und Effizienz der Überwachung der Führungskräfte von Kapitalgesellschaften, DB 1990, S. 2333 ff., zitiert als: Hofmann;

Holl, Alexander, Die Reform des Aktienrechtlichen Aufsichtsrats, 2002, Frankfurt a. M. u. a., Peter Lang, zitiert als: Holl;

Hommelhoff, Peter, Die OECD-Principles on Corporate Governance - ihre Chance und Risiken aus dem Blickwinkel der deutschen corporate governance-Bewegung, ZGR 2001, S. 238 ff., zitiert als: Hommelhoff; ZGR 2001;

Ders., Einige Bemerkungen zur Organisationsverfassung der Europäischen Aktiengesellschaft, AG 2001, S. 273 ff., zitiert als: Hommelhoff, AG 2001;

Ders., Gesellschaftsrechtliche Fragen im Entwurf eines SE-Status, AG 1990, S, 422 ff., zitiert als: Hommelhoff, AG 1990;

Ders., Satzungsstrenge und Gestaltungsfreiheit in der Europäischen Aktiengesellschaft, in: Habersack/Hommelhoff/Hüffer/Schmidt (Hrsg.), Festschrift für Peter Ulmer zum 70. Geburtstag am 2. Januar 2003, 2003, Berlin, de Gruyter, zitiert als: Hommelhoff, in FS Ulmer;

Ders. / Teichmann, Christoph, Die Europäische Aktien-gesellschaft - das Flaggschiff läuft vom Stapel, SZW/RSDA 2002, S. 1 ff., zitiert als: Hommelhoff/Teichmann;

Hopt, Klaus J., Corporate Governance und deutsche Universalbanken, in: Feddersen/Hommelhoff/Schneider, Corporate Governance Optimierung der Unternehmensführung und Unternehmenskontrolle im deutschen und amerikanischen Aktienrecht, 1996, Köln, Otto Schmidt, zitiert als: Hopt, in: Feddersen/Hommelhoff/ Schneider;

Ders., Europäische Aktiengesellschaft - per aspera ad astra?, EuZW 2002, S. 1, zitiert als: Hopt;

Ders., Gemeinsame Grundsätze der Corporate Governance in Europa; ZGR 2000, S. 779, zitiert als: Hopt;

Ders., The Geman Two-Tier Board (Aufsichtsrat) A German View an Corporate Governance, in Hopt/Wymeersch (Hrsg.), Comparative Corporate Governance: essays and materials, 1997, Berlin u. a., de Gruyter, S.11 ff., zitiert als: Hopt, in: Hopt/Wymeersch;

Hornstein, Jill A., Proxy Solicitation Redefined: The SEC Takes an Incremental Step toward Effective Corporate Governance, 71 Wash. U. L. Q. 1129 ff. (Washington University Law Quarterly), 1993, zitiert als: Hornstein;

Hüffer, Uwe, Aktiengesetz, 5. Auflage 2002, München, C.H. Beck, zitiert als: Hüffer, AktG;

Hughes, Graham, Common Law Systems, in New York University School of Law, Alan B. Morrison (Hrsg.), Fundamentals of American Law, 1998, United States, Oxford University Press, S. 9 ff., zitiert als: Hughes, in Fundamentals of American Law;

Hynes, Dennis J., Agency, Partnership, and the LLC in a Nutshell, 2nd Edition 2001, St. Paul, Minn., West Group, zitiert als: Hynes;

Jacobs, E. J., Non-Executive Directors, The Journal of Business Law1987, S. 269ff, zitiert als: Jacobs;

Jäger, Carsten, Die Europäische Aktiengesellschaft - europäischen und nationalen Rechts: Eine rechtsvergleichende Untersuchung anhand des britischen, deutschen, französischen und niederländischen Aktienrechts zur Ausfüllung des Verordnungsvorschlags für das Statut der Europäischen Aktiengesellschaft vom 16.05.1991, 1994, Baden-Baden, Nomos, zitiert als: Jäger;

Jahn, Andreas/ Herfs-Röttgen, Ebba, Die Europäische Aktiengesellschaft SOCIETAS EUROPAEA, DB 2001, S. 63 ff., zitiert als: Jahn/Herfs-Röttgen;

Jensen, Michael C./ Meckling, William H., Theory of the Firm: Managerial Behaviour, Agency Costs and Ownership Structure, 3 J. Fin. Econ. 305 ff (Journal of Financial Economics), 1984, zitiert als: Jensen/Meckling;

Johnson, Peter R., An Insiders Call for Outside Directors, 1990 Harv. Bus. Rev.4 ff. (Harvard Business Review), 1990, zitiert als: Johnson;

Juran, J.M./ Louden J. Keith, The Corporate Director, 1966, New York, American Management Association, zitiert als: Juran/Louden;

Jürgenmeyer, Michael, Das Unternehmensinteresse, 1984, Heidelberg, Recht und Wirtschaft, zitiert als: Jürgenmeyer;

Kallmeyer, Harald, Vorstandsbezüge - viel Lärm um nichts?, ZIP 2002, S. 1663, zitiert als: Kallmeyer;

Karmel, Roberta S., The Independent Corporate Board: A Means to What End?, 52 Geo. Wash. L. Rev. 534 ff. (George Washington Law Review), 1984, zitiert als: Karmel;

Kim, Hwa-Jin, Markets, Financial Institutions, and Corporate Governance, Perspectives from Germany, 26 Law & Pol'y Int'l Bus. 371 ff. (Law & Policy in International Business), 1995, zitiert als: Kim;

Kindler, Alexander, Der amerikanische Aufsichtsrat - Der Funktionswandel des Board of Directors großer Aktiengesellschaften in den USA, 1997, Dissertation, Erlangen, zitiert als: Kindler;

Klein, April, Firm Performance and Board Committee Structure, 1998 J.L. & Econ. 275 ff. (Journal of Law and Economics), 1998, zitiert als: Klein;

Koenig, Thomas, Models of the Significance of Interlocking Corporate Directorates, 1979 American Journal of Economics and Society 173 ff., 1979, zitiert als: Koenig;

Kölner Kommentar: Biedekopf/Claussen/Geilen/Koppensteiner/Kraft/ Kronstein/Lutter/Martens/Zöllner, Kölner Kommentar zum Aktiengesetz, 2. Auflage 1986 ff. (soweit noch nicht erschienen 1. Auflage, 1970 ff.), Köln u. a., Otto Schmidt, zitiert als: Bearbeiter, in Kölner Kommentar AktG;

Köstler, Roland/ Jäger, Rolf, Die Europäische Aktiengesellschaft - Eine Einführung in das Vorhaben der Europäischen Aktiengesellschaft, 2002, Düsseldorf, Hans-Böckler Stiftung, zitiert als: Köstler;

Kolvenbach, Walter, Statut für die Europäische Aktiengesellschaft (1989), DB 1989, S. 1957 ff., zitiert als: Kolvenbach;

Kraakman, Reinier, Die Professionalisierung des Board, in: Feddersen/Hommelhoff/Schneider, Corporate Governance Optimierung der Unternehmensführung und Unternehmenskontrolle im deutschen und amerikanischen Aktienrecht, 1996, Köln, Otto Schmidt, zitiert als: Kraakman in: Feddersen/Hommelhoff/ Schneider;

Krawinkel, Jutta, Die Neuregelung des Aufsichtsrats- und Abschlußprüfungsrechts nach dem Kontroll- und Transparenzgesetz, 2000, Frankfurt a. M. u. a., Lang, zitiert als: Krawinkel;

Krebs, Karsten, Interessenskonflikte bei Aufsichtsratsmandaten in der Aktiengesellschaft, 2001, Köln u. a., Heymann, zitiert als: Krebs;

Krieger, Gerd, Personalentscheidungen des Aufsichtsrats, 1981, Köln u. a., Heymanns, zitiert als: Krieger;

Kropff, Bruno, Das amerikanische Board-Modell im Vergleich zur deutschen Vorstands-/Aufsichtsratsverfassung, DBW 1986, S. 523 ff., zitiert als: Kropff;

Ders., Textausgabe des Aktiengesetzes vom 6.9.1965 mit Begründung des Regierungsentwurfs und Bericht des Rechtsausschusses des deutschen Bundestags, 1965, Düsseldorf, zitiert als: Kropff, Regierungsbegründung;

Kübler, Friedrich, Gesellschaftsrecht, 5. Auflage 1998, Heidelberg, C.F. Müller, zitiert als: Kübler;

Ders., Institutional Investors and Corporate Governance: A German Perspective, in Baums/Buxbaum/Hopt, (Hrsg.), Institutional Investors and Corporate Governance, 1993, Berlin u. a., de Gruyter, S. 565 ff., zitiert als: Kübler, in: Baums/Buxbaum/Hopt;

Ders., Institutional Owner and Corporate Managers, a German Dilemma, 57 Brook. L. Rev. 97 ff. (Brooklyn Law Review), 1991, zitiert als: Kuebler;

Langevoort, Donald C.; The Human Nature of Corporate Boards: Law, Norms and the Unintended Consequences of Independence and Accountability, 89 Geo. L. J. 791 ff. (Georgetown Law Journal), 2001, zitiert als: Langevoort;

Letsou, Peter V., Shareholder Voice and the Market for Corporate Control, 70 Wash. U. L. Q. 755 ff. (Washington University Law Quarterly), 1997, zitiert als: Letsou;

Leupold, Andreas, Die Europäische Aktiengesellschaft unter besonderer Berücksichtigung des deutschen Rechts: Chancen und Probleme auf dem Weg zu einer supranationalen Gesellschaftsform, 1993, Shaker, zitiert als: Leupold;

Levin, Doron P., Irreconcilable Differences - Ross Perot versus General Motors, 1989, Boston u. a., Little, Brown and Company, zitiert als: Levin;

Levine, Ira S., Comment: The Proposed Restatement of Corporate Govemance: Is Reform Really Necessary?, 11 Pepp. L. Rev. 499 ff. (Pepperdine Law Review), 1982-1983, zitiert als: Levine;

Lieser, Joachim/ Schoenbaum, Thomas, Das Board-System als Mitbestimmungskonzept der Zukunft?, DB 1973, S. 1981 ff., zitiert als: Lieser/Schoenbaum;

Lin, Laura, The Effectiveness of Outside Directors as a Corporate Governance Mechanism: Theories and Evidence, 90 Nw. U. L. Rev. 898 ff. (Northwestern University Law Review), 1996, zitiert als: Lin;

Lipton, Martin, Corporate Governance in the Age of Finance Corporatism, 136 U. Pa. L. Rev. 1 ff. (University of Pennsylvania Law Review), 1987, zitiert als: Lipton;

Ders./ Lorsch, Jay W., A Modest Proposal for Improved Corporate Governance, 48 Bus. Law. 59 ff. (The Business Lawyer), 1992, zitiert als: Lipton/Lorsch;

Ders./ Rosenblum, Stephen A., A New System of Corporate Governance: The Quinquennial Election of Corporate Directors, 58 U. Chi. L. Rev. 187 ff. (University of Chicago Law Review), 1991, zitiert als: Lipton/Rosenblum;

Livingston, Joseph A., The American Stockholder, 1958, USA, J.B. Lipincott, zitiert als: Livingston;

Loeb, Ronald M./ Lesser, Henry/ Rothman, Stephen P./ Fortman, Brian E., A Corporate Governance Audit: Topics in the Contemporary Corporate Govemance Debate and the Role of Board Committees, 822 PLI/Corp 83 ff. (Practising Law Institute Corporate Law and Practice Course Handbook Series), 1993, zitiert als: Loeb/Lesser/Rothman/Fortman;

Loewenstein, Mark, Delaware as Demon: Twenty-Five Years After Professor Cary's Polemic, 71 U. Colo. L. Rev. 497 ff. (University of Colorado Law Review), 2000, zitiert als: Loewenstein;

Reflections on Executive Compensation and a Modest Proposal for (Further) Reforms, 50 SMU L. Rev. 201 ff. (Southern Methodist University Law Review), 1996, zitiert als: Loewenstein, Reflections on Executive Compensation;

Loomis Jr., Philipps A./ Rubman, Berverly A., Corporate Governance in Historical Perspective, 8 Hofstra L. Rev. 142 ff. (Hofstra Law Review), 1979, zitiert als: Loomis/Rubman;

Lorsch, Jay W./ MacIver, Elizabeth, Pawns or Potentates: The Reality of America's Corporate Boards, 1989, Cambridge, Mass., Blackwell Publishers, zitiert als: Lorsch/MacIver;

Lublin, Joan S., Competition for Minority Directors Heats Up, New York Times vom 18.02.1997, zitiert als: Lublin, Competition for Minority Directors Heats Up;

Ders./ Hechinger, John, Forced Exits Can Pay Richly for Some CEOs, 05.06.2002, New York, zitiert als: Lublin/Hechinger;

Lutter, Marcus, Europäische Aktiengesellschaft - Rechtsfigur mit Zukunft?, BB 2002, S. 1 ff., zitiert als: Lutter;

Ders., Europäisches Unternehmensrecht, 3. Auflage 1991, Berlin u.a., de Gruyter, zitiert als: Lutter, Europäisches Unternehmensrecht;

Ders./ Krieger, Gerd, Rechte und Pflichten des Aufsichtsrats, 3. Auflage 2002, Köln, Otto Schmidt, zitiert als: Lutter/Krieger;

Mace, Myles L., Directors: Myth and Reality, 1971, Boston Division of Research, Graduate School of Business Administration, Harvard University, zitiert als: Mace;

Malik, Fredmund, Wirksame Unternehmensaufsicht, 1997, Frankfurt a. M., zitiert als: Malik;

Manning, Baylass, State Competition: Panel Response, 8 Cardozo L. Rev. 779 ff. (Cardozo Law Review), 1987, zitiert als: Manning, State Competition;

Maul, Silija, Die faktisch abhängige SE (Societas Europea) im Schnittpunkt zwischen deutschem und europäischem Recht, 1998, München, C.H. Beck, zitiert als: Maul;

McDermott, Richard T./ Reemers, Jürgen R.H/ Turcon, Remi J., Grundlagen des US-amerikanischen Gesellschaftsrechts - Folgerungen für die Rechtsformwahl, in Reemers/Turcon (Hrsg.), Grundlagen des US-amerikanischen Gesellschafts-. Wirtschafts-, Steuer- und Fremdenrechts - Rechtliche Rahmenbedingungen für ausländische Direktinvestitionen in den USA, 1994, München, C.H. Beck, zitiert als: McDermott/Reemers/Turcon in: Reemers/Turcon;

Merkt, Hanno, Die Rolle des Kapitalmarktrechts in der Diskussion um die Corporate Governance, 2002, Bonn; zitiert als: Merkt, Die Rolle des Kapitalmarktrechts;

Ders., US-amerikanisches Gesellschaftsrecht, 1991, Heidelberg, Verlag Recht und Wirtschaft, zitiert als: Merkt;

Ders., Vom Konzessionssystem zum Delaware-Effekt: Die Entwicklung des US-amerikanischen Gesellschaftsrechts, ZfRV 1996, S. 1 ff., zitiert als: Merkt, Vom Konzessionssystem zum Delaware-Effekt;

Ders., Zum Verhältnis von Kapitalmarktrecht und Gesellschaftsrecht in der Diskussion um die Corporate Governance, AG 2003, S. 126ff., zitiert als: Merkt, AG 2003;

Meyer-Schatz, Christian, Corporate Governance and Legal Rules: A Transnational Look at Concepts and Problems of Internal Management Controll, 3 J. Corp. L. 431 ff. (Journal of Corporate Law), 1988, Meyer-Schatz, Corporate Governance and Legal Rules;

Ders., Management und Marktkontrolle: Bemerkungen zur amerikanischen Debatte um Übernahmekontrolle und dem Markt für Unternehmenskontrolle, ZHR 1985, S. 91 ff., zitiert als: Meyer-Schatz, Management und Marktkontrolle;

Millstein, Ira M., The Responsible Board, 52 Bus. Law. 407 ff. (Business Lawyer), 1997, zitiert als: Millstein,:The Responsible Board;

Ders./ MacAvoy Paul W., The Active Board of Directors and the Performance of the Large Publicly Traded Corporation, 98 Colum. L. Rev. 1283 ff. (Columbia Law Review), 1998, zitiert als: Millstein/MacAvoy;

Ders., Greater Independence for Corporate Boards; 27.02.2002, Washington, zitiert als: Millstein, Congressional Testimony;

Ders., Ira Millstein on the Board of Directors, in Monks/Minow (Hrsg.), Corporate Governance, 1995, Cambridge, Mass., Harper and Row Publishers, S. 465 ff., zitiert als: Millstein, in Monks/Minow;

Ders./ Whitehead, John, Report and Recommendation of the Blue Ribbon Committee on Improving the Effectiveness of Corporate Audit Committees, 54 Bus. Law. 1067 ff. (Business Lawyer), 1999, zitiert als: Millstein/Whitehead;

Minow, Nell, Shareholders, Stakeholders and Boards of Directors, 21 Stetson L. Rev. 197 ff. (Stetson Law Review), 1991, zitiert als: Minow;

Ders./ Bingham Kit, The Ideal Board, in Monks/Minow (Hrsg.), Corporate Governance, 1995, Cambridge, Mass., Blackwell Publishers, S.496 ff., zitiert als: Minow/Bingham in Monks/Minow, Corporate Governance;

Monks, Robert A. G./ Minow, Nell, Corporate Governance, 1995, Cambrige, Mass., Blackwell Publishers, zitiert als: Monks/Minow, Corporate Governance;

Ders./ Minow, Nell, Power and Accountability, 1991, USA, Harper Collins Publishers, zitiert als: Monks/Minow, Power and Accountability;

Ders., "Schlafende Riesen", in: Feddersen/Hommelhoff/Schneider, Corporate Governance Optimierung der Unternehmensführung und Unternehmenskontrolle im deutschen und amerikanischen Aktienrecht, 1996, Köln, Otto Schmidt, zitiert als: Monks in: Feddersen/Hommelhoff/Schneider;

Ders., The Emperor's Nightingale: Restoring the Integrity of the Corporation in the Age of Shareholder Activism, 1998, Reading, Mass., Addison-Wesley, zitiert als: Monks, Emperor's Nightingale;

Ders./ Minow, Nell, Watching the Watchers: Corporate Governance for the 21st Century, 1996, Cambridge, Mass., Blackwell Publishers, zitiert als: Monks/Minow, Watching the Watchers;

Mülbert, Peter O., Bank Equity Holdings in Non-Financial Firms and Corporate Governance: The Case of German Universal Banks, in Hopt/Kanda/Roe/Wymeersch/Prigge, Comparative Corporate Governanace - The State of the Art and Emering Research, 1998, Oxford, Clarendon Press, zitiert als Mülbert in: Hopt/Kanda/Roe/Wymeersch/Prigge;

Ders., Die Stellung des Aufsichtsrats, in: Feddersen/Hommelhoff/ Schneider, Corporate Governance, Optimierung der Unternehmensführung und Unternehmenskontrolle im deutschen und amerikanischen Aktienrecht, 1996, Köln, Otto Schmidt, zitiert als: Mülbert in: Feddersen/Hommelhoff/ Schneider;

Ders., Shareholder Value aus rechtlicher Sicht, ZGR 1997, S. 129ff.; zitiert als: Mülbert;

Murdoch, Charles W., "Corporate Governance" - The Role of the Special Litigation Committee, 68 Wash. L. Rev. 79 ff. (Washington Law Review), 1996, zitiert als: Murdoch;

NACD, Report of the NACD Blue Ribbon Commission an Director Professionalism, 1053 PLI/Corp 27 ff. (Practising Law Institute - Corporate Law and Practise Course Handbook Series), 1997, zitiert als: zitiert als: NACD, Report;

Neye, Hans-Werner, Kein neuer Stolperstein für die Europäische Aktiengesellschaft, ZGR 2002, S. 377 ff., zitiert als: Neye;

Nordlund, D. Craig, The Proxy Solicitation Process: Developments in Shareholder Communication, 1285 PLI/Corp 445 ff. (Practising Law Institute - Corporate Law and Practice Course Handbook Series), 2002, zitiert als: Nordlund;

Note, Equitable Subordination and Analogous Theories of Lender Liability: Toward a New Model of "Control", 65 Tex. L. Rev. 801 ff. (Texas Law Review), 1987, zitiert als: Note;

O'Barr, William M./ Conley, John M., Fortune and Folly: The Wealth and Power of Institutional Investing, 1992, Homewood, Business One Irwin, zitiert als: O'Barr/Conley;

Oesterle, Dale A., Limits on a Corporation's Protection of its Directors and Officers from Personal Liability, 1983 Wis. L. Rev. 513 ff. (Wisconsin Law Review), 1983, zitiert als: Oesterle;

Olsen, John F., How to Really Make Audit Committees More Effective, 54 Bus. Law. 1097 ff. (Business Lawyer), 1999, zitiert als: Olson;

Ders./ Arp, D. Jarrett, The Year of the Proactive Director: Recent Developments in the Performance and Compensation of Outside Director, 907 PLI/Corp 571 ff. (Practising Law Institute - Corporate Law and Practice Course Handbook Series), 1995, zitiert als: Olson/Arp;

Ders./ Sanlon, Michael J., Corporate Governance Developments with Respects to Audit Committees, SG022 ALI-ABA 1185 ff. (American Law Institute - American Bar Association Continuing Legal Education ALI-ABA Course of Study), 2002, zitiert als: Olson/Sanlon;

Orts, Eric W., The Future of Enterprise Organisation, 98 Mich. L. Rev. 1947 ff. (Michigan Law Review), 1998, zitiert als: Orts;

Pease, Donald E., Outside Directors: their Importance to the Corporation and Protection from Liability, 12 Del. J. Corp. L. 25 ff. (Delaware Journal of Corporate Law), 1987, zitiert als: Pease;

Pellens, Bernhard/ Hillenbrandt, Franca, Vorzugsaktien vor dem Hintergrund der Corporate Governance-Diskussion, AG 2001, S. 57 ff., zitiert als: Pellens/Hillenbrandt;

Peltzer, Martin/ von Werder, Axel, Der "German Code of Corporate Governance (GCCG)" des Berliner Initiativkreises, AG 2001, S. 1 ff., zitiert als: Peltzer/von Werder;

Picot, Arnold (Hrsg.), Corporate Governance: Unternehmensüberwachung auf dem Prüfstand, 1995, Stuttgart, Schäffer-Poeschel, zitiert als: Bearbeiter in Picot;

Pinto, Arthur R., United States, in: Pinto/Visentini (Hrsg.), The Legal Basis of Corporate Governance in Publicly Held Corporations, 1998, London, Kluwer Law International, S.253 ff., zitiert als: Pinto, in Pinto/Visentini;

Pluskat, Soriska, Die neuen Vorschläge für die Europäische Aktiengesellschaft, EuZW 2001, S. 524 ff., zitiert als: Pluskat;

Potthoff, Erich, Board-System versus duales System der Unternehmensverwaltung - Vor-und Nachteile, BfuP 1996, S. 253 ff., zitiert als: Potthoff;

Ders./ Trescher, Karl, Das Aufsichtsratsmitglied: ein Handbuch der Aufgaben, Rechte und Pflichten, 5. Auflage 1997, Stuttgart, Schäffer-Poeschel, zitiert als: Potthoff/Trescher;

Prentice, D. D., Some Aspects of the Corporate Governance Debate, Prentice/Holland (Hrsg.), Contemporary Issues in Corporate Governance, 1993, Cambridge, Mass., Blackwell Publishers, S.25 ff., zitiert als: Prentice;

Prigge,Stefan, A Survey of German Corporate Governance, in Hopt/Kanda/Roe/Wymeersch/Prigge, Cornparative Corporate Governance - The State of the Art and Emerging Research, 1998, Oxford, Clarendon Press, zitiert als Prigge in: Hopt/Kanda/Roe/Wymeersch/Prigge;

Raiser, Thomas, Recht der Kapitalgesellschaften, 3. Auflage 2001, München, Vahlen, zitiert als: Raiser: Kapitalgesellschaften;

Ders., Die Europäische Aktiengesellschaft und die nationalen Aktiengesetze, in Bierich/Hommelhoff/Kropff, Festschrift für Johannes Semler zum 70. Geburtstag am 28. April 1993, 1993, Berlin u.a., de Gruyter, zitiert als: Raiser, in FS Semler;

Ramsey, Ian M., Corporate Govemance Debate and the Role of Directors' Duties, Ramsey (Hrsg.), Corporate Governance and the Role of Company Directors, 1997, Melbourne, Australia, School of Law, University of Melbourne, Ramsey, S.2-15, zitiert als: Ramsey;

Rasner, Henning, Die Europäische Aktiengesellschaft (SE) - ist sie wünschenswert?, ZGR 1992, S. 314 ff., zitiert als: Rasner;

Reinkensmeier, Bettina, Die Organisation der Geschäftsführung und ihre Überwachung in der Europäischen Aktiengesellschaft, 1992, Göttingen, zitiert als: Reinkensmeier;

Rellermeyer, Klaus, Aufsichtsratsausschüsse, 1986, Köln u. a., Otto Schmidt, zitiert als: Rellermeyer;

Rittner, Fritz, Zur Verantwortung des Vorstandes nach § 76 Abs. 1 AktG 1965, in Ballerstedt/Hefermehl, Festschrift für Ernst Geßler zum 65. Geburtstag am 5. März 1970, 1971, München, Vahlen, zitiert als: Rittner, in FS Geßler;

Rock, Edward B., The Logic and (Uncertain) Significance of Institutional Shareholder Activism, 62 Geo. L. J. 445 ff. (Georgetown Law Journal), 1991, zitiert als: Rock;

Romana, Roberta, The State Competition Debate in Corporate Law, 8 Cardozo L. Rev. 709 ff. (Cardozo Law Review), 1987, zitiert als: Romana, State Competition Debate;

Rosenbaum, Robert D./ Korens, Michael E., Trends in Institutional Shareholder Activism: What the Institutions are Doing Today, 712 PLI/Corp 439 ff. (Practising Law Institute - Corporate Law and Practice Course Handbook Series), 1990, zitiert als: Rosenbaum/Korens;

Rowland, Gregory S., Earnings Management, The SEC, and Corporate Governance, 102 Colum. L. Rev. 168 ff. (Columbia Law Review), 2002, zitiert als: Rowland;

Ryan, Patrick J., Rule 14a-8, Institutional Shareholder Proposals, and Corporate Democracy, 23 Ga. L. Rev. 97 ff. (Georgia Law Review), 1989, zitiert als: Ryan;

Sandberg, Jarred/ Lublin, Joan, Questioning the Books: WorldCom's Travail Could Affect its Directors, Wall Street Journal v. 28.06.2002, zitiert als: Sandberg/Lublin;

Sanna, Thomas, Societas Europaea (SE) - Die Europäische Aktiengesellschaft, ELR 2002, S. 2 ff., zitiert als: Sanna;

Schäfer, Albrecht E. H., Erwartungen eines deutschen Großkonzerns an das europäische Gesellschaftsrecht, in Scheuing/Schwarz/ Wollenschläger, Europäisches Unternehmensrecht, Band 15, 2001, Deutschland, Nomos, S.61 ff., zitiert als: Schäfer, in: Scheuing/Schwarz/Wollenschläger;

Schiessl, Maximilian, Deutsche Corporate Governance post Enron, AG 2002, S. 593 ff., zitiert als: Schiessl, AG 2002;

Ders., Gesellschafts- und mitbestimmungsrechtliche Probleme der Spartenorganisation (Divisionalisierung), ZGR 1992, S. 64 ff., zitiert als: Schiessl, ZGR 1992;

Schindler, Clemens Philipp, Die Europäische Aktiengesellschaft - Gesellschafts- und steuerrechtliche Aspekte, 2002, Wien, LexisNexis, zitiert als: Schindler;

Schmidt, Karsten, Gesellschaftsrecht, 4. Auflage 2002, Köln u. a., Carl Hymann, zitiert als: K. Schmidt;

Schmidt, Stefan Marcus, Corporate Governance in deutschen und amerikanischen Aktiengesellschaften, 1990, Frankfurt a. M. u. a., 1999, Peter Lang, zitiert als: Schmidt;

Schnorr, Tanja, Historie und Recht des Aufsichtsrats - Deutsche Erfahrungen als Beitrag zum Statut der Europäischen Aktiengesellschaft, 2000, Dissertation, Würzburg, zitiert als: Schnorr;

Schnyder, Anton K., Zur Societas Europeae (SE) - Wendepunkt im Europäischen Gesellschaftsrecht?, in: Schweizer/Burkert/Gasser, Festschrift für Jean Nicolas Druey zum 65. Geburtstag, 2002, Zürich u. a., Schulthess, zitiert als: Schnyder, in FS Druey;

Schreib, Hans Peter, Reform des Aufsichtsrats aus Sicht der Aktionäre, BFuP 1996, S. 285 ff., zitiert als: Schreib;

Schreyögg, Georg/ Papenheim-Trockhorn, Heike, Dient der Aufsichtsrat dem Aufbau zwischenbetrieblicher Kooperationsbeziehungen, ZfB 1995, S. 222 ff., zitiert als: Schreyögg/Papenheim-Tockhorn;

Schulz, Andreas / Geismar, Bernhard, Die Europäische Aktiengesellschaft - eine kritische Bestandsaufnahme, DStR 2001, S. 1078 ff., zitiert als: Schulze/Geismar;

Ders./ Eicker, Klaus, The European Company Statute - the German View, INTERTAX 2001, S. 329 ff., zitiert als: Schulz/Eicker;

Schwarz, Günter Christian, Europäisches Gesellschaftsrecht, 2000, Baden-Baden, Nomos, zitiert als: Schwarz, Europäisches Gesellschaftsrecht;

Ders., Zum Statut der Europäischen Aktiengesellschaft - Die wichtigsten Neuerungen und Änderungen der Verordnung, ZIP 2001, S. 1847 ff., zitiert als: Schwarz;

Ders./ Holland Björn, Enron, WorldCom und die Corporate Governance Diskussion, ZIP 2002, S. 1661 ff., zitiert als: Schwarz/Holland;

Ders./ Lösler, Thomas, Das Recht der Europäischen Aktiengesellschaft - ein Überblick, NotBZ 2001, S. 117 ff., zitiert als: Schwarz/Lösler;

Scott, Helen S., Federal Regulations of Security, in New York University School of Law, Alan B. Morrison (Hrsg.), Fundamentals of American Law, 1998, United States, Oxford University Press, S. 583 ff., zitiert als: Scott, in Fundamentals of American Law;

Scott, Kenneth E./ Kleidon, Allan W., CEO Performance, Board Types and Board Performance: A First Cut, in BaumsBuxbaum/Hopt, Institutional Investors and Corporate Governance, Berlin u. a., 1993, de Gruyter, S. 181 ff., zitiert als: Scott/Kleidon, in Baums/Buxbaum/Hopt;

Seibert, Ulrich, Im Blickpunkt: Der Deutsche Corporate Governance Kodex ist da, BB 2002, S. 581 ff., zitiert als: Seibert, BB 2002;

Ders., Kontrolle und Transparenz im Unternehmensbereich (KonTraG) - Der Referenten-Entwurf zur Aktienrechtsnovelle -, WM 1997, S. 1 ff., zitiert als: Seibert;

Semler, Johannes, Ausschüsse des Aufsichtsrats, AG 1988, S. 60 ff., zitiert als: Semler;

Ders., Leitung und Überwachung, 2. Auflage 1996, Köln u. a., Carl Heymanns, zitiert als: Semler, Leitung und Überwachung;

Ders., Rechtsvorgabe und Realität der Organzusammenarbeit in der Aktiengesellschaft, in Schneider/Hommelhoff/Schmidt/Timen/ Grunewald/Drygalla, Festschrift für Marcus Lutter zum 70. Geburtstag, 2000, S. 729ff.; Otto Schmidt, zitiert als: Semler, in FS Lutter;

Sharara, Norma M./ Hoke-Witherspoon, Anne E., The Evolution of the 1992 Shareholder Communication Proxy Rules and their Impact an Corporate Governance, 49 Bus. Law. 327 ff. (Business Lawyer), 1993, zitiert als: Sharara/Hoke-Witherspoon;

Siegel, Stanley, Corporations and other Business Organizations, in New York University School of Law, Alan B. Morrison (Hrsg.), Fundamentals of American Law, 1998, United States, Oxford University Press, S. 331 ff., zitiert als: Siegel, in Fundamentals of American Law;

Smith, Bryan F., Corporate Governance: A Directors View, 37 U. Miami L. Rev. 273 ff. (University of Miami Law Review), 1982 - 1983, zitiert als: Smith;

Solomon, Lewis D., Restructuring the Corporate Board of Directors: Fond Hope - Faint Promise?, 48 Mich. L. Rev. 581 ff. (Michigan Law Review), 1978, zitiert als: Solomon;

Sommers, A. A., Corporate Governance in the Nineties: Managers vs. Institutions, 59 U. Cin. L. Rev. 357 ff. (University of Cincinnati Law Review), 1990, zitiert als: Sommers;

Sparks III, Gilchrist A./ Hurd, Mark S., Special Committees of Directors - When Does the Business Judgement Rule Apply and to What Extent Are Committee Proceedings Confidential?, 2 Del. L. Rev. 215 ff. (Delaware Law Review), 1999, zitiert als: Sparks/Hurd;

Steindl, Martin, US-Board und Aufsichtsrat, 1993, Wien, Verlag Österreich, zitiert als: Steindl;

Strine Jr., Leo E., Delaware's Corporate Law System: Is Corporate America Buying an Exquisite Jewel or a Diamond in the Rough? A Response to Kahan and Kamars Price Discrimination in the Market for Corporate Law, 86 Cornell L. Rev. 1257 ff. (Cornell Law Review), 2001, zitiert als: Strine;

Sünner, Eckart, Effizienz von Unternehmensorganen als Grundsatz der Corporate Governance, AG 2000, S. 492 ff., zitiert als: Sünner;

Talab, Stefan Amin, The Europeanization of the Law of Public Companies, 1999, Wien, WUV-Universitätsverlag, zitiert als: Talab;

Taylor, William, Can Big Owners make a Big Difference?, 1990 Harvard Business Review 1 ff., 1990, zitiert als: Taylor;

Teichmann, Christoph, Corporate Governance in Europa, ZGR 2001, S. 645 ff., zitiert als: Teichmann;

Ders., Die Einführung der Europäischen Aktiengesellschaft - Grundlagen der Ergänzung des Europäischen Statuts durch den deutschen Gesetzgeber, ZGR 2002, S. 383 ff., zitiert als: Teichmann;

Ders., Vorschläge für das deutsche Ausführungsgesetz zur Europäischen Aktiengesellschaft, ZIP 2002, S. 1109 ff., zitiert als: Teichmann;

Ders., Ausführungsgesetz in Deutschland, in Theisen/Wenz (Hrsg.), Europäisches Konzernrecht, 2002, Stuttgart, Schäfer/Poeschel, S. 573ff., zitiert als: Teichmann, in Theisen/Wenz;

Thamm, Rüdiger, Die Europäische Aktiengesellschaft und das Problem der Lückenfüllung - Eine Untersuchung an Hand von Kapitalsicherungsvorschriften, 1972, Köln, zitiert als: Thamm;

Theisen, Manuel R./ Hölzl, Michael, Corporate Governance, in Theisen/Wenz (Hrsg.), Europäisches Konzernrecht, 2002, Stuttgart, Schäfer/Poeschel, S. 247ff., zitiert als: Theisen/Hölzl, in Theisen/Wenz;

Thoma, Georg F./ Leuering, Dieter, Die Europäische Aktiengesellschaft - Societas Europaea, NJW 2002, S. 1449 ff., zitiert als: Thoma/Leuering;

Thümel, Roderich C., Persönliche Haftung von Managern und Aufsichtsräten - Haftungsrisiken bei Managementfehlern, Risikobegrenzung und D&O Versicherung, 2. Auflage 1998, Stuttgart u.a., Richard Boorberg Verlag, zitiert als: Thümel;

Timmermans, Christian, Die Europäische Rechtsangleichung im Gesellschaftsrecht, RabelsZ 1984, S. 1 ff., zitiert als: Timmermans;

Titus, Robert B., Limiting Directors Liability: The Case of a More Balanced Approach - The Corporate Governance Project Alternative, 11 W. New Eng. L. Rev. 25 ff. (Western New England Law Review), 1989, zitiert als: Titus;

Tobin, James M., The Squeeze on Directors - Inside is out, 49 Bus. Law. 1707 ff. (Business Lawyer), 1993, zitiert als: Tobin;

Torggler, Hellwig, Zur Europäischen Gesellschaft (SE), ecolex 2001, S. 442 ff., zitiert als: Torggler;

Treumann, Walter/ Peltzer, Martin/ Kuehn, Angelika M., US-Amerikanisches Wirtschaftsrecht, 2.Auflage 1990, Köln, Otto Schmidt, zitiert als: Treumann/Peltzer/Kuhn;

Ukropinia, James R.; Executive and Director Compensation – The Controversie Continue, How Much?, Who Should Decide? What are the Appropriate Roles for the Board and for the Courts? And What is an "Independent" Board?, SE 39 ALI-ABA 139 ff. (American Law Institute - American Bar Association Continuing Legal Education), 1999, zitiert als: Ukropina;

Varallo, Gregory V./ Dreisbach, Daniel A., Fundamentals of Corporate Governance, 1996, USA, Section of Business Law ABA, zitiert als: Varallo/Dreisbach;

Visentini, Gustavo, Compatibility and Competition Between European and American Corporate Govemance: Which Model of Capitalism?; 23 Brooklyn J Int. L 833 ff. (Brooklyn Journal of International Law), 1998, zitiert als; Visentini;

Völter, Heike, Der Lückenschluss im Statut der Europäischen Privatgesellschaft, 2000, Köln, Otto Schmidt, zitiert als: Völter;

von Hein, Jan, Vom Vorstandsvorsitzenden zum CEO?, ZHR 2002, S. 464 ff., zitiert als: Hein;

Ders., Die Rolle des US-amerikanischen CEO gegenüber dem Board of Directors im Lichte neuerer Entwicklungen, RIW 2002, S. 501 ff., zitiert als: Hein;

von Werder, Axel, Formen der Führungsorganisation einer Europäischen Aktiengesellschaft, RIW 1997, S. 304 ff., zitiert als: Werder

Wagner, Jens, Der europäische Verein, 2000, Baden-Baden, Nomos, zitiert als: Wagner;

Wagner, Jürgen, Aufsichtsratsgremien im Gesellschaftsrecht, 1998, Stuttgart, Boorberg, zitiert als: Wagner;

Wellenkamp, Ludger, Vorstand, Aufsichtsrat und Aktionär, 2. Auflage 2000, Bonn, Verlag für Rechts- und Wirtschaftsbücher, zitiert als: Wellenkamp;

Wenger, Ekkehard/ Kaserer, Christoph, German Banks and Corporate Governance: A Critical View, in Hopt/Kanda/Roe/ Wymeersch/Prigge, Comparative Corporate Govemance - The State of the Art and Emering Research, 1998, Oxford, Clarendon Press, zitiert als Wenger/Kaserer in: Hopt/Kanda/Roe/Wymeersch/ Prigge;

Wenz, Martin, Die Societas Europaea: (SE), Analyse der geplanten Rechtsform und ihre Nutzungsmöglichkeiten für eine europäische Konzernunternehmung, 1993, Berlin, Duncker und Humbold, zitiert als: Wenz;

Wiedemann, Herbert, Rechtsethische Maßstäbe im Unternehmens- und Gesellschaftsrecht, ZGR 1980, S. 147 ff., zitiert als: Wiedemann;

Wiesner, Peter M., Aktuelle Entwicklungen im Europäischen Unternehmensrecht, BB 2001, S. 1 ff., Beilage zu Heft 44, zitiert als: Wiesner;

Ders., Der Nizza-Kompromiss zur Europa AG - Triumph oder Fehlschlag?, ZIP 2001, 397 ff., zitiert als: Wiesner;

Windbichler, Christine, Zur Trennung von Geschäftsführung und Kontrolle bei amerikanischen Großgesellschaften, ZGR 1995, S. 50, 1985, zitiert als; Windbichler;

Winter, Ralph K., The "Race for the Top" Revisited: A Comment an Eisenberg, 89 Colum. L. Rev. 1526 ff. (Columbia Law Review), 1989, zitiert als: Winter;

Wolfe, Henry D., 01.07.2002 v. Financial Times, zitiert als: Wolfe;

Wolfson, Niclas, The Modern Corporation: Free Markets vs. Regulations, 1984, USA, zitiert als: Wolfson;

Wymeersch, Eddy, Convergence or Divergence in Corporate Governance Patterns in Western Europe?, in McCahery/Moreland /Raaijmakers/ Renneboog (Hrsg.), Corporate Governance Regimes, 2002, Oxford, Oxford University Press, S. 230ff., zitiert als; Wymeersch, in McCahery/Moreland/Raaijmakers/ Renneboog;

Zalecki, Paul, The Corporate Governance Roles of the Inside and the Outside Directors, 24 U. Tol. L. Rev. 831 ff. (University of Toledo Law Review), 1993, zitiert als: Zalecki;

Zanglein, Jayne Elizabeth, From Wall Street Walk to Wall Street Talk: The Changing Face of Corporate Governance, 11 DePaul Bus. L. J. 43 ff. (DePaul Business Law Journal), 1998, zitiert als: Zanglein;

ZBB-Bericht, Die Macht der Banken - Anhörung im Bundestag, mit Anmerkung von Baums, Theodor und Adams, Michael, ZBB 1994, S. 69 ff., zitiert als: ZBB-Bericht.

Schriftenreihe zum deutschen und europäischen Gesellschafts- und Wirtschaftsrecht

Herausgegeben von Günter Christian Schwarz

Band 1 Matthias Scheifele: Die Gründung der Europäischen Aktiengesellschaft (SE). 2004.

Band 2 Julia Zwiener: Die Auswirkungen der Verordnung Nr. 1/2003 auf das europäische und deutsche Kartellverfahren. 2005.

Band 3 Cornelius Koke: Die Finanzverfassung der Europäischen Aktiengesellschaft (SE) mit Sitz in Deutschland. 2005.

Band 4 Martin Weger: Haftungsgrundlagen bei kompetenzwidriger Geschäftsführung im Personen- und Kapitalgesellschaftsrecht. Ein Beitrag zur Transformation des bürgerlich-rechtlichen Rechtsinstituts der Geschäftsführung ohne Auftrag in das Gesellschaftsrecht. 2005.

Band 5 Axel Zang: Sitz und Verlegung des Sitzes einer Europäischen Aktiengesellschaft mit Sitz in Deutschland. 2005.

Band 6 Björn Holland: Das amerikanische „board of directors“ und die Führungsorganisation einer monistischen SE in Deutschland. Amerikanische Erfahrungen in Fragen der Corporate Governance als Beitrag zur Ausgestaltung der Unternehmensführung und Unternehmenskontrolle in einer Deutschen SE. 2006.

www.peterlang.de

FSC
www.fsc.org
MIX
Papier | Fördert
gute Waldnutzung
FSC® C083411

Kolibri 360 GmbH
Ferdinand-Jühlke-Straße 7
99095 Erfurt, Deutschland
produktsicherheit@kolibri360.de

Druck:
CPI Druckdienstleistungen GmbH
im Auftrag der
Kolibri 360 GmbH
Ferdinand-Jühlke-Str. 7
99095 Erfurt